# 불복장의 비밀

## 일러두기

1. 수록된 모든 글은 한글표기를 원칙으로 하고 내용상 이해가 필요한 경우 한자를 병기하였으며, 인명, 지명, 사찰명 및 외래어 고유명사는 국립국어원의 외래어 표기법을 준용하였다.
2. 참고도판 정보는 명칭, 출토지, 시대, 재질, 크기, 소장기관, 문화재지정 번호순으로 기입하였으며, 전시작품은 명칭, 재질, 크기, 작가 순으로 수록하였다.
3. 게재를 허가해 준 기관과 저작권자은 사진 도판출처 및 참고문헌에 명시하였다.

# 불복장의 비밀

불교의식 너머 상징의 세계까지

경원 편저

민족사

# 서문

○

　불복장(佛腹藏)의 복장물과 봉안의례(奉安儀禮)는 불사(佛事) 주관자인 불사(佛師)·증사(證師)·송주사(誦呪師)·법사(法師) 외에는 명확히 알 수 없으며, 사실 알려져서도 안 되는 비전(祕傳) 중의 비전이다. 하지만 복장 유물을 통해 근역불교(槿域佛敎: 무궁화가 많은 땅인 우리나라 불교)의 위대함을 밝히고 법고창신(法古創新)의 디딤돌이 되고자 이 책을 집필하게 되었다.

　예배 대상인 불상(佛像)은 소재(素材)의 선택부터 조성·점안(點眼)·공양(供養)에 이르기까지 엄격한 의례의식(儀禮儀式)의 절차에 따라 진행되어 모셔지는데, 이 과정에서 가장 방대하고 미묘한 불사가 복장물의 조성과 봉안의례이다.

　불복장은 부처님의 권능(權能)과 신성(神性)을 상징하는 불사리(佛舍利)를 불상의 육계(肉髻)에 봉안한 2~3세기 간다라 불상에서 비롯되었다. 그 후 중국 당대(唐代)에 이르러 생신상신앙(生身像信仰)이 생겨남에 따라 신체의 장기를 상징하는 복장물과 불사리(佛舍利)·법사리(法舍利) 등 다양한 시주물(施主物)이 불상 내부에 봉안되었다.

　우리나라는 통일신라에 감산사석조미륵보살입상과 석조아미타불입상의 육계에 불사리를 봉안한 예가 그 효시이다. 그리고 경남 산청 석남암사지 석조비로좌나불좌상은 복장물을 봉안한 납석제 항아리를 대좌에 안치하였다. 한편 오늘날과 같이 불상의 몸통 내부에 복장물이 봉안된 예는 해인사 법보전 목조비로자나불좌상에서 찾아볼 수 있다. 해인사 법보전 목조비로자나불좌상은 생신상신앙을 바탕으로 조상경(造像經)의 가르침에 따라 조성된 후령통(喉鈴筒)이 봉안되어 있다. 이 불상은 통일신라 말 고려 초에 조성된 것으로 알려져 있는데, 고려 말·조선 초의 복장물이 출현되었다.

후령통은 우리나라에만 있는 독창적인 복장물로 밀교(密敎)와 화엄사상(華嚴思想)·주역사상(周易思想)을 근간으로 조성된 성물(聖物)이며 물목이 많고 조성의식이 매우 엄숙하다.

우선 후령통에 봉안되는 물목을 살펴보면 5방(五方)에 따라 5곡(五穀)·5보(五寶)·5약(五藥)·5경(五鏡) 등 75종류와 불사리이며, 다라니로는 일체여래전신사리보협진언(一切如來全身舍利寶篋眞言)·5륜종자도(五輪種子圖)·진심종자도(眞心種子圖) 등 10여 장을 안팎으로 봉안한다. 조성의식은 해가 밝게 떠 있을 때 청정하고 엄정하게 불신(佛身) 안에 5장6부(五臟六腑) 장기(臟器)를 안치하듯 법에 따라 봉행하는데 일체 삿된 기운이 범접하지 못하도록 26가지법사(二十六加持法師)가 외인(外人)의 근접을 막으며 문전을 지키고 앉아서 진언을 외우고 휘장이 둘러쳐진 장막 안에서 증사·송주사·불사 등 법사들이 조성한다.

불상에는 장기를 상징하는 후령통 외에도 전적(典籍)·불상(佛像)·불화(佛畫)·불구(佛具)·의류·고전(古錢)·해외 귀중품 등이 봉안되어 있어서 복장물을 통해 미술사적인 조상(造像)형태뿐만 아니라 당시의 신앙생활·철학·의학·공예·회화·서예의 수준을 알 수 있고 더 나아가 넓게는 대외 교류에 이르기까지 짐작할 수 있다.

필자는 20대 초반부터 동학사 승가대학 호경기환(湖鏡基煥) 조실스님과 청봉혜묵(靑峰惠黙) 스님께 불복장법을 배웠다. 그 후 오랜 세월 우리나라 불교문화유산과 불복장의 원향(原鄕)을 찾아 연구했다. 국내에서 국외로 눈을 넓혀 고대 불교문화 발상지인 인도부터 동남아시아·중앙아시아·실크로드 불교문화권을 순례하고, 관련 전시회와 학술조사에도 참석하며 연구해 왔다. 이 책은 필자가 40여 년 넘게 쌓아 온 불복장 관련 성과물을 정리한 것이다. 비록 졸저이지만, 많은 분의 지도와 도움 덕분에 결실을 볼 수 있었기에 정중히 감사드린다.

전 국립중앙박물관 아시아부장 민병훈 박사님의 헌신적인 지도와 도판의 제공과 사용을 허락하여 주신 국립중앙박물관·국가유산청·불교문화재연구소·불교중앙박물관·보문사·송광사·수덕사·월정사·해인사·회암사 그리고 불교문화재연구소 소장자료의 사용을 허락하여 주신

광흥사·동국사·동학사·자운사·통도사·흥국사의 스님과 관계자분과 대경 스님, 강우방 교수님, 박은경 교수님, 실크로드여행사 이상훈 님, 불교신문사 이시영 님 등에게 감사드린다. 또한 난삽한 원고를 반듯한 책으로 만들어 주신 민족사 윤창화 대표님과 사기순 주간님, 윤효진 팀장님에게도 감사드린다.

아울러 본서의 내용이 거시적(巨視的)이라 부득이 해외 도판(圖版)을 사용할 수밖에 없었고, 낱낱이 허락을 얻지 못한 점을 미리 밝혀 양해를 구한다. 이에 대해 관계자께서 부디 해량(海諒)하여 주시기를 간곡히 바란다. 인연이 닿는다면 늦게라도 감사 인사를 드리고 싶다. 끝으로 긴 시간 동안 도와준 종주 스님, 성윤 스님에게 마음 깊이 고마움을 전한다.

두루두루 일체 인연 있는 모든 분에게 감사드립니다.

불기 2569(2025)년 입춘일
계룡산 동학사에서
**경원** 합장

## 차례

◦

- 서문 … 004

## 제1부. 불교미술의 이해

1. 불교미술의 시작 … 016
2. 무불상(無佛像)시대 … 022
3. 불상(佛像)의 기원 … 028
   1) 불경(佛經)에 의거한 조상설 … 028
   2) 불상의 탄생 … 033

## 제2부. 불복장의 기원과 의미

1. 복장의 의미와 범주 … 040
2. 인도 고대 불상 복장물 … 044
3. 중국 고대 불상 복장물 … 048
   1) 상신신앙의 등장과 시대적 변화 … 051
   2) 복장물의 새로운 양상 … 055

# 제3부. 한국의 복장물

1. 불상 복장물 ··· 061

　1) 복장의 시원, 고대 불상 복장물 ··· 061

　　(1) 감산사 석조미륵보살입상, 석조아미타불입상 ··· 061

　　(2) 경남 산청 석남암사지 석조비로자나불좌상 ··· 064

　　(3) 합천 해인사 법보전 목조비로자나불좌상 ··· 071

　2) 고려시대 불상 복장물 ··· 074

　　(1) 서울 개운사 목조아미타여래좌상 ··· 079

　　(2) 안동 보광사 목조관음보살좌상 ··· 085

　　(3) 청양 장곡사 금동약사불좌상 ··· 089

　　(4) 서산 문수사 금동아미타불상 ··· 097

　　(5) 청주 흥덕사 백운화상초록불조직지심체요절 ··· 103

　　(6) 기타 복장물 ··· 108

　3) 조선시대 불상 복장물 ··· 113

　　(1) 안동 광흥사 시왕상 ··· 124

　　(2) 양산 통도사 은제도금 아미타여래삼존상 ··· 137

　　(3) 영주 흑석사 목조아미타여래좌상 ··· 139

　　(4) 논산 쌍계사 소조아미타불상 ··· 147

　　(5) 공주 동학사 목조석가여래삼불좌상 ··· 151

　　(6) 예산 수덕사 목조삼세불상 ··· 159

　　(7) 군산 동국사 소조석가여래삼존상 ··· 167

　　(8) 평창 상원사 목조문수동자좌상 ··· 170

　　(9) 순천 송광사 목조관음보살좌상 ··· 179

2. 불화 복장물 ··· 193

# 제4부. 불복장의 재현과 해설

1. 사리 ··· 206

　1) 진신사리(眞身舍利) ··· 208
　2) 보사리(保舍利) ··· 212
　3) 가사리(假舍利) ··· 213
　4) 법사리(法舍利) ··· 214

2. 사리기 ··· 219

3. 후령통 ··· 221

　1) 후령통의 형태 ··· 224
　2) 후령통의 상징적 의미 ··· 230

4. 후령통 구성과 안립 순서 ··· 238

　1) 후령통 ··· 238
　2) 후령통에 안립하는 순서 ··· 240
　3) 봉안물목과 안립하는 법 ··· 241

5. 기타 복장물과 점안의식 준비물 ··· 323

　1) 복장소입제색기(腹藏所入諸色記) ··· 323
　2) 발원문(發願文) ··· 326
　3) 불경(佛經) ··· 327
　4) 다라니집(陀羅尼集) ··· 328

5) 알가(閼伽) ··· 329
6) 직물(織物) ··· 329
7) 목화(木花) ··· 334
8) 고깔 ··· 337
9) 화취진언(火聚眞言) ··· 341
10) 8엽대홍련화8금강저도(八葉大紅蓮華八金剛杵圖) ··· 343

# 제5부. 조상경

1. 조상경(造像經) ··· 348
2. 조상경 판본의 비교 ··· 350
3. 조상경의 구성과 과목 ··· 355

# 부록

- 도판출처 ··· 362
- 참고문헌 ··· 369
- 찾아보기 ··· 375

- 추천사 ··· 390

제1부

# 불교미술의 이해

불교는 깊은 신앙심을 바탕으로 부처님의 가르침을 많은 이들에게 전달하기 위해서 고대로부터 탑, 불상, 사리장엄구, 불화(미술품), 범패(음악), 바라춤, 승무(무용) 등 불교문화재를 통해서 널리 전승되어 왔다. 이러한 유·무형의 불교문화재는 인류의 문화유산으로서의 가치를 넘어 불교의 매개체로서 매우 중요한 역할을 담당해 왔다.

그러므로 불자들은 불상이나 불화 등에 절을 하며 자신의 소원을 기원하고, 혹은 가족이나 지인의 건강과 행복을 기원하며, 뜻하는 바대로 이루어지길 간절히 기도한다. 그들에게 불상은 석가모니 부처님을 형상화한 단순한 '성상(聖像)' 혹은 '하나의 물체'가 아니다. 정성을 다해 예경(禮敬)을 올리면 부처님이 나투어 소원을 이루어주신다는 오랜 믿음의 구원(救援)과 영험(靈驗)이 깃든 권능(權能)의 부처님인 것이다.

이러한 믿음은 불상이 종교적인 의식을 통해 단순한 미술품에서 종교적 의미를 포함한 상징성과 생기가 넘치는 성상으로 승화된다. 잘 아는 바와 같이 화룡점정(畵龍點睛)이라는 고사성어에서도 그와 비슷한 의미를 발견할 수 있다.

중국 남북조시대의 일이다. 양(梁)나라 최고의 화가로 유명했던 장승요(張僧繇)가 금릉(金陵)에 있는 안락사(安樂寺) 벽에 눈동자 없는 용 네 마리를 그려놓았다. 사람들이 왜 눈동자가 없느냐고 묻자 "눈동자를 그리면 용이 날아가 버리기 때문"이라고 대답하였다. 그 말을 허황되다 하며 의심을 품는 것을 보고 장승요가 용 한 마리에 눈동자를 그려 넣자 갑자기 천둥 번개가 일어나 벽이 깨지면서 용이 하늘로 올라가 버렸다는 유래가 있다. 그런데 신기하게도 눈동자를 그리지 않은 용은 그대로 남아 있었다는 것이다.

장승요가 용 그림에 눈동자를 그려 넣어 생명력을 부여해 주었듯이 불교에서도 생명을 불어넣는 종교의식을 한다. 불복장 의식(佛腹藏儀式)을 하고 점안 의식(點眼儀式)을 봉행함으로써 미술품으로서의 불상과 불화가 아닌 중생을 구원해 주는 불멸의 부처님이 되는 것이다.

그렇다면 이러한 종교의식은 왜, 언제부터 시작되었을까? 석가모니 부처님이 살아 계실 때도 불상이나 불화가 있었을까? 불상이나 불화를 불교 미술의 시작이라 해야 할까? 불교미술의 시작부터 차근차근 살펴보고자 한다.

# 1. 불교미술의 시작

불교미술은 석가모니 부처님이 출가하시기 전 인도 샤카족의 고타마 싯다르타 왕자로 태어났을 때부터, 아니 태어나기 훨씬 전인 전전생부터 시작되었다고 할 수 있다.

고타마 싯다르타는 모든 것을 가진 사람이었다. 한 나라의 왕자로 곧 왕이 될 몸이었고, 나라를 통치할 힘과 재력을 지니고 있었으며 아름다운 부인과 갓 태어난 자신의 핏줄인 아들이 있었다. 그러나 하루하루 즐겁지 않았으며 삶에 무상(無常)함을 느끼고 있었다. 그가 가지고 있던 모든 것이 무의미하게 느껴졌고 결국 그의 나이 29세 때 명예와 부와 권력, 가정을 뒤로 한 채 수행자의 삶을 택하였다.
6년의 수행 끝에 태자는 깨달음을 얻고 '깨달은 자, 붓다'가 되었다. 석가모니 부처님은 늘 마음을 살피며 그 어느 것에도 치우지지 않는 중도의 삶을 살았다. 수많은 사람들이 석가모니 부처님께 말씀을 청하였고, 언제 어디서든 중생들에게 구원의 손길을 내밀어 주었다. 한 평생 인도의 작열하는 태양 빛 아래 걷고 또 걸어 다니면서 중생들을 깨달음으로 이끌어주었다. 석가모니 부처님께서는 80세에 이르러 쿠시나가라의 사라쌍수 아래에 누워서 반열반에 드시면서, "자신을 등불로 삼고 진리를 등불로 삼아라"라는 마지막 유훈(遺訓)을 남기고 제자들의 곁을 떠났다.

도1-1 부처님의 다비 장소인 인도 쿠시나가르 라마그라마 대탑

석가모니 부처님의 육신을 화장하자 하늘에서 별처럼 사리(舍利, śarīra : 유골)가 쏟아져 내렸다. 사리를 다 수습하자 그 양이 무려 여덟 말이나 되었다. 부처님 자체를 의미하는 부처님의 사리를 여덟 나라의 왕들이 서로 모셔가기 위해 전쟁까지 일으키려고 하자 도나 바라문[香姓波羅門, 도로나]이 중재하여 여덟 등분으로 균등하게 나누어 모시게 하였다. 이에 마가다 국왕 아자타삿투는 라자가하에, 리차비족은 베살리에, 샤카족은 카필라바스투에, 부리족은 알라카파에, 콜리야족은 라마마을에, 베타디파의 한 바라문은 베타디파에, 말라족은 파바에, 쿠시나가라의 말라족은 쿠시나가라에 탑(塔, stūpa)을 건립하여 공양을 올렸다.

이로써 여덟 말의 사리 가운데 일곱 말의 사리는 인도 각지에 모셔졌고, 남은 한 말은 '라마마을'의 용왕이 모셨다. 큰 전쟁을 중재한 도나

바라문은 부처님의 사리를 모셨던 항아리를 얻어 탑을 세우고 모리야 족도 부처님을 다비한 재를 얻어 핍팔리바나에 탑을 세워 각각 공양을 올렸다. 이로써 이 세상에 여덟 기의 사리탑과 항아리탑, 재탑(灰塔) 모두 총 열 개의 탑이 세워졌다.

위의 내용은 누구나 잘 알고 있는 석가모니 부처님의 간략한 일대기이다. 그런데 이 이야기가 중요한 것은 바로 불교미술의 시작과 관련이 깊기 때문이다.

근본8탑(根本八塔)의 조탑설(造塔說)과 사리 분배에 대하여 다른 많은 경전에서 서술되어 있다. 한역 『장아함경(長阿含經 : 413년 불타야사와 축불념 번역)』 권4, 『유행경(遊行經)』, 『잡아함경(雜阿含經)』 권23, 『대반열반경(大般涅槃經 : 655년 반야발타라 번역)』에서는 도나 바라문이 부처님의 사리 여덟 섬 네 말을 8등분하여 마갈타국, 자라파국, 라마가국, 비류데국, 카필

도1-2  인도 바이샬리(베살리) 리차비(Licchavi) 스투파(레릭 불탑). 1957~1958년 아르데카르 박사에 의해서 발굴. 사리와 사리병(높이 5.2cm 지름 4.9cm)은 현재 파트나 박물관에 소장.

라국, 비사리국, 실라벌성, 그리고 우전국의 왕에게 나누어 주니 각자 탑을 세워 공양하였으며, 생전 시의 머리카락도 모셔서 탑을 세웠다고 기록되어 있다. 다양한 경전에서 소개되고 번역되다 보니 사리를 분배하는 중재자의 이름도 『대반열반경』과 『디가 니까야』에는 '도로나', 『유행경』에는 '향성(香姓)', 『반니원경』에는 '모궐(毛蹶)', 『불반니원경』에는 '둔굴(屯屈)' '범지(梵志 : 제석천의 화현)' 등으로 다양하게 표현되어 있다.

근본8탑에 대한 탑의 숫자도 경에 따라 차이가 있으니 『대반열반경』과 『디가 니까야』에는 8탑에 숯탑과 재탑을 더하여 최초 10탑이라고 기록된 반면에 『유행경』에는 8탑에 최초 사리를 담았던 병탑, 숯탑, 머리카락(털)탑을 더한 11탑이, 불반니원경에는 8탑에 병탑과 숯탑, 재탑을 합쳐 11탑이 조성되었다고 했다.

이와 같이 부처님의 신체와 사리뿐만 아니라 부처님과 관련된 모든 역사적 유물을 경배의 대상으로 모시기 위해서 조성된 탑은 후대로 오면서

**도1-3** 인도 바이샬리(베살리) 리차비(Licchavi) 스투파(레릭 불탑). 네모진 패인 곳에서 사리가 출토되었다. 사리병에 '부처님의 사리'라는 기록은 없지만 기단부 구조를 보아 석가모니 부처님 열반 직후 조성된 것으로 추정하고 있다.

도1-4  1898년 부처님 탄생지 카필라성(카필라바스투)에서 13㎞ 정도 떨어진 피프라하와 (Piprahawa) 불탑. 근본8탑 중 처음으로 발견되었으며 탑은 벽돌로 쌓은 층급식 원형전탑이다. 정상으로부터 약 3m 아래 지점에서 사리용기가 1점 발견되었고 또 5.4m 아래쪽의 사암으로 만든 큰 석관(石棺) 속에는 높이 15㎝ 직경 10㎝ 크기의 사리용기 4점과 사리가 모셔져 있었다. 사리용기 뚜껑 표면에는 브라흐미 문자로 "이것은 샤카족의 붓다인 세존의 사리병으로 명예로운 형제·자매·처자들이 모신 것이다"라고 새겨져 있었다. 영국인 윌리엄 펩페(W.C Peppe)에 의해 1차 발굴된 사리와 사리용기는 인도 뉴델리 국립박물관, 파트나 비하르 주립박물관, 콜카타 국립박물관에 각각 나뉘어 소장 전시되고 있다. 또 1971년에 인도의 고고학자 K.M 스리바스타바에 의하여 제2차 발굴조사가 이루어져, '카필라바스투'라는 명문(銘文)이 새겨진 용기와 동석(凍石, soapstone : 부드러운 촉감의 활석) 사리기가 발견되었으며 현재 콜카타 국립박물관에 소장되어 있다.

도1-5  1898년 피프라하와 불탑에서 모셔온 사리와 사리 용기를 모신 인도 뉴델리 국립박물관(1층 불교예술관). 피프라하와 불탑 사리는 현재 인도·태국·일본·스리랑카에서도 모시고 있으며 위 사리기는 태국 왕실에서 기증하였다.

부처님과 같은 존엄성을 지닌 성보(聖寶)로서 불자들의 신앙의 대상으로 숭배하는 신탑(信塔) 신앙이 탄생하게 되었다.

사리탑을 숭배하는 신탑(信塔) 신앙은 『아육왕전(阿育王傳)』과 『선견율비바사(善見律毘婆娑, 489년 승가발타라 한역)』권1 등에 나와 있듯이 마우리아왕조(BC 323~185)의 제3대 왕인 아쇼카왕이 인도를 통일하고 기존에 모셔진 여덟 탑의 사리를 다시 나누어 팔만 사천 탑으로 모시면서 널리 전파되었다. 경전에서 말하는 팔만 사천이라는 수가 인도인들이 흔히 말하는 '헤아릴 수 없이 많은 수'를 말하는 것인지 실제로 팔만 사천 탑인지는 알 수 없으며 아직까지는 거대한 규모의 탑은 확인되지 않았다.

이처럼 석가모니 부처님께서 열반하신 후 사리를 모시기 위한 사리탑이 가장 먼저 조성되었고 미술사에서는 그 후 약 400여 년간 부처님의 모습을 형상화한 불상은 존재하지 않았다고 본다.

도1-6 인도 바이샬리 리차비 근처에 있는 유행경 설법처 대림정사 아난다탑과 아쇼카 석주. 바이샬리는 인도 불교 8대성지의 한 장소로 유마경이 설해진 도시이고, 암라팔리(망고나무 꽃)라는 기녀가 망고동산을 기증한 곳이며, 마하가섭(摩訶迦葉)에게 '다자탑전분반좌(多子塔前分半座)'로 법을 부촉하신 곳이다. 기원전 3세기에 아쇼카대왕이 참배한 기념으로 아쇼카석주를 세웠다. 석주 앞의 사리탑은 부처님을 25년간 시봉한 아난다 존자의 탑이라는 설도 있다.

# 2. 무불상(無佛像)시대

역사적으로 살펴보면, 부처님께서 중생을 교화(教化)하신 시기부터 기원후 1세기까지 400여 년 동안에는 인도에서 부처님을 인간의 모습으로 표현하여 조상(造像)하지 않았다. 이 시기를 미술사에서는 '무불상시대(無佛像時代)' 또는 '우상(偶像)이 없는 시대(aniconic)'라고 말한다. 불교는 있으나 불상은 없는 시대인 것이다.

그렇다면 그 시기에는 왜 부처님을 지금 우리가 알고 있는 부처님의 형상으로 조성하지 않았을까? 거기엔 여러 가지 종교적·시대적 이유들이 혼재되어 있다.

첫째, 부처님은 '깨달음을 얻은 분'으로 인간과는 다른 초월적인 존재였고 경배하는 대상이었다. 그렇기 때문에 우리와 같은 인간의 모습으로 부처님을 조상할 수 없다는 생각이 지배적이었을 것이다. 둘째, 부처님께서 열반하시면서 "자기 자신을 등불로 삼고 법을 등불로 삼아라"라고 당부하셨기에 교조의 형상을 조상하여 받들기보다는 깨달음을 중요시하는 가르침의 영향이 크게 작용하였기 때문이다. 또한 그 당시 인도의 역사가 성상(聖像)을 숭배하는 문화가 보편화되기 이전의 시기에 해당하는 것도 큰 이유 중의 하나다. 이러한 다양한 원인으로 인해 그 시기에는 불상이 조상되지 않았다.

이 고대기(古代期) 미술시대에는 경배를 위한 불상이 없었을 뿐만 아니라, 석가모니 부처님의 생애를 묘사한 부조(浮彫)에서는 불상을 대신하여

**도1-7** 이라발용왕귀불도, 바르후트 스투파, 기원전 1세기 초, 콜카타 인도박물관 소장

부처님을 상징하는 성수(聖樹), 불족적(佛足跡), 윤보(輪寶), 삼보표치(三寶標幟), 불좌(佛座), 스투파(率堵婆, stūpa, 탑) 등을 조성하여 경배하였다.

성수는 부처님의 탄생을 나타낼 때는 무우수(無憂樹)로, 깨달음을 나타낼 때는 보리수(菩提樹)로, 열반(涅槃)을 나타낼 때는 사라쌍수(娑羅雙樹)로 표현한다. 이는 부처님께서 무우수 아래에서 탄생하시어 보리수 아래에서 성도(成道)하시고 사라쌍수 아래에서 열반에 드신 사실을 뜻하는 것이다. 현존하는 조각상으로 성수에 대한 일례로는 중인도 바르후트(Bhārhut)스투파의 남문 기둥에 부조된 불전도(佛傳圖)인 이라발용왕귀불도(伊羅鉢龍王歸佛圖)를 들 수 있다. 이라발용왕귀불도는 『불본행집경(佛本行集經)』 권37, 38 「나라다출가품(那羅陀出家品)」 상·하의 내용을 한 화면에 압축 표현한 것인데, 나라다(那羅陀, Narada : 10대 제자 중의 한 명인 마하가전연의 속명)가 부처님의 제자가 되는 과정을 새겨 놓은 것이다.

이라발(Elāpatra)용왕은 과거에 비구였으나 이라수(伊羅樹)라는 나무를 꺾은 죄로 이라발용왕이 되었다. 다음 생에 다시 사람으로 태어나려면 부처님이 이 세상에 나투실 때 만나 뵙고 수기[授記 : 부처님이 수행자에게 미래의 증과(證果 : 깨달음)에 대하여 미리 지시하는 예언과 약속. 일반적으로는 주로 미래의 성불을 증언하는 것을 의미한다]를 받아야 하는 것이었다. 무수한 세월을 기다리고 있는데 친구에게 마침내 석가모니부처님이 성불하셨다는 소식을 듣게 된다. 부처님을 만나 뵐 방도를 구하던 이라발용왕은 당시 현자로 추앙받던 나라다가 사람들의 간절한 요청으로 인해 이들을 데리고 가서 부처님을 뵙게 해 드린다는 소식을 들었다. 이에 이라발용왕이 너무 기뻐서 부처님께 달려가려고 서두르다 보니 머리는 벌써 부처님이 계신 곳에 와 닿았으나 꼬리는 아직도 수천 리 밖에 있는 자신의 용궁을 벗어나지 못하였다. 그러나 결국 이라발용왕은 부처님 앞에 청년 수행자의 모습으로 변신하여 나타나고 부처님께 다시 인간으로 태어난다는 수기를 받게 되며, 이를 지켜보던 나라다가 감복하여 자신을 따르던 무리를 모두 이끌고 부처님의 제자가 되었다는 내용이다. 이 불전도의 왼쪽

도1-8 보리수 예배, 인도 바르후트 출토, 기원전 2세기~기원전 1세기, 콜카타 인도박물관 소장

끝에 서 있는 기둥에는 '이라발용왕이 세존을 경배하다'라고 새겨져 있으며, 용왕은 불상이 아닌 녹야원(鹿野苑)의 설법을 상징하는 니구류(尼拘類) 나무와 부처님을 상징하는 불좌(佛座)에 무릎을 꿇고 경배를 올리고 있다.

또한 인도 바르후트에서 출토된 보리수 예배는 기원전 1세기 작품으로 매우 유명하다. 스투파의 주위 담장을 장식하고 있었던 원형 불전도 조각 가운데 하나인데, 맨 위에 연꽃 대좌 위에 부처님의 탄생을 상징하는 코끼리가 새겨져 있고 공석의 대좌 뒤에 꽃줄을 늘어뜨린 보리수가 있으며, 그 주위를 4인의 공양자가 예배하고 있는 부조(浮彫)이다. 고대 인도에서는 초월자(超越者), 즉 깨달으신 분[覺者]을 인간의 모습으로 표현하는

도1-9 불전도(佛傳圖) 초전법륜(初轉法輪), 간다라, 쿠산조, 2~3세기, 히라야마 이쿠오 실크로드 미술관 소장

것을 피하였다. 부처님이 앉아 있어야 할 대좌를 공석(空席)으로 하고, 보이지 않는 부처님이 깨달음을 얻어 각자(覺者)가 되었음을 보리수로 암시하고 있으므로 당시의 불교신자들의 모습을 엿볼 수 있는 매우 좋은 자료이다.

윤보(輪寶)는 법륜(法輪)을 상징하는 수레바퀴 모양의 상징을 말한다. 다음의 도판은 인도 바르후트에서 출토된 것으로 난순(欄楯)이라 불리는 스투파 주위 담장의 단편이다. 바르후트의 유물은 불교미술의 여명기를 대표하는 걸작으로 매우 저명하며, 석가모니 부처님의 본생설화나 생애에 대한 이야기를 세심하게 표현하고 있다. 불상이 등장하기 이전의 인도

도1-10 법륜 예배, 인도 바르후트 출토, 슝가 왕조, 기원전 2세기경, 콜카타 인도박물관 소장

도1-11 불족석[佛足石], 간다라 시크리 출토, 2세기, 라호르 박물관 소장

에서는 사람의 모습으로 부처님(佛 : 깨달은 사람이라는 의미)을 표현하지 않았으며, 상징물이 이용되었다. 여기에서는 원상(圓相)의 내부에 커다란 법륜이 묘사되어 있으며, 두 마리의 소처럼 생긴 동물이 이를 지탱하고 있다. 법륜은 온 우주에 미치는 부처님의 진리를 상징함과 동시에, 세계를 통치하는 왕[轉輪聖王]의 상징이기도 하며, 부처님의 위신력을 상징하기도 한다. 두 명의 남자와 두 명의 여자, 네 명이 새겨져 있는 조형 표현이 소박하면서도 강한 힘을 느끼게 한다.

삼보표치(三寶標幟)는 윤보 위에 산(山)자 모양의 장식을 붙인 것으로 불법승(佛法僧) 삼보를 상징한다. 불족적(佛足跡)은 윤보 무늬가 선명하게 새겨진 부처님 발자국이고, 불좌(佛座)는 부처님께서 앉으시는 좌대인데 이는 인도와 중국을 비롯한 아시아 문화권에서 성인으로 추앙되는 위대한 인물은 대중과 함께 있는 형상을 표현하는 것이 불경(不敬)스럽다고 생각해서 존재를 상징하는 '자리'만을 표현하기 때문에 생겨난 것이다. 그리고 스투파(탑)는 부처님 열반 후 사리를 모시기 위하여 맨 처음에 조성된 것으로 부처님 사리와 같은 신성함과 권위를 나타낸다.

# 3. 불상(佛像)의 기원

불상(佛像)은 '깨달은 자'인 붓다(Buddha)의 형상을 가리키며 넓은 의미로는 보살상(菩薩像), 신장상(神將像), 조사상(祖師像) 등을 포함한 불교 조각을 통칭한다. 부처님의 가르침과 함께 전 세계로 전파된 불상에 대해 '언제 어디서 누가 어떻게 처음 조상(造像)하였는가'라는 주제로 오랜 세월 연구되어 왔다. 인도 고대미술사와 고고학을 중심으로 불교사와 문화사를 포함하여 연구되어 왔는데, 아직까지도 명확히 밝혀지지 않은 점도 많고 이견(異見)이 분분하다. 특히 경전에 나타난 부처님께서 전법하실 때의 최초 조상설(造像說)과 불교조각을 통해 확인되어진 입멸(入滅) 400년 후(기원후 1세기경)의 최초 조상설에는 확연한 차이가 있다.

## 1) 불경(佛經)에 의거한 조상설

통상적으로 우리나라 불자들은 불상 조상(造像)의 기원을 부처님의 생전 시기로 믿고 있는데, 이는 불상이 인도 우전왕(優塡王, 于闐王, Udayana)에 의해 최초로 조상되었다는 '우전왕 조상설'이 기록된 한역(漢譯) 경전과 처음으로 중앙아시아의 파미르 고원을 넘은 중국의 구법승(求法僧) 법현(法顯, 5세기) 스님과 『대당서역기(大唐西域記)』의 저자 현장(玄奘, 7세기) 스님의 순례기(巡禮記) 등에 영향을 받았기 때문이다.

한역 경전 중 북방 불교권에 전해진 『증일아함경(增一阿含經)』은 아함부 경전 가운데 대승사상(大乘思想)을 수용하며 성립된 것으로 이 경의 권28 「청법품(聽法品)」의 승천설법(昇天說法) 중에 불상을 조상한 기원이 나온다.

> 부처님께서 사위국(舍衛國) 기원정사(祇園精舍)에 계실 때 도리천(忉利天)에 계신 어머니 마야부인(摩耶夫人)을 위하여 천주(天主)인 석제환인(釋提桓因)의 청을 받아들여 3개월간 천상에서 설법을 하시었다. 그때에 지상의 대중 가운데 발차국(拔差國)의 우전왕이 오랫동안 부처님을 뵐 수 없게 되자 그리워하다 병이 생겼다. 이에 대신들이 우전왕에게 부처님의 형상을 조상(造像)하여 부처님 대신 예배드릴 것을 청하였다. 마침내 우전왕은 나라 안의 장인(匠人)을 모아 우두전단향나무[牛頭栴檀香木]로 5척(尺)의 목불상을 조상하여 모시었다.
> 그 후 부처님께서 수미산(須彌山) 정상으로부터 지상에 이르는 금·은·수정으로 된 삼도보계(三道寶階)를 타시고 범천(梵天)과 제석천(帝釋天)의 대중과 함께 내려오시자 우전왕이 그동안 예배드리던 목불상을 모시고 부처님을 맞이하러 갔다. 그때 부처님께서 불상 조상의 공덕에 대해 말씀하시기를, "불상을 조상한 복은 천안(天眼)을 얻고 형체를 항상 완전히 갖추고 바른 뜻을 지녀 미혹(迷惑)하지 않으며, 힘은 보통사람의 배가 되고 악취(惡趣)에 떨어지지 않으며, 마침내 천상에 태어나서 천왕(天王)이 되고 이름도 사방에 멀리 떨친다"라고 하셨다. 그 후 이 소식을 들은 가시국(迦尸國)의 파사익왕(波斯匿王)도 자마황금(紫磨黃金)으로 금불상을 조상하였다.

그런데 경전을 중심으로 역사를 살펴보면 『증일아함경』이 원시불교(原

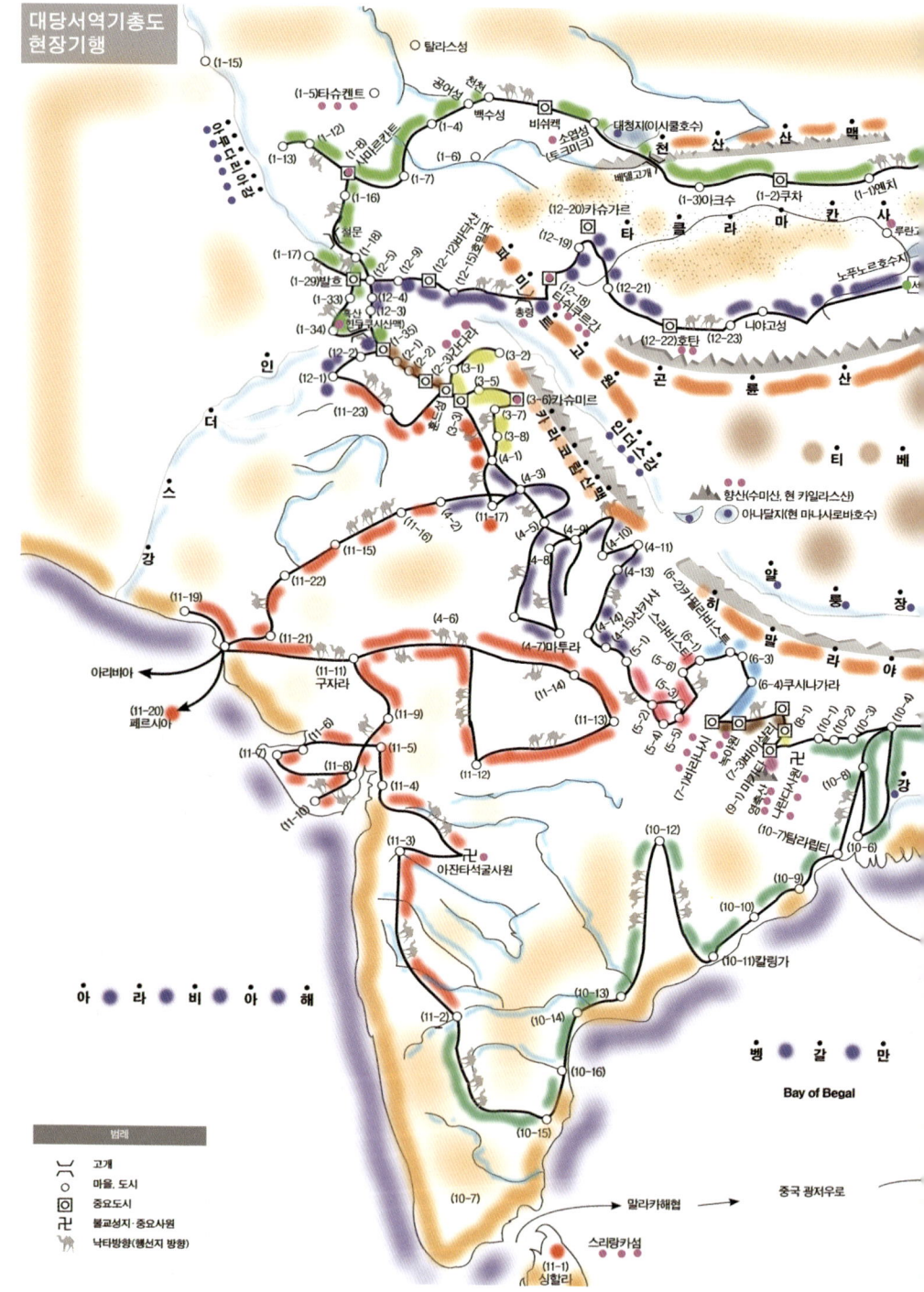

도1-12 현장 스님 대당서역기 지도

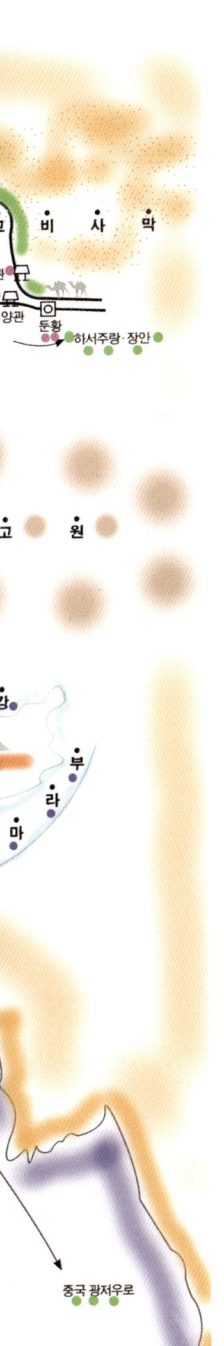

(1-1) 옌치(焉耆/Karasahr/Arki/아기니국/阿耆尼國)
(1-2) 쿠차(庫車/Kucha/굴지국/屈支國)
(1-3) 아크수(阿克蘇/Aq-su/발록가국/跋祿迦國)
(1-4) 누지칸드(Njkand/노적건국/笯赤建國)
(1-5) 타슈켄트(Tashkent/자시국/赭時國)
(1-6) 페르가나(Ferghna/발한국/拔汗國)
(1-7) 샤흐리스트나(Shahri-stna/솔도리슬나국/窣堵利瑟那國)
(1-8) 사마르칸트(Samarqand/삽말건국/颯秣建國)
(1-9) 마이무르그(Mymurgh/미말하국/弭秣賀國)
(1-10) 카프타나(Kaputna/겁포달라국/劫布呾那國)
(1-11) 쿠샤니아(Kushaniya/굴상이가국/屈霜儞迦國)
(1-12) 카르간카트(Kharghankath/갈한국/喝捍國)
(1-13) 부하라(Bukhara/포갈국/捕喝國)
(1-14) 벌지국(伐地國)
(1-15) 파리쥼(Khwrizm/화리습미가국/貨利習彌伽國)
(1-16) 키쉬(Kishsh/갈상나국/羯霜那國)
(1-17) 토카라(Tukhra/도화라국/覩貨邏國)
(1-18) 테르메즈(Termez/달밀국/呾蜜國)
(1-19) 적악연나(赤鄂衍那)
(1-20) 훌로마(忽露摩國)
(1-21) 수만(愼漫國)
(1-22) 국화연나(鞠和衍那國)
(1-23) 확사나(鑊沙國)
(1-24) 쿠탈(Khuttal/가돌라국/珂咄邏國)
(1-25) 다르와즈(Darwaz/구미타국/拘謎陀國)
(1-26) 바군(Baghn/박가랑국/縛伽浪國)
(1-27) 홀로실민건국(紇露悉泯健國)
(1-28) 쿨름(Khulm/홀름국/忽懍國)
(1-29) 발흐(Balkh/박갈국/縛喝國)
(1-30) 예말타국(銳秣陀國)
(1-31) 호식건국(胡寔健國)
(1-32) 달랄건국(呾剌健國)
(1-33) 가즈니(Ghazzni/게직국/揭職國)
(1-34) 바미얀(Bamiyan/범연나국/梵衍那國)
(1-35) 카피샤(Kapisa/가필시국/迦畢試國)
(2-1) 라그흐만(Laghman/람파국/濫波國)
(2-2) 나가라흐라(nagarahra/나게라갈국/那揭羅曷國)
(2-3) 간다하르(Gandahar/건타라국/健馱邏國)
(3-1) 우디야나(Udyana/오장나/烏仗那國)
(3-2) 볼로르(Bolor/발로라국/鉢露羅國)
(3-3) 탁시라(Taxila/달차시라국/呾叉始羅國)
(3-4) 승가보라(僧訶補羅國)
(3-5) 오랄시국(烏剌尸國)
(3-6) 카슈미르(Kashmir/가습미라국/迦濕彌羅國)
(3-7) 반노차국(半笯嗟國)
(3-8) 갈라사보라국(曷邏闍補羅國)
(4-1) 탁샤르(Takshar/책가국/磔迦國)
(4-2) 지나복저국(至那僕底國)
(4-3) 자란다르(Jalandhar/사란달라국/闍爛達羅國)
(4-4) 쿨루(Kulu/굴로다국/屈露多國)
(4-5) 사트레지(Satlej/설다도로국/設多圖盧國)
(4-6) 바이라트(Bairat/파리야달라국/波理夜呾羅國)
(4-7) 마투라(Mathura/말토라국/秣菟羅國)
(4-8) 타네사르(Thanesar/살타니습벌라국/薩他泥濕伐羅國)
(4-9) 수그(Sugh/솔록근나국/窣祿勤那國)
(4-10) 마테푸라(Mtepura/말저보라국/秣底補羅國)
(4-11) 바라흐마보라(婆羅吸摩補羅國)
(4-12) 고비샤나(Govisana/瞿毘霜那國)
(4-13) 아이치트라(Ahicchattra/악혜체달라국/堊醯掣呾邏國)
(4-14) 비라사나(毘羅刪那國)
(4-15) 산카샤(Sankasya/겁비타국/劫比他國)
(5-1) 카나우지(Kanauj/갈약국사국/羯若鞠闍國)
(5-2) 아유드(ayudh/아유타국/阿踰陀國)
(5-3) 아야목사(Ayamukha/아야목거국/阿耶穆佉國)
(5-4) 프라야가(Prayaga/발라야가국/鉢邏耶伽國)
(5-5) 코삼비(Kosambi/교상미국/憍賞彌國)
(5-6) 비사카(visaka/비색가국/鞞索迦國)
(6-1) 스라바스티(Sravāsti/실라벌실저국/室羅伐悉底國/舍衛城)
(6-2) 카필라바스투(Kapilavastu/겁비라벌솔도국/劫比羅伐窣堵國)
(6-3) 람마국(藍摩國)
(6-4) 쿠시나가라(Kusinagara/구시나게라국/拘尸那揭羅國)
(7-1) 바라나시(Varbnasi/바라날사국/婆羅斯國)
(7-2) 전주국(戰主國)
(7-3) 바이샬리(Vaishali/비사리국/毘舍離國)
(7-4) 불률시국(弗栗恃國)
(7-5) 네팔국(Nepala/니파라국/尼波羅國)

(8-1) 마가다(Magadha/마게타국/摩揭陀國) 상
(9-1) 마가다(Magadha/마게타국/摩揭陀國) 하
(10-1) 히란야파르바타(Hiranya-parvata/이란나벌달국/伊爛拏鉢伐多國)
(10-2) 참파(Campa/첨파국/瞻波國)
(10-3) 카추기국(Kacughira/갈주올기라국/羯朱嗢祇羅國)
(10-4) 푼나바르다나(Punna vardhana/분나벌탄나국/奔那伐彈那國)
(10-5) 카마루파(Kama-rupa/가마루파국/伽摩縷波國)
(10-6) 사마타타(Samatata/삼마달타국/三摩呾吒國)
(10-7) 타므리립티(Tamra-lipti/탐마율지국/耽摩栗底國)
(10-8) 카르나수바르나(Karnasuvarna/갈라나소벌랄나국/羯羅拏蘇伐剌那國)
(10-9) 우드라(Udra/오다국/烏荼國)
(10-10) 콩고다(Kongoda/공어타국/恭御陀國)
(10-11) 칼링가(Kalinga/갈릉가국/羯陵伽國)
(10-12) 코살라(Kosala/교살라국/憍薩羅國)
(10-13) 안다라(Andhra/안달라국/案達羅國)
(10-14) 단야카타카(Dhnya-kadaka/타나각책가국/馱那羯磔迦國)
(10-15) 초다국(Coda/주리야국/珠利耶國)
(10-16) 드라비다(Dravida/달라비다국/達羅毘荼國)
(10-17) 마라쿠타(Malakuta/말라구타국/秣羅矩吒國)
(11-1) 싱할라(Sinhala/승가라국/僧伽羅國)
(11-2) 콩카나푸라(Kongkanapura/공건나보라국/恭建那補羅國)
(11-3) 마하랄타(Maha-raltra/마하랄타국/摩訶剌佗國)
(11-4) 바루카차파(Bharukacchapa/발록갈첩파국/跋祿羯呫婆國)
(11-5) 말라바(Malava/마랍파국/摩臘婆國)
(11-6) 아타리국(阿吒釐國)
(11-7) 계타국(契吒國)
(11-8) 발라비(Valabhi/벌랍비국/伐臘毘國)
(11-9) 아난타푸라(Ananda-pura/아난타보라국/阿難陀補羅國)
(11-10) 수랏타국(Surata/소랄타국/蘇剌吒國)
(11-11) 구자라(Gurjara/구절라국/瞿折羅國)
(11-12) 웃자얀(Ujjayan/오사연나국/鄔闍衍那國)
(11-13) 척지타국(擲枳陀國)
(11-14) 마하스마티푸라(Mahāsmatipura/마혜습벌라보라국/摩醯濕伐羅補羅國)
(11-15) 신두국(Sindhu/신도국/信度國)
(11-16) 무라삼부국(茂羅三部盧國)
(11-17) 파르바타(Parvata/발벌다국/鉢伐多國)
(11-18) 아점파시라국(阿點婆翅羅國)
(11-19) 낭가라(Langala/낭게라국/狼揭羅國)
(11-20) 페르시아(Persia/파라사국/波剌斯國)
(11-21) 피타사일라(Pitasaila/비다세라국/臂多勢羅國)
(11-22) 아반다국(Avanda/아찬다국/阿黐荼國)
(11-23) 벌랄나국(伐剌拏國)
(12-1) 조구타국(漕矩吒國)
(12-2) 불률사실담나국(弗栗恃薩儻那國)
(12-3) 안다랍(Aandarab/안달라박국/安呾羅縛國)
(12-4) 코스트국(Khost/활실다국/闊悉多國)
(12-5) 와르국(War/활국/活國)
(12-6) 몽건국(瞢健國)
(12-7) 아리니국(阿利尼國)
(12-8) 갈라호국(曷邏胡國)
(12-9) 키심국(Kishim/흘름슬마국/訖栗瑟摩國)
(12-10) 발리갈국(鉢利曷國)
(12-11) 희마달라국(呬摩呾羅國)
(12-12) 바닥산국(Badakhshan/발탁창나국/鉢鐸創那國)
(12-13) 음박건국(淫薄健國)
(12-14) 굴랑나국(屈浪拏國)
(12-15) 호밀국(鏖蜜/Wakhan/달마실철제국/達摩悉鐵帝國)
(12-16) 쉬그난(Shighnan/시기니국/尸棄尼國)
(12-17) 상미국(商彌國)
(12-18) 타쉬쿠르간(Tashkurghan/탑이구이간/걸반타국/朅盤陀國)
(12-19) 오쇄국(烏鎩國)
(12-20) 카슈가르(Kashgar/疎勒/거사국/佉沙國)
(12-21) 카르갈리카(Karghalik/哈爾錫里克/작구가국/斫句迦國)
(12-22) 호탄(Khotan/于闐/和田/구살단나국/瞿薩旦那國)
(12-23) 치라(Chira/策勒/비마성/媲摩城)

제1부 불교미술의 이해

31

始佛敎) 경전의 하나로 오래 전에 성립된 것이기는 하나, 전설의 내용과 같이 불상이 조상된 후에 전해졌고 한역된 시기가 AD 384~385년인 점을 참작하여 살펴보아야 하기에 몇 가지 다른 경전의 내용도 함께 비교하며 서술하고자 한다.

도1-13 「삼도보계도(三道寶階圖)」, 바르후트 스투파, 기원전 1세기초, 콜카타 인도박물관 소장

첫째, 오늘날 우리나라에서 조상경으로 알려진 『대승조상공덕경(大乘造像功德經)』과 『우전왕작불형상경(優塡王作佛形像經)』에서는 우전왕이 전단향나무로 불상을 조상하려고 나라 안의 장인을 모았으나, 장인들의 솜씨로는 거룩한 부처님의 모습을 형상화할 수 없음을 헤아린 비수갈마천(毘首羯摩天)이 장인으로 화현하여 조상하였다고 한다.

둘째, 『관불삼매경(觀佛三昧經)』과 중간조상경서(重刊造像經序)에서는 우전왕이 조상한 불상이 주금상(鑄金像)으로 되어 있다. 이 내용을 뒷받침하는 근거는 법현 스님과 현장 스님의 『서역기(西域記)』에서 찾을 수 있는데, 그 당시 인도에는 사위성(室羅筏悉底國, Śravasti)의 파사익왕이 조상한 금불상과 우전왕이 본국(本國)인 교상미국(憍賞彌國, Kauśāmbī)에서 조상한 전단향 목불상이 모셔져 있었다고 한다. 특히 우전왕의 목불상은 모각상(模刻像)을 조상하여 여러 나라의 왕들이 모셨다는 기록이 있다. 그러나 현존하는 불상 관련 자료에는 부처님 생전에 조상된 불상이 없는 관계로 그 증거를 찾기 전까지는 경전의 기록에만 의지할 수밖에 없다.

도1-14 『대당서역기』 사본 권2, 돈황 막고굴, 627~645년, 펠리오 컬렉션, 프랑스 국립도서관 소장

그 밖에도 대승경전인 『법화경(法華經)』과 『작불형상경(作佛形像經)』에서 불상 조상의 공덕을 찬탄한 내용이 있다.

## 2) 불상의 탄생

깨달은 위대한 존재인 부처님을 인간의 형상으로 표현하지 않았던 무불상시대를 지나 400년이라는 긴 세월 속에서 부처님을 직접 만나 가르침을 받던 제자들도 다 역사 속에서 사라졌다. 하지만 불교의 가르침은 면면히 계승되었으며, 이쪽에서 저쪽으로 전해지던 생생한 기억들이 흐릿해 짐에 따라 부처님을 그리워하는 수많은 이들이 부처님의 형상을 직접 만나고 싶다는 열망을 품게 되었다. 인도문화권에서 초기불상이 출현한 것은 석가모니 부처님께서 열반에 드신 후 400여 년이 지난 기원후 1

세기경으로 간다라(Gandhāra) 지역과 마투라(Mathurā) 지역에서 시작되었다. 이 두 지역은 부처님께서 생전에 교화활동을 하시던 불교의 성지(聖地)와는 다소 멀리 떨어진 곳이다. 그렇지만 석가모니 부처님을 기원으로 하여 각 지역 민족의 정서와 미의식을 지닌 도상으로 석상(石像), 목상(木像), 주상(鑄像 : 금속을 부어 만든 상), 토상(土像), 화상(畵像 : 천이나 종이 위에 그린 상) 등이 조성되었다.

### 그리스 헬레니즘의 영향을 받은 간다라풍 불상

간다라(Gandhāra) 지역은 현재 파키스탄의 페샤와르(Peshawar) 분지를 중심으로 스와트(Swāt), 부네르(Buner), 탁실라(Taxila) 등 아프가니스탄의 동부지역을 말하며, 마투라(Mathurā) 지역은 불교 교단이 처음으로 형성된 갠지스강 중류에서 서쪽 지류인 야무나강 유역에 위치한 현재 인도

도1-15 위 : 간다라지역 . 아래 : 마투라지역

**도1-16** 불설법도부조(佛說法圖浮彫), 간다라, 3세기, 고대 오리엔트 박물관 소장

**도1-17** 인도의 가장 오래된 마투라 불상, 3세기, 마투라 박물관 소장

의 마투라시와 그 일대를 일컫는다. 이 두 지역 모두 불교를 전파한 아쇼카왕 재세 시기인 BC 3세기에서 AD 1세기 사이에 불상이 탄생하였다고 추정하고 있다.

오늘날 파키스탄인 간다라 지역은 페르시아 지방과 중국의 교역 중심지로서 동양과 서양의 문화가 만나는 곳, 항상 변화하는 문명의 교차로였다. 기원전 4세기 알렉산드로스왕의 동방원정을 계기로 그리스인들이 이 지역에 정착하면서 그리스·헬레니즘 문화가 유입되고 그 후 인도·그리스풍의 불상이 조성되었다.

간다라 불상의 얼굴을 살펴보면 갸름하고 긴 서구적인 얼굴형, 오뚝한 코, 눈을 반쯤 감고 아래를 내려다보며 사색에 잠긴 듯한 표정과 길게 늘어져 물결치는 머리카락을 하고 있다. 누가 봐도 인도의 불상이라기보다는 서방의 불상 혹은 그리스·로마 신화에 나오는 신들의 모습처럼 보인

도1-18 알렉산더 대왕 은화(銀貨), 기원전 336~326, 히라야마 이쿠오 실크로드 미술관 소장

다. 이국적인 얼굴 아래로 시선을 어깨로 가져오면 양쪽 어깨를 모두 감싼 통견(通肩)에 몸의 굴곡에 따라 달라지는 깊고 사실적인 옷 주름과 두껍게 표현된 옷이 눈에 확 들어온다. 신체를 옷으로 완전히 가리고 있는 모습은 서북쪽 산간지역에 위치한 간다라의 풍토를 드러낸 것이다.

### 인도 고유의 특성을 지닌 마투라 불상

마투라 지역은 매우 덥고 습한 지역으로 간다라 지역과는 달리 외래의 영향을 전혀 받지 않은 곳이다. 따라서 불상 또한 인도에서 예전부터 숭배해 온 신들과 인도 고유의 문화를 토대로 조성되었다. 인도 자생설(自生說)로 유명한 마투라불상의 얼굴은 눈을 크게 활짝 뜨고 미소를 띠고 있는데 마치 깨달음의 순간에 느낀 환희심을 표현한 듯한 환한 표정이 지그시 아래를 내려다 보는 간다라 불상의 모습과 대비된다. 머리는 민머리에 큰 상투를 틀고 소라 모양의 육계를 하고 있고, 오른쪽 어깨를 드러낸 우견편단(右肩偏袒)으로 신체가 그대로 드러나는 얇은 옷을 입고 있다. 옷이 얼마나 얇은지 어떤 불상은 발목이나 어깨의 옷 주름이 없다면 옷을 입었는지 입지 않았는지 알 수 없을 정도여서 나체 같은 느낌을 주기도 한다. 이는 마투라 지역의 습하고 무더운 날씨를 불상에서도 그대로 나타나고 있는 것이다. 좀 더 쉽게 설명하자면, 동남아를 방문해 보면 스님들이 얇은 옷을 입고 어깨를 드러내고 있는 것을 볼 수 있다. 그러나 우리나라의 승복은 양쪽 어깨를 다 가리고 신체를 노출하지 않는다. 이와

도1-19 간다라 지방의 대표적인 산악 사원 유적 타흐티 바히(Takht-i-Bahi), 1세기

도1-20 아쇼카왕 석주(石柱), 기원전 3세기, 바이샬리

도1-21 아쇼카왕 석주(石柱), 기원전 3세기, 라우리야 난단가르

같이 지역의 풍토가 그대로 조각품에도 드러나는 것이라고 할 수 있다.

그리고 1세기초에 조영된 타흐티 바히 사원의 불상 형태는 대승불교와도 관련이 깊다. 대승불교가 일어나면서 양적으로 많은 불상이 여러 도상(圖像)으로 조상되어 각기 별도의 공간에 모시지 않고 한 공간에 함께 조화롭게 모셨는데, 이러한 대량의 불상 조상은 『법화경(法華經)』과 『작불형상경(作佛形像經)』 등 대승경전에 수록된 조상공덕(造像功德)의 내용에 영향을 받아 이루어진 것으로 본다.

이 두 지역 모두 불교를 전파한 아쇼카왕 재세시인 BC 3세기에서 AD 1세기 사이에 불상이 탄생하였으며, 이때 너무나도 다른 간다라와 마투라 두 지역의 불상은 서로 섞이고 영향을 주고 받으며 변화하여 굽타양식의 불상을 만들어 내었고 더 나아가 태국, 캄보디아, 스리랑카, 미얀마 등의 남방 불교권과 중국과 우리나라, 일본 등 북방 불교권의 불상에도 영향을 주었다.

제2부

# 불복장의 기원과 의미

# 1. 복장의 의미와 범주

불복장 신앙은 불상 안에 사리나 경전 등 불법(佛法)을 상징하는 물품을 넣으면 영험이 깃든다고 믿었던 생신사상(生身思想)과 중국 전통 의학과 도교의 신체관, 신선사상이 융화되면서 나타난 것으로 불상이 신성과 위엄 있는 영험한 부처님으로 된다는 중국 특유의 믿음인 상신신앙(像身信仰)에 바탕을 두고 있다. 오늘날 불자들은 누구나 불상에 대하여 정성을 다해 예경을 올리며 불상이 석가모니 부처님을 형상화한 성상(聖像)이라는 의미보다는 불상이 곧 구원과 영험을 나투시는 불멸의 부처님이라고 믿는 것이 바로 상신신앙이다. 그러나 이러한 복장물은 언제부터 시작되었는지 명확하지 않다.

불교 예술품인 불상이나 불화가 살아 있는 부처님과 같은 성스럽고 종교적인 대상이 되는 경건하고 중요한 불복장에 대해서 우리나라에서는 본격적인 연구가 거의 이루어지지 않았다가 최근에 와서야 비로소 다방면으로 연구가 진행되고 있는 실정이다. 뒤늦은 감은 있지만 그나마 다행스럽다는 생각이 든다.

복장(腹藏)이라는 용어는 '장기(臟器)'를 뜻하는 '복장(腹臟)'에서 '모든 것을 다 갖춘 곳집'을 뜻하는 '복장(腹藏)'으로 변천되는 과정을 거치게 되었는데, 그 근본 의미는 '깊이 감추어져 있다', '깊이 감추어 두다'라는 뜻이라고 할 수 있다. 복(腹)은 배로 사람이나 동물의 몸에서 가슴과 다리

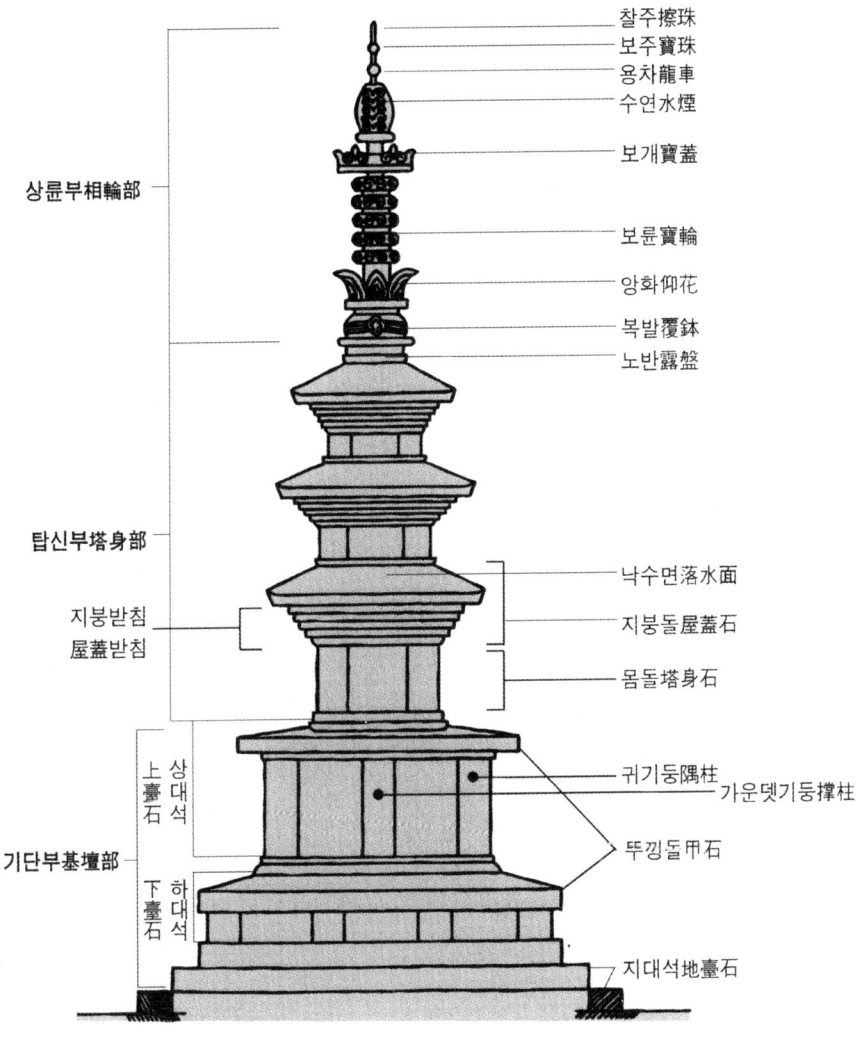

도2-1 탑의 구조와 명칭

사이의 부위인데 신체의 중심이라는 뜻이며, 장(藏)은 '감추다, 숨기다'라는 뜻이며, 옛날에는 오장육부로 쓰이기도 했다. 결국 복장이라는 뜻은 '신체의 오장육부를 배 안에 감추어 숨기는 것'을 말한다.

사전에서 복장을 찾아보면, 한자가 '腹藏'과 '伏藏'으로 병기되어 있는데, 그 뜻은 "땅 속에 묻어 둔 물건, 또는 땅속에 은밀히 숨겨 둔 재물로 지금까지 알려지지 않았던 부처님의 가르침에 비유한다"와 "불상을 만들 때 부처의 가슴속에 금·은·칠보 따위를 넣는 일"이라고 설명되어 있다. 또 복(伏)은 잠복(潛伏), 은밀히 숨기는 것을 뜻하며 금·은·보석의 보물들을 땅속에 숨기고 있는 것이 복장이라고 『불소행찬(佛所行讚 : 인도의 마명 스님이 석가모니 부처님의 생애를 찬술한 것)』, 『교행신증(敎行信證 : 정토의 경론을 발췌하여 만든 책)』에 나와 있다.

보통 복장물이라 함은 불복장(佛腹藏)의 의미로 불상이나 불화 속에 모셔진 성물(聖物)을 일컫는데 필자는 탑 속에 모셔지는 성물도 복장물이라고 명칭해야 한다고 생각한다. 왜냐하면 불탑의 구조에 탑신(塔身) 부분이 있고 탑신 속에는 사리와 사리기, 불경, 불상, 탑, 보석, 직물(織物) 등 다양한 성물이 봉안되어 있기 때문이다. 탑은 부처님 신체의 일부인 사리를 모시기 위하여 세워진 조형물로서 탑의 본래 기능은 곧 부처님을 대신하는 신앙의 대상물인지라 불신(佛身)과 동등한 숭배의 위치에 있다. 탑 안에 봉안하여 숭배하던 사리가 점차 신앙으로 유행하여 탑뿐만 아니라 불상의 몸 안이나 불화에 봉안하게 되고 사리를 넣음으로써 불상이 진신(眞身) 부처님이 될 수 있다고 믿었다. 이후 불상이 조성되고 조형물인 불상을 예경의 대상으로 전환시키기 위해 불사리신앙이 확대 변형된 것이 복장물이라 생각한다.

이러한 이론은 최근 정은우 교수가 사리장엄구 형식이 복장물로 합쳐

지면서 복장 물목이 형성됐다고 주장한 바와 같은 맥락(2014년 전통 불복장의식 및 점안의식 세미나)이나 탑 안의 복장물(사리장엄구)은 많은 연구가 이루어져 있는 바, 이 책에서는 불상과 불화에 봉안된 복장물에 대해서만 설명할 것이다.

  아울러 우리나라에서 복장(腹藏)이라는 용어가 최초로 기록된 것은 고려시대 이규보(李奎報)의 『동국이상국집(東國李相國集)』 전집(前集) 25권(1241년)에 실린 「낙산관음복장수보문병송(洛山觀音腹藏修補文幷頌)」의 내용이다. 그 후 개운사(開運寺) 목조아미타불(보물 제1649호, 1274년)의 발원문 내용에서도 복장물 납입에 대한 기록을 찾을 수 있다.

# 2. 인도 고대 불상 복장물

부처님의 몸에서 나온 사리는 그 어떤 것과도 비교할 수 없는 절대적인 신성함을 갖고 있었다. 이러한 사리를 봉안한 탑은 부처님 존재 그 자체로 여겨 매우 신성시한 가장 으뜸의 성보였다. 그렇기 때문에 사리의 봉안 유무(有無)는 탑에 있어서도 상당히 중요한 문제였다. 대중부의 율장인 『마하승지율(摩訶僧祗律)』에서는 사리가 있는 것은 스투파(stūpa, 탑)라고 하고, 사리가 없는 것은 차이티야(caitya, 枝提)라 하여 사리의 존재 여부에 따라 엄격하게 구분하였다. 또한 간다라 지역과 마투라 지역에서는 비록 불상이 조성되었어도 불탑은 사원의 중앙에 위치하고, 불상은 불탑의 가장자리에 있었다. 불상이 불탑에 비해 우위에 서지 못하였으니, 그만큼 사리는 그 당시 사람들에게는 매우 신성한 신앙의 결정체로서 부처님의 존재 그 자체로 경배되었다.

그리고 인도 간다라 지역에서 처음으로 복장물을 납입하기 시작하였는데, 불상에 불사리를 모시기 위해서는 불상의 일부에 구멍이 필요했다. 이러한 형상을 하고 있는 간다라 불상은 약 50여 기가 현존하며, 이 공간에 사리와 사리장치, 사리 대체물인 보주(寶珠)를 봉안했을 것으로 추측하고 있다. 사리를 봉안하기 위한 최적의 공간은 불상의 제일 상단이자 중심부분인 육계[肉髻, 우슈니샤(uṣṇiṣa)] 부분이다. 그런데 불상의 육계의 홈에 대해서는 이견이 있으므로 짚고 넘어가고자 한다.

문명대 교수는 「인도·중국 불복장의 기원과 한국 불복장의 전개」에

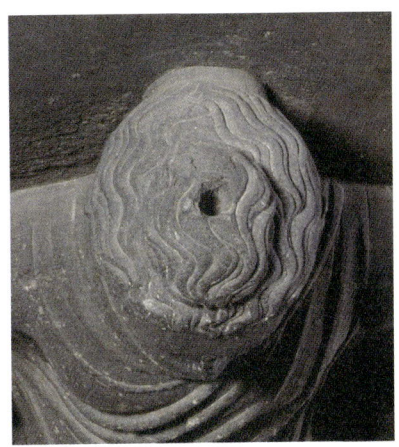

도2-3 육계에 홈이 있는 불상 부분

도2-2 육계에 홈이 있는 불상.
간다라 타흐티 바히, 쿠샨시대, 2~3세기,
높이 50.8cm, 너비 21cm, 영국박물관 소장

서 "간다라 불상의 정상에 있는 계주공(髻珠孔)을 상투구슬[髻珠]을 꽂기 위한 용도가 주목적이었던 것으로 해석해야 옳다. 왜냐하면 이 계주는 간다라 초기불상에서는 머리카락을 모으기 위한 장식 보석이었지만, 32상 80종호 의궤가 정착되면서 빛과 관련된 신성을 나타내었고 점차 진리를 상징하기 시작했다"고 주장하면서도 문 교수 역시 인도에서 사리를 봉안했을 가능성을 전혀 배제할 수는 없다고 하였다.

동아시아에서 육계라는 용어는 정수리의 살이 상투처럼 솟아서 올라 있는 모양을 가리킨다. 간다라 불상에서는 이 부분이 풍성한 머리카락을 묶어 올린 것처럼 보이지만 실제로는 상투처럼 솟은 부분에 머리카락을 모아 솟아오르게 표현했을 가능성도 있다. 왜냐하면 '우르나(urna)'는 미간의 하얀 터럭 즉 백호(白毫)를 뜻하는데 불상에는 둥근 점이 돌출된 모양으로 조성되었기 때문이다.

그러나 불상의 육계 부분에서 사리가 발견된 예는 한 점도 없다. 실제로 사리가 있었던 불상은 매우 잘 만들어진 수작(秀作)이었을 것이므로 귀중한 문화재가 파괴되고 도굴되는 현실에 비추어 보자면 없는 게 이상한 일이 아니다. 또한 변고가 닥쳤을 때 스님들이 사리만을 빼내어 다른 곳에 봉안하였을 수도 있다고 본다.

인도 불상 중 육계 부분은 아니지만 사리가 발견된 예는 나가르주나콘다에서 발견된 3세기 불상이 유일하다. 불상의 대좌 양 발 사이의 지름 1.3cm 정도의 작은 구멍에서 금제 원통형 사리기가 나왔는데 95개의 작은 구슬과 뼈의 재 같은 것이 들어 있었다.[1] 간다라 불상처럼 육계 부분에 구멍을 내고 사리를 봉안하는 것은 현재 스리랑카에서 볼 수 있는 방법이며, 우리나라를 비롯한 불교권 국가에서는 불상의 밑바닥이나 등 부분에 구멍을 내어 복장물을 납입한다.

이주형 교수는 간다라 불상의 사리 납입에 따라 몇 가지 양식으로 분류하였는데, 그중 불상의 정상부인 육계에 사리를 안치하고 육계가 분리

---

[1] T.N. Ramachandran, Nagarjunakonda 1938, Memoirs of the Archaeological Survey of India : No. 71.

되어 육계가 아래로 내려져 참배할 수 있게 되어 있는 분리형과 육계가 분리되지 않고 사리공이 뚫려 있는 형태가 있다고 하였다. 이 사리공은 상의 크기에 따라 다르나 대체로 작은 유골 조각을 넣을 수 있을 만한 크기로 얕게 파여 있다고 하였다.

  초기불상에서 불상의 가장 높은 정수리 부분에 사리를 모셨던 흔적을 시작으로 오늘날 불상의 복장물 봉안 위치를 살펴보면 정수리에서 등판, 몸통으로 차차 아래로 내려오게 된다. 이후 중국으로 넘어오면서 생신(生身)신앙의 영향으로 신체의 장기를 의미하는 복장물이 형태를 갖추어 봉안되고 불상의 소재와 봉안 기법에 따라서, 또한 불상의 내부가 넓어져서 복장물의 종류는 불사리(佛舍利)로부터 200여 가지의 다양한 장엄구로 발전되었음을 알 수 있다. 그러므로 불상 복장물의 시원(始原)은 간다라 불상이라고 할 수 있을 것이다.

# 3. 중국 고대 불상 복장물

중국에 불교가 전래된 것은 후한(後漢, 25~220) 시기인 기원 후 1세기경이다. 중국의 불교 전래의 기록 중에서 가장 이른 시기로 보는 명제구법설(明帝求法說)에 의하면, 후한 명제(明帝)의 꿈에 금인(金人)이 나타나 몸에 빛을 내며 날아다녔다고 한다. 이에 명제가 신하들에게 금인을 가리키며 어떤 신(神)인지 물었다. 이에 신하들이 부처님[佛]이라고 하면서 불신(佛身)은 몸에서 금빛이 나고 허공을 날아다닌다고 대답하였다. 이에 명제가 서역으로 사신을 파견하여 불법(佛法)을 구해 왔다고 한다.

불교가 처음으로 유입된 후한시대에 불상은 부처님으로서 예배의 대상이라기보다는 신선사상(神仙思想)의 도교적인 선인(仙人) 또는 신선(神仙)과 같은 존재로 이해하였다. 또한, 중국불교는 인도불교처럼 무불상시대를 거치지 않고 불교가 유입될 때 불상과 함께 사리와 불경을 모셔왔고 스님들이 전법활동을 왕성하게 하였기 때문에 불사리를 숭배하는 신앙도 일찍이 성행했을 것으로 추정하고 있다.

중국의 불상 내 사리 봉안에 대한 문헌은 여러 가지 있는데 혜교 스님(慧皎, 497~554)의 『고승전(高僧傳)』을 보면 도안 스님(道安, 314~385)이 창건한 단계사(檀溪寺)에 "외국에서 전래된 오래된 기이한 동제 불상이 있었다. 불상의 형태는 아름다우나 정계(頂髻)의 형태가 맞지 않는다고 여긴 도안 스님이 제자로 하여금 그 정계를 화로에 녹여 고치게 했다. 그때 광명의 불꽃이 뻗어 나와 법당 안을 가득 채웠기에 자세히 살펴보니 정계 속에 사리 1과(果)가 보였다"[2]고 한다.

또한 『집신주삼보감통록(集神州三寶感通錄, 664)』에 의하면, 동진(東晋)의 의희(義熙) 연간(405~418)에 광주자사(廣州刺史)인 조규(刁逵)가 장간사(長干寺)에 있던 유명한 아육왕상(阿育王像)을 모조하고 그 정계 안에 사리를 넣었다고 한다. 그리고 서쪽에서 온 상들이 빛을 발하는데 사리가 있는 경우가 많았기 때문이라고 하였다.[3]

이러한 양상을 띠고 있는 현존하는 금동불은 3세기 하버드대학 새클러박물관 소장 금동불, 4세기 도쿄국립박물관 소장 금동불좌상, 오타니(大谷)탐험대가 발견한 금동불두, 후지유린칸 소장 금동불과 1979년 중국 산시성(陝西省) 창안현(長安縣) 스포쓰촌(石佛寺村) 출토 좌상이 대표적이다. 그중 하버드 새클러박물관 소장의 금동불좌상은 간다라 불상의 영향을 가장 많이 받은 불상이며 복장물 봉안과 연관성이 있을 것으로 짐작된다. 이 시기의 불상을 제외하곤 중국 불상의 육계에 사리를 봉안하는 경우는 매우 드물다.

새클러박물관 소장 금동불좌상은 3세기경에 제작된 것으로 추정된다. 선이 굵게 조각된 얼굴에 콧수염이 있고 옷 주름을 매우 사실적으로 표현하였으며, 선정인을 취하고 화염(火焰)이 장식되어 있는 석가불좌상이

---

2   "有一外國銅像 形製古異. 時衆不甚恭重. 安曰 像形相致佳 但髻形未稱. 令弟子爐治其髻, 既而光焰 煥炳耀滿一堂. 詳視髻中見一舍利. 衆咸愧服. 安曰 像既靈異不煩復治乃止. 識者咸謂 安知有舍利故出以示衆"(T2059, 50:352b18-22; 'T'는 『大正新修大藏經』의 수록번호. 다음은 권과 면수, 단락을 지칭).

3   "既成 逵以舍利 著像髻中. 西來諸像 放光者多 懷舍利故也."(T2106, 52:411a12 -14). cf. T2122, 53:601b11.

도2-5 금동불좌상 부분

도2-4 금동불좌상, 32.9cm, 중국 3세기, 하버드대학 새클러박물관 소장

다. 등 뒤의 화염은 조로아스터교[拜火敎]의 영향을 받은 것으로 짐작되는데, 서아시아에는 불교가 들어오기 전부터 배화교가 있었고 불교를 받아들이는 과정에서 영향을 주었을 것으로 생각된다. 이러한 화염 문양은 우리나라 초기 고대불상의 광배의 전형적인 문양이 되었으며, 오늘날에도 응용되어 유행되고 있다.

이 불상에서 주시할 부분은 불상의 육계[頂髻]에 인도 고대불상과 같이 방형 구멍이 있다는 점이다. 육계 윗부분의 방형의 구멍에 대해 일본학자인 구마가이 노부오(熊谷宣夫)는 구멍 안에 작은 방형의 용기가 있었을 것으로 추정하였으나[4] 2003년 하버드대학 로즌필드(John Rosenfield)

---

4  熊谷宣夫,「コオタン將來の金銅佛頭」,『美術研究』200(1958), pp.97~98.

교수의 조사에 따르면, 구멍 안을 조사해 봤으나 특별한 것은 찾지 못했다고 한다.[5] 도판 상으로는 구멍의 깊이나 홈의 상태를 상세히 알 수 없지만 이 구멍은 사리를 모시기 위한 공간으로 간다라 불상의 영향을 받은 것이 확실하다는 생각이 든다. 또한 불상의 크기에 비해 육계가 크고 널찍하여 계주공으로 보기에는 구멍이 너무 크므로 필자는 분명한 사리공으로 본다.

초기 불교시대의 불교계 상황을 고찰해 보면, 하버드 새클러박물관 소장의 3세기에 조성된 금동석가불 좌상은 중국에서 자생적으로 발생한 것이 아닌 인도에서 시작된 것으로 중국 고대불상의 불복장 시원(始原)이라고 추측할 수 있다. 한편 이렇게 육계에 사리를 봉안했던 방식이 불상의 밑바닥이나 등에 구멍을 내서 내부에 복장물을 납입하는 방식으로 변화되었을 것으로 추정된다.

## 1) 상신신앙의 등장과 시대적 변화

상신신앙은 중국 전통 의학과 도교의 신체관, 신선사상이 융화되면서 나타난 것으로 불상이 신성과 위엄 있는 영험한 부처님으로 되는 신앙을 말한다. 이와 같은 상신신앙은 『속고승전(續高僧傳, 649년)』에 나오는 보명(普明) 스님의 전기에서 볼 수 있다. "6세기 천태산(天台山) 국청사(國淸寺)의 승속이 금동노사나불좌상(金銅盧舍那佛坐像)을 조성하려 하는데 조계촌(曹溪村)에서 온 사람이 금 11량을 상신(像身)에 넣어달라고 시주하고 사

---

5   이주형, 「간다라 불상과 사리 봉안」, 『중앙아시아연구』, 09(2004), p.133, 각주16.

라졌다"는 것이다. 여기서 상신은 불신(佛身)이며 생신(生身)을 뜻한다.

또한 도교의 문헌기록인 두광정(850~933)의 『도교영험기(道敎靈驗記)』 중 「소성관천사험(昭成觀天師驗)」을 살펴보면 "열두 마디가 있는 후롱(喉嚨)을 만들어 넣었으며 유색의 비단을 꿰매어 만든 5장(五臟), 장(腸)·위(胃)의 모형을 납입하였다. 5장 모형의 내부에는 5색의 향로를 넣었으며 심장 모형에는 수은으로 만든 거울을 봉안했다"고 한다. 그리고 이 상은 보통의 상과는 달리 매우 영험했다고 한다.

이러한 상신신앙의 영향으로 3~4세기 이후에는 불상 내부에 봉안되

도2-6 석가여래입상, 북송 985년, 높이 160cm, 일본 교토 세이료지(淸凉寺) 소장

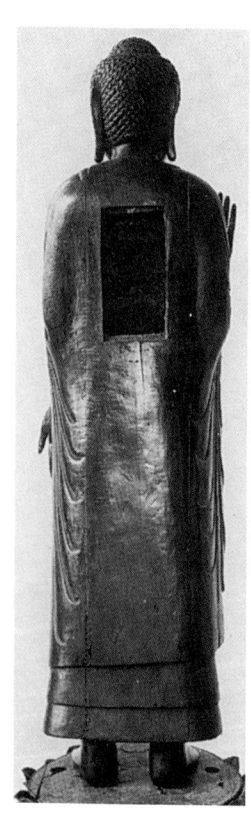

도2-7 석가여래입상 후면

는 복장물이 다양해졌으며, 초기 불상의 육계[頂髻]에 안치하였던 사리는 6세기가 되면서 불상의 몸 안에 봉안되기 시작하였다. 불상의 내부에 불사리와 사리구를 비롯하여 인체의 장기 모양을 본뜬 성물이나 그 의미를 지닌 성물, 또는 보물·직물·화폐·향료·장신구 등이 봉안되었고, 이러한 것은 6세기경부터 복장물을 시주받아 불상에 봉안하는 의식이 보편화된 것으로 보인다. 또한 이 시기에 불상의 내부공간도 넓어지는 경향이 생긴 점으로 미루어 보면 다양한 형태의 다량의 복장물이 봉안되었을 가능성을 뒷받침한다.

그 후 8세기경부터 당나라의 의학과 도교사상 그리고 장례 풍습으로 인하여 조사의 유해를 보존한 육신상(肉身像)의 영향을 받아 불상 내부에 장기(臟器) 모형(模型)의 복장물이 봉안되었다. 이러한 불복장의 근거가 되는 불서(佛書)가 당나라 때부터 한역(漢譯)되었는데 지금 복장경으로 유행하고 있는 『조상경(造像經)』과 이름은 다르지만 복장과 의식에 대한 불서인 것만은 확실하므로 아래에 소개한다.

① 불설금강정유가최승비밀성불수구즉득신변가지성취다라니경(佛說金剛頂瑜伽最勝秘密成佛隨求卽得神變加持成就陀羅尼經) : 중국 삼대(三大) 역경가(譯經家) 중 한 명인 당(唐) 밀교 역경승 불공삼장(不空三藏)이 번역. 죄를 멸하고 성불하는 데 으뜸가는 법으로 수구즉득다라니(隨求卽得陀羅尼)를 설한 경.

② 묘길상평등비밀최상관문대교왕경(妙吉祥平等秘密最上觀門大教王經) : 대정장(大正藏)[6], 1192 : 요(遼)의 자현(慈賢) 스님이 번역. 마하삼매

---

[6] 일본 『대정신수대장경(大正新修大藏經)』, 『신수대장경(新脩大藏經)』의 약칭.

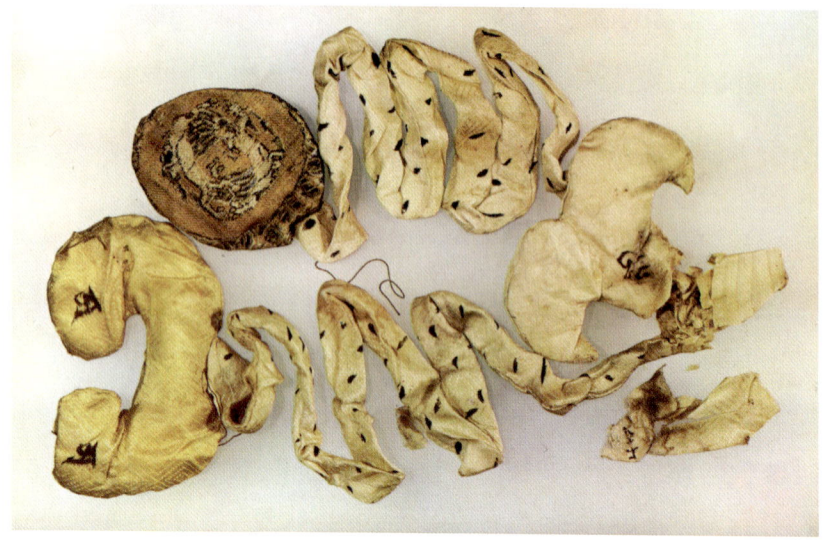

**도2-8** 석가여래입상 장기 모형의 복장물(오장五臟), 북송 985년, 일본 교토 세이료지(淸涼寺) 소장

야비밀내법(摩訶三昧耶秘密內法)으로 수행하면 속히 성불한다는 법문을 설한 경.(출처 『불광사전』)

③ 불설불모반야바라밀다대명관상의궤(佛說佛母般若波羅蜜多大明觀想儀軌) : 대정장(大正藏) 색함(塞函)[7], 1152 : 11세기 초 북송(北宋)의 인도승 시호(施護)가 번역한 1권으로 된 이 경은 불모반야바라밀다다라니와 그 관상법을 설한 경전.

불상 내 장기 모형 중 가장 활발하게 연구된 것은 985년에 북송 태주 개원사(開元寺)에서 일본의 구법승 조넨(奝然, 938~1016) 스님이 발원한 세

---

[7] 대장경을 대분하는 단위로 편찬된 종의 순서에 따라 여러 권의 책을 지정된 상자에 넣어 두는 형식인 함(函)을 사용하였는데, 색함은 『북송관찬대장경』 판각 이후 송나라에서 새로이 한역하여 전래된 불전을 수록한 것이다. 출처 : 대장경 천년 엑스포기본구상(안) 2008. 12 경남발전연구원.

이료지(淸凉寺) 석가여래입상이다. 이 불상은 일본의 교토 세이료지로 이안되었고 1954년 조사할 때 불상의 등 뒤에서 비단으로 제작된 장기 모형의 복장물과 아울러 경전, 판화, 보리수 염주, 사라수 잎, 금동방울 등이 발견되었다. 두부 잇몸 부위에 해당하는 곳에서 불아사리, 미간 뒤쪽으로 동경 1매, 흉부 좌우 유두 부위에서 구슬 2과를 감입한 것도 밝혀졌다.

이러한 불상 내 장기 모형은 시대적 특징을 보이는데 북송(北宋)대 산동성 영암사 나한상 장기 모형에서는 솜과 직물로 만들어진 장기 모형을 볼 수 있고, 가나가와 현립 역사박물관 목조반가보살좌상에서는 마포제(麻布制) 장기 모형에 곡물과 향으로 속을 채운 장기 모형이 발견되었다.

원말명초에 조성된 교토국립박물관 소장 금동관음보살좌상에서는 직물과 금속의 혼합된 장기 모형이 발견되었는데 이 보살좌상에서는 하나는 비단과 솜으로, 다른 하나는 얇은 금속판으로 제작된 두 쌍의 장기 모형이 발견되었다. 명말청초로 가면서 1653년 조성된 일본 나가사키(長岐) 소후쿠지(崇福寺) 석가모니불좌상에서는 은제 장기 모형이 발견되어 금속으로 만들어진 장기 모형이 제작되었음을 알 수 있다.

## 2) 복장물의 새로운 양상

불상의 인체상과 육신성을 강조하던 복장 조상양식과 의식은 11세기에 큰 변화가 일어난다. 기존의 불상을 인간의 신체처럼 장엄하는 상신신앙의 전통인 장기 모형의 복장물을 납입하는 방식에서 법사리(法舍利)로서 경(經)·율(律)·론(論) 3장(三藏)을 봉안하는 식으로 변화하였다. 또한 정토신앙(淨土信仰)이 주를 이루던 강남지역부터 아미타불 48대원이나 시주자의 발원문을 봉안하는 새로운 양식의 복장의식이 행해진다. 이러한 내용은 남송 1157년경에 진실(陳實)이 편찬한 『대장일람집(大藏一覽集)』 「조상품(造像品)」에 나와 있는데 『대장일람집』은 우리나라 『조상경』의 원본이 담긴 것으로 자세한 연구가 필요하다.

아미타불 48대원을 납입한 예는 송나라의 관료인 양걸(楊傑)이 항주 정자사의 아미타불상 조상을 기념하여 지은 「정자사칠보미타상기(淨慈寺七寶彌陀像記)」에 나와 있다. 정자사의 수일(守一) 스님은 칠보로 아미타불을 만들었는데 불사에 동참한 48인에게 아미타불 48대원을 하나씩 쓰게 하여 48명 중생의 마음을 담아 불상 안에 봉안하였다.

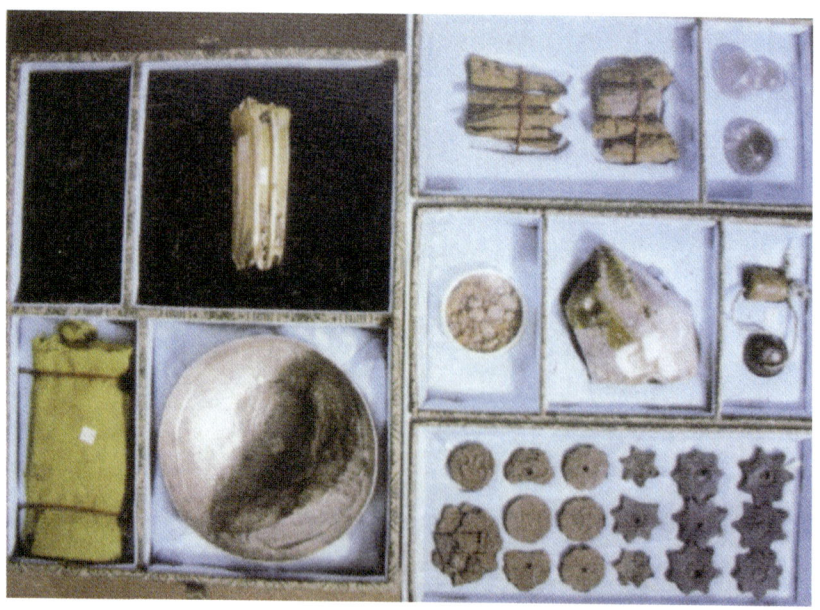

**도2-9** 산서성 불궁사 석가탑 2층 석가모니불 좌상 복장물, 산서성 응현, 요(遼, 1056년), 탑높이 67.31m, 탑찰(塔刹) 높이 10m, 불궁사 소장

또한 원조 율사(元照律師, 1048~1116)가 지은 「무량원조미타상기(無量院造彌陀像記)」에 보면, 항주 무량원의 미타전을 건립하면서 전각 안에 봉안할 아미타불을 조성하였는데, 무량원의 용연 스님이 직접 지은 게(偈 : 부처님의 공덕을 찬미하고 교리를 서술한 시구)와 아미타불 대홍서원(大弘誓願)을 불상의 배 부분에 납입하였다고 한다. 이처럼 11세기는 전통적인 장기 모형을 납입하는 방식과 함께 새로운 양식의 복장물이 혼용되어 불상 내 선물 납입이 성행하던 시기였다.

중국 북방에서 번성했던 요나라(遼, 916~1125)의 복장물은 산서성(山西省) 응현(應懸) 불궁사(佛宮寺) 석가탑(釋迦塔, 1056년경)의 4층과 2층에 각기 봉안된 불상 2구가 현재 조사된 요나라 복장물로 유일하다.

1974년 7월 28일 탑을 수리할 때 4층 중앙에서 발견된 석가모니불에서 160점의 복장물이 발견되었는데 997년부터 1137년에 걸쳐 모아서 요대 말기에 봉안된 것으로 보인다. 이 석가모니불상은 소조상으로 목조 뼈대 상단 가슴 부분과 하단에서 복장을 납입하기 위한 시설인 요조(凹槽 : 오목하고 길게 패인 부분)가 발견되었으나 내부의 물목은 소실된 상태였다.

학자들은 앞서 발견된 3층 불상의 은합이 이 요조 안에 있던 물목으로 추정하고 있다.[8] 은합 안에는 승광장위매상십축상(僧光章爲賣常什畜狀, 1102년), 대승팔관재계의(大乘八關齋戒儀, 1112년), 불아사리, 석가설법도 3폭, 7보(호박주, 통폐, 금폐, 수정주, 침향목, 향니병, 은박), 금화 등이 발견되었고, 요조 아래 장방형의 수조(竪槽) 안에는 경전과 전적류가 봉안되어 있었

---

8  國家文物局文物保護科學技術研究所 外, 「山西應縣佛宮寺木塔內發現遼代珍貴文物」, 『文物』 第6期(1982), p.2.

다. 소조 안의 경전은 경(經)·율(律)·론(論) 3장(三藏)이 물목(物目)에 포함되어 법사리로 지칭하며 봉안된 것으로 보고 있다. 2층 석가모니불좌상의 요조 안에서도 복장물이 출현하였는데 은합과 불아사리, 수정 호로병, 향니, 구슬, 수정주, 침향목, 수정석, 호박주, 향니면, 은합의 뚜껑, 황색보자기 등이 발견되었다.

  불궁사 석가탑의 불상은 불상 내부에 장기 모형을 봉안하지 않고 경전이 주를 이루는 법사리와 불아사리를 중심으로 납입물이 변화하고 있다는 것을 보여주고 있으나 요대 복장물의 연구가 다양하지 않아 보편화 되었는지는 알 수 없다.

# 제3부
# 한국의 복장물

한국의 복장물이 언제부터 시작되었는지는 정확하게 알 수 없지만, 7세기 경전인『다라니집경』권 1에 불복장 의식에 대한 다음과 같은 내용이 나와 있다.

"석가불정상(釋迦佛頂像)을 조성하여 7보화좌(七寶華座) 위에 앉히고 단을 만들어 그 위에 불정상을 안치하는데 단의 사방으로 번기, 꽃, 방울, 노리개, 거울, 8향과 5곡과 웅황을 섞어 넣은 5보병, 백개자, 석자(石子) 등으로 장엄하여 다라니 공양과 화(花) 공양·향(香) 공양을 올리면서 다라니 의식을 행한다."

위의 내용에서도 알 수 있듯 여기에서 불단을 장엄하였던 것들이 후에 살펴볼 복장물과 매우 비슷하다.

불복장은 통일신라시대 탑의 사리장엄구에서 발전하여 탑에서 불상으로 성격이 변화되었고 복장물로 변하였다. 이후 고려시대부터 배 부분에 복장을 넣는 불복장 의식이 시작되었다. 그리고 현재까지 밝혀진 한국의 복장물에서는 중국·일본과는 달리 장기모형은 발견되지 않았다.

# 1. 불상 복장물

## 1) 복장의 시원, 고대 불상 복장물

### (1) 감산사 석조미륵보살입상, 석조아미타불입상

경주 석굴암에서 남서쪽으로 4km에 위치한 감산사(甘山寺)는 석굴암 창건(751년)보다 앞선 719년(성덕왕 18년)에 김지성(金志誠)의 원력으로 창건된 사찰이다. 김지성은 부모를 위하여 석조아미타불입상(石造阿彌陀佛立像, 719년, 국보 제81호)과 석조미륵보살입상(石造彌勒菩薩立像, 719년, 국보 제82호)을 조성하여 금당에 봉안하였다. 이러한 사실은 두 불상 광배 뒷면의 명문과 『삼국유사』 권제3 탑상 제4 남월산조(南月山條)[1]에서 찾을 수 있다.

화강암으로 조성된 두 불상은 원만하고 완벽한 상호를 간직한 통일신라 석불의 뛰어난 아름다움을 나타내는 성상(聖像)으로, 광배 뒷면에는 불교적으로나 시대적으로 중요한 사실을 담은 장문(長文)이 새겨져 있다. 총 22행 381자, 21행 389자가 음각되어 있는 것을 2014년에 국립중앙박물관에서 디지털 탁본 방법으로 확실하게 밝혀냈는데, 디지털 탁본이란

---

[1] '개원(開元) 7년 기미(719)년 2월 15일 중아찬 김지성은 돌아가신 아버지 인장(仁章) 일길찬과 돌아가신 어머니 관초리(觀肖里)를 위하여 감산사를 창건하고 석조 아미타상 1구와 미륵상 1구를 삼가 조성하였다. 김지성은 산수를 좋아하여 장자와 노자의 유유자적함을 사모하였고 뜻은 진종(眞宗 : 불교)을 중히 여겼다.'

인공조명으로 유물 표면에 그림자를 만들어 그것을 촬영하여 판독하는 법으로, 유물에 직접적으로 손상을 주지 않으므로 문화재를 보호할 수 있는 매우 좋은 방법이다.

불보살상의 명문에는 김지성(金志誠)이 불상을 조성한 동기와 부처님의 위대함에 대한 칭송이 적혀 있는데, 미륵보살상에는 "719년 2월 15일

도3-1 감산사 석조미륵보살입상(左), 통일신라, 높이 174㎝, 국보 제81호, 감산사 석조아미타불입상(右), 통일신라, 높이 183㎝, 국립중앙박물관 소장, 국보 제82호

도3-2 석조미륵보살입상의 정수리 부문    도3-3 석조아미타불입상의 정수리 부문

도3-4 금동불입상, 통일신라, 높이 30cm, 국립중앙박물관 소장

도3-5 육계에 구멍이 나 있는 통일신라 금동불 입상의 상부

## 육계에 구멍이 있는 통일신라 금동불

2014년 국립중앙박물관에서 〈신(新)소장품 특별 공개-새롭게 선보이는 우리 문화재〉 전이 열렸다. 이 전시에서 통일신라 후기(8세기 후반~9세기) 금동불입상이 첫 선을 보였는데 미국 경매시장에서 구입한 미국인 개인 소장자에게서 2014년 초에 인수한 불상이다.

금동불입상은 높이 30cm, 육계에 구멍이 나 있는 불상으로 거의 완벽한 상태로 보존된 광배와 대좌를 모두 갖추고 있다. 광배에 보석이 장식된 불상은 국내에서는 경주 월지에서 출토된 금동불 중에 1점만 발견되어 이 금동불에 대한 진위 여부에 논란이 많았으나 민병찬(불교조각 전공)을 중심으로 한 전문가와 박물관보존과학실에서 실시한 X선 형광 분석 등 최첨단 성분 분석 결과 통일신라 불상으로 판명되었다. 금동불입상의 육계에 있는 구멍이 금동불의 조상 상 특징인 폭치(幅置)인지, 정상계주공(頂上髻珠孔)인지 사리공(舍利孔)인지는 연구가 필요하나 구멍의 위치와 크기의 비율이 간다라 석불상, 감산사 석불상과 매우 흡사하다.

에 아버지 인장(仁章), 어머니인 관초리(觀肖里)를 위해 감산사 한 곳에 돌로 아미타상 1위와 미륵상 1위를 조성한다"라고 새겨져 있다. 그리고 아미타불상에는 "719년 2월 15일에 명문은 내마 총(聰, 설총)이 짓고, 아버지·어머니·아내·누이 등을 위하여 석아미타상 1위를 조성한다"라고 하였다. 또 김지성이 가족을 위해 감산사를 지었으며 705년에 당나라를 다녀왔다는 기록이 있다.

두 석불상에는 특이하게도 육계 부분에 구멍이 나 있는데 이는 고대 간다라 불상에서 부처님의 사리나 그에 준하는 보석을 봉안하였던 공간과 일치한다. 당시 서역과 중국의 영향을 받은 불상에 사리[복장]를 안치하는 법 또한 같이 전해져서 사리공(舍利孔)이 있었던 것으로 짐작된다.

### (2) 경남 산청 석남암사지 석조비로자나불좌상

도3-6 산청 석남암사지 석조비로자나불좌상, 766년, 상높이 105cm, 무릎폭 83cm, 대좌 71× 110cm, 광배 111×74×16cm, 국보 제233-1호

경남 산청 석남암사지(石南巖寺址) 석조비로자나불좌상(石造毘盧遮那佛坐像, 국보 제233-2호)은 높이 108cm의 통일신라 766년(혜공왕 2년)에 제작된 전형적인 통일신라 석불이다. 불상의 8각 원당형 대좌 중대석에서 높이 14.5cm의 붉고 거무스름한 납석제(곱돌) 항아리를 발견하였는데, 항아리 표면에 15행으로 돌아가며 이 불상의 조성 기록과 766년 영태 2년

(永泰二年)이라는 기록이 남아 있어 정확한 제작 연대와 조성 내용에 대해 알게 되었다. 이 불상의 대좌 내부에 봉안된 복장물을 살펴볼 때 한국 불복장의 시원으로 보고 있다. 비록 배 부분에 넣는 복장은 아니지만 대좌에 사리 장치를 넣은 것을 보면 불복장과 비슷한 발상으로 생각되며 이후 불상의 배 부분에 넣는 복장으로 발전했을 것이다.

이 불상의 발견 경위에 대해서는 매우 길고도 복잡한 이야기가 숨겨져 있다. 석남사 비로자나불좌상의 이야기는 1947년 한국전쟁 직전으로 올라간다. 경남 산청군 석남리에 살던 형제가 산에 나무를 하러 갔다가 이 불상을 발견하고 대좌와 광배는 그대로 놔둔 채 불신(佛身)만 지게에 짊어지고 집으로 모셔왔다고 한다. 그런데 그 일이 있은 지 얼마 지나지 않아 형제의 모친이 시름시름 앓게 되자 동네사람들은 형제가 주워 온 석불 때문이라며 애꿎게 석불을 탓하였다. 결국 형제는 모친의 병환을 위해 가까운 내원사에 석불을 모셔다 드렸고 마침내 내원사 별당에 봉안되었다. 그 후 동네 사람 조씨가 석불을 받치고 있던 대좌 안에서 항아리를 꺼냈다고 하였다.

그러던 어느 날 시간이 훌쩍 지난 1960년대, 전 부산시립박물관장 박경원 씨가 제보를 받고 내원사에 모셔진 비로자나불좌상을 보게 되었고, 광배와 대좌를 찾기 위해 주변을 샅샅이 조사했지만 발견하지 못했다. 그로부터 20여 년이 지난 뒤 1981년에 한 남자가 부산시립박물관을 찾아와 항아리의 매입을 의뢰해 박물관에서 130만원에 구입하게 되었는데 그 항아리가 바로 석남사 비로자나불좌상에서 나온 납석제 항아리였다.

부산시립박물관은 지리산 유적을 조사하다 천왕봉이 보이는 곳에 자리 잡은 석남사 관음암 터에서 하대석과 중대석, 원형의 상대석 등 대좌를 발견하였고, 1986년엔 대좌가 있던 지점에서 2~3m 떨어진 진흙 속에

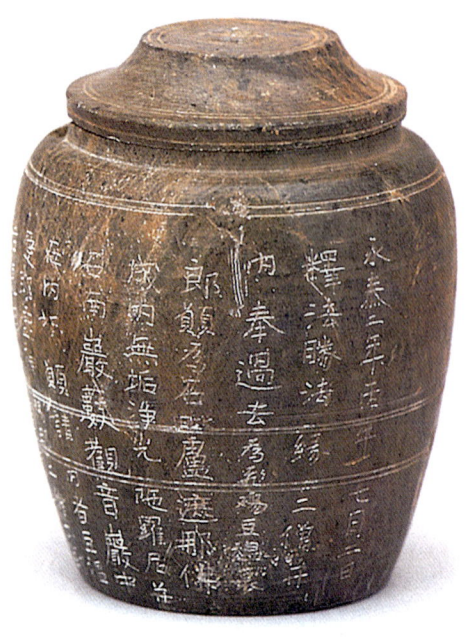

도3-8 사리호 밑면 명문

도3-7 산청 석남암사지 석조비로자나불좌상 납석사리호, 산청군 석남리, 통일신라 766년, 곱돌(납석), 높이 14.5cm, 병높이 12cm, 구경 9cm, 밑지름 8cm, 부산박물관 소장, 국보 제233-2호

도3-9 사리호 뚜껑 안쪽 문양

서 광배도 발견하게 된다. 결국 내원사에 모셔진 비로자나불상과 지리산 조사 당시 발견한 대좌와 광배, 그리고 구입한 항아리가 실측을 통해 한 세트임을 확인하게 되었다. 부산시립박물관에서는 항아리 안에 함께 봉안된 무구정광다라니경을 찾고자 항아리를 처음 꺼낸 조씨에게 연락했는데, 항아리 안에 성냥갑 크기 정도의 청동상자가 있었고 그 안에 재가 된 종이가 가득했는데 강물에 던져버렸다는 대답을 들었다고 한다.

납석제 항아리 몸통 부분과 바닥에는 명문이 있는데, 몸통 부분에 총 136자 15행으로 8~11자씩 이두문(吏讀文) 행서체와 초서체 그리고 반초

서체로 새겨져 있다. "영태 2년 7월 2일에 법승과 법록이라는 스님이 두 온애랑을 위해 석조비로자나불상을 만들고 무구정광다라니경을 함께 봉안해 석남사 관음굴에 안치했다"라는 내용의 비로자나불상 조상기(造像記)로 불상을 조상하여 혼령을 위로하고 불상을 조상한 공양승(供養僧)과 불법에 귀의한 중생의 업(業)이 소멸되기를 바라는 기원문이 새겨져 있는 것이다. 밑바닥에는 4행 22자의 사리호 속의 복장물에 대한 설명이 새겨져 있다.

문명대 교수는 『통일신라 불상조각사 연구』에서 사리호 속에 진신사리, 무구정광다라니경, 약이 들어 있었다는 학설을 발표하였다. 이에 대하여 필자는 명문에 새겨져 있는 무구정광다라니경만 봉안되었을 것이라는 가능성도 있다고 본다. 왜냐하면 항아리 몸통의 원문에 경명(經名)이 분명히 새겨져 있고 시대적으로는 751년경에 제작된 세계 최고의 목판인쇄물이 1966년 10월 불국사 석가탑에서 출현되었기 때문이다.

문 교수는 밑바닥의 22자를 "내물시재지차자은등항성위이개반약환병○위축內物是在之此者恩等恒性爲二個反藥還病○爲逐"으로 읽고 "안의 물품은 이것이다. 이것은 은혜나 항성(영원한 성품, 진리) 등 2개가 되는 데 반하여 약이란 병에 따라(환원) 이를 축출하는 것이다"라고 해석해서 약(藥) 자(字)의 중요성을 강조하였다. 그래서 문 교수는 사리호 안에 진신사리와 법신사리인 무구정광다라니경(無垢淨光陀羅尼經), 그리고 이개(二個)의 하나를 병마를 쫓아준다는 뜻으로 약으로 보고 약도 분명히 들어 있었다고 추정하였다. 즉, 사리호 안에 진신사리, 법신사리, 약이 안립되어 있었다고 추정한 것이다. 하지만 필자는 약(藥) 자(字)가 물질적인 약(藥)이 아니고 무구정광다라니경을 해석한 정신적인 약으로 생각한다. 우선 명문(銘文) 속의 중요한 글자부터 살펴보면 다음과 같다.

\*\* 시(是) : 고대 한자인 전문(篆文)에 시(是)는 日과 正이 합해진 회의
문자(會意文字)이며 가차(假借)하여 '이'의 뜻으로 쓰이는 글자로 바
름, 옳음[正]과 통한다. 이에 시대적으로 바름으로 해석할 수 있다.
따라서 '內物是在'는 '안의 물건은 바른 것이다(在 : 있을 재, 지위나
장소 따위를 차지한다는 뜻)'로 해석해야 한다고 본다.

\*\* 이개(二個) : 독립성이 굳은 성품의 사람(個)의 두 종류를 나타내는
것으로 부처와 중생의 차별 성품으로 해석하며, 중국에서 사람의
수를 세는 단위[個]이다.

\*\* 반(反) : 드물기는 하나 뒹굴(누워서 이리저리 구름) 반 혹은 돌이킬(이
전으로 복귀함) 반으로도 해석된다.

그러므로 필자는 명문(銘文) 22자 전체 문장의 해석을 다음과 같이 한다.
"안의 물건은 바른 것이다. 이것은 은혜로 변하지 않는 성품인 두 사람
(부처와 중생)이 서로 뒹굴게 하니 약이란 병의 ○를 돌아보고 쫓아내게 하
는 것이다"로 번역한다. 이 뜻은 재가 되어 있는 법신사리(法身舍利)인 무구
정광다라니경이 중생의 업을 고쳐서 부처로 만드는 약(藥)으로 비유된 것
인데 이러한 표현은 부처님을 의왕(醫王)으로 보고 자비방편설(慈悲方便說)
과 대기설(對機說)을 응병여약(應病與藥)이나 응병용약(應病用藥)이라고 한
데서 유래된 것이라고 보았기 때문이다.

또한 역사적으로도 불상의 탄생에서부터 8세기 납석사리호가 봉안될
때까지 외국에서 출현된 대표적인 불상의 복장 유물을 살펴봐도 약은
아직까지 발견된 예가 없었고, 약이 우리나라 불상 복장물에서 처음 발
견된 것은 14세기에 조성된 불상의 복장물에서다.

14세기 고려 장곡사(長谷寺) 금동약사불좌상(金銅藥師如來坐像)에 봉안

도3-10  파괴되기 전의 아프가니스탄 바미얀 석굴의 동대불(東大佛), 5~6세기, 높이 38m

되었던 후령은합(喉鈴銀盒) 안에 있던 물목 가운데 약이 처음 나왔는데, 이러한 시대적 흐름을 보았을 때 8세기 불상의 대좌에서 출현된 사리호에 약이 봉안되었을 것이라는 추정은 설득력이 약하다.

그러므로 필자는 우리나라에서 약(藥)이 복장물로 자리 잡기 시작한 것은 복장의식이 성행했던 고려시대부터라고 본다. 아울러 납석사리호의

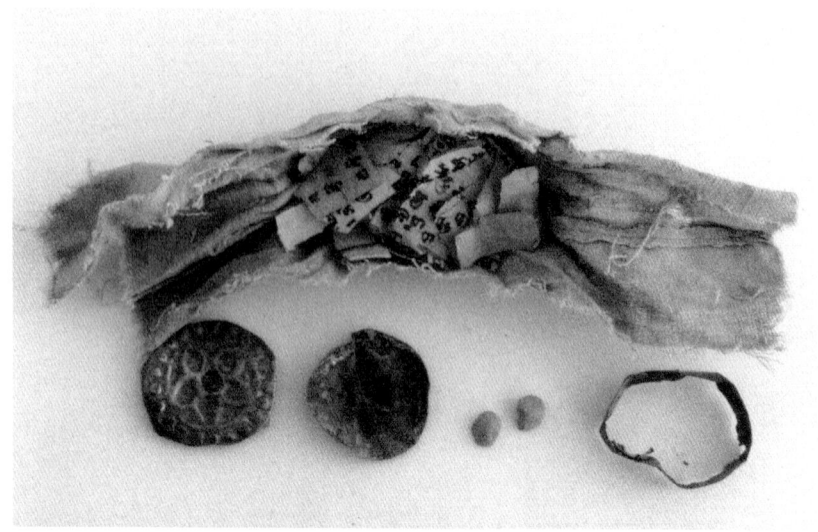

도3-11 바미얀 동대불(東大佛) 폭파 후 자작나무 껍질에 서사(書寫)된 불경사본과 이를 싼 직물, 금속제 용기가 발견되었다. 아마도 대불의 팔 혹은 태내(胎內)에 봉납되었던 것으로 추정된다. 사본의 문자는 7세기경에 사용되었던 것으로, 현장(玄奘) 스님이 한역(漢譯)한 『연기경(緣起經)』에 상당하는 산스크리트 경전 전반부에 해당하는 것이다. 동대불은 조상(造像) 후에 수리가 이루어졌으며, 아마도 그때 납입하였을 것이다.

위치에 대해서는 우리나라 초기불복장의 양식으로 탑사리를 봉안하는 방식을 따랐으며, 또한 8세기 당나라에서 유행하던 다라니집경(陀羅尼集經)의 영향을 받아 대좌에 봉안한 것으로 생각된다.

 중국에서는 11세기 요(遼)나라 산서성 응현 불궁사(佛宮寺) 석가탑 4층 안의 석가모니불좌상의 대좌 아래에서 출현된 대표적인 불복장 사례가 있으므로 복장물의 위치와 명문의 내용에 대한 판단은 독자들에게 맡기고자 한다. 끝으로 위의 납석사리호는 8세기에 조성된 우리나라 최초의 불복장 유물로서 제작기법이나 형태, 서체, 새김법, 명문 내용, 법사리 등 매우 귀중한 가치를 지닌 불교문화유산으로 더욱 면밀한 연구가 이루어지기를 기대한다.

| 시대 | 불상명 | 복장유물 | 약재 |
|---|---|---|---|
| 2~3세기 | 인도 간다라 | 사리, 사리대체물(보주), 사리기, 금박꽃 | 무 |
| 4세기 | 중국 단계사(檀溪寺) | 사리, 사리기 | 무 |
| 6세기 | 아프가니스탄 바미얀 동대불(東大佛) | 사리대체물(니옥 : 진흙으로 만든 구슬), 경전, 보리수엽, 꽃모양금속편 직물, 금속제용기 | 무 |
| 8세기 | 신라 감산사 석불 석남암사지 석불 | 사리호, 사리호 내용물 식별불가 | 무 식별불가 |

표3-1 고대 불상 복장유물과 약재

## (3) 합천 해인사 법보전 목조비로자나불좌상[2]

해인사에는 외형이 흡사해서 쌍둥이 부처님으로 알려진 비로자나불좌상이 2구 있는데 해인사 팔만대장경판을 모신 법보전(法寶殿)에 봉안되어 있던 목조비로자나좌상(木造毘盧舍那佛坐像, 보물 제1777호)과 대적광전에 모셔놓은 비로자나불좌상이다.

법보전 목조비로자나불좌상은 국내에 현존하는 목조불상 중 최고(最古)인 서기 883년에 조성된 불상으로 2005년 개금하는 과정에서 "서원한 대각간님께 등신을 주시며 오른쪽에 앉은 부인님의 등신을 주시며…중화 3년 계묘년 여름 부처님을 금칠하여 이루었습니다"[3]라는 묵서명(墨書銘)이 발견되었다. 묵서명은 불상의 복부 내부에 기록되어 있는데 좌측은 14자, 우측은 대략 17~18자로 이루어져 있다. 비로자나불상 묵서에서 말하고 있는 대각간과 부인이 과연 누구인지에 대한 의견이 분분하다. 혹자

---

[2] 합천 해인사 법보전 목조비로자나불좌상(대적광전, 법보전 비로자나불 복장 유물조사보고서, 2008 / 해인사 비로자나불 복장 유물 특별전, 2008 / 손영문, 해인사 법보전, 대적광전 목조비로자나불상의 연구, 미술사학연구, 2012)

[3] 誓願大角干主燈身賜弥右座妃主燈身△△(우측 묵서명) 中和三年癸卯此像夏節柒金着成(좌측 묵서명)

도3-12 법보전 목조비로자나불좌상, 통일신라, 높이 126cm, 어깨폭 63.5cm, 무릎폭 95.5cm

도3-13 대적광전 비로자나불좌상, 나말여초, 높이 125cm, 어깨폭 64cm, 무릎폭 95.5cm

도3-14 "서원한 대각간님께 등신을 주시며 오른쪽에 앉은 부인님의 등신을 주시며…중화 3년 계묘년 여름 부처님을 금칠하여 이루었습니다"라는 내용의 해인사 법보전 비로자나불 묵서명, 해인사 성보박물관 소장

도3-15 법보전 비로자나불 복장, 사리호, 해인사 성보박물관 소장

도3-16 법보전 비로자나불 복장, 무공심주, 해인사 성보박물관 소장

도3-17 법보전 비로자나불 복장, 은제8엽연봉, 해인사 성보박물관 소장

도3-18 법보전 비로자나불 복장, 후령통, 해인사 성보박물관 소장

도3-19 법보전 비로자나불 복장, 근봉지, 해인사 성보박물관 소장

도3-20 법보전 비로자나불 복장, 양면원경, 해인사 성보박물관 소장

도3-21 법보전 비로자나불 복장, 청초홍서중수발원문, 해인사 성보박물관 소장

도3-22 법보전 비로자나불 복장, 불설아미타경, 해인사 성보박물관 소장

도3-23 법보전 비로자나불 복장, 대방광불화엄경수소연의초, 해인사 성보박물관 소장

는 김위홍과 진성여왕 혹은 김유신과 그의 부인, 또는 헌강왕과 의명왕후라는 등등의 의견이 있으나 명확하게 밝혀내기는 어렵다.

대적광전 비로자나불좌상은 서기 950년부터 1090년 전후에 조상된 것으로 추정되는데 이 불상들이 편단우견의 비로자나불좌상이라는 점은 확실하고, 대한민국 국보들인 석굴암 본존불, 불국사 비로자나불과 같은 비례를 가진 8~9세기의 다른 신라 불상들과도 상통하고 있다.

이처럼 법보전 목조비로자나불좌상에서 883년이라는 묵서가 나왔지만 묵서와 상응하는 복장 유물 자료가 발견되지 않아 정확한 연대를 확정할 수는 없다. 발견된 복장 유물들은 대부분 1167년과 1490년 중수 때 납입한 것으로 1150년, 1156년, 1166년 등 11~12세기와 1490년대의 것만 발견되었다. 특히 1490년에 넣은 후령통은 안립 절차에 입각하여 정확한 형식을 갖추고 있는데, 이것은 조선 후기에 『조상경(造像經)』이 간행되기 이전에 이미 복장 의식이 정립되어 있었음을 보여주는 중요한 자료이다.

## 2) 고려시대 불상 복장물

불상에 부처님과 똑같은 신성한 존엄성을 부여하기 위해 간다라(1~2세기)에서부터 불상의 육계에 사리와 사리의 대체물인 보주(寶珠)를 봉안하기 시작하였다. 그 후 3~4세기경 중앙아시아와 중국으로 불교가 전래된 이후 6세기경에 이르러 상신(像身)신앙이 발생하면서 복장은 상징적 의미와 교리적 의미가 융화되어 발전되어 왔다. 고려(918~1392)와 중국의 당(618~907), 송(960~1279), 요(916~1125), 그리고 일본의 헤이안시대(794~1185)에 서로 영향을 미치며 공통성과 다양성을 지니며 발전하였는

도3-24 서산 문수사 금동아미타불 복장, 목합, 고려 1346년, 높이 7cm, 직경 6.5cm, 수덕사 근역성보관 소장

데 특히 중국과 일본에서 신체화된 장기모형의 유물이 많이 출현되었다. 그중 일본의 헤이안시대 후기인 11세기에는 세계적으로도 희귀한 금속으로 조성된 장기모형이 출현하였다.

고려의 불교는 화엄종(華嚴宗)이 주축이 되었기에 불복장물 역시 화엄(華嚴)사상을 바탕으로 하여 의천(義天) 스님의 천태사상과 인도승 지공(指空) 스님과 원(元)의 티벳불교의 영향을 받아 밀교적 신비사상이 더해졌으며, 선(禪)사상과 민중신앙(民衆信仰)에 이르기까지 불교 사상이 종합적으로 깃들어 있는 것을 알 수 있다. 특히 고려시대는 해외교역이 활발했기 때문에 인도, 동남아시아, 중앙아시아, 중국을 경유해서 온 스님들과 중국으로 유학을 다녀온 스님들의 영향으로 서역과 중앙아시아에서 들여온 물품들이 불복장물에 들어가게 되었다.

역사적으로 우리나라의 불복장물은 앞에서 설명했듯이 신라 말 석남암사지 석불에서 최초로 발견되었는데 그 보존상태가 좋지 않아 형태를 식별하기 어렵고, 고려후기부터 『조상경(造像經)』의 물목에 나오는 불복장물이 출현하기 시작했다.

고려시대 불복장물은 대부분 황색 보자기에 싼 8엽통(八葉筒)과 목 부위에 봉안되는 후령(동제방울), 발원문, 경전, 다라니, 장신구 등의 공양품으로 구성된다. 8엽통은 후령통의 초기형태로 고려시대 불상에서만 출현하는 독특한 물목이다. 8엽의 연화와 연자가 그려진 목합 형태로 통 안에는 『조상경』에 나오는 후령통 납입물목과 같은 5보병, 사리, 다라니 등이 들어 있는데 이는 후령통의 역사에 있어서 대단히 중요한 의미를 지닌다. 8엽통이라는 명칭은 고려시대 문헌인 민지(閔漬)의 「국청사금당주불석가여래사리영이기(國淸寺金堂主佛釋迦如來舍利靈異記)」와 「입물색기(入物色記)」, 1322년 천수관음상 복장 원문에만 등장한다. 아울러 고려의 불복장물은 조선시대에 간행된 『조상경』에 수록된 것처럼 일괄적으로 체계를 갖춘 것은 아니지만 개별 내용물에 있어서 상당 부분 『조상경』의 내용과 일치함을 알 수 있다. 특히 일찍이 5보병에 봉안되어 온 복장물 중 5약과 5향, 5황들의 일부는 우리나라에서 생산되는 것이 아니며 오늘날에도 동남아 국가와 중국에서 수입하는 물품이다. 그러므로 이 또한 고려시대부터 들여오게 된 경위와 경로에 대한 연구가 이루어지고 고려시대의 국가 간의 불교 교류에 대해서도 밝혀졌으면 한다.

복장물의 전적류에 나타난 기록에 의하면, 불상 조성자·복장물 시주자를 살펴볼 때 여성들이 주관한 예가 많았으며, 가족 단위에서부터 천여 명에 이르는 묵서명을 통해 다양한 계층과 몽골인들이 동참한 점도 밝혀졌다. 또한 원문을 통하여 국가와 지방민을 위한 발원보다는 어떤 하나의 가문[一家門]에 대한 발원이 성행하였음을 알 수 있다. 즉 왕실과 관료 위주의 권력자들 개인이 중심이 되어 이루어진 불사로서 무엇보다도 개인적인

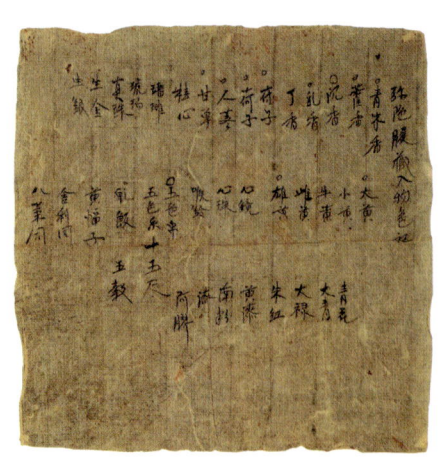

도3-25 금동아미타불 복장, 입물색기,
고려 1346년, 35.1×35.9cm, 수덕사 근역성보관 소장

소망을 기원하는 기복성(祈福性)이 강했다고 볼 수 있다.

이상으로 고려 불상 복장물에 대한 개괄적(槪括的)인 설명을 마치고 복장물 관련 문헌기록과 지금까지 발견된 고려불상 복장물 가운데 국보·보물급 유물을 중심으로 해서 고려시대 복장물에 대해 살펴보고자 한다.

## 고려시대 복장물 관련 문헌기록

복장과 관련된 문헌기록은 이규보(李奎報, 1168~1241)의 「낙산관음복장수보문병송(洛山觀音腹藏修補文幷頌)」, 민지(1248~1326)의 「국청사금당주불석가여래사리영이기(國淸寺金堂主佛釋迦如來舍利靈異記)」, 권근(權近, 1352~1409)의 「석왕사당주비로자나좌우보처문수보현복장(釋王寺堂主毗盧遮那左右補處文殊普賢腹藏)」 등 세 권이 전해지고 있다.

가장 이른 시기의 이규보 「낙산관음복장수보문병송」은 동해 낙산사 관음보살상의 복장 수리를 기념하여 남긴 것으로 "오랑캐 놈들이 횡행하며 침략할 때 복중(腹中)의 진장(珍藏, 진귀한 보물)은 모조리 수탈당하여… 이에 전일의 소장된 것을 미루어 삼사 심원경(心圓鏡) 2개, 5향(五香)·5약(五藥)·색실·비단주머니 등의 여러 물건을 갖추어 복중에 채워서 완전히 복구하여 예전 것과 똑같이 하였으니…"라고 하는 내용이 보인다. 이로 미루어 보면 오랑캐 침입(몽골 침입 1235년)에 의해 진기한 복장물이 없어졌다는 것과 물목을 갖추어 봉안하는 복장의식이 13세기 이전부터 행해졌음을 알 수 있다.

민지의 「국청사금당주불석가여래사리영이기」는 국청사 석가삼존상을 조성할 때 사리와 복장물을 안치하였는데 사리를 얻게 된 과정과 그 영험함에 대해서 쓴 것으로 8엽통(八葉筒)이 등장하는 문헌이다. 국청사 복장물을 봉안하려던 중 사리가 없어 곤란해 하고 있었다. 그때 한 노인이

백의관음보살도 앞에 향을 피운 후 삼배를 올리자 사리가 나타났다고 한다. 여러 사람이 가까이 가니 사리의 개수가 많아지고 청·백·현·황·적 등 다섯 가지 색이 빛을 발하였다고 한다. 이 사리를 8엽통에 나누어 담아 주존과 협시상의 복중에 안치하여 1314년(충숙왕 1년) 겨울 11월 12일 국청사에 봉안하였다는 내용이 담겨 있다. 국청사는 고려시대 절로 경기도 개풍군에 자리하고 있으며 의천(義天) 대사의 청원으로 인예태후(仁睿太后)가 창건한 인예태후의 원찰(願刹)이자 천태종의 종찰(宗刹)이었다.

또한 권근의 「석왕사당주비로자나좌우보처문수보현복장」에는 "안변(安邊, 함경남도)에 석왕사가 있는데 옛날에 지었던 당주 비로자나불만 홀로 모셔지고 좌우의 보처가 없으므로 이에 다시 문수와 보현 두 보살의 존상을 목조하였습니다. 외식(外飾)이 이미 장엄하니 중장(中藏) 또한 근엄해야 하므로 발원하는 생각을 글로 적어 복중(腹中)에 넣습니다"라는 내용이 적혀 있다.

석왕사(釋王寺)는 함경남도 안변군 문산면에 위치하며 태조 이성계가 무학 대사의 해몽을 듣고 왕이 될 것을 기도하기 위해 창건했다고 전해진다. 이성계가 1377년 폐허가 된 광적사(廣積寺)에 있던 대장경 1부와 불상을 석왕사에 봉안하였기에 석왕사는 1377년 이전에 창건되었을 것으로 추정된다.

이렇게 고려시대 문헌을 통해 고려시대에는 불상의 배 안에 5향·5색·색실 등의 물목이나 8엽통 안에 사리 등을 보관한다든지 발원 목적을 담아 발원문을 작성해서 넣었다는 것을 알 수 있다. 또한 복장물에 등장하는 물목들을 살펴보면 사찰에 행해지는 모든 의식에 포함된 물건들을 납입하였음을 알 수 있다.

## (1) 서울 개운사 목조아미타여래좌상

서울특별시 성북구 안암동 안암산(安巖山)에 위치한 개운사(開運寺)는 1396년(태조 5년) 무학(無學) 스님이 현재 개운사 인근에 창건하여 영도사(永導寺)라고 이름하였는데, 1779년(정조 3년) 정조의 후궁인 홍빈(洪嬪)의 묘 명인원(明仁園)이 절 옆에 자리하자 인파(仁波) 스님이 현재의 자리에 절을 지어 옮기면서 개운사라고 개명하였다. 이렇듯 유서 깊은 개운사에 1995년 도굴범이 밀입하여 지장상과 시왕상 절반을 절도해 가고 당시 목조아미타여래좌상(木造阿彌陀如來坐像 : 1274년, 고려 원종 15년 중수, 보물 1650호)의 복장공을 파괴하여 사리 장치가 든 후령통 등 일부 복장물을 절도한 사건으로 인해 세상에 알려진 복장 유물이다.

현재 불상에 남아 있는 유물의 불상 내 위치를 분석해 볼 때 조성 후 4차례 이상의 중수가 진행된 것으로 보이며, 지금까지 수습된 고려불상의 불교전적유물 가운데 가장 많은 수량의 유물로 고판경(古板經) 15점,

**도3-26** 서울 개운사 목조아미타여래좌상, 1274년, 높이 115.8cm, 무릎폭 84.3cm, 개운사 소장, 보물 제1650호

**도3-27** 목조아미타여래좌상 복장, 『대방광불화엄경』 주본 권28, 고려 10~11세기, 불교중앙박물관 소장, 보물 제1650호

고사경(古寫經) 7점, 조선시대 목판본 불서 6책, 다라니 8종, 탁본 1점, 족자 1점, 복장발원문 3점 등 총 41점이 수습되었다. 전적류는 조선시대에 간행된 목판본 4종(6책)을 제외하고 22점은 약 9세기부터 13세기 사이 사경(寫經) 또는 간행(刊行)된 경전이다. 이 중 간행된 목판은 도장(道藏)인 영보경(靈寶經)과 필사본 보살본행경(菩薩本行經) 2점을 제외한 20점은 모두 『대방광불화엄경(大方廣佛華嚴經)』으로 진본(晉本, 60권), 주본(周本, 80권), 정원본(貞元本, 40권) 등 3본 화엄경이 모두 고루 들어 있다. 이러한 고사경과 고판경의 사경체자(寫經體字)와 사경 형식(寫經形式)으로 되어 있어 국내 전존본과는 전혀 다른 새로운 판본이 다수 포함되어 있다.

사경 형식으로 되어 있는 자료의 권수제(卷首題)는 수당대(隋唐代) 및 신라(新羅) 사경의 형식과 동일하며 행자수(行字數)도 26행 17자본이 중심을 이루고 있고, 고판경의 경우도 24행과 17자본을 제외하면 대부분 지금까지 발견된 사례가 없는 시기적·형태적으로 매우 희귀한 자료로서 역사적 가치와 함께 서지학, 서예, 화엄경 판본 연구 및 불교사 연구 자료로서 중요한 국보급 전적문화재이다.

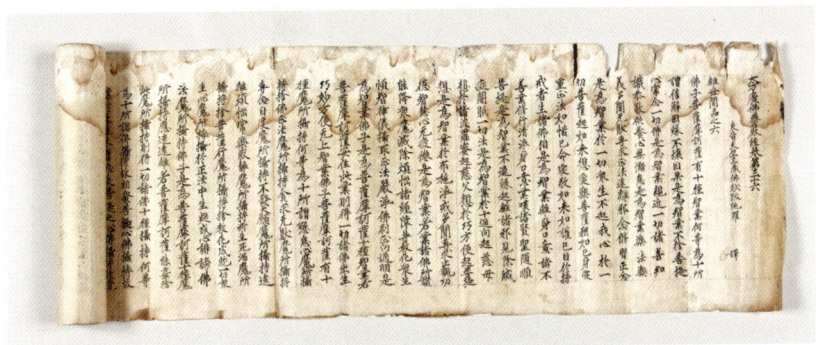

도3-28 목조아미타여래좌상 복장, 『대방광불화엄경』 진본 권36, 고려 11~12세기, 불교중앙박물관 소장

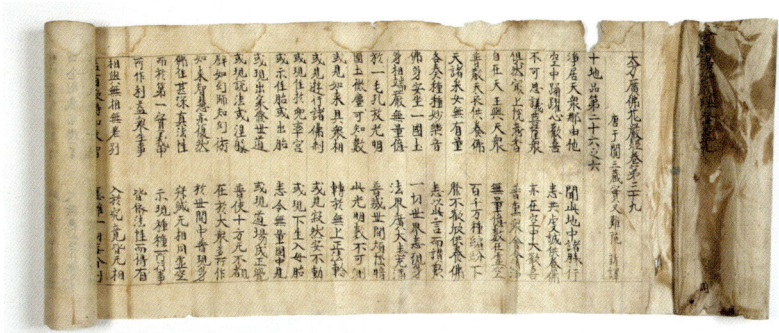

도3-29 목조아미타여래좌상 복장, 『대방광불화엄경』 주본 권39, 불교중앙박물관 소장

도3-30 목조아미타여래좌상 복장, 『대방광불화엄경』 주본 권28 변상도, 고려 11세기, 불교중앙박물관 소장

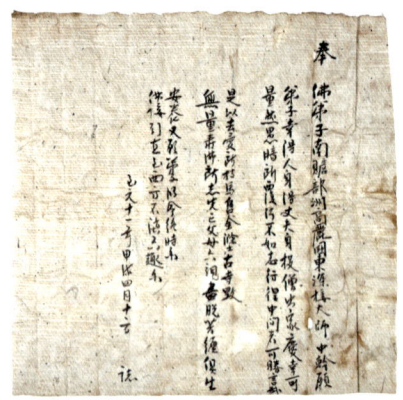 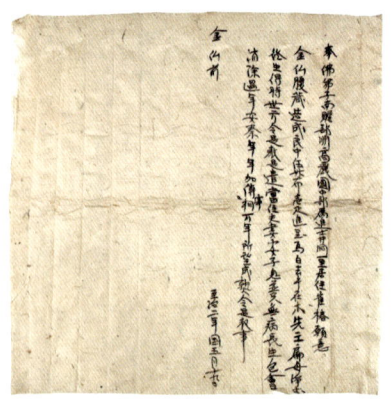

도3-31 목조아미타여래좌상 복장, 「중간대사원문」, 고려 1274년, 불교중앙박물관 소장, 보물 제1649호

도3-32 목조아미타여래좌상 복장, 「최춘원문」, 고려 1322년, 불교중앙박물관 소장, 보물 제1649호

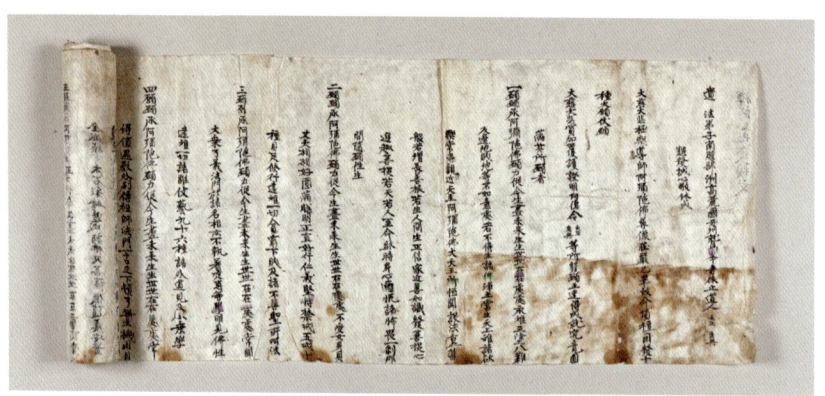

도3-33 목조아미타여래좌상 복장, 천정혜흥원문, 고려 1322년, 불교중앙박물관 소장, 보물 제1649호

    필자는 평소 우리나라 사람들이 상식적으로 알고 있는 것과 달리, 세계에서 가장 오래된 인쇄물은 1987년에 유네스코 세계문화유산으로 등재된 중국 둔황석굴[막고굴(莫高窟)]에서 발견되어 영국 대영박물관(大英博物館)에 소장되어 있는 목판 인쇄본 『금강반야바라밀경(金剛般若波羅密經)』이라는 점에 대하여 안타까운 마음을 가지고 신라의 『무구정광대다

라니경』에 대한 정보를 수집하고 있다. 비록 『금강반야바라밀경』의 말미에 "함통(咸通) 9년(868) 4월 15일 왕개(王介)가 양친을 위해 삼가 만들어 보시한다"는 간기(刊記)가 인쇄되어 있기는 하지만, 중국을 제외한 세계 학계에서는 이보다 먼저 인쇄된 경으로 일본의 『백만탑다라니경(百萬塔陀羅尼經 : 칭덕왕, 764~770)』과 우리나라의 『무구정광대다라니경(경덕왕 10년, 751)』이 있다고 본다.

왜냐하면 이 두 경에는 간기가 적혀 있지 않으나 『일본서기(日本書紀)』와 『삼국유사(三國遺事)』 그리고 각 사찰의 전적류와 이후 시대의 출판물을 통해서 간행 시기를 충분히 증명하고 있기 때문이다. 그러나 현실은 중국에서 간기가 없다는 이유로 반박하여 아직도 공식적으로 인정받지 못하고 있는 실정이다.

『무구정광대다라니경』의 경우 중국 제작설을 제기하고 있는데, 동양의 조인술(雕印術)의 기원을 중국에 두고 이 경이 장안(長安) 2년(702) 낙양(洛陽)에서 간행되어 신라에 유입된 경이라는 것이다. 중국 제작 유입설을 주장하는 사람들은 당시 신라보다 당(唐)이 인쇄술이 발달되었고 경에 측천무후(測天武后, 624~705)가 만든 무주제자(武周制字)가 사용되었다는 점을 내세우고 있다. 또한 신라에는 이 경의 간행 이후 300년간 새로운 인쇄물 기록이 발견되지 않았다고 주장하고 있는데, 이 설에 대하여 개운사 목조아미타여래좌상의 전적물에서 반박할 단서를 찾아낸 것이다. 이 점에 대해서 지난 2017년 8월 이화여대 박물관에서 열린 '복장물 국제 학술대회'[4]에서 논의된 부분을 다음에 소개한다.

---

4  복장물 국제 학술대회 : 동국대 불교문화연구원과 이화여대 박물관 공동주최 2017년 8월 11~12일

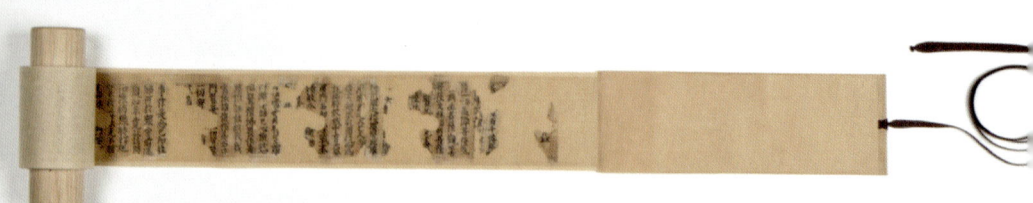

도3-34 경주 불국사 석가탑 『무구정광대다라니경』, 불교중앙박물관 소장, 국보 제126-6호

발표자 중

송일기 교수[5]는 "개운사 복장본 화엄경 20점 중 최소 4점 이상은 신라 하대에 간행됐을 가능성이 높은 국보급 전적문화재이며 나머지도 고려 초기에 간사된 것으로 추정된다. 그러므로 우리나라에서 8세기에 간행된 최고(最古)의 목판 인쇄물 이후 2~3세기 공백을 보완할 결정적 자료가 된다"고 하였다. 아울러 측천무후가 만든 무주제자의 사용도 『무구정광대다라니경』 외에 여러 문헌의 예를 들어 반박하였으며, 지금까지 해온 중국의 주장은 동북공정(東北工程)에 이은 출판공정(出版工程)이라고 비판하였다.

우리 민족과 불교의 위대한 유산인 『무구정광대다라니경』에 대한 고증(考證)에 대하여 그동안 수많은 국제학술 심포지엄이 있었고 그 실체를 밝히는 여러 논문이 있는데, 필자는 본서에서 서지학 연구의 선구자인 천혜봉(千惠鳳) 박사[6]의 신라 목판권자본 『무구정광대다라니경』의 고증 문

---

5  송일기(1954년생) 중앙대학교 사회과학대학 문헌정보학과 교수, 저서 : 『영광 불갑사의 불교문헌』(태학사).

6  천혜봉 : 1927~2016년 저서 『고인쇄·한국서지학』, 『한국목활자본』, 『한국금속활자 인쇄사』, 『고려대장경과 교장의 연구』, 『신라 간행의 무구정광대다라니경과 고려의 중수문서의 연구』. 업적 : 고려대장경 초조본 94종 144권 발굴고증 외규장각 의궤 환수.

제(新羅 木板卷子本『無垢淨光大陀羅尼經』의 考證 問題)를 소개하고자 한다.

이 논문은 1997년 연세대학교에서 개최된 세계 인쇄문화의 기원에 관한 '국제학술심포지엄'에서 발표된 여러 논문들의 반증에 관한 몇 가지 의견[7]과 751년에 세워진 경주 불국사 석가탑에서 발견되어 8세기 중기에 인쇄된 신라 목판권자본『무구정광대다라니경』의 몇 가지 문제에 관한 의견을 제시하였는데, 필자로서는 내용의 시시비비(是是非非)를 떠나『무구정광대다라니경』에 관심이 있는 사람은 꼭 읽어 보기를 권한다.

이상과 같이 불복장에서 출현된 각종 전적류는 우리나라의 역사와 문화의 실체를 밝혀 낼 소중한 문화재이므로 복장유물은 티끌 한 점이라도 소홀히 해서는 안 된다.

개운사 목조여래좌상의 복장물은 나말여초의 소중한 불교문화재임에도 불구하고 도난을 당하여 그 안타까움을 글로 다할 수 없다. 복장물의 소실은 민족문화의 큰 손실임을 온 국민이 깨닫고 앞으로 불상과 불복장의 보존에 범국가적 대책을 세워야 할 것이다.

### (2) 안동 보광사 목조관음보살좌상

경상북도 안동시 도산면 서부리 산중턱에 자리한 보광사(寶光寺)는 창건연혁을 상세히 알 수 없으며, 안동댐의 건설로 지금의 자리에 옮겨졌다.

---

7  몇 가지 의견 : ① 석가탑의 건립과 사리장엄구 ② 동양조인사적 시각 ③ 역출·전래 및 간행 ④ 서법(書法) ⑤ 지질(紙質) ⑥ 무주제자에 대한 각계의 발표.

목조관음보살좌상(木造觀音菩薩坐像) 역시 원래 안동 용수사(龍壽寺)에 있었는데, 30~40년 전쯤에 보광사로 이운하여 모셨다. 용수사는 의종(毅宗 : 1148~1170년 재위)의 후원으로 1187년 설립된 후 의종의 추선(追善 : 망자를 위해 공덕을 지어주는 의식)을 위한 원찰(願刹)이 되었다.

의종은 생전에 관음신앙을 신봉하여 관음보살상과 탱화를 조성케 하여 널리 유포하였으며, 특히 귀한 목재인 침향목(沈香木)으로 불상을 조성하게 할 정도로 신심이 돈독하였다. 13세기에 조성된 시대적으로 매우 앞선 이 관음보살좌상 역시 침향목으로 조성되어 있으며, 희소성이 높아 불교문화재에서 나아가 민족문화유산으로 그 가치가 매우 높다. 상호는 단정하면서도 엄숙하며 안정된 비율과 자세로 이국적이면서도 우아한 귀족풍의 멋이 돋보인다. 또 정교하고 화려하게 투각된 덩굴문 보관을 쓰고 있으며 간결하면서도 생동감 있는 법의(法衣) 위에 가슴, 어깨, 배, 무릎 위, 등 뒤에까지 영락을 장엄하여 고려불상의 아름다움을 잘 나타내고 있다.

**도3-35** 안동 보광사 목조관음보살좌상, 13세기, 높이 111cm, 무릎폭 70.5cm, 보광사 소장, 보물 제1571호

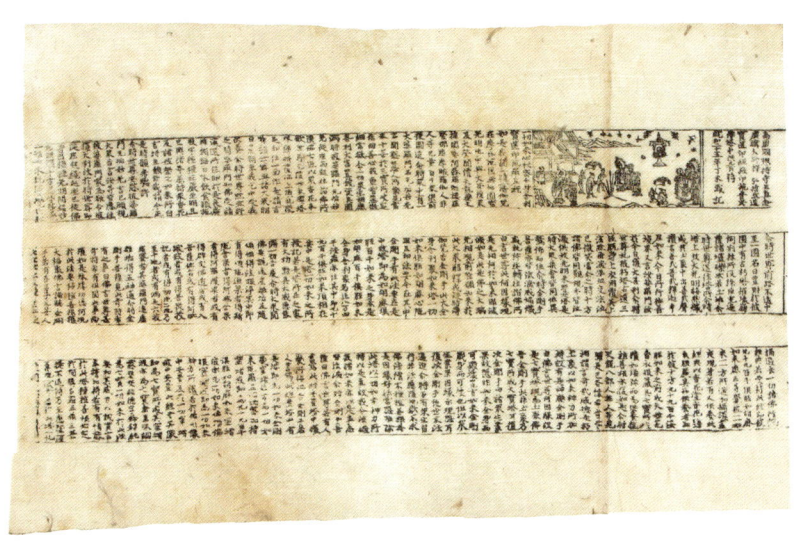

도3-36 목조관음보살좌상 복장, 『일체여래심비밀신사리보협인다라니경』, 고려 1007년, 불교중앙박물관 소장, 보물 제1571호

조사 당시 뱃속의 복장물은 이미 도난당한 상태였으나 다행히 무릎과 머리 쪽에 봉안되어 있던 복장물이 발견되었는데 10종 194점에 달한다. 무엇보다 복장물 가운데 『보협인다라니경(寶篋印陀羅尼經)』은 '고려국총지사주진념광제대사석홍철경조보협인경판인시보안불탑중공양시통화이십오년정미세기(高麗國摠持寺主眞念廣濟大師釋弘哲敬造寶篋印經板印施普安佛塔中供養時統和二十五年丁未歲記)'라는 기록이 있어 당시 상황을 잘 보여주고 있다. 1007년(고려 목종 10년)에 개성 총지사(摠持寺)에서 판각된 것이나 권자본(卷子本)이 아니라 제본을 하지 않은 낱장으로 몇 장씩 뭉쳐서 나왔으므로, 이는 복장다라니로 불상 속의 빈 공간을 채우는 법에 따라 안립된 것으로 『조상경』의 내용과도 일치한다.

또 복장전적에서 낱장 상태의 『범서총지집(梵書摠持集)』이 결장(缺張)이 있는 상태로 142장이 있었으며, 권말에는 경오년[1150년(의종 4년)으로 추정]

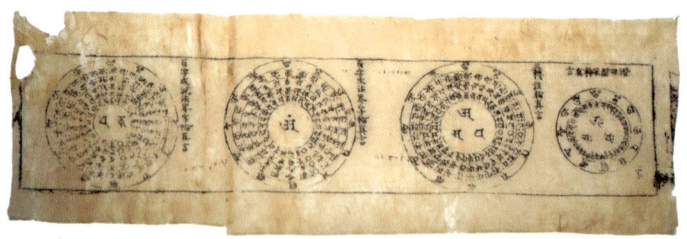

도3-37 목조관음보살좌상 복장, 범서총지집, 고려 1150년, 종이, 39매, 불교중앙박물관 소장, 보물 제1571호

도3-38 목조관음보살좌상 복장, 범자다라니, 고려, 종이, 전적, 31.7×34cm, 19매, 불교중앙박물관 소장, 보물 제1571호

도3-39 목조관음보살좌상 복장, 저고리[衫], 고려, 비단, 34.5×162.4cm, 1점, 불교중앙박물관 소장, 보물 제1571호

에 평양 광제포(廣濟鋪)에서 개판인시(開板印施)의 기록이 남아 있고, 선사(禪師)인 사원(思遠) 스님이 교정을 보았다는 내용 또한 시사하는 바가 크다. 고려불교에서 선사(禪師)들의 교학적 수준을 알 수 있으며, 아울러 당시에 선불교가 성행하였고, 선교(禪敎)를 함께 수행했음을 짐작케 한다. 경전이 낱장 상태이고, 경의 겉장이 발견되지 않은 것은 제본과정에 쓰이는 풀로 인해 생기는 곰팡이와 벌레의 피해를 방지하려는 의도로 보인다.

한편 1095년(숙종 1년)에 판각된 『정원신역화엄경소(貞元新譯華嚴經疏)』 권6이 봉안된 점을 볼 때 고려불교가 화엄사상을 중심으로 각 종파의 다양한 교의와 밀교사상을 흡수한 다라니수행 등을 융합한 통불교적인 신앙으로 이루어졌음을 알 수 있다.

이상과 같이 보광사 목조관음보살좌상은 귀족적이면서 우아하고 안정된 세련미를 지닌 불상으로 복장물을 통해서 고려 불교사상의 특색과 인쇄기술의 우수성을 잘 보여주고 있다. 오직 바람이 있다면 도난당한 복장물이 하루 빨리 제자리로 찾아와 선조들이 남긴 신심 깊은 복장 이야기를 더 많이 들을 수 있기를 바랄 뿐이다.

### (3) 청양 장곡사 금동약사불좌상

충남 청양군 대치면 칠갑산(七甲山)에 위치한 장곡사(長谷寺)는 850년(문성왕 12년) 보조 국사 체징(體澄, 804~880) 스님이 창건하였다고 전해지고 있다. 산지가람형으로 약간 경사진 터 위아래에 상대웅전과 하대웅전 두 개의 대웅전이 있는 점도 매우 독특하다. 장곡사 상대웅전(보물 제162호)에는 통일신라시대의 철조약사여래좌상(鐵造藥師如來坐像)과 석조대좌(石造臺座, 국보 제58호)와 철조비로자나불좌상(鐵造毘盧遮那佛坐像)과 석조

대좌(石造臺座, 보물 제174호)가 나란히 봉안되어 있고, 하대웅전에는 고려시대의 금동약사불좌상(金銅藥師佛坐像, 보물 제337호)이 모셔져 있다.

장곡사의 삼존불 중에서 이 책에 소개하는 복장 유물은 하대웅전의 주존철불(主尊鐵佛)이라 불리던 현재의 금동약사불좌상인데, 불상의 명호가 바뀐 것은 불상의 복장물 연구발표 후 개금불사를 봉행하였기 때문이다. 1959년에 불상의 밑바닥을 열고 발견한 발원문을 통해 이 불상이 1346년(충목왕 2년)에 조성되었다는 것을 알게 되었다. 장곡사 금동약사불좌상에서 나온 복장물과 전적들은 고려시대의 대표적인 복장으로 손꼽히고 있다.

1955년 7월 문교부장관이 이 불상의 복장 유물 연구를 한국학의 권위자이며 불교에 해박했던 민영규 교수에게 의뢰하였으며, 그해 8월 보고서를 발표할 때는 주존철불(主尊鐵佛)이라 명명하였고, 1966년 개정판(인문과학)에서도 주존철불이라 칭하였다. 이 보고서는 민영규 교수가 장곡사에서 직접 수습하여 연구한 것이 아니고 관계당국에서 제시한 복장물

도3-40 청양 장곡사 금동약사불좌상. 고려 1346년, 높이 90.2cm, 무릎폭 66.3cm, 장곡사 소장, 보물 제337호

만 조사해서 이루어진 것이다.

필자가 처음 불복장에 대해서 배우던 동학사 승가대학 학인시절에는 복장에 관한 책이 『조상경』 외에는 접할 수 없었던 때인지라 필자에게 민영규 교수의 「장곡사 철불 복장유물(長谷寺 鐵佛 腹藏遺物) 보고서」는 대단히 소중한 지침서가 되었다. 특히 서문에 해당하는 글은 그때 필자에게 복장 연구의 방향을 제시해 준 나침반과 같은 가르침의 글이었기에 그 내용을 다음에 옮긴다.

"불상(佛像)에 대한 관심은 미술사적인 외면(外面)의 관조(觀照)에서만 그쳐질 성질의 것이 아니다. 무릇 하나의 불상이 조성(造成)되자면 그 재료의 선택에서부터 점안공양(點眼供養)의 법회(法會)에 이르기까지 실로 복잡다단한 의궤(儀軌)와 절차(節次)가 따르게 마련이며 종파(宗派)와 시대의 차이가 그 내용을 결정한다. 교리(敎理) 사상(思想)의 연구에 더욱 중요한 부분이 이 방면(方面)이 될 것은 물론이다.

예배상(禮拜像)으로서의 불상의 조성과정에 있어 가장 중요한 부분은 이른바 불복장(佛腹藏)의 봉안(奉安) 절차(節次)다. 대개의 경우 '이십육가지법사(二十六加持法師)가 문전(門前)을 지켜 앉아서 진언(眞言)을 외우고 외인(外人)의 근접(近接)을 막으며, 휘장이 둘러쳐진 장막 안에서 증사(證師)와 송주사(誦呪師)와 불사(佛師)'만이 관여하는 것(출처 규법집(奎灣集))으로 되어 있으므로 그 소식이 관여자 이외의 국외(局外)에 알려질 까닭도 없으며 또 알려져서는 안 될 성질의 것이기도 했다. 비전(祕傳) 중의 비전에 들어 있었기 때문이다.

"지난 1955년 7월 8일 나는 당시 문교부장관으로부터 불복장 유물 한보따리의 탁송(托送)과 함께 그에 관한 조사를 의뢰(依賴)받은 적

이 있다. 문제의 불복장(佛腹藏)이란 충남 청양군 장곡사(長谷寺) 하대
웅전의 주존철불(主尊鐵佛)에서 나온 것임을 당국의 의뢰문(依賴文)을
통해서 알았을 뿐, 그것이 어떻게 해서 문교부의 조사를 필요케 되었
는지 전후 경위에 대해서 나는 아직 아는 바가 없다. 다만 그 조사대
상이 종래로 우리가 우리나라 불상에 대해서 관심을 가져오던 것과
전혀 다른 방면에 속한 것이었다. 당시 보고문에 약간의 수정을 가해
서 여기에 공간(公刊)하는 뜻은 혹 뒷날 이 방면의 연구에 참고의 자
(資)가 될까 생각한 때문이다."

실로 몇 줄의 간략한 글이지만 한국학 학자로서 명철한 안목과 해박
한 불교 지식에 놀라지 않을 수 없다. 그러므로 이 불상의 복장물에 대한
설명은 민영규 교수의 보고서를 바탕으로 복장물의 내용에 따라 아홉
종류로 분류·서술하고 이에 따라 혹 필자의 이견을 덧붙인다.

| 1 | 후령은합 | 9×5.5×6.5cm |
|---|---|---|
| 2 | 백동경 1매 | 9.1cm |
| 3 | 주머니 | |
| 4 | 바늘주머니 | |
| 5 | 봉서 | 31×8.1cm, 지정6년 병술 7월(1346년) |
| 6 | 모시포 1편 | 12.5×16cm, 지정6년 병술 6월, 발원자 수 16명 |
| 7 | 홍견묵서원문 1필 | 48×1058cm, 발원자 수 1079명 |
| 8 | 각종 직물단편 | |
| 9 | 각종 경전 | 『화엄경』 제 21, 33, 「입법계품」, 『묘법연화경』 제 1,2,3,5,6 『묘법연화경』 사경 단편 1폭, 「백지묵서」 권제1, 『묘법연화경』 권제1, 『묘법연화경』 권제1, 「선문염송」 권제10, 『금강반야바라밀경』 |

표3-2 청양 장곡사 금동약사불좌상 복장물

① 후령은합(喉鈴銀合)

『조상경』에 나오는 후령통의 물목이 법식에 따라 원만히 안립되어 있다. 증명법사와 수희조연자(隨喜助緣者)의 이름이 적힌 황초(黃綃) 한 폭에 싸여 5색사에 묶여 있는 후령은합을 열고 4방주(四方呪)를 밝혀내고 5보척병(五寶裹甁)에 안립(安立)되어 있던 5곡(五穀), 5개(五蓋), 5황(五黃), 5약(五藥), 5향(五香), 5보(五寶) 또한 밝혔다. 황초폭자에는 '약사동원'이라는 명문과 시주자의 이름이 적혀 있다. 현재 은합은 없어졌으나 온양민속박물관 소장 은합과 동일하여 어느 정도 형태의 유추는 가능하다.

또 무공수정(無孔水晶) 1과와 찹쌀을 쪄서 말린 경미(硬米)와 다라니·직물 등이 들어 있다고 하였다. 그런데 '찰밥'에 대해 필자는『조상경』에 나오는 생반삼시(生飯三匙)에 의해 메밥을 말려 세 순가락 봉안하는데, 여기서는 찰밥을 말린 것이라 하여 지금도 의구심이 남아 있다.

② 백동경(白銅鏡) 1매

5경(五鏡) 중에서 중앙에 위치한 거울로 보았는데 필자는 재질이 다르므로 5경이 아닌 단독 유물로 본다.

③ 주머니 : 주머니 안에 명주솜, 팔각, 곽향, 청목향, 정향 등 향이 담

도3-41 향낭과 바늘주머니 (바늘집노리개), 장곡사 금동약사불좌상, 고려 1346년, 불교중앙박물관 소장

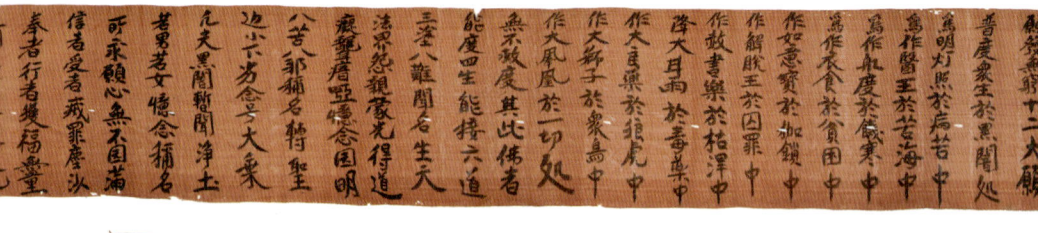

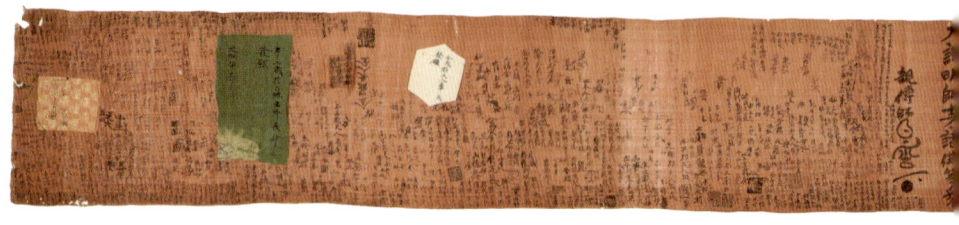

겨 있었다. 1302년 온양민속박물관 복장 유물에서 주머니가 나온 사례가 있어 복장물의 가능성도 엿볼 수 있다.

④ 바늘주머니(바늘집노리개)

⑤ 봉서(封書)

한 장의 백지를 7~8회 접어서 상하를 튼 채 봉서(封書) 모양으로 만든 것으로 높이 31cm 넓이 8.1cm이며 표면에 '지정육년 병술칠월 초파일지 연화도인 인겸 동원사문 인음 헌선도인(至正六年 丙戌七月 初八日誌 緣化道人 忍謙 同願沙門 印音 軒善道人)'과 뒷면에 '남섬부주 대공덕주 낙랑군부인 최씨근봉(南贍部洲 大功德主 洛浪郡夫人 崔氏謹封)'이라고 모두 주서(朱書)로 쓰여 있다. 지정 6년은 1346년(충목왕 2년)이다.

⑥ 모시포 1편(毛施布 一片)

모시포는 12.5cm×16cm 넓이이며 묵서로 '동생안양원 김량 안천길 안랑충 지정6년 병술 6월 16일 열명(同生安養願 金良 安天吉 安朗忠 至正六年 丙戌 六月 十六日 列名)'이라고 모시포에 쓰여 있는데 모시는 당시 고려의 특

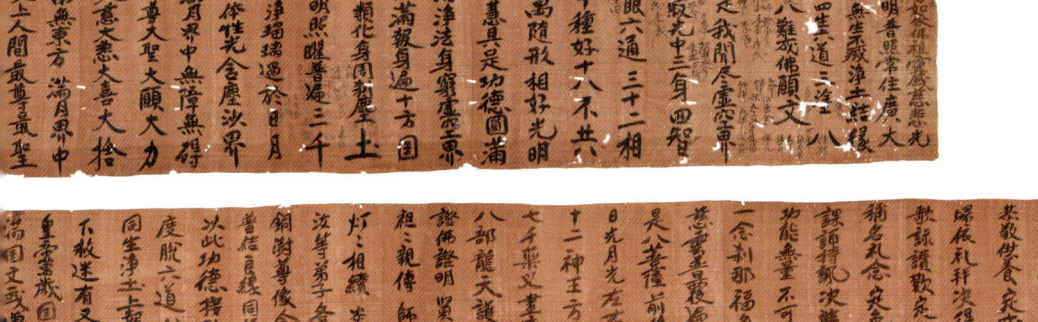

도3-42 홍견묵서원문, 장곡사 금동약사불좌상, 고려 1346년, 1058×48cm, 불교중앙박물관 소장

산품으로 중국에까지 널리 알려진 주된 수출품이었다. 모두 함께 서방극락세계[安養]에 태어날 것을 원한다는 뜻이며 시주자의 성명과 간지(干支)가 기록되어 있다.

⑦ 홍견묵서원문 1필(紅絹墨書願文 一匹)

원문은 한 폭의 비단을 홍색으로 천연염색을 한 다음 원문 끝에 200cm 정도 폭자(幅子)에 적힌 약 1078여 명의 시주자의 이름이 무질서하게 기록되어 있다. 발원문은 크게 4부분으로 되어 있는데 약사여래가 어디에나 존재하며 세상을 비추고 있다는 내용을 시작으로 약사여래의 공덕을 나열하였다. 약사여래는 인간이 겪을 수 있는 일체의 재난을 막아주는 부처님으로 공덕을 쌓으면 정토에 태어나거나 재앙을 피할 수 있다는 것과 아울러 불상을 조성하는 공덕에 대해 설명하고 있다. 마지막으로 왕과 국

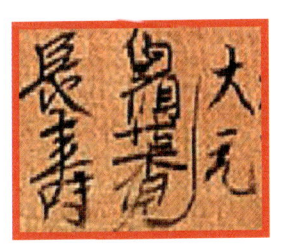

도3-43 홍견묵서원문, 10m가 넘는 발원자 명단에는 공민왕의 몽골식 이름인 '바얀테므르[伯顔帖木兒]'가 등장하고 있다.

태민안을 기원하였다.

한편 시주자 중 공민왕(1330~1374)의 몽골식 이름인 '바얀테무르(伯顔帖木兒)'가 등장하는데 당시 공민왕은 원의 볼모로 가 있었기에 공민왕과 관련 있는 인물이 불사에 참여했을 것으로 추정된다. 그리고 수많은 시주자들 가운데 관직을 가진 높은 신분의 시주자도 있지만 성씨(姓氏)조차 없는 미천한 신분의 시주자의 이름이 더 많다는 것이다. 장곡사와 문수사의 시주자를 비교해 보면 상층계급의 비율이 문수사가 더 높다는 것을 알 수 있는데 이러한 양상이 우연의 일치인지 아니면 약사신앙과 아미타신앙의 차이에서 비롯된 것인지 알 수 없다.

하지만 필자는 이러한 것이 바로 고려불교의 힘이라고 생각한다. 당시 고려사회에서는 불상을 조성하는 불사에서만큼은 누구나 다 동참하는, 사회적 계급을 초월한 인간 평등을 실천했기 때문이다. 이 발원문은 지금까지 발견된 복장 발원문 중 유일한 약사여래불의 발원문이며, 별도의 직물 조각에 자신의 이름을 써서 발원문 위에 부착한 경우는 장곡사에서만 유일하게 확인된 것이다. 뿐만 아니라 고려의 직물과 염색 등 뛰어난 고려의 생활문화를 증명하는 소중한 유물이기도 하다.

⑧ 각종직물단편(各種織物斷片)

남(藍)·홍(紅)·녹(綠)·황(黃)·다(茶)색 등 각종 염색에 금은사(金銀絲)로 각종 문양을 더한 능(綾)·라(羅)·사(紗)·견(絹)·소(綃) 등의 열지(裂地 : 찢어진 직물)가 있는데 비록 조각에 불과하지만 복장 점안식 당시의 염직문화(染織文化)를 밝혀 주는 중요한 유물이다.

⑨ 각종 경전(各種經典)

『대방광불화엄경(大方廣佛華嚴經)』, 『묘법연화경(妙法蓮華經)』, 『선문염송(禪門拈頌)』, 『금강반야바라밀경(金剛般若波羅蜜經)』 등 이상의 내용으로 보아 불상의 개금보수불사(改金補修佛事)가 진행됨에 따라 법화경문 등은 후세에 봉안되기도 했는데 저마다 권차(卷次)와 판식(板式)을 달리했고 그 간 판년기(刊板年記)도 다르나 그 시대적 하한(下限)은 1531년[가정(嘉靖) 10년]이 된다. 그러므로 고려시대 불학(佛學)은 『화엄경』과 『법화경』이 주를 이루고 선(禪)과 밀교(密敎) 수행이 함께 병행되었다는 것을 밑받침해 준다.

또 풍부한 복장 유물의 종류로 인하여 『조상경』과 일부 경전에서 전하는 의궤차제(儀軌次第)와 일치하므로 점안의식의 절차는 밀교적(密敎的) 전승(傳承)이 지배적이었다고 보인다. 이러한 복장의식에 대한 밀교적 요소는 향후 교계에서 규명해야 할 시대적 과제이다.

### (4) 서산 문수사 금동아미타불상

충남 서산시 운산면 상왕산(象王山)에 자리하고 있는 문수사(文殊寺)는 남아 있는 기록이나 전설이 없어 창건유래와 연대 및 창건자에 대해 전혀

도3-44 서산 문수사 금동여래좌상, 고려 1346년, 보물 제1572호

알 수 없다. 조선시대에 일어난 화재로 극락보전(極樂寶殿 : 충남유형문화재 13호)만이 남아 있는데, 유물과 가람 배치, 극락보전의 건축구조 등을 살펴볼 때 고려 사찰로 추측하고 있다. 극락보전에는 주불로 금동여래좌상(충남유형문화재 34호)이 모셔져 있었는데, 1973년 문화재관리국에서 이 불상을 조사했을 때 처음 봉안 당시 그대로의 모습으로 최초의 복장 유물이 발견되어 화제가 되었다. 아쉽게도 이 불상은 1993년 도난당하였다.

필자가 이 금동아미타불상(金銅阿彌陀佛像)에 대해서 관심을 갖게 된 것은 복장에서 1346년(충목왕 2년)에 봉안된 발원문 및 경전, 다라니 등의 17종 504종의 전적류와 탑호와 각종 직물류 37종 77점 및 기타 유물 8점과 후령(喉鈴) 그리고 목합[木盒, 8엽통(八葉筒)] 등 다양한 물목이 나왔기 때문이다.

특히 앞서 기술한 후령통의 역사에서 밝혔듯이 목합은 바로 『조상경』에 나오는 후령통의 기본모형이 되는 복장 유물로서 매우 소중한 이야기가 담겨 있기 때문이다. 목합은 앞서 나온 국청사 「금당주불석가여래사리영이기」에 등장하는데, 이러한 복장물이 오랜 세월 동안 원형 그대로

도3-45 금동여래좌상 복장, 미타복장발원문, 고려 1346년, 생초, 520×50cm, 수덕사 근역성보관 소장

교란되지 않고 불상 안에 빈틈없이 채워져 있었으므로 봉안된 위치에 따라 위에서부터 차례차례 설명하고자 한다. 또한 이와 같은 복장물이 봉안된 이 불상은 앞에서 설명한 장곡사 금동약사여래좌상과 같은 연대에 조성되어 당시 충청지역에서 유행하던 고려후기의 단아(端雅)한 양식을 따랐다. 한편 이 금동아미타불상에서 불상조성기(佛像造成記)와 복장기, 발원문이 발견됨으로써 300여 명이나 되는 인물이 조성에 관련된 점이 밝혀진 데 대해 주목하지 않을 수 없다. 특히 고려시대에 원나라와의 국제적인 교류가 불사에서도 활발하게 이루어지고 있었음을 시주자 이름에서도 엿볼 수 있는데, 미타복장발원문을 살펴보면 원나라를 비롯한 외국인으로 추정되는 이름이 보인다.

| 불상 위치 | 출토 복장물 | 세부 복장물 |
|---|---|---|
| 목 | 후령 | |
| 가슴 | 목합(7×6.5cm) | 5보병, 사리통, 사리, 건반, 심주, 소주 등 |
| 배 | 발원문 등 문서류 | 미타복장입물색기 |
| 불상 밑(하체) | 비단직물(견사류) | |
| 기타 | 다라니 | |

표3-3 서산 문수사 금동여래좌상 복장물

① 목 : 범자원권다라니(梵字圓圈陀羅尼) 4매에 싸여 내부에 구슬이 없는 금속후령(金屬帿鈴)이 수습되었다. 후령은 목구멍 혹은 목과 가슴 경계선에 있는 방울로 문수사와 안정사 불상에서 출토되었다.

② 가슴 : 원형목합이 들어 있었는데 발견 당시 내부에는 5보병, 사리, 사리통, 건반(乾飯), 심주(心珠), 소주(小珠), 사리통을 싸고 있던 청색소화직은문릉(靑色小花織銀紋綾)을 비롯해 견(絹)·주(紬)·생초(生綃)·사(紗)·저

도3-46 금동여래좌상 복장, 목합 외부의 8엽 연화, 고려 1346년, 높이 7cm, 직경 6.5cm, 수덕사 근역성보관 소장

도3-47 금동여래좌상 복장, 목합 상부의 연자, 고려 1346년, 직경 6.5cm, 수덕사 근역성보관 소장

포(紵布)·라(羅) 등의 직물과 5색견사(五色絹絲) 등이 들어 있고 외부 둘레에는 겹으로 된 8엽연화도(八葉蓮花圖)와 외부 상부에 연자(蓮子)가 주사(朱砂)로 그려져 있다. 그리고 뚜껑 내부에는 입실지도로 보이는 범서가 5방에 써져 있는데 목합의 이러한 형태로 보아 미타복장입물색기(彌陀腹藏入物色記)에 기록된 8엽통(八葉筒)으로 본다. 미타복장입물색기는 한지에 묵서로 38종류의 약초와 보석·향 등의 복장물의 목록을 열기한 것으로 다양한 이름이 나열되어 있으며 우리나라에서 처음 발견되었다. 입물색기에 적힌 물건 중 5향과 5약, 5황, 5보, 5곡 등 모두 중앙·동·서·남·북으로 방위에 따라 구성되어 있는데 지금까지 이렇게 완벽하게 나온 사례는 처음이다.

③ 배 : 미타복장발원문(彌陀腹藏發願文), 불상조성발원문(佛像造成發願文),『구역인왕경(舊譯仁王經)』,『묘법연화경(妙法蓮華經)』,『고왕관세음경(高王觀世音經)』, 의천속장경간기(義天續藏經刊記),『다라니경(陀羅尼經)』, 봉잠

도3-48 금동여래좌상 복장, 목합 내부의 범서, 고려 1346년, 직경 6.5cm, 수덕사 근역성보관 소장

도3-49 금동여래좌상 복장, 금속 후령, 고려 1346년, 직경 7cm, 수덕사 근역성보관 소장

지대(封箴紙帶) 등 전적류(典籍類)와 고려 금박의 기술을 나타내는 대표적인 직물인 담청색천화봉황문지인자황수파어룡문라(淡靑色穿花鳳凰紋地印紫黃水波魚龍紋羅) 등 5색직물과 잔편(殘片)이 있고 빈 공간은 연화판다라니(蓮花板陀羅尼), 범자원권다라니(梵字圓圈陀羅尼), 단온진언(斷瘟眞言), 불정방무구광명다라니(佛頂放無垢光明陀羅尼) 등 다라니와 200여 명 동참자의 이름이 쓰인 한지 등이 있다.

이 중 봉잠지대에는 조돈(趙暾)과 같은 관료의 이름이 보이고, 다라니경이나 충전재에는 성만 쓰거나 이름만 쓴 평민 또는 천민의 이름, 그리고 금량달취(金良達取)와 같은 몽골식 이름이 확인되는 점 등 동시대의 장곡사 철불의 복장물에서 나온 발원문과의 공통점을 찾을 수 있다.

④ 하체(下體): 시주자의 묵서가 적혀 있는 사저교직답호(絲紵交織搭胡)를 비롯한 충전용(充塡用) 직물과 한지 등이 있다. 사저교직답호는 해인사 목조비로자나불좌상에서 발견된 답호와 더불어 가장 오래된 유물이다.

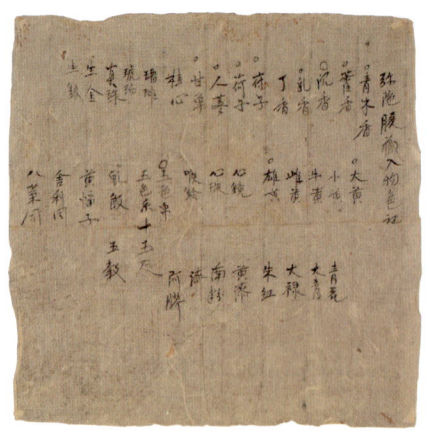

도3-50 금동여래좌상 복장, 입물색기,
고려 1346년, 35.1×35.9cm,
수덕사 근역성보관 소장

도3-51 금동여래좌상 복장, 연화판다라니,
고려 1346년, 37.5×33cm,
수덕사 근역성보관 소장

도3-52 금동여래좌상 복장, 봉잠지대,
고려 1346년, 97×49cm,
수덕사 근역성보관 소장

도3-53 금동여래좌상 복장, 사저교직답호,
고려 1346년, 111×62cm,
수덕사 근역성보관 소장

도3-54 금동여래좌상 복장, 사저교직답호 묵서,
고려 1346년, 111×62cm,
수덕사 근역성보관 소장

## (5) 청주 흥덕사 백운화상초록불조직지심체요절[8]

1900년경에 프랑스로 넘어간 것으로 알려진 『백운화상초록불조직지심체요절[白雲和尙抄錄佛祖直指心體要節 : 이하 직지(直指)]』은 현재 프랑스 국립도서관 동양문헌실에 소장되어 있으며, 2001년 유네스코 세계기록유산에 등재되었다.

『직지(直指)』는 세계 최고(最古)의 금속활자본으로 백운경한(白雲景閑 : 이하 백운) 스님이 찬술(撰述)하였다. 1378년 여주 취암사에서 목판으로 간행한 『직지(直指)』에 손수 쓴 발문(跋文)에 의하면, 원(元)에서 석옥청공(石屋淸珙) 선사가 전해준 『불조직지심체요절(佛祖直指心體要節)』을 바탕으로 하여 『경덕전등록(景德傳燈錄)』, 『선문염송집(禪門拈頌集)』 등 사전부(史傳部)의 각종 불서(佛書)와 제불조사(諸佛祖師)의 깨달음의 기연과 전법에 관한 선의 요체가 실려 있는 게(偈)·송(頌)·찬(讚)·가(歌)·명(銘)·서(書)·법어(法語)·문답(問答)에, 『선문염송』과 『치문경훈』 등에서 그 내용을 보완하여 145가의 법어 등을 가려 뽑아 상·하 두 권으로 나눠 1372년에 찬술하였다.[9]

백운 스님(1298~1374)의 법명은 경한(景閑)이고 백운(白雲)은 호(號)이다. 전라도 고부(古阜) 출생으로 어려서 출가하여 불법을 익히고 중국 원(元)

---

8  1377년 세계기록유산. 영광 불갑사 석가삼존상·16나한상복장전적(靈光 佛甲寺 釋迦三尊像·16羅漢像腹藏典籍) 백운화상초록불조직지심체요절(白雲和尙抄錄佛祖直指心體要節) 1378년 보물 제1470-1호. 참고 한국학중앙연구원 장경각에 취암사본 목판본 『직지(直指)』는 보물 제1132호로 지정되었다.

9  출처 : http://if-blog.tistory.com/3114 교육부사이트 '직지를 통해 살펴보는 인쇄의 역사', 청주 고인쇄전문박물관-인류의 위대한 발명품 인쇄술(글마루)[작성자 부초]

으로 유학을 가서 호주(湖州) 천호암(天湖庵)에서 석옥청공 스님과 대도(大都)의 법원사(法源寺)에서 인도승 지공(指空) 스님으로부터 심법(心法)을 전수받았다.

귀국 후에는 해주(海州) 안국사(安國寺)와 신광사(神光寺)에서 선도(禪徒)들에게 선법(禪法)을 지도하고 1372년(공민왕 21)에는 성불산(成佛山)에 머물며, 『백운화상초록불조직지심체요절』을 지었다. 만년에는 여주 천녕현(川寧縣) 취암사(鷲巖寺)에서 머물다가 75세(1374년)에 입적하였다. 제자 석찬(釋璨) 스님과 문도들이 비구니 묘덕(妙德) 스님의 시주를 받아 청주 흥덕사에서 1377년 7월에 금속활자로 간행하고 1378년에는 여주 취암사에서 목판본 직지를 중간(重刊)하였다.[10]

금속활자본 『직지』가 세상에 알려진 경위를 알기 위해서는 먼저 프랑스와의 관계부터 살펴보아야 한다.

1866년 병인양요(丙寅洋擾) 때 프랑스가 강화도를 점령하면서 외규장각(外奎章閣) 도서를 약탈당하는 국가적인 불행을 겪었다. 그 후 1886년 조불수호통상조약(朝佛修好通商條約)이 체결되었다.

이때 초대 프랑스 대리공사로 왔던 꼴랭 드 쁠랑시(Collin de Plancy)가 『직지』 등 고문서와 유물들을 수집하여 1900년 프랑스로 귀국한 뒤 파리에서 열린 만국박람회 한국전에 처음으로 『직지』를 전시하였다. 그 후 한국에서 수집한 『직지』를 포함한 700여 점의 한국문화재와 관련 자료

---

[10] 취암사 목판본은 상·하권이 완전한 1책으로 국립중앙도서관과 한국학중앙연구원 장서각 및 영광 불갑사에 소장되어 있다.
[참조. 네이버 지식백과] 고려 말의 대표적 선승(禪僧) 백운경한(白雲景閑)[한국의 위대한 인물, 국립중앙도서관]

를 1911년 드루오호텔 경매장에 내놓았는데 앙리 베베르(Henry Vever)가 180프랑(한화 약 70만원)에 사들였다. 독일의 프랑스 점령으로 유태인이던 베베르가 미국으로 망명하는 바람에 『직지』는 미국에 있다가 베베르의 유언에 따라 사후(1950년)에 프랑스 국립도서관에 기증되었다.

『직지』는 원래 상·하 2권으로 되어 있었으나 금속활자본은 하권(下卷)만이 프랑스에 소장되어 있는데 하권마저도 첫 번째 한 장이 분실되어 현재 38장만이 남아 있다. 해외를 떠돌던 『직지』가 그 가치를 인정받게 된 것은 프랑스 국립도서관 사서로 일하던 '직지대모'라 불리는 박병선(朴炳善)[11] 박사 덕분이다.

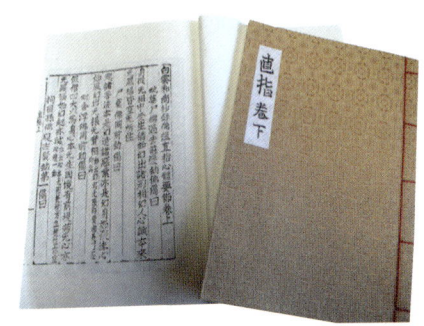

도3-55 직지심체요절 영인본

박병선 박사는 '선광 7년 정사 7월 청주목외흥덕사주자인시(宣光七年丁巳七月淸州牧外興德寺鑄字印施)'라는 19자의 뜻을 밝혀 직지가 독일의 구텐베르크가 간행한 성경보다 78년이나 앞선 금속활자로 인쇄되었다는 것

---

[11] 박병선(朴炳善, 직지대모) : 1955년 한국 여성으로는 최초로 프랑스 유학 비자를 받고 프랑스로 가서 소르본대학교와 프랑스 고등교육원에서 각각 역사학과 종교학으로 박사학위를 받았다. 1967년 프랑스로 귀화하여 프랑스국립도서관(BNF)에서 근무하면서 병인양요 때 프랑스 군대의 약탈품을 포함해 고서 3,000만 종이 넘는 장서를 뒤져 『직지(直指)』와 의궤 297권을 찾았다.
1972년에는 『직지』가 최초 금속활자임을 증명하였고 1975년 프랑스국립도서관 별관 창고에서 외규장각 의궤를 찾아냈으나 사직을 권고 당해 1980년 도서관에 사표를 낸 후 10여 년간 도서관 이용자로 외규장각 도서 열람을 신청해 한 권씩 목차와 내용을 정리했다. 생을 마칠 때까지 해외에서 한국 역사와 문화적 진실을 밝혀내는 데 힘썼다. '외규장각 의궤'는 1991년 서울대학교 규장각에서 처음으로 반환을 주장했고, 이듬해 한국 정부가 프랑스 정부에 이를 공식적으로 요구하여 2011년 대여 형식으로 한국에 돌아왔다.

을 확인하였다.[12] 1972년 프랑스국립도서관의 '세계 도서의 해' 전시회에 출품하였다. 이때 세계 최초의 금속활자본으로 공인 받아 2001년 9월에는 유네스코 세계기록유산으로 등재되었다.

앞서 말한 '금속활자직지'의 간행보다 늦은 시기인 1378년에 여주 취암사(鷲巖寺)에서 간행된 목판본『직지(보물 제1470-1호.)』는 1998년 전남 영광(靈光) 불갑사(佛甲寺) 명부전 사천왕상의 불복장에서 출현되었다. 1613년(조선 광해군 5년)에 송로엄(松老奄)이 필사한 '직지필사본'은 대구 고서점에서 남권희 교수가 발견하였다. 이 필사본은 사찰에서 반출된 것으로 표지가 없이 불상에 봉안되었다가 불상 밖으로 나온 후 표지를 붙여서 제본되었다. 복장으로 봉안하는 전적류는 표지를 엮을 때 쓰는 풀로 인해서 벌레와 습기의 피해가 생길 것을 막기 위해서 대부분 표지 없이 엮지 않고 봉안하는데 이 필사본도 전통적인 복장법을 따랐던 것으로 보인다.

프랑스에 있는 세계기록유산인 '금속활자본 직지'도 불복장물이었다고 하는 연구가 있어 살펴보고자 한다.

2007년 청주고인쇄박물관에서 발행한『고인쇄박물관 제13집』에 황정하 학예사의 '고려시대 금속활자본 직지의 전재(傳在) 경위'라는 제목의 연구보고서가 실려 있는데 직지의 본문에는 송진이 묻어 있고 표지와 간지에는 송진이 없는 것을 증거로 목불의 복장물임을 설명하고 있다.

정황상 추측컨대 소나무로 만든 목불에서 나온 송진이 복장유물로 들어간『직지』의 본문에 번졌고 표지와 간기는 후대에 별도로 봉안되었기

---

[12] 구텐베르크가 고려의 금속활자인쇄술을 배웠다는 주장은 여러 증거가 제기되고 있다. 바티칸의 비밀문서수장고에 기록이 있고 2014년 대구MBC다큐 '구텐베르크, 고려를 훔치다' 등 언론에도 알려졌다.

때문에 송진이 묻지 않았다고 보는 것이다. 필자는 금속활자본 직지에 대해 설명한 황정하의 추론에 동의한다. 하지만 직접 『직지』를 보지 못하였고, 송진의 용도가 오늘날에도 사용되고 있는 인쇄용 잉크, 종이풀, 접착제, 방수제, 광택제, 건조제, 봉랍(蜂蠟) 등과 연관이 있는 것은 아닌지 연구해 보고 싶다.

지금까지의 연구발표에 의하면, 『직지』를 불복장물로 보는 견해가 많고 가능성이 높으므로 확정된 것은 아니지만 고려시대의 복장물편에 기술하였다. 우리 민족의 자부심을 일깨운 『직지』역시 불복장물로서 지켜져 왔기에 역사적으로나 문화사적으로 불복장의 중요성은 아무리 강조하여도 지나치지 않을 것이다.

게다가 국보급 문화유산인 복장유물들은 신성시하여 거의 열어 보지 않기 때문에 내용물도 정확히 알지 못하고, 도굴꾼들의 표적이 되고 있으니 유물의 보호와 보존이 매우 시급한 상황이다.

이렇듯 고려시대 복장유물의 출현으로 고려의 불교사, 미술사, 국제외교사, 금석학, 문학, 의학, 출판인쇄사, 국어학, 서지학, 직물사 등 다양한 분야에 걸쳐 학술적인 중요한 자료를 얻게 되었다. 아울러 복장유물은 불교문화재에 대한 이해와 가치, 고려 역사를 연구하는 데 아주 좋은 길잡이라고 할 수 있으니 그 가치는 형용할 수 없을 정도로 크다 하겠다.

이상으로 수많은 고려불상 가운데 출현된 복상유물의 연구가 이루어진 대표적인 불상과 복장을 살펴보았고, 이외의 중요복장유물을 조성연대별로 수록하여 이 장의 설명을 마치고 앞으로 더욱더 안목 높은 연구가 진행되기를 기원한다.

## (6) 기타 복장물

| 유물명 | 시대 | 보물 |
|---|---|---|
| 서울 개운사 목조아미타여래좌상 | 전적 : 신라말~고려, 1274년, 1322년 중수 | 보물 제1650호 |
| 삼성미술관 리움 은제아미타삼존불좌상 | 1283년 | |
| 국립중앙박물관소장 금동관음보살좌상 | 13세기 | |
| 문경 대승사 금동아미타여래좌상 | 1301년~1302경 | 보물 제1634호 |
| 온양민속박물관 아미타불좌상 | 1301년 | |
| 천수관음보살 | 1322년 | 출토지 미상 |
| 관음사 금동관음보살좌상 | 1330년 | |
| 서산 문수사 금동여래좌상 | 1346년 | 보물 제1572호 |
| 청양 장곡사 금동약사여래좌상 | 1346년 | 보물 제337호 |
| 화성 봉림사 목조아미타불좌상 | 1362년 | 보물 제980호<br>보물 제1095호 |
| 광주 자운사 목조아미타불좌상 | 1388년경, 14세기 | 보물 제1507호 |
| 통영 안정사 금동여래좌상 | 13~14세기 | |
| 서산 개심사 목조여래좌상 | 13세기 | |
| 안동 보광사 목조관음보살좌상 | 고려~조선 | 보물 제1571호 |
| 안성 청원사 건칠아미타여래불좌상 | 고려후기(감지은니대방광불화엄경 : 1324년) | 보물 제1795호 |

표3-4 고려시대 불상 복장물

## ** 통영 안정사 금동여래좌상 복장물

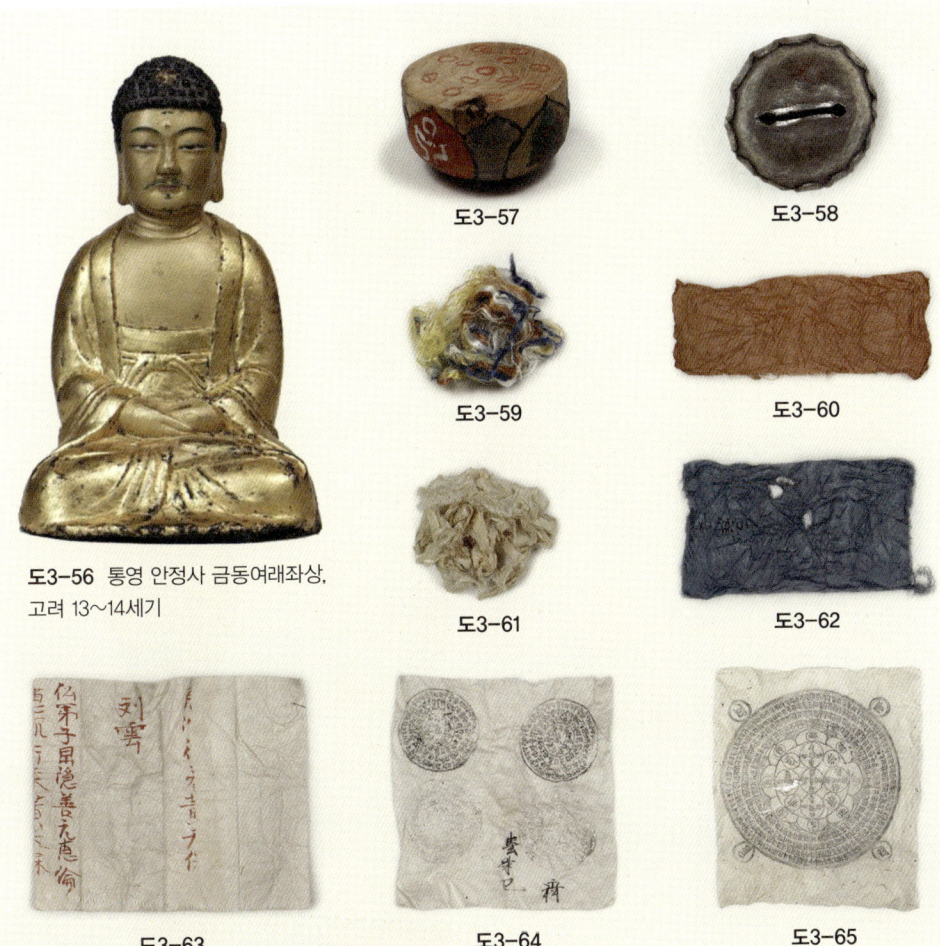

도3-56 통영 안정사 금동여래좌상, 고려 13~14세기

도3-57
도3-58
도3-59
도3-60
도3-61
도3-62
도3-63
도3-64
도3-65

도3-57 목합, 고려 13~14세기, 안정사 소장
도3-58 후령, 고려 13~14세기, 안정사 소장
도3-59 5색사, 비단, 고려 13~14세기, 1점, 안정사 소장
도3-60 소색주, 비단, 고려 13~14세기, 1점, 안정사 소장
도3-61 비단, 고려 13~14세기, 안정사 소장
도3-62 비단, 고려 13~14세기, 안정사 소장
도3-63 발원문, 고려 13~14세기, 종이, 7.8×9.5cm, 안정사 소장
도3-64 삼십칠존만다라, 고려 13~14세기, 종이, 18.2~36×18.7~38.8cm, 3매, 안정사 소장
도3-65 금강계만다라, 고려 13~14세기, 종이, 34.5~36×33~41cm, 안정사 소장

## ✳✳ 국립중앙박물관 목조관음보살좌상 복장물

도3-66 목조관음보살좌상,
13세기, 국립중앙박물관 소장

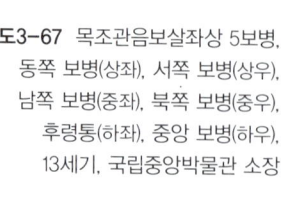

도3-67 목조관음보살좌상 5보병,
동쪽 보병(상좌), 서쪽 보병(상우),
남쪽 보병(중좌), 북쪽 보병(중우),
후령통(하좌), 중앙 보병(하우),
13세기, 국립중앙박물관 소장

## ❋❋ 문경 대승사 금동아미타여래좌상 복장물

도3-69 금동아미타여래좌상 귀주머니, 1301~1302년, 대승사 소장

도3-68 금동아미타여래좌상, 1301~1302년, 대승사 소장

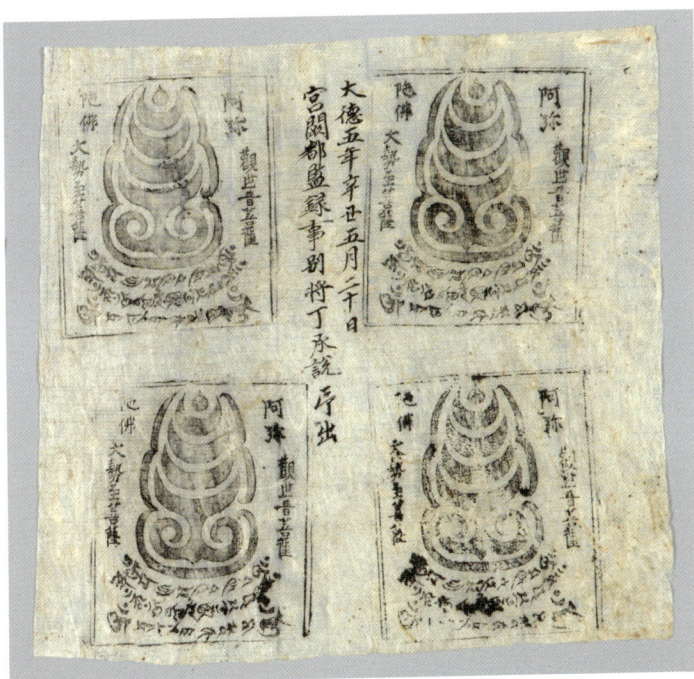

도3-70 금동아미타여래좌상, 대덕5년명다라니, 대승사 소장

## ∗∗ 화성 봉림사 목조아미타불좌상 복장물

**도3-71** 화성 봉림사 목조아미타불좌상, 고려 1362년, 봉림사 소장, 보물 제980호

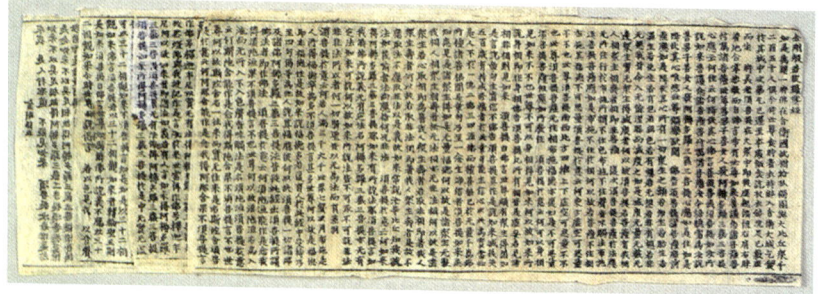

**도3-72** 목조아미타불좌상 복장 『금강반야바라밀경』, 고려 1362년, 봉림사 소장, 보물 제1095호

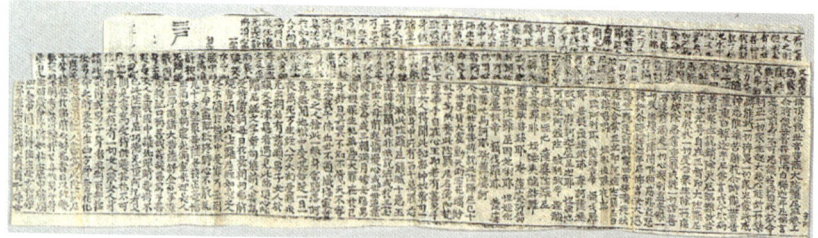

**도3-73** 목조아미타불좌상 복장 『불정심관세음보살대다라니경』, 고려 1362년, 봉림사 소장, 보물 제1095호

## 3) 조선시대 불상 복장물

앞서 살펴본 대로 우리나라는 신라 말 석남암사지 석불을 시작으로 복장물이 발견되었다. 『조상경(造像經)』에 나오는 불상 복장물의 물목(物目)과 복장단의식(腹藏壇儀式), 점안의례(點眼儀禮)가 생기기 시작한 시기는 고려후기부터인데 조선시대(1392년~1910년)에 들어서면서 고려시대의 전통이 계승되고 『조상경』의 간행으로 복장의식이 체계화되고 일반화되었다. 조선시대의 불상의 복장물 발견 사례는 수백 건에 이르며 고려시대보다 더 많은 물목이 나타나는 양상을 보이고 있다.

조선시대에 복장물이 발견된 최초의 불상은 장육사 건칠보살좌상(莊陸寺 乾漆菩薩坐像, 1395년)이며 초기 복장물에는 사리와 경전만을 납입하다가 이후 다라니, 만다라, 불경, 5곡, 5색실, 의복을 비롯하여 시주자와 품목, 불상 조성에 관련된 인물들을 세부적으로 기록하여 납입하였다. 이러한 다양한 기록을 통해 조선 전기에는 왕실의 후원 발원이 많은 반면 조선 후기에는 승려와 불교신자들이 불사의 주체가 되었으며, 왕실 불사의 경우 직물에 발원문을 쓰는 경우가 나타나기도 한다.

또한 지탁(知濯) 스님이 불교 관련 각종 의식을 찬집하여 편찬한 『조상경』의 정립과 함께 『조상경』의 법식에 따라서 일정한 형식과 절차를 갖추어 납입하게 되었다. 이러한 조상경에 따른 의식 절차는 한국 불복장만의 독특한 특징이며 일본과 중국의 경우 앞서 살펴본 대로 인간의 장기 모형을 본뜬 오장육부 형태의 복장의식을 따르고 있다. 『조상경』은 1575년 『용천사본 조상경』, 1677년 『능가사본 조상경』, 1702년 『화장사본 조상경』, 1746년 『김룡사본 조상경』, 1824년 『유점사본 조상경』이 있다.

복장물 중에서 불상의 중심에 위치하는 후령통은 불복장의 핵심이라 할 수 있는데 고려시대에 불상의 목구멍에 안치되었던 후령은 조선초기까지도 출토되었으나 조선후기 불상에서는 보이지 않는다. 대신 불상의 복부 중앙에 동제로 원통형이나 다른 형태로 안치되었으며, 후령·사리통·8엽통이 하나가 되어 후령통으로 변화하였다. 조선후기에는 원통형에 후혈이 솟아 있는 뚜껑을 덮고 있는 구조로 동제가 일반적이지만 왕실 발원이나 특별한 경우 금·은제로 만들기도 한다. 후령통 안에는 5향, 5약, 5곡, 5보(寶) 등을 비단으로 감싼 후 5색실로 감싼 5보병이 납입되어 있고, 후령통 밖에는 사각·삼각·원·반원·원 5경(鏡)을 동·남·서·북·중(中)에 배치한 5방경(五方鏡)이 5색실로 감겨 있다.

후령통은 여타 불교유산에서는 그 형태의 유례를 찾아볼 수 없는 불세계(佛世界)와 불신(佛身)과 중생(衆生)을 신앙적으로 연결한 독창성이 돋보이는 매우 중요한 복장물이다. 후령통을 위주로 하는 불복장에는 당대의 불교뿐만 아니라 주역, 천문, 지리, 역사, 예술, 정치, 경제, 출판, 복식, 음식 등을 밝혀내는 증거들이 타임캡슐처럼 담겨 있다. 그러므로 불복장의 연구를 통해서 불교를 배척하던 유학자들이 기록한 조선시대의 왜곡된 불교사를 바로 세울 수 있을 것이다.

그동안 불교계에서조차 조선시대의 배불숭유로 불교가 퇴보되었다고 보고 조선시대 불교의 위대성을 평가 절하했었다. 그러나 이 책에서는 시대적으로 유생들의 억압을 받는 어려운 상황 속에서도 불사를 하고 부처님의 가르침을 면면히 전한 조선시대 불교의 뛰어난 점을 아래의 복장물과 관련된 고찰을 통해서 밝히고자 한다.

조선시대 불상 복장물을 살펴보기에 앞서 3대화상(三大和尙)에 대해 살펴볼 것이다. 3대화상은 조상경의 제불복장단의식에서 불사 봉행시 증명위목(證明位目)의 3증사(三證師)로 모셔지는 고승이다. 3대화상의 행장을 통해서 불복장의 세계성과 역사성에 대한 의문점을 먼저 살펴보고자 한다.

여말선초의 개혁파로 알려진 3대화상은 제납박타 존자(提納薄陀尊者) 지공 대화상(指空大和尙, 1300~1361), 보제 존자(普濟尊者) 나옹 대화상(懶翁大和尙, 1320~1376), 묘엄 존자(妙嚴尊者) 무학 대화상(無學大和尙, 1327~1403)으로 조선시대까지도 신앙의 대상으로 받들어져 통도사를 비롯한 신륵사, 회암사, 불암사, 선암사 등 여러 사찰에 영정(影幀)이 함께 봉안되어 있다. 특히 고려 말 전국의 총본산이던 양주 회암사(檜巖寺)에는 전법상승(傳法相承)으로 맺어진 이 세 분의 부도가 함께 모셔져 있다.

회암사는 경기도 양주시 천보산(天寶山)에 자리하였는데 고려 1328년 (충숙왕 15년) 왕명으로 인도승 지공 화상(指空和尙)이 삼산양수지기(三山兩水之記)에 따라 인도의 나란타(那爛陀) 지역과 형세가 닮았다 하여 이곳에

도3-74  무학·지공·나옹 3대화상(三大和尙) 진영(眞影), 1807년, 통도사 소장

도3-75 무학·지공·나옹 3대화상 증명단, 제천 노노정사

회암사(檜巖寺)를 창건했다. 그 후 1374년(공민왕 23년)에 제자인 나옹 스님이 나란타사를 본떠 266칸의 회암사를 중창하였다. 고려 말에는 전국 사찰의 총본산으로 3000명의 승려가 주석하였다. 한편 조선을 건국한 태조 이성계(1335~1408)가 왕위를 물려주고 수도생활을 하던 곳이기도 하다. 1472년(성종 3년)에 세조 비인 정희왕후(貞熹王后)가 중건하였고 명종 때 섭정을 하던 문정왕후(文定王后)가 불교재흥정책을 펼 때 전국 제일의 수선도량(修禪道場)이 되었다가 문정왕후 사후 1565년(명종 20년) 유신(儒臣)들의 횡포로 사찰이 전소되어 회암사 터와 3대화상의 부도와 탑비만 남아 있었다. 1821년(순조 2년)에 지공, 나옹, 무학 스님의 부도와 탑비마저 인위적으로 파괴하여 조정(朝廷)에서 회암사지 옆에 작은 절을 짓고 회암사라는 사호(寺號)를 잇게 하였다. 1922년 홍월초(洪月初) 스님과 1976년 호선(昊禪) 스님이 회암사를 중창하고 지공, 나옹, 무학 스님의 진영(眞影)을 모셨다.

① 지공 스님

3대화상 가운데 지공 스님(指空, 1288?~1363)은 우리나라 선불교의 원류(源流)이며 기울어 가는 고려불교에 청정가풍을 세운 진취적인 선사(禪師)이다. 범어로는 제납박타(提納簿陀, Dhyanabhadra)라 하며, 선현(禪賢)이라 번역한다. 스님은 불법(佛法)을 이은 서천(西天) 108대(代) 조사로 1300년 중인도 마갈타국(摩竭陀國)의 국왕인 만(滿)과 남인도 향지국의 공주를 부모로 해서 태어났다. 석가족과 달마 스님의 혈통을 이었다고 전해지는데 역사적인 사실을 확인하기 어렵다는 설도 있지만, 사실 여부를 떠나서 부처님의 가르침과 달마 스님의 선법이 둘이 아님을 상징하는 출생연기라고 할 수 있다.

8세에 나란타사에 출가하여 10년간 반야학(般若學)과 계율(戒律)을 익히고 남인도에서 인도선(印度禪)을 계승하여 티베트(西藏, Tibet)를 거쳐 운남(雲南)을 경유하여 원(元)나라의 수도인 연경(燕京, 현 북경)에 도착하였다. 운남·귀주(貴州) 등 중국의 서남지구, 장강(長江) 중하류지구에서 변질된 불교를 믿던 사람들에게 선법(禪法)과 율(律)로써 정법(正法)을 전하고 원나라 진종(晉宗) 황제의 어향사(御香使) 신분으로 1326년 금강산(金剛山)의 법기보살(法起菩薩)과 통도사(通度寺) 금강계단(金剛戒壇)을 참배하러 고려에 당도하였다. 1328년까지 고려에 머물면서 당시 원나라 티벳불교의 영향으로 절반 이상이 대처승(帶妻僧)이었던 고려 말 불교계에 청정한 수행가풍을 일으켰다. 아울러 승속을 구별하지 않고 선(禪)과 무생계(無生界)를 설하여 선풍을 떨치고 계율정신을 생활화하도록 지도하여 조선시대로 이어지는 불교의 정통성을 유지하는 데 기여하였다.

지공 스님은 여러 가지 신비한 이적을 보이기도 하였는데, 중국에서는 스님이 비를 맞아도 옷이 젖지 않았고, 스님의 상(像)을 만들어 놓고 기도를 올리면 가뭄이 해소되고 질병을 물리칠 수 있었다고 한다. 우리나라에서는 금강산의 김동(金同) 바위 전설에 의하면 지공 스님과의 법력(法力) 대결에서 진 김동과 세 아들이 바위가 되었다 하고, 광주 무등산(無等山)에는 '지공(指空) 너덜'이라는 곳이 있는데, 지공 스님이 그곳에 와서 석실(石室)을 만들고 좌선수도(坐禪修道)를 하면서 법력(法力)으로 수억만(數億萬)의 돌을 그곳에 깔아 놓았다고 한다.

스님은 연경(燕京)의 법원사에서 머물다가 1363년(원나라 순제 23년)에 귀화방장(貴化方丈)에서 75세에 입적하였으며 그의 유골을 나옹 스님이 모셔와서 1372년(고려 공민왕 21) 양주 회암사(檜巖寺)에 부도를 세웠다.

스님의 저술로 중국에 『돈입무생대해탈법문지요(頓入無生大解脫法門指要)』, 『지공법어(指空法語)』, 『서천종파지요(西天宗派指要)』 등이 전해졌고, 우리나라 범어사(梵魚寺)에 『지공직지(指空直指)』가 전해졌다.

나옹 스님이 스승의 탄신일을 기념하여 「지공화상탄생지신(指空和尚誕生之辰) : 지공 화상(指空和尚) 탄신일(誕辰日)에」라는 시를 다음과 같이 남기고 있다.

| | |
|---|---|
| 驀面相逢親見徹 | 힘찬 얼굴로 서로 만나 친히 보고 통하니 |
| 機鋒險峻毛骨寒 | 기개가 칼같이 험준하여 모골이 서늘하네. |
| 諸人欲識西天面 | 사람들아! 지공의 면목을 알고자 하면 |
| 一片香煙起處看 | 한 줄기 향 연기 피어나는 곳을 간하라. |

② 나옹 스님

나옹(懶翁) 선사(1320~1376)가 태어난 곳은 경북 영덕군이며, 속성(屬姓)은 아씨(牙氏)로 아버지는 선관서령(膳官署令)을 지낸 아서구(牙瑞具)요, 어머니는 정씨(鄭氏)이다. 나옹은 호(號)이고 법명(法名)은 혜근(慧勤), 시호(諡號)는 선각(先覺), 당호(堂號)는 강월헌(江月軒), 법호(法號)는 보제존자(普濟尊者)이다.

21세에 친구의 죽음을 계기로 공덕산 묘적암(妙寂庵)의 요연(了然) 스님의 문하로 출가하여 1344년(충혜왕 5) 양주 회암사에서 깨달음을 얻었다. 1348년(충목왕 4) 원나라 연경의 법원사에서 지공 화상에게 법을 전수받고, 다시 평산처림(平山處林)과 천암원장(千巖元長)에게서 선법을 받았다. 1355년 연경으로 돌아가 원나라 순제(順帝)의 청으로 광제사(廣濟寺) 주지가 되어 법을 설하니 황제가 금란가사(金襴袈裟)와 상아불자(象牙拂子)를 공양하였다. 1358년(공민왕 7) 지공 화상의 부촉을 받고 귀국하여 1361년부터 용문산, 원적산, 금강산, 송광사 등지에서 선풍을 드날리다 회암사로 돌아와 중창불사와 중생교화를 하였다.

1370년 불교 최대의 선교 양종의 납자를 시험하는 승과(僧科)시험인 공부선(功夫選)을 관장하여 고려불교의 주체성을 확립하고 수행가풍을 진작하였다. 1371년 왕의 청으로 해주 신광사(神光寺)에 주석할 때 왕으로부터 금란가사와 내외법복(內外法服), 바루를 하사받고 '왕사대조계종사 선교도총섭 근수본지중흥조 풍복국우세 보제존자(王師大曹溪宗師 禪教都摠攝 勤修本智重興祖 風福國祐世 普濟尊者)'에 봉해졌다. 1376년(우왕 2) 여주 신륵사(神勒寺)에서 세수 57세로 입적(入寂)하셨는데 문하에는 환암혼수(幻庵混修), 무학자초(無學自超) 등 1백여 인이 있었다.

조선조에는 나옹 스님을 생불(生佛)로 여겨 석가모니불이 "말법이 되면 고려 땅에 나옹이라는 비구로 다시 태어나 외도를 파괴한다"고 예언했다는『치성광명경(熾盛光明經)』이라는 위경(僞經)이 유행하기도 했다. 더욱이 스님은 입적 후에도 조사신앙(祖師信仰)의 대상이 되었는데, 그 이유는 이적이 많았기 때문이다. 목은(牧隱) 이색(李穡)이 기록한 '선각왕사비(禪覺王師碑)'의 기록에는 입적하던 날 여흥 군민들이 신륵사 뒷산인 봉미산을 뒤덮고 있는 5색구름을 보았고 스님이 타던 백마가 사흘간 먹지 않고 슬피 울었다고 한다. 또한 사리가 155과가 나왔는데 그 앞에 향을 사르고 기도를 올리니 588과로 분과했다고 기록되어 있다. 스님의 부도는 신륵사, 회암사, 영전사(令傳寺, 국립중앙박물관 이전)에 모셔져 있는데 모두 고려시대를 대표하는 뛰어난 예술성을 지녔다.

스님은 선승(禪僧)으로서 계율이 청정하고 서예에도 뛰어났으며 법어(法語)와 시문(詩文)에도 많은 저술을 남겼는데 그 중 『나옹화상어록(懶翁和尙語錄)』 1권과 『가송(歌頌)』 1권이 전해지며 권두에 '나옹삼가(懶翁三歌)'로 유명한 '백납가(百納歌)·고루가(枯髏歌)·영주가(靈珠歌)' 3편이 실려 있다. 이종욱 스님이 1940년에 월정사에서 이와 같은 자료를 모으고 보충하여 『나옹집(懶翁集)』을 펴냈다.

### ③ 무학 대사

나옹 스님의 법을 이은 무학 대사(無學大師, 1327~1405)의 속성은 박씨(朴氏), 법명은 자초(自超), 호는 무학(無學), 당호는 계월헌(溪月軒)이며 합천 삼기현(三岐縣) 출신이다. 1344년 18세에 조계산 송광사(松廣寺)의 소지 선사(小止禪師)에게 출가하였고, 혜명 국사(慧明國師)로부터 불법을 배웠다. 진주(鎭州 : 현 진천) 길상사(吉祥寺), 묘향산 금강굴(金剛窟) 등지에서 수도하다가, 1353년(공민왕 2) 원나라 연경에 유학하여 그때 원에 와 있던 나옹 스님과 지공 스님으로부터 가르침을 받았다. 1356년에 귀국하여 1359년 천성산 원효암(元曉庵)에 계시던 나옹 스님을 찾아가 전법(傳法)의 표시인 불자(拂子)를 받았다. 1384년(우왕 10) 석왕사(釋王寺) 인근 토굴에 머물 때 이성계(李成桂)를 만나 꿈 이야기를 듣고 왕이 될 것을 예언하였다.

조선이 건국된 1392년(태조 1)에 신심 깊은 숭불주(崇佛主)로서 화상황제 명태조[和尙皇帝 明太祖 : 주원장(朱元璋), 황각사(皇覺寺) 승려였음][13]의 영향

---

13 가마타 시게오, 신현숙 역, 『한국불교사』, pp. 192~193, 민족사, 1992.

을 받은 태조 이성계가 '대조계종사 선교도총섭 전불심인 변지무애 부종수교 홍리보제 도대선사 묘엄존자(大曹溪宗師禪敎都摠攝傳佛心印辯智無碍扶宗樹敎弘利普濟都大禪師妙嚴尊者)'라는 호를 내리고 왕사(王師)로 책봉하여 조선시대 불교를 부흥시킨 역사적 인물로 빛을 발하게 된다.

당시 배불숭유를 치국이념(治國理念)으로 하여 역성혁명(易姓革命)의 명분을 삼으려 했던 정도전(鄭道傳) 등의 유학자 출신 관료들이 불교를 탄압하려 할 때 태조에게 유불일치설(儒佛一致說)을 주장하고 나라의 중대사에 자문을 하였다. 총섭(摠攝)은 승통(僧統)으로 가장 높은 '승직(僧職)'인데 나옹 스님도 '선교도총섭'이었고 무학 스님도 그러하니 여말선초를 대표하는 스님들이 당시 불교계의 모든 법과 제도를 확립하고 불사의 증명법사이자 '3대화상'으로 일컬어 진 것은 당연한 결과라고 본다.

스님은 선교(禪敎)의 이치에 밝았을 뿐만 아니라 도참사상(圖讖思想)과 풍수지리, 천문에도 조예가 깊어 이성계의 부친 이자춘의 묘 터를 흥왕지지(興旺之地)에 정하여 주었고, 1393년 태조가 수도를 옮기려 하자 풍수를 살펴 한양(漢陽)을 도읍으로 정하고 경복궁 터와 서울의 경계를 정했는데 '무학비결'로 한양천도에 대한 민심의 방향을 잡아주었으리라고 추측된다. 그해 9월에는 지공과 나옹 스님의 사리탑을 회암사에 건립하고 1397년 왕명으로 회암사 북쪽에 스님의 수탑(壽塔)을 세웠다. 1405년 금강산 금장암(金藏庵)에서 입적한 후 스님의 사리는 생전에 만들어진 회암사 부도(홍융탑)에 안치했으며, 1410년(태종 10년) 왕명으로 관인문학(官人文學)의 거두 변계량(卞季良)에게 비문을 짓게 하여 회암사에 비를 세웠다. 시호(諡號)는 '묘엄 존자(妙嚴尊者)'이다.

무학 스님은 인도승인 지공 스님의 무심선(無心禪)과 중국 임제종의 평산처림(平山處林)에서 나옹으로 이어진 임제선(臨濟禪)을 모두 이었다고 볼 수 있다. 제자로는 함허기화(涵虛己和) 스님이 있고 저술은 『인공음(印空吟)』 1권, 『무학대사어록(無學大師語錄)』 1권, 『무학비결(無學祕訣)』이 있었으나 전해지지 않고 불조종파지도(佛祖宗派之圖)만 유일하게 전해져 왔다.

고려 말을 거쳐 조선 초에 이르도록 국운이 뒤바뀌는 큰 혼란 속에 백성의 의지처가 되고 새로운 나라를 건설하는 데 큰 힘이 되었던 3대화상은 중국으로부터 이어진 선풍(禪風)의 큰 맥(脈)이면서 전설을 지닌 불보살과 같은 신앙의 존재였다는 공통점을 가지고 있다.

3대화상이 복장의식의 증명법사가 된 이유에 대해서 필자는 복장의식이 유행하던 여말선초의 백성들에게 신앙의 대상이었고 시기적으로도 복장물의 완성인 후령통의 형성시기와 맞물려 있었기 때문이라고 본다. 그러므로 이에 대한 이해를 돕고자 시대별로 중요한 복장 관련 사례를 중심으로 정리하고 설명하고자 한다.

| 시대 | 지역 | 불복장과 연관 있는 사례 |
|---|---|---|
| 2~3세기 | 간다라 | 육계(肉髻)에 구멍(穴)이 있는 불상 50위(사리 봉안 가능성) |
| 3세기 | 아시아 | 중앙아시아, 중국으로 불교 전파 |
| 3~4세기 | 아시아 | 동아시아 구법승이 중앙아시아, 티베트 등 육로 이용 |
| 4세기 | 중국 | 단계사, 육계에 사리1과 봉안 불상 |
| 6세기 | 아프가니스탄 | 바미얀 동대불 복장물 봉안(사리, 경전, 구슬 등) |
|  | 중국 | 상신신앙 발생, 천태산 국청사 금동노사나불 장기모형 복장물 봉안 |
|  | 동남아시아 | 돌궐의 득세로 말레이반도를 통한 해상구법로 이용 |
| 7세기 | 티베트 | 밀교 전파 |
| 8세기 | 신라 | 혜초 스님 인도 구법, 석남암 사지 사리호, 경주 감산사의 육계에 구멍 있는 석조아미타불상과 석조미륵보살입상 |

| | 일본 | 세이료지(淸凉寺) 장기모양 복장물<br>(일본에서는 이 복장물을 근거로 한국에는 이런 복장물 유형이 없으므로 중국에서 해로로 불교를 전해왔다고 주장하는 학자도 있다.) |
|---|---|---|
| 8~9세기 | 신라 | 육계에 구멍이 있는 신라 석불과 금동불 |
| 11세기 | 중국 | 중국 불복장 의식의 보편화 |
| | 일본 | 금속 장기 모양 복장물 봉안 |
| 12~13세기 | 고려 | 불복장 의식의 보편화 |
| 14세기 | 고려 | 인도승 지공 스님의 입국으로 불교 전파<br>나옹(1320~1376), 백운(1299~1374), 무학(1327~1405) 스님이 원(元)으로 유학<br>서산 문수사 금동아미타불 목합(8엽통) 봉안<br>광주 자운사 목조아미타여래좌상 목제후령통 봉안 |
| 15세기 | 조선 | 해인사 대적광전 비로자나불좌상 최초 정형적 후령통 봉안 (1490년) |
| 16세기 | 조선 | 용천사본 『조상경』 간행(1575년) |
| 17세기 | 조선 | 쌍계사 목조 석가삼세불좌상 금속후령통 봉안<br>수덕사 목조 석가여래삼불좌상 금속후령통 봉안 |
| 19세기 | 조선 | 유점사본 『조상경』 간행(1824년) |

표3-5 시대별 불복장물 관련 사례

위의 도표(시대별 불복장물 관련 사례)에서 보았듯이 우리나라의 복장 역사, 그중에서도 후령통의 역사는 14~15세기에 시작된 것이며 시조는 무학 스님으로 추측한다. 후령통이 등장하는 시기의 승가의 대표적인 전법 지도자는 지공·나옹·백운·무학 스님인데, 석옥청공(石屋淸珙)의 법을 이은 『직지』의 저자인 백운경한(白雲景閑) 스님은 제외되고 법을 이은 사제(師弟) 관계인 세 분만 『조상경』에서 3대화상으로 모셔지기 때문이다.

그리고 전적류 중 다라니를 보면 불교·도교·유교와 동양철학, 천문, 지리, 의술, 민간신앙과 풍수·도참(圖讖)의 비기(祕記)의 요소까지 있는 폭넓은 사상을 포함하고 있는데 이는 당대의 왕사이자 대학자인 무학 스님이라야 가능하다고 보기 때문이다. 무학 스님의 안목에 의해서 후령통이 기획되었거나 적어도 스님의 증명에 의해서 완성되었다고 보는 또 다른 이유는 필자가 모셨던 두 분 어른스님의 가르침 때문이다.

필자는 이십대 초반부터 동학사 승가대학 호경기환(湖鏡基煥, 1904~1987) 조실스님과 주지 재임시 1956년 대한민국 최초의 비구니 교육도량인 동학사 승가대학을 개원하신 청봉혜묵(青峰惠默, 1920~2002) 스님의 제자로서 20여 년간 두 분 스님의 시자(侍者)를 살았다. 그 당시 스님께서 점안법회에 가실 때나 복장물을 준비하실 때 우리나라 복장의례는 무학 스님의 법을 이은 것이라고 말씀하셨다.

이상으로 3대화상과 복장의례에 관한 설명을 마치고, 경북 안동 광흥사 복장전적이 한글 창제에 관여한 신미 대사(信眉大師)와 관련이 깊은 유물이므로 시대적으로 가장 앞선 것은 아니지만 그 의미가 깊으므로 먼저 살펴보고자 한다.

## (1) 안동 광흥사 시왕상

경북 안동시 학가산(鶴駕山)에 위치한 광흥사(廣興寺)는 신라의 의상 대사가 창건하신 고찰(古刹)로 〈광흥사중건사적(廣興寺重建事蹟, 1828년)〉의 '중수기(重修記)'에 의하면, 조선시대에 이르러서는 왕실의 원당(願堂)이었으며 안동지방에서 가장 규모가 큰 사찰이었다고 한다. 16세기에는 세조의 명으로 법화(法華)·반야(般若) 등 여러 경전을 직접 간행하고 봉안(奉

安)하였다. 또한 세종의 친서(親書) 수사금자법화경 1권(手寫金字法華經 1卷)과 영조의 친서(親書) 대병풍(大屛風) 16첩과 어필족자(御筆簇子) 1개 등 왕실의 어필, 어시(御詩) 등 다양한 유묵(遺墨)이 봉안되었다. 한편 명나라 인효황후(仁孝皇后)의 권선서(勸善書) 150권 중 10권을 조정으로부터 내려받아 봉안하였다는 기록도 남아 있다. 1827년 화재로 중수하였고, 1946년 대웅전이 화재로 소실되었으며, 지금은 전통건물은 응진전(경북문화재자료 제165호)만 남아 있는 상태다.

명부전 내부에는 통일신라 때 조성한 석가모니불상과 좌우에 미륵보살상과 제화가라보살상이 모셔져 있으며, 목조지장보살삼존상과 시왕상, 한국에서 가장 웅장한 16나한상이 모셔져 있다. 2013년 시왕상과 인왕상의 복장을 조사하는 과정에서 고려 말부터 조선 임진왜란 이전까지 간행된 고문헌 250여 건을 발견하였다.

이때 출현된 유물로는 아직 문화재로 지정되지는 않았으나 국보급 유물들로 1213년 간행된 『종경록(宗鏡錄)』을 요약한 『종경촬요(宗鏡撮要)』, 1387년 고려 우왕(禑王) 때 간행된 『대혜보각선사서[大慧普覺禪師書 : 서장(書狀)]』에는 목은(牧隱) 이색(李穡)의 발문(跋文)이 있었으며, 고려 공민왕(恭愍王) 때 목판본으로 간행한 『입도요문론(入道要門論)』, 한글언해본인 『월인석보(月印釋譜)』 권7·8·21과 『선종영가집언해(禪宗永嘉集諺解)』 등이 발견되었다. 『월인석보』는 세조대왕(世祖大王) 때 간행한 초쇄본(初刷本, 1464년)으로 추정되어 훈민정음(訓民正音)이

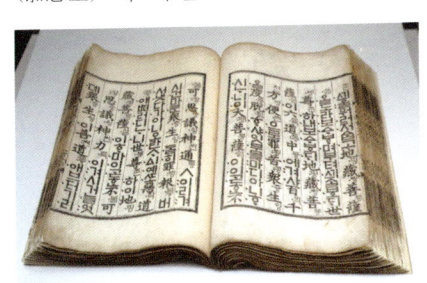

도3-76 광흥사 월인석보

도3-77 명부전 시왕상, 1692년

창제되고 얼마 지나지 않았을 때의 글자와 말을 그대로 담고 있어 한글의 변천사를 확인할 수 있는 매우 중요한 자료이다.

이렇듯 목판본 불경류가 많고 특히 한글 관련 목판본이 많은 것은 훈민정음 창제에 관여한 신미 대사의 제자인 학조(學祖) 대사가 주석하며 여러 고승들과 함께 많은 불경을 한글로 번역하여 광흥사의 판각전(板刻殿)에서 간행했기 때문인 것으로 추측된다. 또한 한글 창제와 광흥사는 밀접한 관계가 있으며 광흥사에 주석했던 학조 대사의 스승인 신미 대사가 한글 창제의 중심에 있었으므로 역사적으로 한글 창제에 있어서 신미 대사에 대하여 왜곡된 것을 바로잡고 미비하게나마 밝혀진 바를 서술하고자 한다.

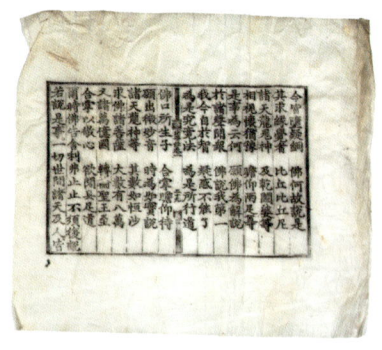

도3-78 시왕상 복장, 『묘법연화경』

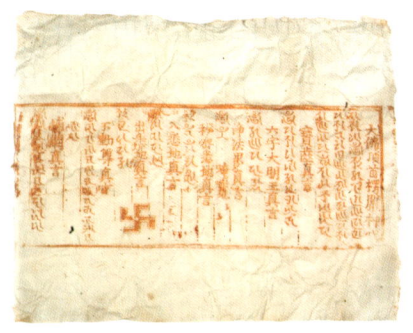

도3-79 시왕상 복장, 「다라니」

동아일보 1929년 11월 14일자 기사, "안동 광흥사에서도 『월인천강지곡』의 제21권, 22권이 발견되었다."

그동안 훈민정음 창제에 있어서 창제자와 창제 원리에 대해서는 설이 분분하다. 한글은 철학적·과학적·실용적인 매우 뛰어난 문자이기에 한국어학계와 역사학계 그리고 불교계에서도 규명해야 할 필요가 있다. 현재 여러 기록들을 통해 신미 대사를 위시한 불교계가 한글 창제에 크게 기여한 것을 학계에서도 인정하는 추세이다.

신미 대사(信眉大師, 1403~1479)의 본명은 수성(守省)이고 당호는 수암(秀庵)이다. 충북 영동 태생으로 부친은 김훈(金訓)이고, 불교와 유교에 두루 능통한 문장가였던 집현전 학사 괴애(乖崖) 김수온(金守溫)의 형으로 20세 무렵 법주사(法住寺)의 복천암(福泉庵)으로 출가하였다.

세종대왕을 도와 한글 창제에 기여하였고 왕명으로 궁궐 내에 불사리를 공공연히 봉안하고[14] 불전(佛殿), 승당(僧堂), 선당(禪堂) 등 26칸 규모의 내원당(內願堂)을 짓고 법요를 주관했다. 중국어, 범어, 티베트어 등

---

[14] 세종실록 20년 6월 26일조

외국어에 능했던 신미 대사는 범어(梵語)인 '실담어(悉曇語)'에서 착안하여 한글 제자(制字)의 체계를 세웠고 한글의 사용을 시험할 때는 해인사에서 장경(법화경, 지장경, 금강경, 반야심경 등)을 간인(刊印)하여 토(討)를 달고 한글로 번역하였으며 3년 후 한글이 완성되어 1446년 훈민정음이 반포되자 첫 사업으로 조선 건국의 당위성을 천명하는 용비어천가(龍飛御天歌, 1447년 간행)[15]를 간행하고 찬불가라 할 수 있는 월인천강지곡(月印千江之曲, 1447년경 간행)과 석보상절(釋譜詳節, 1447년 간행)[16] 등의 한글 노래[歌]를 수양대군에게 짓도록 하여 간행하였다.

신미 대사의 한글 제자(制字)에 관한 증거로는 다음과 같은 실록과 각종 기록이 전해진다.

① 조선 성종 때 유학자 성현(1439~1504)은 한글 반포 30년 후 『용재총화(慵齋叢話)』 제7권에서 "세종께서 언문청을 설치하여 신숙주, 성삼문 등에게 명령하여 언문을 짓게 하니 초·종성이 8자, 초성이 8자, 중성이 12자였다. 그 글 자체는 범자에 의해서 만들어졌으며(基字

---

[15] 최초의 국문시가로서 세종 24년(1442년) 3월부터 준비 작업이 시작되어, 세종 27년(1445)에 권제(權踶), 정인지(鄭麟趾), 안지(安止) 등이 본문을 짓고, 다시 박팽년(朴彭年), 강희안(姜希顔), 신숙주(申叔舟), 이현로(李賢老), 성삼문(成三問), 이개(李塏) 등이 주해를 덧붙여 세종 29년(1447년) 전 10권으로 간행되었다. 그 문체가 유창하여 처음 만들어진 글자라고 하기 어려울 정도이다. 이것은 아마 그 이전 시기로부터 입으로 전해져 내려오던 노래의 영향이 아닐까 짐작된다.

[16] 동국대 도서관에서 소장하고 있는 『석보상절(보물 제523호)』은 최초의 한글번역 불경으로 세종대왕이 비(妃)인 소헌왕후(昭憲王后)가 1446년(세종 28)에 세상을 떠나자 그 명복을 빌기 위하여 석가모니의 일대기를 수양대군에게 엮도록 명했는데 문장이 뛰어나 문학적 가치가 높고 당시의 국문학의 대표로 꼽는다. 또한 일대기뿐만 아니라 불경인 『법화경(法華經)』·『아미타경(阿彌陀經)』·『지장경(地藏經)』·『약사경(藥師經)』 등이 포함되어 있고 모두 24권이었을 것으로 추정된다.

體依梵字爲之) 우리나라와 다른 나라의 어음(語音)문자로서 표기하지 못하는 것도 모두 막힘없이 기록할 수 있었다"라고 하여 한글의 '범어 모방설'을 최초로 제기하였다. 또한 조선 선조 때의 학자인 이수광(1563~1628)의 『지봉유설(芝峯類說)』에서도 "우리나라 언어는 글자 모양이 전적으로 범자를 본떴다(我國諺書字樣篆倣梵字)"고 하여 역시 범어 기원설을 주장한다.

② 복천암사적기(福泉庵事蹟記)에는 "세종은 신미 대사로부터 한글 창제 중인 집현전 학자들에게 범어의 자음과 모음을 설명하게 하였다"고 기록하면서, 대사가 한글 창제에 응용할 수 있는 문자들을 수집·분석하는 등 훈민정음 창제에 지대한 역할을 했다고 부언 설명하고 있다.

③ 신미 대사는 당시 범어뿐만 아니라 중국어, 티베트어 등 외국어에 능통해서 불교경전과 어록을 번역 해석하고 교정하고 간행하였다.

④ 훈민정음의 창제기록에 자방고전(字倣古篆), 즉 글자의 모양을 옛 글자(古篆)를 따라서 했다고 명시되어 있다.

⑤ 훈민정음의 아·설·순·치·후의 5음(五音)체계는 실담어의 아(牙)·치(齒)·설(舌)·후(喉)·순(脣)의 오류성(五類聲) 체계와 같다. 오류성이란 입안에서 소리가 나오는 곳에 따라 아성(牙聲)인 후음(喉音), 치성(齒聲)인 악음(齶音), 설성(舌聲)인 은음(齗音), 후성(喉聲)인 치음(齒音), 순성(脣聲)인 순음(脣音)의 다섯 가지로 분류한 것으로 중국의 지광(智廣)이 찬술한 『실담자기(悉曇字記)』에 잘 설명되어 있다.

⑥ 세종이 훈민정음 창제 후 문자 보급을 위해 유교 경전이 아닌 불경을 언해하기 시작한 것도 신미 대사의 요청 때문이었으며, 이를 통해 불교와 한글이 밀접한 관계가 있음을 알 수 있다.

㉠ 세종은 한글 창제의 초석을 다진 고마움의 표시로 복천암에 삼존불을 조성·시주했으며, 죽기 전에 유생들의 반대도 무릅쓰고 유언으로 신미 대사에게 '선교도총섭 밀전정법 비지쌍운 우국이세 원융무애 혜각존자(禪敎都摠攝 密傳正法 悲智雙運 祐國利世 圓融無碍 慧覺尊者)'라는 긴 법호를 내렸다.

세종대왕은 왕실에 명하여 자녀인 공주와 대군들도 한글 창제를 많이 돕게 했는데 1443년부터 수양대군과 안평대군이 대자암 등지에서 3년 이상 신미(信眉)·학조(學祖)·학열(學悅) 스님과 함께 한글 창제를 적극 도왔고, 문종과 세종의 차녀인 정의공주(貞懿公主, 1415~1477)와 남편 안맹담(安孟聃, 1415~1462)도 적극 동참했다. 한글 창제 초기부터 동참했던 수양대군은 후에 왕위에 오르고 나서도 신미 대사를 꼭 존자(尊者)라 불렀고 국사로 모셨다.

신미 대사를 스승으로 모시고 불경·불서를 찬역·광포하여 불교 중흥으로 불교왕국을 재건하고자 했던 수양대군에 대하여 사재동 충남대학교 명예교수는 『훈민정음의 창제와 실용』[17]에서 "실제로 수양대군은 불경과 교리에 능통했을 뿐만 아니라 국문 불경의 찬성이나 불경언해 등에서도 전문적 실무에 능숙했던 것이다. 그는 등극한 후에도 파격적으로 법화경 등을 친히 번역하였으니, 그 구두·구결을 달거나 그 경구의 묘의를 꿰뚫어 번역해 내는 데에 신묘한 경지를 보였다"라고 서술하였다.

유교를 숭상하던 조선시대에 한글 창제의 실질적인 주역이자 정신적 의지처가 된 신미 대사에 대한 세종대왕의 예우가 어떠했는지는 『세종

---

[17] 사재동, 『훈민정음의 창제와 실용』, 역락출판사, 2014, p.42.

실록(世宗實錄)』과 『문종실록(文宗實錄)』 등에 실린 기록을 보면 알 수 있다.[18]

『세종실록』 29년 6월 5일자에 "김수온의 형이 출가해 스님이 되어 이름을 신미라고 했다. 수양대군 이유와 안평대군 이용이 심히 믿고 좋아하여, 신미를 높은 자리에 앉게 하고, 무릎을 꿇어 절하고 예절을 다하여 공양하고…"라 하였고, 『세종실록』 32년 1월 26일자에 "임금의 병환이 나아… 지극한 예우로 대우하였다"고 하였다.

또한 『문종실록』 2권 즉위년(1450년) 7월 11일 계축 2번째 기사에 "신미 대사에게 세종이 유시한 호를 내림에 유신들이 강하게 반대하는 가운데 문종이 말하기를 '선왕께서 공경하신 것은 대신들도 일찍부터 아는 바이다. 내가 어찌 거짓말을 하겠느냐… 지계하는 중을 어찌 공경하지 않을 수 있겠는가'…"라고 하였으니 왕실과 세종대왕이 신미 대사를 극진하게 모셨음을 알 수 있다.

스님은 속리산 복천사(福泉寺)를 비롯하여 오대산 상원사(上院寺)·월정사(月精寺)·낙산사(洛山寺)·대자암(大慈庵) 등을 중수하였으며, 배불(排佛)의 시대적 상황에서도 세조의 후원으로 1456년(세조 2년)에는 도갑사(道岬寺)를 중수하고, 1458년에 해인사(海印寺)의 대장경을 인경(印經)할 때 주관하였으며, 1461년(세조 7년) 왕명으로 훈민정음을 널리 보급하기 위하여 간경도감(刊經都監)을 설치할 당시에 이를 감독하고 『원각경(圓覺經)』·『법화경(法華經)』·『반야심경(般若心經)』·『선종영가집(禪宗永嘉集)』·『목우자수심결언해(牧牛子修心訣諺解)』·『몽산화상법어약록언해(蒙山和尚法語略錄諺解)』 등 100여 종의 불서를 언해하고 교정·간행하였다.

---

18 사재동, 『불교계 국문소설의 형성과정연구』, 아세아출판사, 1977, p.9.

또 스승인 함허기화(涵虛己和)의 『금강경설의(金剛經說誼)』를 교정하여 『금강경오가해설의(金剛經五家解說誼)』 1책을 만들고, 『선종영가집』의 여러 본을 모아 교정했으며, '증도가(證道歌)'의 주(註)를 모아 책으로 간행하는 등 한글 언해·번역·교정·출간까지 두루 주관한 것을 알 수 있다. 스님은 1479년(성종 10)에 세수 77세로 복천암에서 입적하여 다음해 복천암 남쪽 200미터에 복천암수암화상탑(福泉庵秀庵和尙塔 : 보물 제1416호)인 부도(浮屠)를 세웠다.

다음은 신미 대사의 한글 제자(制字)에 대한 또 하나의 근거로 한글과 실담문자의 같은 체계를 확인할 수 있는 『진언집(眞言集)』의 「실담자해의총론(悉曇字解意總論)」을 도표화한 것이다.

| | | 무성무기 平清 | 무성무기 平濁 | 유성무기 上聲 | 유성유기 去聲 | 비음(鼻音) 入聲 | |
|---|---|---|---|---|---|---|---|
| 12전성 (轉聲), : 통마다 (通摩多) : 모음 (母音) | 前之六字前短後長 | 아阿a 上聲 | 아-阿ā 去聲 | 이伊i 上聲 | 이-咿ī 去聲 | 오烏u 上聲 | 오-嗚ū 去聲 | 阿本不生卽般若 아본불생즉반야 噁行萬行卽三昧 아행만행즉삼매 |
| | 後之六字前長後短 | 예-曀e 去聲 | 애 愛ai 入聲 | 와-汙o 去聲 | 와-au 入聲 | 암-暗aṃ 去聲 | 악惡aḥ 入聲 | 暗證大空卽菩提 암증대공즉보리 惡字淨除卽涅槃 악자정제즉열반 |
| 4조음 (助音): 별마다 (別摩多) | | 래 里ṛ 上聲 | 래-哩ṝ 去聲 | 래 梨ḷ 上聲 | 래- ḹ 去聲 | 阿本不生卽般若 - 二十般若卽不生 噁行萬行卽三昧 - 八轉三昧卽萬行 暗證大空卽菩提 - 五入菩提卽大空 惡字淨除卽涅槃 - 八超涅槃卽淨除 | | |
| 오음 (五音), : 25세문 (體文) : 자음 (子音) | 아음 (牙音) | 가迦 ka | 카䞘 kha | 아誐 ga | 까伽 gha | 앙仰 ṅa | 二十般若卽不生 이십반야즉불생 |
| | 치음 (齒音) | 자左 ca | 차磋 cha | 자惹 ja | 짜䭾 jha | 냐攘 ña | |
| | 설음 (舌音) | 다吒 ṭa | 타咤 ṭha | 나拏 ḍa | 따茶 ḍha | 낭拏 ṇa | |
| | | 다多 ta | 타佗 tha | 나那 da | 따馱 dha | 낭娜 na | |
| | 후음 (喉音) | | | | | | 五入菩提卽大空 오입보리즉대공 |
| | 순음 (脣音) | 바波 pa | 파頗 pha | 마摩 ba | 빠婆 bha | 망莽 ma | |
| 9초음 (超音), : 화회성 (和會聲): 변구성 (遍口聲) | 초음초音역亦운云화和회會성聲 | 야野 ya 上聲 | 라囉 ra 去聲 | 라攞 la 平聲 | 바嚩 va 上聲 | | 八超涅槃卽淨除 팔초열반즉정제 |
| | | 사奢 śa 去聲 | 사沙 ṣa 平聲 | 사薩 sa 上聲 | 하賀 ha 去聲 | | |
| | | 가사乞灑 kṣa 平聲二合 이체중자(異體重字) | ※ 표안 표기에- 한글발음,한자,로마자 사성표시 실담자 | ※ 숫자설명 二十般若卽不生 (25자음중 비음5자를 뺀 20자) 八轉三昧卽萬行 (12모음중 앞뒤 네 글자를 뺀 8자) 五入菩提卽大空 (25자음중 비음5자) 八超涅槃卽淨除 (9초음중 重字를 뺀8자) | | | |

『진언집』의 '실담자해의총론'에서 불교교리에 맞춰 실담문자의 뜻과 발음을 설명하였는데(「망월사본진언집」) 해의(解義) 내용에 따라 실담자와 한글·한자·로마자로 발음을 병기하였다.

제3부 한국의 복장물

앞에서 살펴본 바와 같이 조선시대에 간행된 불경을 위시한 여타 중요한 많은 전적들이 불상의 복장물로 봉안되었는데, 아래에 전적류를 중심으로 중요불상의 복장물을 시대별로 정리하였다.

| 불상 및 복장유물 | 조성년도 문화재지정 번호 | 주요전적류 | 수량과 내용 | 시주자 |
|---|---|---|---|---|
| 양산 통도사 은제도금아미타여래삼존상 및 복장유물(梁山 通度寺 銀製鍍金阿彌陀如來三尊像–腹藏遺物) | 1450년 (세종 32년) 보물 1747호 | ①원성미타삼존동발원(願成彌陀三尊同發願) ②나옹게송(懶翁偈頌) | 총 30건 48점 ·사리 ·황초폭자 ·5보병 ·8엽개 ·원경 ·5곡 ·진주, 수정 ·금 ·향목 ·5색사 ·직물류 | 승속인 400여 명 |
| 영주 흑석사 목조아미타여래좌상 및 복장유물(榮州黑石寺 木造阿彌陀如來坐像–腹藏遺物) | 1458년 (세조 4년) 국보 제282호 | ①복장기(腹藏記) ②불상조성권선문(佛像造成勸善文) ③불설대보부모은중경합각장수멸죄호제동자다라니경(佛說大報父母恩重經合刻長壽滅罪護諸童子陀羅尼經) ④장수경(長壽經) ⑤백지묵서불조삼경합부(白紙墨書佛祖三經合部) 사십이장경(四十二章經), 불유교경(佛遺敎經), 위산경책(潙山警策) ⑥백지금니묘법연화경(白紙金泥妙法蓮華經) 권2(卷二)의 권수(卷首)에 붙이기 위한 변상도(變相圖) ⑦감지은니묘법연화경(紺紙銀泥妙法蓮華經) 권2,3,5(卷二,三,五)의 사경(寫經) ⑧조선전기의 부적(符籍) | 총 57건 48점 ·전적 7종 47점 ·직물류 38점 ·사리, 유리, 구슬 등 5종 | 왕실 종친, 평민 275명 |
| 논산 쌍계사 소조석가여래삼불좌상(論山 雙溪寺 塑造釋迦如來三佛坐像) | 1605년 (선조 38년) 보물 제1851호 | ①묘법연화경(妙法蓮華經) ②관음보살예문(觀音菩薩禮文) ③아비달마대비바사론(阿毘達磨大毗婆沙論) ④불상조성발원문(佛像造成發願文) | 총 30여 점 ·후령통 ·직물 | 원오(元悟) 비구 중심 승려 신도 다수 |

| 명칭 | 연대 | 복장전적 | 기타복장물 | 발원자 |
|---|---|---|---|---|
| 공주 동학사 목조석가여래삼불좌상 및 복장유물 (公州 東鶴寺 木造釋迦如來三佛坐像 –腹藏遺物) | 1606년<br>보물 제1719호<br><br>복장전적①~⑦은 별도로 보물 제1720호로 지정<br>(복장전적 임진왜란 이전) | ①대방광원각수다라요의경(大方廣圓覺修多羅了義經) 권4·6(卷四,六)<br>②대불정여래밀인수증요의제보살만행수능엄경언해(大佛頂如來密因修證了義諸菩薩萬行首楞嚴經諺解) 권6(卷六)<br>③육경합부(六經合部)<br>·금강반야바라밀경(金剛般若波羅蜜經)<br>·대방광불화엄경입부사의해탈경계보현행원품(大方廣佛華嚴經入不思議解脫境界普賢行願品)<br>·묘법연화경관세음보살보문품(妙法蓮華經觀世音菩薩普門品)<br>·불설아미타경(佛說阿彌陀經)<br>·대불정수릉엄신주(大佛頂首楞嚴神呪)<br>·관세음보살예문(觀世音菩薩禮文)<br>④묘법연화경언해(妙法蓮華經諺解) 권2(卷二)<br>⑤불설장수멸죄호제동자다라니경(佛說長壽滅罪護諸童子陀羅尼經)<br>⑥불조삼경(佛祖三經)<br>·불설사십이장경(佛說四十二章經)<br>·불유교경(佛遺敎經)<br>·위산경책(潙山警策)<br>⑦지장보살본원경(地藏菩薩本願經) 권하(卷下)<br>⑧조성중수삼종발원문(造成重修三種發願文)<br>⑨다라니(陀羅尼) | 총 78건 136점<br>·전적류<br>·발원문류<br>·후령통(喉鈴筒)<br>·공양물 | 석준(釋俊) 비구 중심 승려 신도 다수<br><br>·효령대군(孝寧大君)<br>·풍양군부인 조씨(豊壤郡夫人 趙氏)<br>·함라군부인 남궁씨(咸羅郡夫人 南宮氏)<br>·고 김씨(故 金氏) |
| 예산 수덕사 목조석가여래삼불좌상 및 복장유물<br>(禮山 修德寺 木造釋迦如來三佛坐像 –腹藏遺物) | 1639년<br>(인조 17년)<br>보물 제1381호 | ①목판본<br>·묘법연화경(妙法蓮華經)<br>·대방광원각수다라요의경(大方廣圓覺修多羅了義經)<br>·불설관세음경(佛說觀世音經)<br>·진언문(眞言文)<br>·다라니(陀羅尼)<br>②발원문(發願文) | 총 00점<br>·전적류<br>·후령통(喉鈴筒)<br>·5색실<br>·복식 | 수연(守衍) 비구 중심 승려 신도 다수 |
| 군산 동국사 소조석가여래삼존상 및 복장유물<br>(群山東國寺 塑造釋迦如來三尊像 –腹藏遺物) | 1650년<br>(효종 1년)<br>보물 제1718호 | ①목판본<br>·묘법연화경(妙法蓮華經)<br>·선문염송(禪門拈頌)<br>·보협인다라니경(寶篋印陀羅尼經)<br>·보협진언(寶篋眞言)<br>②발원문(發願文) 2장 | 총 373점<br>·경전류 49권<br>·다라니경. 진언216장<br>·발원문 2장<br>·사리 1과<br>·후령통 3조 | 승속 1258명 동참 시주 |

| 평창 상원사 목조문수보살좌상 및 복장유물(平昌 上元寺 木造文殊菩薩坐像-腹藏遺物) | 1661년 (현종 2년) 보물 제1811호 | ①묘법연화경(妙法蓮華經) 권6(卷六) ②육경합부(六經合部) ③나무상주일체삼종삼보다라니(南無常住一切三種三寶陀羅尼) ④관세음보살모다라니(觀世音菩薩姥陀羅尼) ⑤백지묵서금강반야바라밀경(白紙墨書金剛般若波羅蜜經) · 전면-금강반야바라밀경 · 후면-대방광불화엄경입부사의해탈경계보현행원품(大方廣佛華嚴經入不思議解脫境界普賢行願品) ⑥의숙공주발원문(懿淑公主發願文) | 총 33종 · 전적(불경) 12종 · 발원문 9종 · 다라니 11종 · 후령통1종 · 세조어의(世祖御衣) | 회감(懷鑒) 비구 중심 시주자 00명 |
|---|---|---|---|---|
| 순천 송광사 목조관음보살좌상 및 복장유물(順天 松廣寺 木造觀音菩薩坐像-腹藏遺物) | 1662년 (현종 3년) 보물 제1660호 | ①대방광불화엄경합론(大方廣佛華嚴經合論) 권73·74·75(卷七十三·七十四·七十五) ②대방등무상경(大方等無想經) 간경도감본 교장(教藏) ③대운경청우품(大雲經請雨品) ④대방등대운경청우품(大方等大雲經請雨品) ⑤묘법연화경(妙法蓮華經) ⑥묘법연화경언해(妙法蓮華經諺解) ⑦조성기(造成記: 경안군(慶安君) 의복에 기록) ⑧다라니(陀羅尼) | 총 16건 456점 · 시주자 명단 1권 · 전적 8종 17권 · 다라니 2종 423매 · 금속, 유리 · 후령통 1점 · 복식 2벌 · 직물조각 11점 | 취미수초(翠微守初) 비구중심 · 노예성(盧禮成) · 경안군(慶安君) · 유씨(劉氏) 등 왕실 대중시주 |

표3-6 조선시대 복장 전적

    이상과 같이 조선시대 불상의 복장물 중에서 필자가 전적류와 시주자의 수에 중점을 두는 것은 복장물의 전적류 중에서도 안동 광흥사 나한상 추정 훈민정음해례본(상주본)과 광흥사 월인석보, 월인천강지곡(月印千江之曲) 등 한글 언해본의 전적류의 제작과정에서도 신미 대사(信眉大師, 1403~1480)가 한글을 창제한 역사를 짚어보고자 하는 뜻이 있다. 아울러 시주자의 수와 계급을 분석하여 조선의 불사는 왕실, 양반, 평민, 노비에 이르기까지 모든 계층의 불자가 평등한 자격을 가지고 동참했던 대승불교(大乘佛敎)의 열매라는 확신이 들었기 때문이다.

## (2) 양산 통도사 은제도금아미타여래삼존상

경상남도 양산시 하북면 지산리 영축산(靈鷲山)에 위치한 통도사(通度寺)는 우리나라의 3보사찰 가운데 불보(佛寶)사찰로 646년(선덕여왕 15년) 자장 율사(慈藏律師)께서 창건하였다. 통도사라는 사명에는 세 가지 뜻을 함축하고 있으니 그 첫째는 청정한 모든 승려는 통도사 금강계단에서 득도(得度)한다는 것이며, 둘째는 만법(萬法)을 통달하여 일체중생을 제도한다는 뜻이며, 셋째는 산의 형상이 인도의 영축산과 통한다는 것이다.

도3-80 은제도금 아미타여래삼존상, 1450년, 통도사 성보박물관 소장, 보물 제1747호

은제도금아미타여래삼존상(銀製鍍金阿彌陀如來三尊像) 주불인 아미타불은 둥근 얼굴에 부드러운 선으로 이목구비를 양감으로 나타내고 머리에는 나발 위에 연봉형 정상계주가 있고 법의는 편단우견으로 선이 두텁고 선명하게 패여 있다. 항마촉지인(降魔觸地印)을 하고 있으며 육각연화대좌 좌우에서 뻗은 양연화좌를 대좌로 경권(經卷)을 지물로 든 관음보살과 대세지보살상이 협시로 한 독특한 형태를 갖추었다. 이 불상은 통일신라적 구성에 고려후기의 전통이 더해지고 원·명대 라마양식의 외래적 요소가 결합되어 있다.

아미타삼존상은 조선 초기 1450년(세종 32)에 승속(僧俗) 400여 명의 발원과 시주로 불모승 해료(海了) 스님이 조성하였다. 높이 11cm로 은으로 장식된 후 도금이 되었으며 본존불의 대좌와 불신 내부에 2~3cm의 복장공이 있었고 그 내부에는 대체로 조상경의 물목내용에 따라 복장물이 봉안되어 있었다.

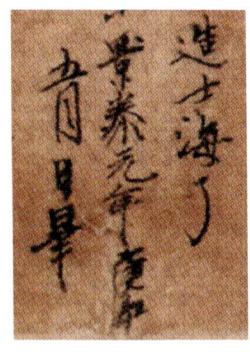

도3-81
은제도금 아미타여래삼존상
복장발원문, 1450년,
통도사 성보박물관 소장.
보물 제1747호

대표적인 복장물로는 제작연대, 불상 불사에 관여한 승려 명단과 400여 명의 시주자 명단, 나옹게송(懶翁偈頌)이 적힌 발원문과 사리, 5보병, 5곡, 5보, 향목, 황초폭자, 8엽개, 원경, 5색사, 직물류 등 30건 48점에 이른다. 이러한 복장물의 내용을 고려시대 불상 복장물과 비교하면 물목의 종류는 상당히 다양해졌으나 아직 시대적으로 후령통은 봉안되지 않았다. 은(銀)이라는 고가의 귀금속을 소재로 하여 금박(金箔)을 입혀 조상한 통일신라와 고려, 그리고 조선초기의 특징이 공존하는 조형미가 뛰어난 성상(聖像)에 수백 명의 불제자의 원력으로 모셔진 불사라는 점을 미루어볼 때 조선초기의 불교는 고려시대의 전통을 계승하여 대승적인 민중불교로 발전해가는 과정으로 보인다.

한편 통도사 아미타삼존상은 불상 높이 10cm라는 한정된 공간 안에서 대체로 복장물의 법식을 따르고 있는 점, 밀교와 관련된 다라니나 불경이 발견되지 않은 점 등이 눈에 띈다.

### (3) 영주 흑석사 목조아미타여래좌상

경상북도 영주시 석포리에 위치한 흑석사(黑石寺)는 산자락에 검은 빛깔의 커다란 바위가 있어서 흑석사라고 하며 신라(7세기) 때 의상(義湘) 스님이 창건하였다. 통일신라(9세기 추정) 때 조성된 석조여래좌상(石造如來坐像 : 보물 제681호)과 통일신라 말기나 고려 초기에 조성된 것으로 보이는 마애삼존불상(磨崖三尊佛像 : 경상북도 문화재자료 제355호)이 모셔져 있다. 그러나 창건 당시 도량의 전각은 임진왜란(壬辰倭亂) 때 모두 소실되어 폐사로 내려오다가 1945년에 소백산의 초암사(草庵寺) 주지로 부임한 김상호(金尙昊 : 독립운동가, 1889~1965) 스님이 공비 소탕으로 내린 소개령을 피해

초암사에서 재목을 옮겨와 중창하여 오늘에 이른다.

정암산(井嵒山) 법천사(法泉寺)에서 모셔온 목조아미타여래좌상(木造阿彌陀如來坐像)은 1993년에 국보 제282호로 지정되었는데 복장물로 복장기(腹藏記)와 불상조성권선문(佛像造成勸善文) 등의 전적(典籍) 7종 14점, 사경보(寫經褓 : 경을 싼 보자기) 등 직물류 38점이 있으며 아울러 유점사(楡岾寺)에서 간행한 『조상경(造像經)』의 복장물 물목과 일치하는 사리, 사리함, 5향(五香), 5곡(五穀), 7약, 유리, 호박, 진주 등이 출현되었는데 이러한 복장물들은 문화재로서 각각 매우 높은 개별적 가치를 지녔으므로 불상(국보 제282호), 복장유물(국보제 282-1호), 전적(국보 제282-2호), 직물류(국보 제282-3호), 기타 복장물로 지정되었다.

그러므로 조선 초기의 불상 연구와 서지학(書誌學) 및 직물의 연구에 매우 중요한 자료인 아미타여래좌상에 대하여 불상의 조상 연기와 상호(相好), 그리고 전적류를 중심으로 설명하고자 한다.

도3-82 영주 흑석사 목조아미타여래좌상, 1458년, 높이 72cm, 상높이 73cm, 무릎폭 50cm, 흑석사 소장, 국보 제282호

**도3-83** 목조아미타여래좌상 복장 유물, 1458년, 국립 대구박물관 소장, 국보 제281-1호

흑석사 목조아미타여래좌상은 계란형의 얼굴에 얼굴은 수척하고 갸름하며 고아한 인상이다. 체구도 세장한 형태로 높은 육계 위에 정상계주까지 표현되어 새로운 양식의 일면을 보이고 있으며, 나발(螺髮)과 높은 육계(肉髻) 위에 정상계주(頂上髻珠)를 한 조선시대 초기 형태이다. 그러나 통견(通肩)에 왼쪽 팔굽 위에 있는 Ω자, N자 옷주름, 착의법 등에서 전통 양식도 강하게 남아 있다. 배 위에 평행으로 단정한 옷주름을 깊게 새겼으며 흥불 정책을 실시하던 세조 초기의 분위기 속에서 왕실 비빈들의 발원으로 조성된 뜻있는 불상이다.

흑석사 목조아미타여래좌상은 왕실 발원 불상으로 1457년 2월 작성된 시주를 권하는 권선문(勸善文)인 「정암산 법천사 당주 미타삼존 원성제연보권문(井巖山法泉寺堂主彌陀三尊願成諸緣普勸文)」과 1458년 10월 작성된 「아미타삼존불복장기(阿彌陀三尊佛腹藏記)」에 의해 1458년(세조 4년) 정암산(井嵒山) 법천사(法泉寺)에서 왕실의 후원으로 아미타불, 관세음보살, 지장보살을 조성하였으며 그중 아미타불을 흑석사 극락전에 봉안하였음이 밝혀졌다. 정암산 법천사는 『세종실록』과 『고려사』의 기록을 종합해

도3-84 영주 흑석사(黑石寺) 목조아미타여래좌상 불복장기, 1458년, 국립 대구박물관 소장, 국보 제282-1호

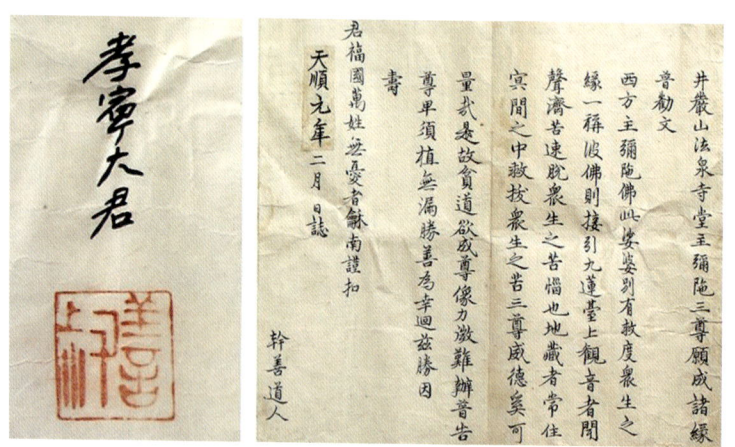

도3-85 영주 흑석사 목조아미타여래좌상 복장물(5항 등), 1458년, 국립 대구박물관 소장, 국보 제282-1호

보면 개성 인근에 있었던 사찰로 추정된다. 「백지묵서 보권문」과 옅은 청색으로 물들인 명주에 적힌 복장기를 통해 불사에 동참한 시주자의 신분을 알 수 있다. 화주승 성철(性哲) 스님과 성수(性修) 스님이 주관하여 조선 전기 불사의 대시주였던 태종의 후궁인 의빈권씨(懿嬪權氏), 명빈김씨(明嬪金氏), 효령대군(孝寧大君) 그리고 세종의 딸 정의공주와 부마 안맹담(安孟聃) 등 왕실의 종친들과 이소세(李小世), 이화(李華) 등 275명의 시주자가 동참하였다. 또 화원(畫員)으로 이중선(李重善), 이흥손(李興孫), 각

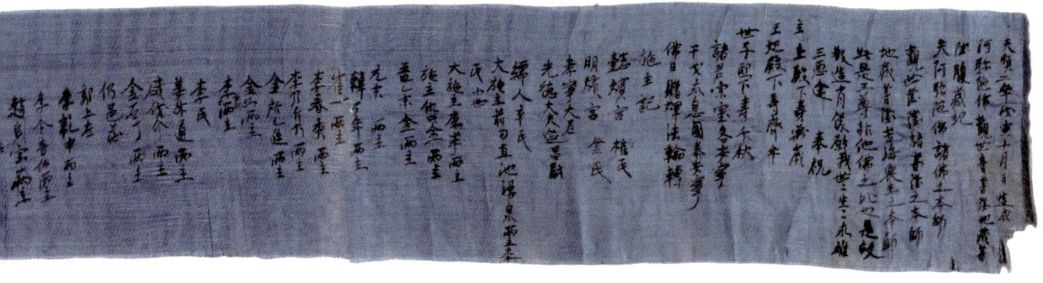

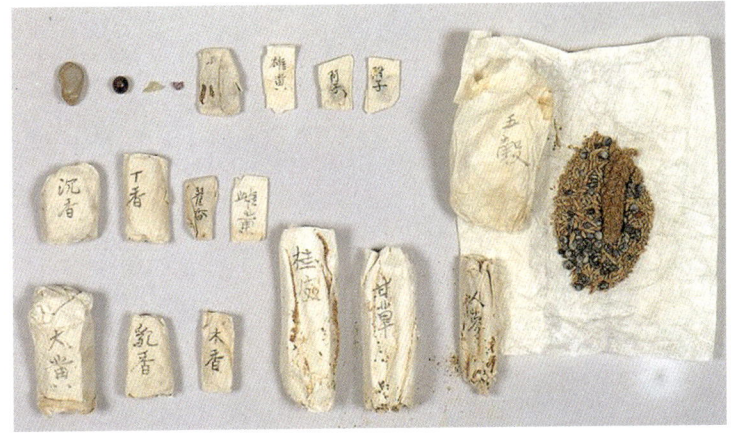

도3-86 정암산 법천사 당주 미타삼존 원성제연보권문, 1457년, 국보 제282-2호

수(刻手)에 황소봉(黃小奉), 소목(小木)에 양일봉(梁日峯) 등이 참여하였는데 이러한 불복장의 기록물은 조선시대에 기록을 중시했던 시대의 영향을 받은 것이다.

복장기의 내용은 "아미타 부처님은 모든 부처님의 본사(本師)이며 관세음보살님은 모든 보살님의 본사이고 지장보살님은 고해 중생들의 본사이다. 이 삼존은 다른 부처님과 비교할 바가 아니다. 이러한 까닭으로 삼가 초상(肖像)을 조성하여 원컨대 세세생생 영원토록 삼악도를 벗어나길 바란다. 주상 전하께서는 만세토록 장수하시고…전쟁이 영원히 없고 나라가 태평하고 평안하며 부처님의 광채가 더욱 빛나고 부처님의 설법이 끊임없이 전파되기를 받들어 축원한다"라고 하여 불상 조성의 목적이 나와 있다.

또한 화려한 무늬의 견직물들 곳곳에 후원자의 이름을 남겼으며 청색 명주로 된 직물에 세종의 딸 정의공주의 법명[妙和]이 발견되었는데 흑석사 목조아미타좌상 복장물 중에는 이렇게 왕실 여성의 이름이 개별적으로 기록된 직물들이 있다.

다음은 전적류에 대한 설명이다.

### ① 불설대보부모은중경 합각 장수멸죄호제동자다라니경
(佛說大報父母恩重經 合刻 長壽滅罪護諸童子陀羅尼經)

부모에게 은혜를 갚아야 한다는 『부모은중경』과 죄를 멸(滅)하고 수명을 연장하는 도리를 설한 『장수멸죄경』이다. 목판본으로 1432년(세종 14)에 태종의 후궁인 명빈 김씨의 발원과 김소을진(金所乙進)과 옥매(玉梅)가 영가 천도를 위한 발원에 의해 간행된 것으로 권말(卷末)에 있는 정암(定菴)의 발문(跋文)의 기록에 남아 있다.

### ② 백지묵서불조삼경합부(白紙墨書佛祖三經合部)

『불조삼경합부』는 인도에서 중국으로 가장 먼저 전래된 『사십이장경(四十二章經)』을 중국 송나라 때 수수 선사(守遂禪師, 1072~1147)가 주를 달고 난 후 『불유교경(佛遺敎經)』, 『위산경책(潙山警策)』을 합친 것이다. 이 삼경(三經)은 송·원대부터 합편되어 불조삼경(佛祖三經)이라 칭하여졌으며, 우리나라는 여말선초에 유통되어 왔다. 흑석사본은 필사본으로 한 면은

6행으로 되어 있으며 1행 12자씩 쓰여 있다. 변상화는 『사십이장경』의 서문[19] 내용으로 수미단 위에 결가부좌한 석가여래가 사라쌍수 아래에서 설법을 하는 모습이며 5명의 청문자들이 표현되어 있다.

### ③ 백지금니묘법연화경(白紙金泥妙法蓮華經) 권2 변상도(變相圖), 감지은니묘법연화경(紺紙銀泥妙法蓮華經) 권2·3·4·5

흑석사 『묘법연화경』은 구마라집을 저본으로 필사한 사경으로 구마라집의 7권 중 2·3·4·5권만 전해진다. 사경으로서 매우 예술적 가치가 높은 절첩본으로 조선초기의 금니와 은니사경을 대표하는 복장물이다.

도3-87 『부모은중경』, 1432년, 목판본

도3-88 『감지은니묘법연화경』 권 2·3·4·5, 조선 초

도3-89 『백지묵서불조삼경합부』

도3-90 『백지금니묘법연화경』 2권 변상화

---

19 "부처님께서 도를 이루시고 생각하시되 중생을 제도함에는 먼저 욕심과 번뇌를 제거하고 적멸의 자리에 듦이 최상의 방법이라 하시고 곧 선정에 드시사 욕심·번뇌의 모든 마군들을 항복 받으신 후 녹야원에 계시어 고집멸도 사제법문을 설하시고 교진여 등 다섯 사람들을 제도하시어 도를 얻게 하시며 다시 모든 제자들의 의심 있는 곳을 이해하시고 일일이 깨쳐 알게 해 주시니 모든 제자가 다 환희하여 합장 공경하고 부처님의 가르침을 존중히 받들어 가졌다."

『감지은니묘법연화경』 2~3권은 변상화가 들어갈 테두리만 그린 채 변상화가 없는 미완성 사경이고 5권은 표지화 앞면과 변상화가 없다. 이 중 제2권에 백지금니변상화가 별도의 낱장으로 끼워져 있는데 이것은 백지금니변상화가 감지금니 묘법연화경 2권의 변상화를 그리기 위한 모본이 아니었을까 추정할 수 있다. 불상 조성의 일정과 사경 제작의 일정이 맞지 않아서 변상화를 완성하지 못한 채 복장물로 봉안했을 것이다.

### ④ 조선전기의 각종 부적

고려시대의 불상에서 출현한 다라니와 동일의 불교 부적과 새로운 밀교 형태의 부적이 다양한 크기와 종류로 제작되어 봉안되었다.

이상으로 전적류와 기록을 통해 남녀의 위치를 살펴보면 조선 초기에는 고려시대 복장물에서처럼 여성 시주자의 이름이 성(姓)과 함께 기록되어 있다. 이런 기록으로 보아 조선 초기에는 고려시대와 같이 남녀가 사회적으로 평등성을 유지하였다고 보여지는데 조선 중기에 접어들면서 유교의 영향으로 남존여비사상(男尊女卑思想)이 자리 잡으면서 시주기와 원문에서 여성의 이름이 차차 사라지고 대주(大主)라 하여 남편의 이름만 쓰고 부인은 양주(兩主)라는 표현 속에 함께 올라간 것을 흔히 볼 수 있다. 이렇듯 한 시대의 사회상이 복장물의 기록에서도 나타나고 있는데 그 예로 조선후기[1515년 정덕(正德) 10년]에 조성된 석조지장보살좌상(보물 제1327호)의 명문에는 시주자에 여성의 이름은 없이 대주의 이름만 적었으니, 김순손(金順孫) 부부, 김순대(金順代) 부부, 김귀천(金貴千) 부부, 송화(松和) 부부라고 적혀 있어서 유교로 인한 여성의 성차별과 낮은 사회적 지위를 짐작할 수 있다.

## (4) 논산 쌍계사 소조아미타불상

쌍계사는 충남 논산시 양촌면 불명산에 위치하고 있는데 고려 광종 무렵 관촉사 은진미륵을 조성한 혜명(慧明) 대사가 창건한 것으로 전해오고 있다. 절 입구에 세워진 비문에 의하면, 쌍계사에는 극락전을 비롯하여 관음전, 선원, 동당, 서당, 명월당, 백설당, 장경각, 향로전, 해회(海會), 삼보, 요사 등이 500~600여 칸이 있을 정도로 한때 호서지방의 대표적인 대가람이었다고 한다. 조선시대 전반기 동안 번성하였다가 임진왜란으로 대웅전과 전각이 소실된 후 중건과 소실을 거듭하다가 1739년(영조 15년)에 꽃살문과 닷집이 아름다운 대웅전과 여러 동의 전각을 중건하여 오늘에 이른다.[20]

도3-91 논산 쌍계사 소조아미타불상, 1605년, 쌍계사 소장, 보물 제1851호

---

**20** 한국학중앙연구원, 쌍계사 홈페이지.

도3-92 삼세불상 복장, 후령통, 1605년, 금속직경 4.4cm, 쌍계사 소장

문화재로는 보물 제408호인 쌍계사 대웅전, 보물 제1851호인 소조석가여래삼불좌상(塑造釋迦如來三佛坐像), 충청남도 문화재자료 제80호인 9기의 쌍계사부도(雙溪寺浮屠)가 있다.[21]

쌍계사 대웅전(보물 제408호)의 삼세불상은 임진왜란(1592~1598) 7년 후인 1605년에 조성하여 모셨는데, 17세기에 유행한 양식이다.

1592년 임진왜란과 정유재란으로 파괴된 수많은 사찰들이 1598년부터 중건불사가 이루어졌는데 논산 쌍계사도 영관 스님이 삼세불상을 조성했다.

삼세소조불상은 이 시기를 대표하는 불모(佛母) 원오(元悟) 스님이 중심이 되어 조성하였는데 제작기법은 나무로 전체적인 형태를 잡은 뒤 흙을 발라서 조성하여 5개월의 단기간에 완성하였다. 이러한 기법은 1612년에 조성된 해남 대흥사 삼세불상에서도 나타난다.

문명대 교수(동국대 명예교수)의 학술조사연구논문 「석준·원오파의 성립과 논산 쌍계사 삼세불상 및 복장의 연구(『강좌미술사』 제36집에 수록)」에 의하면, 2011년에 출현된 쌍계사 삼세불상 복장유물은 한지를 재단해서 두루마리로 만든 '불상조성발원문'과 '직물', '5곡', '5약', '사리 2과(顆)'와

---

21 한국학중앙연구원, 향토문화전자대전.

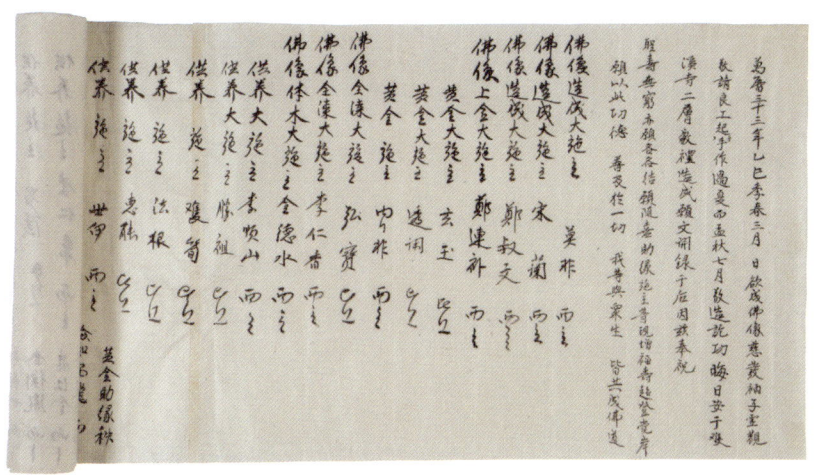

도3-93 소조아미타불상 복장, 발원문, 1605년, 39.7×268.9cm, 쌍계사 소장, 보물 제408호

사리를 담은 '후령통', '묘법연화경' 3책, '관음보살예문' 1책 등이 출현되었다.[22]

　발원문과 함께 발견된 쌍계사 삼세불상 후령통은 이미 후령통의 형식이 정형화된 해인사 법보전 비로자나불상 후령통(1490년)보다 이후에 조성된 것임에도 매우 독특한 형식인데, 삼베 보자기에 싸여 5색실로 묶여 있었다. 불상이 규모가 장대한 데 비해 크기가 작은 이 후령통은 금속으로 된 직경 4.4cm의 작은 동제 원통형 합은 후혈이 있는 뚜껑이 있고 사방경과 네 개의 밑면만 막힌 원통형 기둥을 5색실로 묶은 형태이다. 내부에는 5곡, 5약, 사리 2과(顆)가 납입되어 있었다. 후령통은 이미 조선 전기에 유행하던 동합이며 『조상경』에 의한 복장물목이 정착되고 있음을 알 수 있다. 이후 조성된 동학사 삼세불상의 복장품 역시 쌍계사의 전통을 이어가고 있다.

---

22 불교신문, 2011. 7. 6.

이와 함께 『묘법연화경』 3책, 『관음보살예문』 1책 등이 출현되었다. 『묘법연화경』 권5·6·7은 표지가 없는 『법화경』으로 권7 말미에 발문이 있으나 마지막 장이 떨어져 발문의 앞 장만 남아 있다. 원주 출신 성달생(成達生, 1376~1444)이 완주군 운주면 안심사에서 조성하였다. 1462년(세조 8년)에 중각한 『관음보살예문』은 성달생이 평안도 도절제사로 있을 때 발문을 썼던 왕실 발원 원판본 『법화경』으로 판본의 간행시기를 보아 보물급 문화재의 가치를 평가받고 있다.

2011년 삼세불 조사에 의해 아미타불상에서 출현된 높이 39.7cm, 길이 268.9cm의 한지를 재단해서 두루마리로 만든 발원문이 발견되었는데, 불상 봉안의 과정과 조성자와 발원의 내용이 담겨져 있다. 내용을 살펴보면, "1605년 선조 38년 3월에 영관 스님이 불상을 조성하려고 장인을 초청해서 만들기 시작했다. 여름을 지나 초가을 7월에 불상을 완성했고 7월 말일에 쌍계사 2층 전각에 봉안하고 예경했다"라고 하여 5개월의 단기간에 삼세불을 완성하였으며 당시 대웅전이 2층 전각이었던 것을 알려주고 있다.

쌍계사 불상 조성에는 총 163명이 동참했는데 시주자 가운데 스님이 47명, 일반 신도가 100명이다. 이 외에 불상 조성 관련 스님들이 16명이다. 또한 황금을 시주한 30명의 '황금 조연자 명단'과 '불상 의복 시주자'가 따로 기록되어 있는 점이 특이하다. 불상 조성의 증명은 인호(印湖) 스님, 불모(佛母)는 원오(元悟) 스님으로 '화원 상수대선사 원오(畵員上首大禪師元悟)'로 기록된 것으로 보아 조각승의 위치가 상당했음을 짐작할 수 있다.

17세기 초반의 대표적 불모(佛母)인 원오 스님의 생애를 문헌기록을 바탕으로 살펴보면, 1550년대에 태어나서 1580년대 화원(畵員)으로 범종 제작에 참여하였고, 임진왜란과 정유재란을 거치면서 의승군으로 활동한 뒤, 1599년부터 1610년대까지는 완주 위봉사에 거주하면서 위봉사, 상원사 등 왕실과 관련된 사찰이나 명산대찰을 중심으로 불상의 제작과 개금을 주도하였다. 현재까지 밝혀진 기록으로 볼 때 원오 스님의 활동 시기는 1583년에서 1623년까지로 짐작된다.

전란 이후 이루어진 중건불사의 중심에 있던 원오 스님은 직접 불상을 조성하고 보수하기도 하였지만 많은 다른 스님들처럼 시주자 명단에도 자주 등장하여 전란 이후 불사에 신심을 다한 것을 알 수 있다.

원오 스님뿐만 아니라 7년간의 임진왜란 이후 1600년대부터 1630년대 불교조각계를 대표하는 불모로 서천 봉서사(극락전 목조아미타삼존불좌상), 강화 전등사(대웅보전 불상과 목조지장보살좌상 및 시왕상) 불상을 조성한 '수연(守衍) 스님'과 5m가 넘는 법주사 대웅보전 소조비로자나삼신불좌상(1626년)을 조성한 '현진(玄眞) 스님' 등 많은 스님들이 불교의 재건불사에 전력을 다하였다.[23]

## (5) 공주 동학사 목조석가여래삼불좌상

충남 공주시 반포면 학봉리에 위치한 동학사(東鶴寺)는 통일신라 724년(성덕왕 23)에 회의 화상(懷義和尙)이 창건하여 상원사(上願寺), 청량사(淸涼寺)라 칭했다. 936년 유차달(柳車達)이 신라의 시조와 충신 박제상(朴堤上)의 초혼제를 지내기 위해 동계사(東鷄祠)를 짓고 증축하여 이후에 사명(寺名)을 '동학사(東學寺·東鶴寺)' 또는 '동계사'라고 하였다.

---

23 「현대불교」, 최선일(문화재청 문화재감정위원) 2016. 7. 29, 2016. 8. 12, 2016. 8. 30, 「불교신문」, 유근자 2017. 1. 25.

도3-94 공주 동학사 목조석가여래삼불좌상, 1606년, 동학사 소장, 보물 제1719호

1394년(태조 3) 고려의 유신 길재(吉再)가 고려 태조와 정몽주의 제사를 지냈고, 1457년(세조 3)에는 설잠(雪岑) 스님 즉 매월당(梅月堂) 김시습(金時習)이 사육신의 초혼제를 지내고 단종의 제단을 증설했는데, 다음해 이곳에 들른 세조가 단종을 비롯해 세조 찬위 때 억울하게 죽은 280여 명을 위해 초혼각(招魂閣)을 짓게 하고 동학사(東鶴祠)라고 사액(賜額)하였다.

1728년(영조 4) 신천영(申天永)의 난으로 전소되었다가 1814년(순조 14) 월인 선사(月印禪師)가 중건했고, 1864년(고종 1) 만화보선 국사(萬化普善國師)가 건물 40칸과 초혼각[招魂閣, 현 숙모전(肅慕殿)] 2칸을 짓고 강원(講院)을 열었다. 경허성우 선사(鏡虛惺牛 禪師)가 동학사 강주(講主)로 주석하던 중 1879년에 깨달음을 얻어 선풍을 드날렸다. 6·25전쟁 때 거의 파괴된 것을 1975년 복원하여 오늘에 이르고 있다. 동학사는 우리나라 최초의 현대 비구니교육도량으로 유명하다. 중요 문화재로 삼성각(충청남도 문화재자료 제57호)과 삼층석탑(충청남도 문화재자료 제58호), 대웅전 목조석가여래삼불좌상 및 복장유물(木造釋迦如來三佛坐像-腹藏遺物 : 1606년 보물 제1719호)과 목조석가여래삼불좌상 복장전적 7종 8책(腹藏典籍 : 1606년 보물 제1720호)이 있다.

동학사 목조석가여래삼불좌상은 석가모니불, 아미타불, 약사불로 조선후기 불상 복장물의 납입상태를 알 수 있는 대표적인 불상이다. 발원문에 의하면, 1605년 삼불을 조성하기 시작했으며 1606년 음력 3월에

도3-95  약사불 후령통, 1606년 추정, 높이 5.8cm, 동학사 소장, 보물 제1719호

도3-96  석가모니불 후령통, 1606년 추정, 길이 11cm, 동학사 소장, 보물 제1719호

도3-97  아미타불 후령통, 1606년 추정, 높이 8.3cm, 동학사 소장, 보물 제1719호

도3-98 목조석가여래삼불좌상 복장. 청동동경, 조선시대, 불교중앙박물관 소장, 보물 제1719호

조성되었음이 밝혀졌다. 수많은 평범한 신도들과 승려들의 시주로 불상 조성에 필요한 재원을 마련하였고, 석준(釋俊) 스님의 증명 아래 상화원(上畵員) 각민(覺敏), 각심(覺心), 행사(幸思), 휴일(休一), 덕잠(德岑) 스님 등 5명의 조각승들이 함께 제작하였다. 1883년 개금 중수에는 19세기 후반에 크게 활약한 화승 선율(善律), 약효(若效) 스님 등이 참여하였다.

삼세불상 중 석가모니불과 아미타불은 복장이 훼손되었지만 약사불은 복장 상태가 온전하였으며 석가모니불에서 20건 48점, 아미타불에서 27건 39점, 약사불에서 37건 39점, 총 78건 136점이 발견되었다. 특히 조각승 각민 스님이 수화승으로 유일하게 남긴 불상이다. 이 중 약사불좌상은 제작 당시 복장 상태를 잘 간직한 불상이다. 후령통은 가슴 부분에 있고 후령통과 거의 일직선을 이루는 불

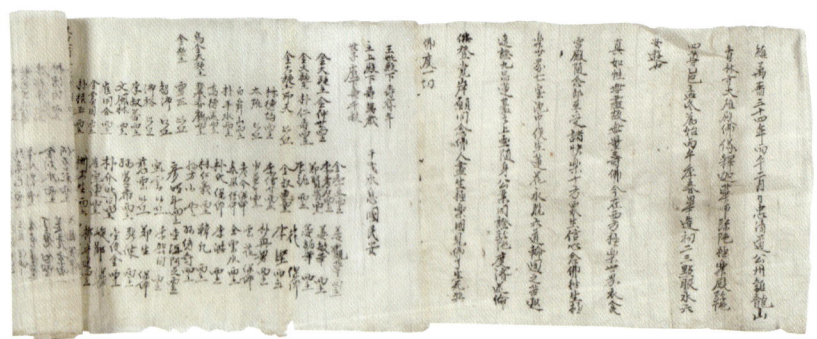

도3-99 목조석가여래삼불좌상 복장 발원문, 1606년(만력 34년 병오 2월), 불교중앙박물관 소장, 보물 제1719호

상 맨 밑에 작은 청동제 거울이 놓여 있었다. 복장물에서 동경이 나온 것은 고려시대 봉화 청량사 건칠보살좌상이 가장 빠르며 조선 전기 의성 운암사에서도 발견되었다.

대웅전에 봉안되어 있는 삼불좌상은 사바교주인 석가여래를 본존으로 좌우에 동방만월세계 약사여래와 서방극락세계 아미타여래를 배치한 공간적 삼세불상 형식을 보여준다. 이러한 공간적 삼불좌상은 임진왜란 이후 조선후기에 크게 유행한 형식으로 명문이 남아 있는 삼세불상은 17세기 전반에서부터 나타난다. 그러나 1466년 제작된 상원사 목조문수동자좌상의 경우 원래 석가불, 약사불, 아미타불을 제작하였다고 발원문에 쓰여 있어 삼세불은 조선 초기부터 제작되었을 것으로 보인다. 비슷한 시기에 제작된 논산 쌍계사 대웅전 석가여래삼불좌상(1605년), 군산 상주사 석가여래삼불좌상(17세기 초), 익산 숭림사 목조석가여래좌상(1614년), 김제 귀신사 비로자나삼불좌상(1626~1633년경) 등 17세기 초·전반에 제작된 불상들과 양식적으로 상통한다.

또 삼불좌상에서 발견된 복장전적(腹藏典籍)은 석가모니불 22권 12책, 아미타불 34권 23책, 약사불 37권 20책이다. 총 93권 55책 중에서 7종 8책만 보물 제1720호로 지정되었으며 모두 임진왜란 이전의 간사본이며 그 종류는 아래와 같다.

### ① 대방광원각수다라요의경 권4·권6
(大方廣圓覺修多羅了義經 卷四·卷六)

원각경 2권 2책은 세조연간(1455~1468)에 주자소에서 을해자(乙亥字)로 인출한 금속활자본으로 권4는 약사불, 권6은 석가모니불에서 수습되었다. 권수제에 '교정(校正)'이라는 인기(印記)가 날인된 교정본이며 일반적으로 불경은 한 행에 17자씩 배자되어 있는데 이 책은 16자씩 배자되어 있다.

### ② 대불정여래밀인수증요의제보살만행수능엄경언해 권6
(大佛頂如來密因修證了義諸菩薩萬行首楞嚴經諺解 卷六)

신미(信眉) 스님의 도움을 받아 한계희(韓繼禧)·김수온(金守溫) 등이 국역(國譯)한 활자본을 저본으로 하여 1462년(세조 8)에 간경도감에서 간행한 판본으로 아미타불에서 수습되었다. 한글에는 방점(傍點)이 붙어 있어 한글 창제 무렵의 국어의 특징을 연구하는 데 중요한 자료적 가치를 지니고 있으며, 교정이 완료된 판본으로 조선 전기 불경 판본 연구에 있어서 아주 귀중한 판본이다. 이와 동일본으로 국보 제212호[24]와 보물 등이 있다.

### ③ 육경합부(六經合部)

육경합부는 금강반야바라밀경(金剛般若波羅蜜經), 대방광불화엄경입부사의해탈경계보현행원품(大方廣佛華嚴經入不思議解脫境界普賢行願品), 묘법연화경관세음보살보문품(妙法蓮華經觀世音菩薩普門品), 불설아미타경(佛說阿彌陀經), 대불정수능엄신주(大佛頂首楞嚴神呪), 관세음보살예문(觀世音菩薩禮文) 등 6개 경의 합편을 이루고 이어 아미타경, 보현행원품, 관세음보살보문품, 수능엄신주, 관세음보살예문을 필사하여 합쳐 일부(一部)를 이루었다. 이는 1424년(세종 6) 전라도 안심사(安心寺)에서 판각한 초각판 중의 1부로 드문 판본이다. 약사불과 아미타불의 복장에서 나온 육경합부의 판종은 다양한데, 대부분 이후에 간행된 번각본이다.

---

[24] 『대불정여래밀인수증요의제보살만행수능엄경언해(大佛頂如來密因修證了義諸菩薩萬行首楞嚴經諺解)』, 동국대학교 도서관 소장.

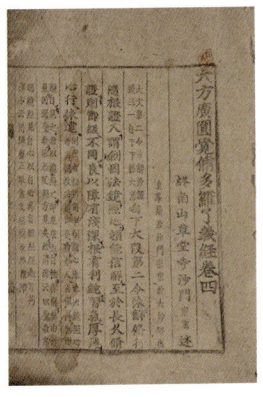
도3-100 『대방광원각수다라요의경』 권4, 1461년, 불교중앙박물관 소장

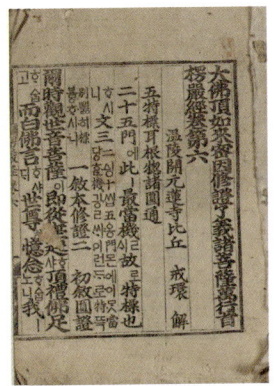
도3-101 『대불정여래밀인수증요의제보살만행수능엄경』 권6, 1462년, 불교중앙박물관 소장

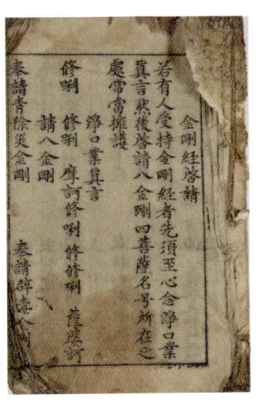
도3-102 『육경합부』, 1424년, 불교중앙박물관 소장

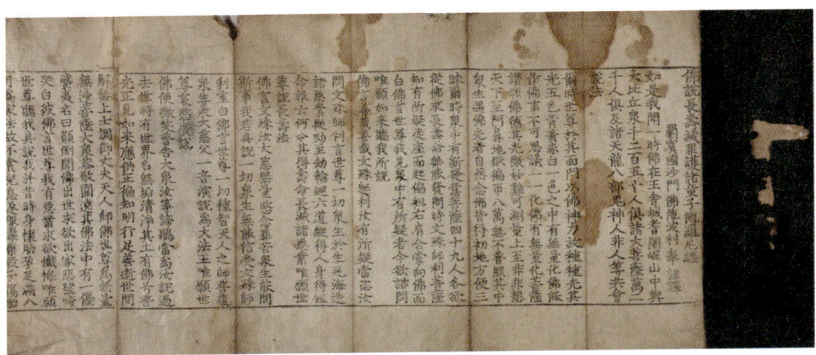
도3-103 『묘법연화경』 권2, 1463년, 불교중앙박물관 소장

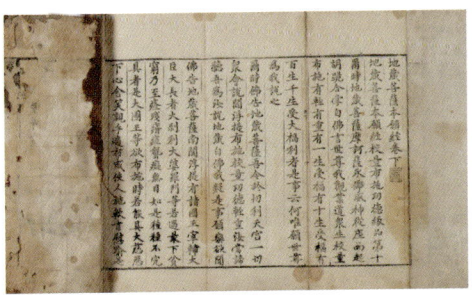
도3-104 『불설장수멸죄호제동자다라니경』, 1378년, 불교중앙박물관 소장

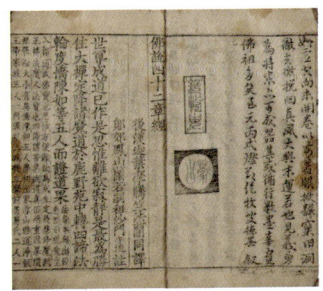
도3-105 『지장보살본원경』 권하, 조선전기, 불교중앙박물관 소장

### ④ 묘법연화경언해 권2(妙法蓮華經諺解 卷二)

아미타불 복장에서 나온 『묘법연화경』은 1463년(세조 9) 간경도감(刊經都監)에서 왕명을 받들어 국역으로 간행한 목판본으로 전7권 가운데 권2에 해당하는 1권 1책이다. 한글로 번역하여 정음(正音)의 명맥을 이어 발전을 보게 한 귀중한 국역자료이며 간경도감에서 간행된 판본의 형태적 특징이 잘 갖추어져 있어서 중세국어사 및 조선 전기 판본연구에 있어서 매우 귀중한 자료적 가치를 지니고 있다.

### ⑤ 불설장수멸죄호제동자다라니경(佛說長壽滅罪護諸童子陀羅尼經)

이 경은 위경(僞經)으로 간주되지만 일반 중생에게는 절실한 경전이므로 고려시대부터 조선시대에 걸쳐 간행되어 판종이 다양하게 전해지고 있다. 이 책은 1378년에 판각된 목판본으로 조선 초기에 인출된 것으로 보여진다. 아미타불에서 수습했다.

### ⑥ 불조삼경(佛祖三經)

불조삼경은 아미타불에서 수습되었으며 『불설사십이장경(佛說四十二章經)』, 『불유교경(佛遺敎經)』, 『위산경책(潙山警策)』의 합철본(合綴本)이다. 이색(李穡)의 발문에 의하면, 원나라에서 간행된 판본을 1384년에 중간(重刊)한 판본임을 알 수 있다.

### ⑦ 지장보살본원경 권하(地藏菩薩本願經 卷下)

이 『지장경』은 아미타불에서 수습되었으며 '대공덕주 효령대군(大功德主 孝寧大君)'이라는 묵서가 적혀 있다. 상·중·하 3권 가운데 하(下)권에 해당하며 15세기에 간행된 판본으로 추정된다.

## (6) 예산 수덕사 목조삼세불상

충남 예산군 덕산면 덕숭산(德崇山)에 자리한 수덕사는 백제 위덕왕(威德王, 554~597) 때에 창건되었으며, 고려시대(1308년)에 건립된 대웅전(국보 49호)에는 목조삼세불좌상(木造三世佛坐像, 보물 제1381호)이 모셔져 있다.

불상의 발원문(發願文)에 의하면, 숭정 12년(崇禎 十二年, 1639년) 화주(化主) 유연(惟演) 등이 발원 조성하여 처음에는 만행산(萬行山) 풍국사(豊國寺)의 대웅전과 보광전에 모셨다가 만행산 귀정사(歸政寺)로 이안(移安)되었는데 그 후 다시 만공(滿空) 스님께서 수덕사 대웅전에 봉안하였다.

2003년 삼세불상의 개금불사(改金佛事) 준비 중에 다량의 복장유물이 출현되었다. 청색주보(靑色紬褓), 사리(舍利, 1639년) 58과(果)와 7보(七寶, 1639년) 그리고 전적류로는 발원문,『묘법연화경』권 제1~3[妙法蓮華經 卷第一之三:

도3-106 예산 수덕사 목조삼세불상(木造三世佛像), 1639년, 보물 제1381호

도3-107 목조석가여래삼불좌상 후령통 일괄, 1639년, 수덕사 근역성보관 소장

도3-108 목조석가여래삼불좌상 사리, 1639년, 수덕사 근역성보관 소장

16세기 구마라집 구역(鳩摩羅什舊譯)], 『법화경언해』 권 제2(法華經諺解 卷第二 : 16세기말~17세기초), 『대방광원각수다라요의경』 권 제2[大方廣圓覺修多羅了義經 卷第二 : 17세기, 종밀(宗密) 편찬], 『불설관세음경(佛說觀世音經 : 17세기 필사본)』 등과 진언집(眞言集), 다라니(陀羅尼) 등이다.

또한, 후령통(喉鈴筒) 안에는 『조상경(造像經)』 의례에 따른 5보병을 상징하는 5색 사각형 직물 안에 3족(三足) 6족(六足)의 번(幡)과 금강저(金剛杵) 형태 산개(散蓋 : 불보살의 위덕을 나타내는 장엄구. 보개·화개·현개) 형태의 직물(1936년)과 녹색주보(綠色紬褓, 1936년)에 곡식·약재·나뭇잎·씨앗 등이 싸여져 5색실로 감겨 있었다.

복식으로는 액주음형 직령(腋注音型直領, 1639년)과 주의형 직령(周衣型直領, 1639년)이 있으며, 면포(綿布) 2장, 녹색·홍색·소색 무명실꾸리와 홍색 실타래가 있다. 이 밖에도 연보라색 소화문단(小花紋緞)과 녹색 화조문단(綠色花鳥紋緞) 등 여러 조각의 직물(1936년)이 있는데 보존상태가 양호하여 조선시대의 직물과 염색 연구에 귀중한 자료가 된다.

이와 같이 비교적 『조상경』의 물목을 제대로 갖춘 복장물을 토대로 수덕사 근역성보관(槿域聖寶館)에서 2004년 '지심귀명례-한국의 불복장전(至心歸命禮-韓國의 佛腹藏展)'과 2006년 '지심귀명례-직·염·수(至心歸命禮-織·染·繡) 그리고 불교전(佛敎展)'을 개최하였다

2004년 '한국의 불복장전'은 2003년 출현한 복장물을 중심으로 문수사 금동아미타불복장(文殊寺 金銅阿彌陀佛腹藏)과 해인사 목조비로자나불복장(海印寺 木造毘盧遮那佛腹藏)을 비롯한 자운사(紫雲寺), 청원사(淸源寺), 기림사(祇林寺), 일락사(日樂寺), 흑석사(黑石寺) 등 10여 사찰과 개인소장품 그리고 불화복장(佛畵腹藏)을 품격 높게 전시하여 교계 불복장전의 효시가 되었다.

도3-109 목조석가여래삼불좌상 복장, 후령통, 1639년, 수덕사 근역성보관 소장

도3-110 목조석가여래삼불좌상 복장, 후령통, 1639년, 수덕사 근역성보관 소장

도3-111 목조석가여래삼불좌상 복장, 후령통 안 5보병 1, 1639년, 수덕사 근역성보관 소장

도3-112 목조석가여래삼불좌상 복장, 후령통 안 5보병 2, 1639년, 수덕사 근역성보관 소장

그 후 2006년 '직·염·수 그리고 불교전'은 우리나라의 대표적인 작품과 중국 요녕성박물관(中國遼寧省博物館)과 홍콩 크리스 홀의 작품을 함께 전시하여 대중의 환희심을 불러 일으켰다.

도3-113 목조석가여래삼불좌상 복장, 녹색주 오곡보, 1639년, 수덕사 근역성보관 소장

도3-114 목조석가여래삼불좌상 복장, 황초폭 자, 1639년, 수덕사 근역성보관 소장

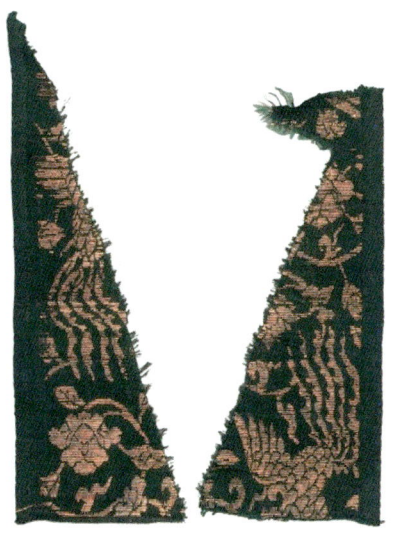

도3-116 목조석가여래삼불좌상 복장, 청천색 화조문단, 1639년, 수덕사 근역성보관 소장

도3-115 목조석가여래삼불좌상 복장, 진녹색 직금단, 1639년, 수덕사 근역성보관 소장

도3-117 목조석가여래삼불좌상 복장, 녹색회 조문단, 1639년, 수덕사 근역성보관 소장

  필자는 '지심귀명례전'이 개최되기 전에 수덕사 불복장을 가까이서 친견한 인연이 있었는데, 발원문에서 장사(匠師) 수연(守衍, 1615~1688) 네 글자를 대하는 순간 한없이 가슴이 벅차올랐다. 그러므로 본 장에서는 불

상 연구에 가장 기본이 되는 발원문에 나오는 명칭의 다양성과 수연 스님에 대해 설명하고자 한다.

먼저 발원문에 나오는 명칭에 대하여 시대적으로 살펴보면, 고려시대의 경우 불상조성기에는 발원 내용과 시주자의 명단만 있고 화원(畵員)들이 등장하지 않는다. 그런데 조선시대에는 시주질(施主秩), 연화질(緣化秩), 사중질(寺中秩) 등으로 구분되어 크게 몇 단락으로 분류된다.[25] 그중 조선 후반기 제1기(1609~1724) 불상의 조성기에 발견된 불상의 수는 250여 상이 넘는데[26] 불상조성기는 수덕사처럼 발원문(예산 수덕사 석가·약사불상 : 1639년)이라고 쓴 경우가 가장 많았고, 『조상경(造像經)』에 나온 원문(願文 : 보은 법주사 비로자나불상 1626년)과 그 외에 여러 명칭으로 기술되어 있는데 연도 별로 정리하면 아래와 같다.

| 명칭 | 연도 | 대표 불상명(유명사찰 봉안) |
|---|---|---|
| 동원록(同願錄) | 1610 | 김제 문수사 석가불상 |
| 발원문(發願文) | 1612~1722 | 예산 수덕사 약사불상(1639) |
| 사단발원문(寺端發願文) | 1612 | 진주 월명암 아미타불상 |
| 원문(願文) | 1622~1711 | 보은 법주사 비로자나불상(1626) |
| 원장(願莊) | 1633 | 파주 보광사 보살입상 |
| 조성기(造成記) | 1633~1712 | 고창 선운사 삼신삼세불상(1633) |
| 복장기문(腹藏記文) | 1634 | 익산 숭림사 지장보살상 |
| 동참기(同參記) | 1639 | 예산 수덕사 아미타불상 |
| 기공기(記功記) | 1640 | 완주 송광사 시왕상 |

---

[25] 유근자, 『조선시대 불상의 복장기록 연구』, p.82, 불광출판사, 2017.
[26] 상게서, p.84.

| | | |
|---|---|---|
| 시주목록(施主目錄) | 1641 | 완주 송광사 삼세불상 |
| 발원기(發願記) | 1650 | 진안 금당사 관음보살상 |
| 축원(祝願) | 1651 | 속초 신흥사 아미타불상 |
| 복장문(腹藏文) | 1655 | 창원 성주사 삼신불상* |
| 시주기(施主記) | 1655 | 창원 성주사 삼신불상* |
| 기문(記文) | 1655~1705 | 부산 범어사 석가삼존상(1661) |
| 동원문(同願文) | 1656 | 완주 송광사 오백나한상 |
| 봉안기(奉安記) | 1657 | 칠곡 송림사 석가삼존불상 |
| 시주축원기(施主祝願記) | 1659 | 고흥 금탑사 지장시왕상 |
| 시주목록기(施主目錄記) | 1665 | 칠곡 송림사 도명존자상 |
| 원성문(願成文) | 1680 | 광주 덕림사 지장보살상 |
| 복장기(腹藏記) | 1684 | 예천 용문사 목각탱 |

표3-7 ※창원 성주사 삼신불상은 1655년에 조성되었는데 복장물과 시주기가 함께 발표되어 있어서 그 내용이 『조상경』에서의 입색기(入色記)와 원문(願文) 중 어느 형식인지 확인이 필요하다.

 다음은 발원문에 나온 장사수연 스님을 중심으로 조선 후반기 제1기 조각승의 명칭을 살펴보면 화원(畵員), 수화원(首畵員), 대화원(大畵員), 수원화원(首元畵員), 집원화원(執元畵員), 화공(畵工), 연석화공(鍊石畵工), 화사(畵士), 수화(首畵), 부화사(副畵士), 수화사(首畵上), 장인(匠人), 장수(匠手), 장사(匠師), 장주(匠主), 교장(巧匠), 금어(金魚), 대금어(大金魚), 부공(副工), 양공(良工), 조묘공(彫妙工), 선수양공장(善手良工匠), 수양공(首良工), 상공(上工), 공화(工畵), 하소위(夏所位), 하천(夏天), 편수(片手), 재장(榟匠), 색장(色匠), 조상(造像), 조상편수(造像片手), 야공(冶工) 등이 있는데[27] 이외에

---

27 유근자, 『조선시대 불상의 복장기록 연구』, pp.192~214, 불광출판사.

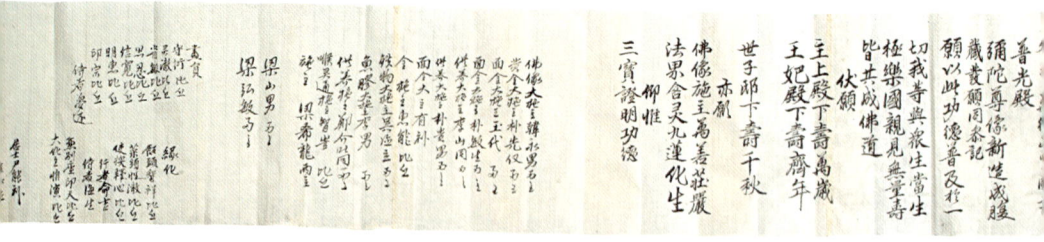

도3-118 목조석가여래삼불좌상 발원문, 1639년, 수덕사 근역성보관 소장

나타나는 상장질·화원질·화사질·색장질의 질(秩 : 차례)과 장주열차의 열차(列次)는 각 명칭의 사람들을 순서대로 적은 것이며 화소임의 소임(所任)과 조상소제원존호 목록의 소제원존호목록(所諸員尊号目錄) 또한 조각승의 명칭과는 차이가 있다.

수연 스님은 화원(1615년 : 김제 금산사 칠성각 독성상)의 명칭부터 증명(證明 : 1636년 강화 전등사 제3 송제대왕) 장사(1639년 : 예산 수덕사 삼세불상)로 칭송되어졌으며 임종 해인 1688년에는 군위 인각사(麟角寺) 아미타삼존불상 조성 시 승호(勝胡) 스님부터 광제(廣濟) 스님까지 28명의 제자들을 거느리고 수연파의 계보를 세웠다.

이 때 함께 활동한 조각승 유파는 다음과 같다.

현진파(玄眞派, 1612~1631)

수연파(守衍派, 1615~1688)

응원파(應元派, 1615~1661)

청헌파(淸憲派, 1626~1643)

법령파(法靈派)

무염파(無染派, 1624~1656)

색난파(色難派, 17세기 후반)[28] 등.

이는 조선후기 임진왜란(壬辰倭亂 : 1592~1598)과 병자호란(丙子胡亂 : 1636~1637)으로 전국의 수많은 사찰들이 소실되었고 전란으로 인한 백성들의 고통을 유교적 정치만으로는 극복할 수 없었으므로 국가적 차원의 지원과 신도들의 시주로 대형 불전(佛殿)의 건립과 불상 조성 불사가 빠른 시일 내에 이루어져야 했기 때문에 자연히 대중스님이 함께 계파를 이루었다고 보인다.

### (7) 군산 동국사 소조석가여래삼존상

동국사는 한일병합 1년 전인 1909년 일본 조동종 우찌다(內田佛觀) 스님이 일조통(一條通)에서 포교소로 금강선사(錦江禪寺)를 창건, 1913년 현 위치로 옮겨와 에도시대(江戶時代) 건축양식으로 일본산 스기목을 사용하여 대웅전과 요사채를 건립하였다.

1945년 해방을 맞아 정부로 이관되었다가 1955년 (재)불교전북교당에서 인수하여 당시 전북종무원장 김남곡 스님

도3-119 군산 동국사 소조석가여래삼존상, 1650년

---

**28** 문명대, 「무염파 목불상의 조성과 설악산 신흥사 목아미타삼존불상의 연구」, 『강좌미술사』 20, pp.74~81, 한국불교 미술사학회, 2003.

이 동국사로 개명하고 1970년 대한불교조계종 제24교구 선운사(禪雲寺)에 증여하여 오늘에 이르고 있다.

우리 민족의 아픈 역사와 함께한 동국사(대한민국 근대문화유산 등록문화재 제64호)는 근현대사 불교연구에 각별한 자료를 제공하고 있는 사찰이다. 일본식 사찰 양식으로 건립된 대웅전에는 사찰의 외형과 풍경과는 전혀 다른 모습의 석가삼존상이 모셔져 있다. 왜냐하면 이 석가삼존상은 본래 김제 금산사(金山寺)의 대장전(大藏殿)에 모셔져 있었는데 동국사 주지스님[石門南谷]이 전북종무원장으로 재직하던 1950년대 후반에 동국사로 이안(移安)했기 때문이라고 전해지고 있다.

동국사 석가삼존상은 조선후기의 제1기 불상 가운데 시주 물목이 가장 많이 기록된 불상이다. 석가불상에서 발견된 시주질(施主秩)의 크기만 해도 높이 32cm 길이 290cm로 40여 가지 시주물목과 1237명(출가수행자 382명, 재가신자 855명)의 명단이 반듯하게 기록되어 있다. 석가불상의 시주자(1237명)에다 가섭존자상과 아난존자상의 발원문에 기록된 소임자와 조각승까지 포함하면 최소 1258명 이상이 동참한 불사라고 볼 수 있다. 시주질과 발원문에 의하면, 이 불상은 1650년에 응매(應梅) 스님을 비롯한 6명의 스님들이 조성하였는데, 응매 스님이 조성한 유일한 불상이라고 할 수 있다.

한편 6·25 전쟁 전에는 1614년에 조성된 완주 송광사 대웅전 비로자나불 삼존상이 봉안되어 있었으나 전화(戰火)로 소실되었다.

불상의 복장물로는 『조상경』의 의례에 따른 후령통이 납입되어 있는데, 후령통 안의 물목으로는 5곡·5약·5보·5방경·5색사 등이 있으며, 다른 불상의 복장물에서는 발견되지 않았던 아리(阿梨)·장삼(長衫)·어교(魚

도3-120 후령통

도3-121 소조석가여래삼존상 후령통, 1650년, 동국사 소장

도3-122 소조석가여래삼존상 복장, 1650년, 동국사 소장

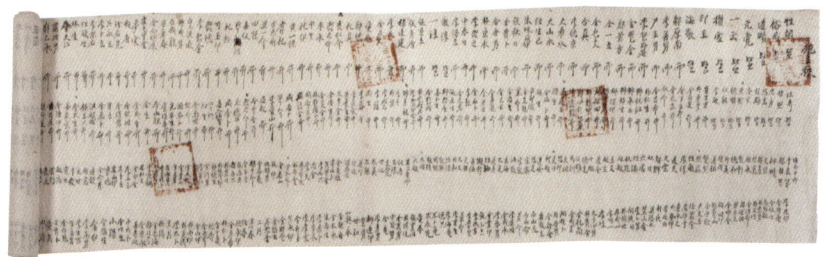
도3-123 소조석가여래삼존상 시주질, 1650년, 동국사 소장

膠)·오금(烏金)·하엽(荷葉)·포단(蒲團)·수도황(水塗黃) 등이 있고, 당시 복장물에서 유행하던 식염(食鹽)[29]도 납입되어 있어 조선후기 복장물의 특징이 잘 드러나 있다.

선직류로는 『묘법연화경(妙法蓮華經)』이 가장 많은데 1586년 김제 흥복사(興福寺)와 1609년 김제 귀신사(歸信寺) 간행본 완질이 출현되었다. 이러한 전적류가 언제 불상에 봉안되었는지는 모르겠으나 잦은 불상의 이운 과정에서도 복장물이 잘 보존된 점은 오늘날에도 본받을 점이다.

군산 동국사 석가삼존불상과 수덕사 대웅전 삼세불상의 이안(移安)과

---

[29] 식염은 수분을 흡수하는 성질이 있으므로 주의하여야 한다.

정을 통해 유근자 교수[30]는 조선 후기 제1기 불상의 원 소재지와 불상의 이동에 대하여 사학(史學) 전공자로서의 안목으로 당시 불교계를 설명하였는데, 이 보고서를 토대로 역사가 깊은 불상은 원찰로 보내 드리는 것이 바람직하다고 본다.

예를 들자면 30여 년 전 필자에게 불복장법을 가르쳐 주신 청봉혜묵 스님께서 계룡산 동학사 미타암에 임시로 모셔두었던 익산 숭림사(崇林寺) 아미타불상을 찾아오셔서 필자가 주석하던 대전 광제사에 모시라고 하셨지만 상신신앙(像身信仰)을 근간으로 불복장 의례를 봉행하는 승려로서 그 옛날 숭림사 대중의 신심과 발원을 헤아려 숭림사에 다시 모셔드렸다.

### (8) 평창 상원사 목조문수동자좌상

강원도 평창군 오대산(五臺山)에 자리한 상원사는 월정사와 함께 신라 선덕여왕 때 자장 율사가 세웠으며, 신라 성덕왕 4년(聖德王 四年, 705)에 보천과 효명 두 왕자가 중창하였으나, 종각만 남기고 1946년에 전소되어 1947년에 대부분의 건물을 새로 지었다.

상원사에는 신라 성덕왕 24년에 만든 높이 1.67m, 지름 91cm의 우리나라에서 가장 오래된 동종(국보 제36호)이 보존되어 있는데 그 소리가 아름답기로 유명하다.

특히 상원사의 목조문수동자좌상에는 조선 세조와 얽힌 이야기가 전해지고 있다. 세조는 말년에 부스럼병을 얻어 오대천의 물이 약효가 좋다 하여 오대산에 찾아왔다. 세조가 맑은 오대천에 몸을 담그려고 하는데

---

[30] 유근자, 『조선시대 불상의 복장기록 연구』, pp.329~339, 불광출판사, 2017.

지나던 동자가 있어 등을 밀어달라고 부탁하였다. 세조가 목욕을 마치고 동자에게 "임금의 옥체를 씻겨 주었다는 말을 하지 말라"고 하자, 동자가 미소를 지으며 "대왕께서도 문수를 친견했다고 전하지 말라"고 하였다. 이에 세조가 놀라서 뒤돌아보자 이미 동자는 사라지고 부스럼병이 씻은 듯이 낫는 신비한 영험을 보았다고 한다.

문수보살 덕분에 병이 나은 세조가 감읍하여 화공을 불러서 자신이 만난 동자의 모습을 얘기해 주면서 그리게 하였는데 수도 없이 많은 화공이 애를 썼는데도 제대로 그리지 못했다. 그러던 중 하루는 누더기를 걸친 노스님이 찾아와서 문수동자를 그려보겠다고 나섰다. 이에 별로 탐탁치는 않았으나 세조가 동자의 모습을 설명해 주려 했는데, 노스님은 알아서 그리겠다며 설명을 하기도 전에 그림을 그리기 시작했고, 금세 그림을 완성했다. 그런데 문수동자의 모습이 완전히 똑같아서 놀란 세조가 황급히 노스님에게 "어디서 왔느냐?"고 묻자 "영산회상에서 왔다"고 하고는 홀연히 사라졌다고 한다. 동자와 노스님으로 화현한 문수보살을 두

도3-124 평창 상원사 목조문수동자좌상.
조선 1466년, 상원사 소장, 국보 제221호

**도3-125** 목조문수동자좌상 복장, 사리(진신사리), 조선 15세기, 지름 0.2cm, 월정사 성보박물관 소장, 보물 제793-21호

**도3-126** 목조문수동자좌상 복장, 무공수정주(무공심주), 조선 15세기, 높이 3.3cm, 폭 4.0cm, 지름 3.7cm, 월정사 성보박물관 소장, 보물 제793-20호

**도3-127** 목조문수동자좌상 복장, 화주(보사리), 조선 15세기, 지름 0.9cm, 월정사 성보박물관 소장, 보물 제793-22호

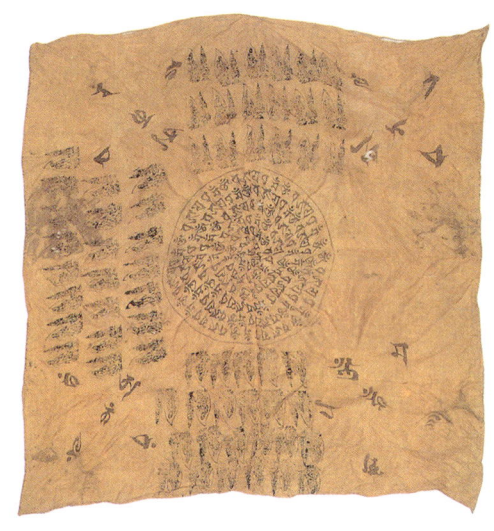

도3-128 목조문수동자좌상 복장, 후령통, 조선 15세기, 높이 10.8cm, 지름 4cm, 월정사 성보박물관 소장, 보물 제793-23호

도3-129 목조문수동자좌상 복장, 황초폭자, 조선 15세기, 월정사 성보박물관 소장, 보물 제793-18호

도3-130 목조문수동자좌상 복장, 의숙공주 발원문, 조선 1466년, 31.5×24cm, 월정사 성보박물관 소장, 보물 제793-1호

번 친견한 세조가 이후 숭불왕이 된 것은 자명한 사실이다.

상원사 목조문수동자좌상은 이러한 세조와 문수보살과의 인연으로 조성된 것이다. 세조(世祖)의 딸 의숙공주(懿淑公主)와 사위 정현조(鄭顯祖) 부부의 시주와 왕실의 도움으로 세조 12년(1466)에 조성되어 봉안되었다. 문수동자좌상에서 1984년 복장조사 시에 23종의 유물이 출현되어 복장물 일괄을 보물 제793호로 지정하였다.

복장유물의 물목을 살펴보면 발원문으로 '의숙공주발원문(懿淑公主發願文)'과 '목조문수동자좌상 등 중수발원문(木造文殊童子坐像 等 重修發願文)'이 있는데, 청색 녹색보에 주사(朱砂)로 쓰여져 있어서 『조상경』의 의례와 일치한다. 또한 다음과 같은 전적이 출현하였다.

① 백지묵서제진언(白紙墨書諸眞言, 1463년 刊)

② 대방광불화엄경 권 28(大方廣佛華嚴經 卷二十八, 고려시대 13세기 중반)

③ 5대진언(五大眞言, 1485년, 보물 제793-5호)

④ 관음42수(觀音四十二手)

⑤ 소자본 묘법연화경 권 1~7(小字本 妙法蓮華經 卷 一~七, 1399년 刊, 보물 제793-6호)

⑥ 세소자본 묘법연화경 권 1~7(細小字本 妙法蓮華經 卷 一~七, 1404년 刊, 보물 제793-7호)

⑦ 을해자본 묘법연화경 권 6~7(乙亥字本 妙法蓮華經 卷 六~七, 1466년 이전 刊, 보물 제793-8호)

⑧ 화암사판 묘법연화경 권 1~3(華岩寺板 妙法蓮華經 卷 一~三, 1443년 刊, 보물 제793-9호)

⑨ 희방사판 묘법연화경 권 5~7(喜方寺板 妙法蓮華經 卷 五~七, 1561년 刊, 보물 제793-10호)

⑩ 을유자본 원각경언해 상 2-2~3(乙酉字本 圓覺經諺解 上 二-二~三, 1465년 刊, 보물 제793-11호)

⑪ 신흥사판 원각경(新興寺板 圓覺經, 1564년 刊, 보물 제793-12호)

⑫ 영제암판 육경합부(永濟菴板 六經合部, 1472년 刊, 보물 제793-13호)

⑬ 화암사판 육경합부(花岩寺板 六經合部, 1488년 刊, 보물 제793-14호)

⑭ 중대사판 육경합부(中臺寺板 六經合部, 1460년 刊, 보물 제793-15호)

등이 있다. 이 외에 사리 3과(15세기, 보물 제793-21호), 화주 3과(火珠 三果, 15세기, 보물 제793-22호), 무공수정주(無孔水晶珠, 15세기, 보물 제793-20호), 후령원통(喉鈴圓筒, 15세기, 보물 제793-23호), 백색수정보병(白色水晶寶瓶, 15세기, 보물 제793-19호), 황초폭자(黃綃幅子, 15세기, 보물 제793-18호) 그리고 복식으로는 세조의 어의로 추정되는 피고름이 묻어 있는 명주적삼(明紬赤衫, 15세기, 보물 제793-16호), 천수다라니판이 6개 찍힌 생명주적삼(生明紬赤衫, 15세기, 보물 제793-17호)이 있는데 세조의 어의를 통하여 당시 조선시대의 불교를 분석한다.

세조의 불심에 대해서는 앞서 한글창제 과정과 신미 대사와의 관계에서 이미 밝힌 바 있어 본 장에서는 상원사를 중심으로 일어난 사실에 대하여 살펴보고자 한다.

세조는 상원사의 중창을 권하는 글을 지으면서 스스로를 불제자 승천 체도 열문 영무 조선국왕 이유(佛弟子 承天 體道 烈文 英武 朝鮮國王 李瑈)라고 칭하였으며, 낙산사에서 기도를 올릴 때에는 허공중에서 사리가 분신(分身)을 하는 불가사의한 이적을 나투시자 낙산사를 원찰로 삼아 학열(學悅) 스님으로 하여금 중창케 하였다.

  세조의 이러한 행적에서도 알 수 있듯이 조선의 건국은 배불숭유로 시작된 것이 아니다. 조금만 더 깊이 들어가 보면 무학 대사의 도움을 받아 조선을 건국한 태조는 불교왕국을 발원했고, 태종 때 유교왕국을 건설했다가 세종에 와서 다시 불교의 중흥을 꾀하였고, 세조 때에는 불교왕국이 건설되었으나 중후기에 집권을 한 유교 통치자들에 의해서 기록된 왜곡된 역사를 배움으로써 오늘날 모든 국민들이 오해를 하고 있는 것이다.

  이러한 점에 대해 이해를 돕기 위하여 사재동 교수 등의 글을 허락을 받아서 아래에 인용한다.

"흔히들 고려에 이은 조선왕조가 배불숭유의 유교왕국이라고만 인식하여 왔지만, 실로 태조 이성계가 창건한 나라는 불교왕국을 지향하고 있었다. 이태조가 숭불주로서 국초부터 국가적 불사를 감행하고, 무학을 왕사로, 조구를 국사로 삼아 국정을 추진하였기 때문이다. 왕은 자호를 송헌 거사라 하고 승려처럼 신행하면서 왕실·왕족을 불교적으로 교화하였다. 나아가 고려대의 유승들을 영입·존중하여 승단을 재편·혁신하고, 국정을 보우케 하였다. 그는 세자를 책봉하는데, 개국에 대공을 세운 방원이 내외공론과 명분으로 마땅히 세자로 책봉될 것이로되, 유가에 경도되어 숭불하지 않는다는 신앙적 이유로 그 엄연한 절차를 거부하였다. 그리고 숭불에 최선을 다하던 강비의 소생 방석이 영명하고 신불한다는 사유로 승단의 여론과 근신의 권유를 받아 그대로 세자를 삼았던 것이다. 이러한 숭불주와 숭불왕비, 그리고 숭불세자가 바로 그 불교왕국임을 실증하고 있었다.

그러기에 왕은 고려 전래의 모든 사찰과 그 문물을 그대로 유지·중수하고 다채·다양한 불사를 감행하였다. 즉위 초에 연복사 탑을 중창하고 문수회를 열었으며, 해인사 고탑을 중수하고 대장경을 인행하여 탑 속에 봉안함으로써 국태민안을 발원하였다. 나아가 왕은 왕비 신덕왕후를 위해서 흥천사를 창건하여 조계선종의 본사로 삼고, 진관사에 수륙사를 이루어 해마다 고사 영장에 수륙도량을 개설함으로써, 조종의 명복을 빌며 군생·백성을 제도케 하였다. 그리하여 왕사·국사를 극진히 예경하고 승려들을 존중하여 수많은 반승·공양을 서슴지 않았다. 이런 가운데 태조의 재위 7년간에 소재회 14회와 불사법회 35회, 반승 9회 등을 베풀었다는 것이 실록에 기록되었으니, 그의 불사는 헤아리기 어려울 지경이었다. 이에 대하여 강력한 방원이 정도전·조준 등 중신 및 유신들과 합세하여 배불숭유를 주장하였지만, 태조의 철저한 숭불정책과 함께 화상황제 명태조의 숭불제국의 권장·승인과 후원·조력에 힘입어 불교왕국의 국정운영을 그대로 추진하였던 것이다.

그 당시 태조의 대작불사 중에서 가장 핵심적인 것은 역시 대장경 인행사업이었다. 그간에 태조는 국내의 역대 불교왕국의 핵심적 숭불사업이 불경의 간행·홍통에 집중되었다는 것을 잘 알고 있었기 때문이다. 이에 태조는 그 대장경을 영구 보전하기 위하여 강화의 선원사에 보장되었던 것을 지천사에 옮기고 다시 안전한 해인사로 이장하였던 것이다. 그리고 태조는 건국의 경찬불사로 그 대장경을 인출하여 전경법회를 봉행하고 국가적 불사로 추진하였던 것이다.[31]

---

[31] 우정상·김영태, 『한국불교사』, pp.129~130, 진수당, 1970.

여기서 태조가 그 인경과 유포의 대작불사에서 문자적 방편이 필수적인 것임을 절감했으리라 보여진다. 그에 선생한 역대 불교왕국이 경전불사에서 대중 포교를 위한 문자의 창제·실용이나 그 대안이 시행되었기 때문이다.

그러나 태조에게는 그만한 불교적 문자정책을 구체적으로 추진할 여유가 없었던 것이다. 그 역성건국 정권교체기에 제반국무가 산적해 있는 데다, 불교정책 중의 중요한 불사들이 민감한 반대에 직면해 있었던 터다. 당시 배불숭유의 강력한 세력이 호시탐탐 태조의 정치적 허점을 엿보고, 혁명의 명분으로 삼으려 했던 것이다.

마침내 방원의 배불숭유적 세력이 혁명을 일으켰다. 그것은 방원이 자신을 물리치고 어린 방석을 세자로 삼았다는 불만에서 일으킨 '왕자의 난'으로 흔히 거론되어 왔지만, 실은 고려의 불교왕국을 계승한 데에 불과한 태조의 불교왕국을 무너뜨리고 배불숭유의 새로운 유교왕국을 건설한 혁명이었던 것이다. 그러기에 세자 방석과 그 세력을 제거하고 부왕을 상왕으로 유폐시키고 정종을 과도기적 왕으로 옹립하고는 방원 자신이 왕세자가 되어 강력한 왕권을 행사하였다.

이에 방원은 우선 불교를 혁파·척결하는 데에 주력하고 고려 유승·유신이나 왕족들을 거의 다 제거하는 데에 최선을 다하였다. 실은 방원이 등극하면서 불교말살정책을 시급히 실현하며 숭유의 신료·관원들을 중용하여 유교적 정책을 수립하고 강력히 추진함으로써, 유교왕국을 건설하는 데에 일단 성공하였다. 그러기에 이 유교왕국은 태조의 무력한 저항과 역대 최고의 숭불주 명성조의 강력한 견제에도 불구하고 그 체제를 정립하여 본격적인 국정을 운영하게 되었다. 이른바 조선왕조가 배불숭유의 유교왕국이라 함은 바로 태종의 시대를 가리키는 것이라 하겠다."[32]

위의 내용에서도 알 수 있듯이 우리가 알고 있듯 조선은 종교적으로 배불숭유의 유교국가가 아니었다. 그런 면에서 상원사 목조문수동자좌상이 갖는 의미가 더욱 크다 하지 않을 수 없다. 또한 그러한 역사적 사실을 말없이 품고 있는 복장 유물의 가치 또한 어찌 우리의 잣대로 헤아릴 수 있을까 싶다.

### (9) 순천 송광사 목조관음보살좌상

전남 순천시 송광면 조계산(曹溪山)에 자리한 송광사는 승보사찰(僧寶寺刹)로 신라 말기에 혜린(慧璘) 스님이 산 이름을 송광산이라 하고 절 이름을 길상사(吉祥寺)로 창건한 후 보조국사(普照國師)를 비롯하여 진각(眞覺)·태고(太古)·환암(幻庵)·무학(無學) 스님 등 16 국사(國師)를 배출한 유서 깊은 천년 고찰이다.

6·25전쟁 전에는 의상(義湘) 스님의 법계도와 같이 가람이 배치되어 있었으나 현재는 대웅전·국사전(國師殿 : 국보 제56호)·하사당(下舍堂 : 보물 제263호)·약사전(藥師殿 : 보물 제302호)·영산전(靈山殿 : 보물 제303호)과 아래에 소개될 복장유물이 봉안되어 있던 관세음보살좌상이 모셔진 관음전(觀音殿)이 있다.

관음전은 1903년 고종(高宗) 황제의 성수망육(聖壽望六 : 51세)을 맞이하여 건립하고 황제가 친히 성수전(聖壽殿)이라 지어 편액을 내린 황실의 기

---

[32] 사재동, 「훈민정음의 창제와 실용」, pp.143~145, 역락, 2004.

도처였다.

송광사의 중요문화재로는 목조삼존불감(木造三尊佛龕 : 국보 제43호)·혜심고신제서(惠諶告身制書 : 국보 제43호)·고려고문서(高麗古文書 : 보물 제572호)·경패(經牌 : 보물 제175호)·금동요령(金銅搖鈴 : 보물 제176호)·대승아비달마잡집론소(大乘阿毘達磨雜集論疏 : 보물 제295호, 1039년 간행)·묘법연화경찬술(妙法蓮華經讚述 : 보물 제206호, 1095년 간행)·금강반야경소개현초 권4~5(金剛般若經疏開玄抄 권 四~五 : 보물 제297호, 1461년 간행)·대반열반경소(大般涅槃經疏 : 보물 제90호, 1461년 간행)·묘법연화경관세음보살보문품 삼현원찬과문(妙法蓮華經觀世音菩薩普門品 三玄圓贊科文 : 보물 제204호, 1461년 간행)이 보존되어 있다

2009년 11월 2일 관음전 목조관음보살좌상(木造觀音菩薩坐像) 개금 과정에서 최초 조성 당시 복장물이 거의 완벽하게 발견되었다. 복장물은 전적 8종 17책, 다라니 2종 423매, 후령통 1점, 의류 2점, 청색 유리편 1점 등 456점의 다양한 유물들이 발견되었으며 국내 유일본인 1462년『대방광불화엄경합론(大方廣佛華嚴經合論 : 보물 제1660호)』도 함께 나왔다. 불상 맨

도3-131 순천 송광사 관음전 목조관음보살좌상, 조선 1662년, 보물 제1660호

도3-132 목조관음보살좌상 복장, 후령통, 송광사 성보박물관 소장

도3-133 목조관음보살좌상 복장, 청색 유리편, 송광사 성보박물관 소장

도3-134 목조관음보살좌상 복장, 비단, 송광사 성보박물관 소장

도3-135 목조관음보살좌상 복장, 비단, 송광사 성보박물관 소장

밑 바닥면부터 전적류, 묵서가 적힌 저고리, 다라니와 전적류, 가슴 부위의 후령통과 유리편, 여성 배자가 있고 목 위로 다라니가 메워져 있었다.

관음조상발원문(觀音造像發願文)은 짙은 남색의 긴 저고리에 묵서로 기록되어 있는데 1662년 1월에 봉안되었으며 궁중나인 노예성(盧禮成 : 현종 3년)이 청나라 볼모로 잡혀갔다 온 불운한 경안군(1644~1665 : 소현세자의 3남) 이씨와 허씨 내외의 수명장원을 발원하였고, 시주자는 노예성, 경안군

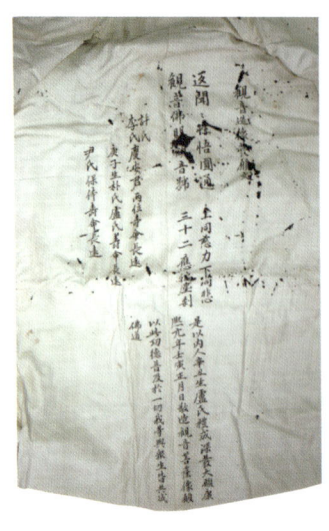

**도3-136** 목조관음보살좌상 복장, 경안군이 입었던 것으로 추정되는 저고리, 1662년, 송광사 성보박물관 소장

**도3-137** 저고리 안감에 관음조상발원문 묵서, 1662년, 송광사 성보박물관 소장

  부부, 나인 박씨와 노씨, 윤씨, 당대의 고승 취미수초(翠微守初, 1590~1668)이다. 한편 여성 배자에서도 또 다른 발원문이 발견되었다. 이처럼 종이가 아닌 옷감에 발원문이 기록된 것은 왕실 발원 불상의 특징이기도 하다.

  17세기 중엽을 대표하는 조각승 혜희(慧熙) 스님과 금문(金文) 스님이 조각하였는데, 혜희 스님은 이미 1650년경 갑사 보장각 석가여래좌상, 1655년 법주사 원통보전 목조관음보살상을 제작하였으며 화려한 보관과 수평으로 휘날리는 관대, 무릎의 갑대 장식, 역동적인 힘이 강조된 형태미, 방형의 얼굴과 위엄 있는 표정 등이 그의 특징이다. 한편 섬유류의 유물이 보전되기 어려운 우리나라의 환경조건상 시대적 복식연구와 직물·염색·민속 등 다양한 방면에서 매우 귀중한 유물이다.

  목조관음보살좌상에서 수습된 복장 전적은 조선왕실에서 불경을 간행했던 간경도감본(刊經都監本), 재조대장경(再雕大藏經), 사찰판본(寺刹版本)으로 간경도감본, 재조대장경, 사찰판본으로 낱장 상태로 납입되어 있다.

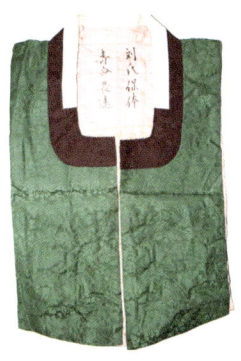

도3-138 목조관음보살좌상 복장,
여성 배자, 1662년, 송광사 성보박물관 소장

도3-139 여성 배자 안감의 묵서명,
1662년, 송광사 성보박물관 소장

| 구분 | 명칭 | 연대 | 수량 | 비고 |
|---|---|---|---|---|
| 간경도감본 | 대방광불화엄경합론(大方廣佛嚴經合論) 권73, 74, 75 | 1462년(세조 8년) | 3책 | 간경도감판 |
| 재조본 | 대방등무상경(大方等無想經) 권6 | 15세기(세조 연간) | 1책 | |
|  | 대운경청우품(大雲經請雨品) 권64 | 15세기(세조 연간) | 1책 | |
|  | 대방등대운경청우품(大方等大雲經請雨品) 권64 | 15세기(세조 연간) | 1책 | |
|  | 대운륜청우경(大雲輪請雨經) 권 상·하 | 15세기(세조 연간) | 2책 | |
| 사찰본 | 묘법연화경(妙法蓮華經) 권4, 5, 6, 7 | 1562년 | 4책 | |
|  | 묘법연화경언해본(妙法蓮華經諺解本) 권1 | 1488년 | 1책 | 쌍봉사판 (雙峰寺版) |
|  | 묘법연화경(妙法蓮華經) 권1, 3, 4, 5 | 1633년 | 4책 | 대흥사판 (大興寺版) |

표3-8 송광사 목조관음보살좌상 복장 전적 간행연대 및 출처

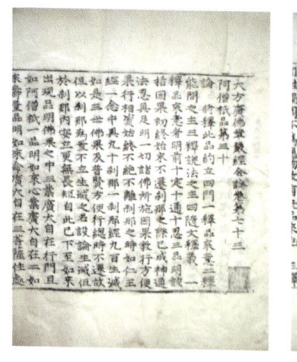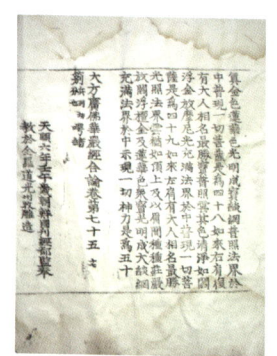

도3-140　목조관음보살좌상 복장, 『대방광불화엄경합론』, 권74, 권75, 1462년,
송광사 성보박물관 소장, 보물 제1660호

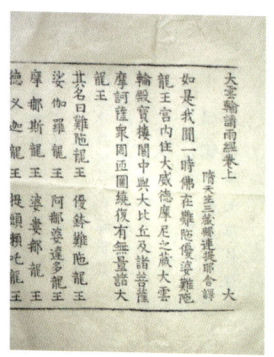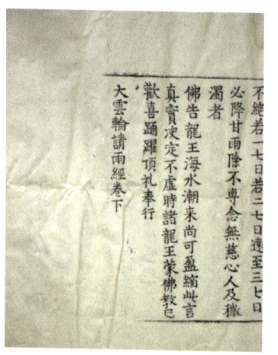

도3-141　목조관음보살좌상 복장, 『대운륜청우경』 권상, 조선시대 15세기 초,
송광사 성보박물관 소장, 보물 제1661호

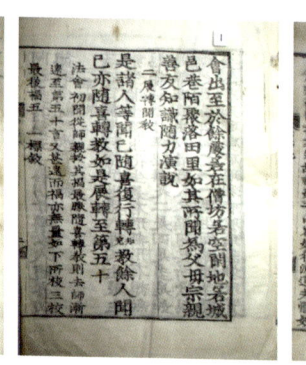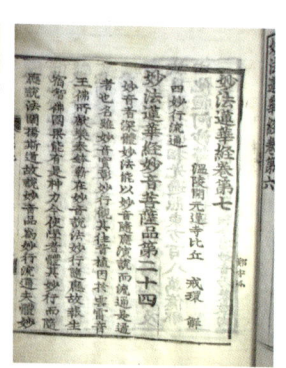

도3-142　목조관음보살좌상 복장, 『묘법연화경』, 권4, 권5, 권7, 1562년,
송광사 성보박물관 소장, 보물 제1661호

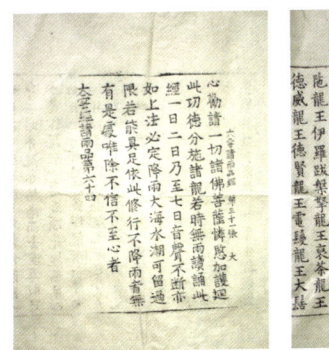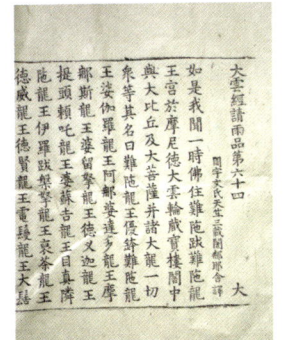

**도3-143** 목조관음보살좌상 복장, 「대운경청우품」 제64, 조선시대 15세기 초, 송광사 성보박물관 소장, 보물 제1661호

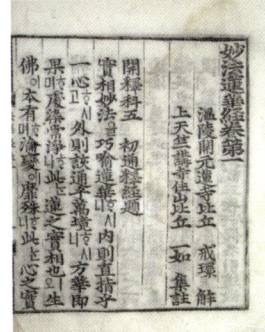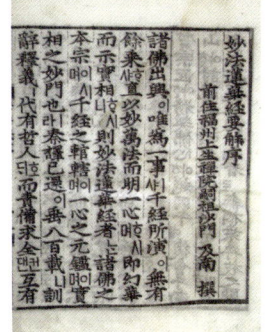

**도3-144** 목조관음보살좌상 복장, 『묘법연화경언해본』, 1488년, 송광사 성보박물관 소장, 보물 제1661호

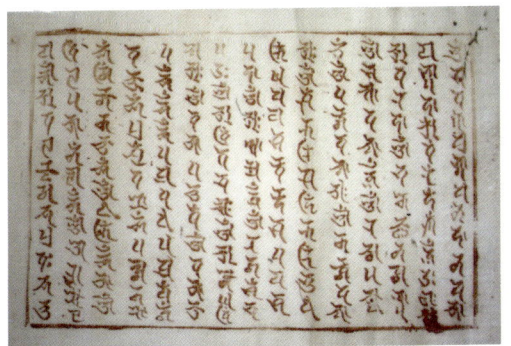

**도3-145** 목조관음보살좌상 복장, 「다라니」, 조선시대 15세기 초, 송광사 성보박물관 소장, 보물 제1661호

위의 내용 중에서 『대방광불화엄경 합론』 3책, 『대방등무상경』 1책, 「대운경청우품」 1책, 『대운륜청우경』 2책은 보물 제1661호로 지정된 유물이다. 이 유물은 우리나라 재조대장경 불서에서 가장 연대가 앞서는 불경으로서 교장연구와 불교문화사·서지학·인쇄문화사 연구에 대단히 중요한 민족문화유산이다.

이상으로 조선시대의 대표적인 불복장을 살펴보면서 불교가 조선 사회에 끼친 영향에 대해서도 살펴보았다. 아래 도표는 이외의 조선시대의 중요한 불복장 유물 관련 문화재들이다.

| 유물명 | 시대 | 문화재유형 구분 |
| --- | --- | --- |
| 장육사 건칠보살상 | 1395년 | |
| 통도사 금은아미타삼존불상 | 1450년 | |
| 영주 흑석사 목조아미타불좌상 | 1458년 | |
| 평창 상원사 목조문수동자좌상 | 1466년, 1599년, 1661년 | 보물 제1811호 |
| 논산 쌍계사 석가삼세불상 | 1605년 | |
| 해남 대흥사 삼세불상 | 1612년 | |
| 예산 수덕사 목조석가여래삼불좌상 | 1639년 | 보물 제1381호 |
| 완주 송광사 소조석가여래삼불좌상 | 1641년 | |
| 대구 보성선원 석가삼존불상 | 1647년 | |
| 군산 동국사 소조석가여래삼존상 | 1650년 | 보물 제1718호 |
| 영광 불갑사 지장보살삼존상 | 1654년 | |
| 순천 송광사 목조관음보살좌상 | 1662년 | 보물 제1660호 |
| 제천 강천사 대세지보살 | 1736년 | |
| 홍천 수타사 관세음보살상 | 1758년 | |

표3-9 조선시대의 불상 복장물

이상의 조선시대의 불상과 복장물 연구를 통해서 오늘날과 같은 형식의 불상 복장물과 의례는 조선시대에 『조상경(造像經)』의 출판이 이루어지고 복장의례가 체계적으로 법식화(法式化)된 것을 알 수 있었다. 또한 복장물 중에는 세계적으로 그 유례를 찾아볼 수 없는 후령통과 200여 가지의 물목 그리고 다양한 분야의 전적류가 봉안되어 있다는 것을 알 수 있다.

이러한 복장물로 인하여 오늘날 우리들은 좀 더 심도 깊게 조선시대의 종교, 사상, 철학, 예술, 정치, 경제, 사회제도와 의료, 복식, 음식 등 일반적인 생활상을 유추해 볼 수 있다. 그동안 우리는 조선 건국 초기에 이루어진 배불숭유정책(排佛崇儒政策)이라는 정치적인 명제에 휩쓸려 불교계에서조차 조선불교의 위대성을 과소평가하는 우를 범했다는 것이 필자의 생각이다.

왜냐하면 배불숭유는 정치적 이념이자 지배자들의 통치철학의 논리였지 실제 민중의 문화와 교육, 그리고 신앙적인 면에서는 조선불교가 고려불교에 비하여 결코 퇴보하지 않았다고 보기 때문이다. 또한 조선시대 불교 전체를 살펴보면 후기로 갈수록 승가의 위상이 정치적으로 낮아진 것은 사실이지만 건국 초기에는 결코 그렇지 않았다. 그런데 그동안 우리나라는 조선의 역사를 왕조실록(王朝實錄)에 치우쳐 일부 소수 계층의 발언에 중심을 두고 연구해 온 학문적 풍토 때문에 조선불교의 전체 상황도 후기의 역사적 사건에 중심을 둔 데다 불교 탄압을 목적으로 유학을 전면에 내세운 유학자들의 기록에 매몰되어 조선불교에 대한 왜곡되고 편향된 역사를 배워온 것이다. 또 이러한 점을 감안하지 않은 역사가들의 구태의연한 생각과 불교계에서도 역사적·문화적·종교적인 면에서 연구가 미약하여 실체를 밝혀내지 못한 연유로 조선불교가 퇴락하였다는 결론을 내리고 이러한 시각으로 찬란한 문화와 과학적인 사고, 애민호국과 활발한 국제적 외교 활동을 스스로 역사의 성 안에 가둔 것이다.

필자는 평소 조선시대 불교의 실체상을 꿰뚫어 보는 데에는 다양한 역사적 사실을 담고 있는 불복장 유물의 중요성을 실감하고 있기에 끝으로 불복장물을 근거로 하여 조선시대 불교를 논하고자 한다.

지공, 나옹, 무학 대사를 대표로 하는 고려불교의 전통을 이어받은 조선 초기에 스님들은 화엄사상을 중심으로 한 불교학, 진언과 만다라를 통한 밀교적 민중신앙, 선사상을 기반으로 한 문화예술에 대한 높은 안목과 풍부한 예술적 기량을 갖추고 갖가지 불사를 이루었다. 아울러 심오한 동양철학의 이해와 진취적인 선불교에 통달하여 조선 건국의 공신으로 뛰어난 지도력을 발휘하였다.

이러한 역사적 사실은 불복장의 수많은 불경과 전적류에서 불경언해본(佛經諺解本)들을 통해 잘 알 수 있다. 앞서 살펴본 바와 같이 세종대왕(世宗大王, 조선 제4대왕, 1397년~1450년) 대에는 신미 대사를 위시한 불교계가 훈민정음(訓民正音) 창제의 주역이 되어 국민을 위한 창조적인 교육체계를 확립하는 데 큰 역할을 하였다.[33]

또 조선시대에 승단은 정치권력과 경제적인 부에서 밀려났을 뿐 여전히 시대를 선도해 가는 교육계의 지도자로서 출판, 서화, 조각, 건축, 차, 활자제조기술 개발, 한지 개발 등 교육 문화 사업을 주도하였을 것으로 추정된다. 복장물 중에서 수입품 중에서도 희귀한 물목인 5약, 5향, 5황 등도 고려시대 후기에는 일부 불상에만 봉안되었으나 조선시대에는 거의 모든 불상에 봉안되었으니 이러한 복장물의 구입 경위와 생산지 등을 살펴보면 폐쇄적인 조선의 정치적 상황에서도 유가보다는 불가의 지도자나

---

[33] 훈민정음 관련은 광흥사편 참조.

스님들이 자유로운 신분을 이용하여 활발한 구법활동과 해외성지순례 등을 통하여 중앙아시아를 중심으로 한 주변 국가들과의 국제교류가 왕성하였음을 증명할 수 있다고 본다. 또한 오늘날에도 구하기 쉽지 않은 5황이나 5약의 생산국과 성질과 효능을 알아서 조선시대에 이미 일상생활에서 사용한 것을 보면 당시의 승려들은 의학에도 대단히 높은 수준을 지녔다는 것을 미루어 짐작할 수 있다.

학문과 예술, 뛰어난 승군의 군사력으로 국난을 물리친, 그야말로 피폐한 민중들의 고통을 보듬어 주었던 조선불교가 유학자들의 권력적 횡포로 역사적 진실을 왜곡하고, 잘못된 기록으로 오늘날까지 바른 평가를 받지 못하는 점은 앞으로 불자들이 해결해야 할 연구과제라고 생각한다. 이러한 연구에 조선시대 불상과 불상 복장 유물이 명백한 증거를 제시할 수 있다고 여겨지므로 자료로 활용되기를 바라는 마음 간절하다.

한편 조선후기의 불사에 대하여 간략히 살펴보면, 사찰의 경제가 대단히 열악했던 조선후기의 불상 봉안 불사는 무엇보다도 깊은 신앙심이 큰 자산이 되었을 것으로 생각된다. 승려들이 직접 불사에 필요한 기술을 익혀서 불모승(佛母僧 : 불상을 조상하는 승려)을 중심으로 불상을 조상하고 왕으로부터 종친, 양반, 평민, 노비에 이르기까지 차별 없이 수명에서부터 수백, 수천여 명의 시주자의 동참을 이끌어 불사를 회향하였다.

필자는 원문(願文)에 적힌 다양한 시주자의 명단을 보면서 이러한 대중불교가 바로 왕권불교, 귀족불교로 지칭되는 삼국시대불교나 고려불교와 비교해서 더욱 왕성해진 신앙생활을 증명해 주는 조선불교의 저력이라고 생각하며, 이러한 불교의 절대 평등한 인간존중사상과 자비보살행을 통해 어려운 국난에서 승병을 중심으로 모인 온 백성이 힘을 합쳐 나라를 지키고 불교를 지켜낸 조선불교의 위대한 역사라고 생각한다.

조선후기에 들어서면서 불교탄압이 점점 심해지는 상황에도 스님들은 구법망구(求法亡軀)의 실천으로 조선불교를 지탱하였으며, 불상의 조상에 있어서도 해박한 불교교리와 깊은 신앙심을 갖춘 훌륭한 불모승들에 의하여 불상의 외형상의 상호와 내적 복장물에 있어서 불교교리와 예술성을 충족한 완벽한 미와 내용을 지닌 불보살상을 봉안하였다.

불자들의 간절한 발원과 굳은 서원으로 법좌 위에서 중생을 굽어 살펴보시는 불보살상에 청정하고 영험이 넘치는 복장물을 채움으로써 오장육부와 피와 살을 지닌 생명력 넘치는 부처님을 모시게 된 것이다. 복장물 한 점 한 점을 오롯한 정성으로 불상 속에 모실 때 부처님의 몸속에서 사리로 화현되기를 바라며 한없는 환희심으로 봉행하였을 것이다.

불상을 봉안하는 불사는 대중이 원력을 세우고 믿음으로 모아진 시주물로 화주승(化主僧 : 불사를 주관하는 승려)의 지혜와 안목과 불모승의 예술적 재능과 정성으로 회향되는 것이므로 이러한 종교적 의미를 가지고 조선시대의 불상을 보게 되면 단순히 규모와 소재, 경제적 가치로써 다른 시대 불상과 비교할 수 없다고 생각한다.

민족의 역사와 함께 이어져 온 조선시대의 불상은 승려들의 주관으로 힘겹게 이룩해 온 문화재라는 점에서 불자들은 자긍심을 가지고 또 다른 각도에서 깊이 연구되어져야 한다.

조선시대의 불복장편을 마치며 돌아보니, 불복장 유물을 근거로 아래의 결론에 다다르게 된다.

① 전적류의 발견으로 한글 창제의 주역이 신미 대사를 중심으로 한 당대 고승이라는 점
② 복장경으로 화엄경이 다량으로 봉안되었고 후령통의 구조를 통하

여 화엄사상을 기반으로 한 원융불교(圓融佛敎)의 생활화
③ 원문(願文)과 시주기에 왕가·양반·평민·노비의 이름이 차별 없이 수결(手決)된 것으로 불교적 평등사상과 호국애민(護國愛民) 실천
④ 불사에 전문적 지식과 뛰어난 예술성을 지닌 스님들이 모여 신앙심을 바탕으로 불교사상에 부합된 불상 조성
⑤ 상신신앙에 의한 불복장 물목 구입으로 해외교류 확대
⑥ 빈번한 해외교류에 의해 변화하는 국제정세에 대비한 승가체제의 수립과 교육

끝으로 조선의 스님들은 임진왜란(壬辰倭亂 : 1592~1598) 때 승군(僧軍)들이 위법망구의 정신으로 나라만 지킨 것이 아니라 앞에서 복장유물이 외국과의 활발한 교류를 증명했듯이 사신(使臣)으로도 큰 업적을 세웠는데 그 단적인 예로 사명 스님의 일화(逸話)에 대해 간략하게나마 소개하고자 한다.

선조(宣祖 : 1567~1608, 재위 1567~1608)는 임진왜란이 끝나자 일본의 국내정세를 살펴보기 위해서 사명 스님을 대마도(大馬島)에 사신으로 파견한다.

대마도에 머무르던 사명 스님은 왕명을 어기고 일본인 고쇼(悟初) 스님의 도움으로 대마도를 떠나 일본으로 밀입국했다. 그리고 당시 실권자인 도쿠가와 이에야스(德川家康)를 만나 담판을 짓고, 조선인 포로 약 3000명을 귀국선에 태워 함께 돌아왔다.

배불숭유를 국가통치의 근간으로 삼았던 조선에서 스님들에게 전쟁 직후 엄중한 사신의 임무를 맡길 수밖에 없었던 것은 무엇 때문이었을까? 그 시대의 스님들이 시서화(詩書畵)에도 능하였지만 도력과 학식이 뛰어나

고 대외정세에 밝아 외교사절로서의 임무를 수행할 수 있는 실질적인 능력이 있었기 때문이었다. 특히 유학자들에 비해 외국 문화와 문물 그리고 국제정세에 밝았기에 스님을 사신으로 보낼 수밖에 없었을 것이다.

다음은 사명 스님께서 당신을 도와준 고쇼 스님과 이별할 때 달마도 위에 직접 써서 선물한 시의 내용을 밝혀 그때 사명 스님의 심정을 함께 느껴보고자 한다.

- 사명 대사 달마도 화제(畵題) -

| 十萬里來靑眼少 | 10만 리 길을 왔건만 눈 밝은 사람이 없어 |
| 九年虛虛少林春 | 9년을 헛되이 소림의 봄을 보냈네. |
| 不逢末後神光拜 | 뒤늦게라도 신광의 절을 받지 못했더라면 |
| 也是流沙浪走人 | 사막을 떠도는 사람이 될 뻔하였네. |
| 咄! | 돌! |
| 遠孫 松雲 書 | 원손(遠孫) 송운(松雲 : 사명 대사의 호號) 짓다 |

사명 스님은 당신 스스로를 달마 대사에 비유하였고, 당신을 도와준 일본의 고쇼 스님을 신광에 비유한 것이다. 다시 말해 사명 대사가 일본에 들어가 조선인 포로를 데리고 들어온 것은 진리를 전하고 중생을 구제한 행이었고, 자신을 도운 고쇼 또한 신광과 같이 일본에 진리를 전할 조사가 될 것을 수기해 준 것이다. 특히 "뒤늦게라도 신광의 절을 받지 못했더라면 사막을 떠도는 사람이 될 뻔했네"라는 구절에 이르러선 눈물이 핑 도는 감동을 느끼게 된다. 고쇼를 만나지 못하고 포로를 구해오지 못했다면 어떠했을까? 어떤 마음가짐으로 일본행을 결심했는지 치열한 구도심과 대자비심이 느껴져서 감읍하고 또 감읍했다.

# 2. 불화 복장물

불화의 복장물은 불상의 것과 비교하였을 때 전적류를 제외한 후령통이나 기록물에는 큰 차이가 없다. 다만 불화가 주는 공간적인 제약에 따른 불상과 구별되는 특징이 생기게 된다.

불화의 복장낭은 그 안에 5방을 상징하는 물목을 넣은 후령통, 발원문, 5곡, 5향, 5보 등의 물목을 넣어 만든다. 복장 납입 방식은 불화 상단 중앙에 복장낭을 거는 방법과 불화의 뒤쪽에 부착하는 방식으로 구분된다. 전자의 경우 족자형 불화에 사용되는데 후령통과 복장물을 넣어 복장낭을 화면 상단에 걸고 화면 외곽이나 뒷면에 다라니나 진언을 적거나 붙여 놓는다. 복장낭은 주로 종이나 비단으로 만들어 실물을 상단에 걸거나 그림으로 표현되는데, 1722년 의성 지장사에서는 청동으로 만들어진 금속제 복장낭이 발견되었다. 복장낭 앞면에 '법신(法身)·보신(報身)·화신(化身)의 여래 삼신의 명호(名號), 김기한(金起漢), 장씨초접(張氏楚接)'이라는 시주자의 이름이 돋을새김 되어 있다.

후자의 경우 액자로 장황될 때 사용되는네 불화의 후면 안쪽에 황초폭자에 싸인 후령통을 별도의 한지로 덮어 부착하기도 한다. 납입 장소가 액자 뒷면 안으로 들어가면서 그림 상단에는 복장낭이 실물이 아닌 그림 형태로 나타나기도 한다. 이 점에 대해서는 고불화에서 복장낭을 걸고도 불화 뒷면에 사리 등 중요한 복장물을 별도로 봉안한 사례가 많았었고 오늘날에도 스님들이 선호하는 방법인데 복장낭이 다른 성물에 비해 절도의 피해가 크기 때문이다. 실제로 다른 불교유물에 비해 불화 복장물은 오랜 세월을 지키지 못하고 사라져서 조선시대 복장낭만이 그 원형이 남아 있을 뿐이다. 후령통의 위치는 본존 부처님의 가슴부분에 안치되는데 본존의 존상에 따라 달라지기도 한다.

이러한 불화 복장물 중 고려불화 뒤쪽에서 발견된 예가 있었는데 2010년 '동아시아 불교회화와 고려불화' 학술대회에서 일본 교토의 쇼보지(正法寺) 소장 아미타독존도의 복장물이 알려졌다. 이에 대하여 박은경 교수는 "불화 뒤쪽의 배접지를 제거하자 아미타여래상의 가슴 부근에 붙어 있는 종잇조각이 발견되었고 거기에 지름 10.6cm 크기의 보협인다라니경이 범어로 적혀 있었다"고 발표하면서 이것을 불상에 생명을 불어넣

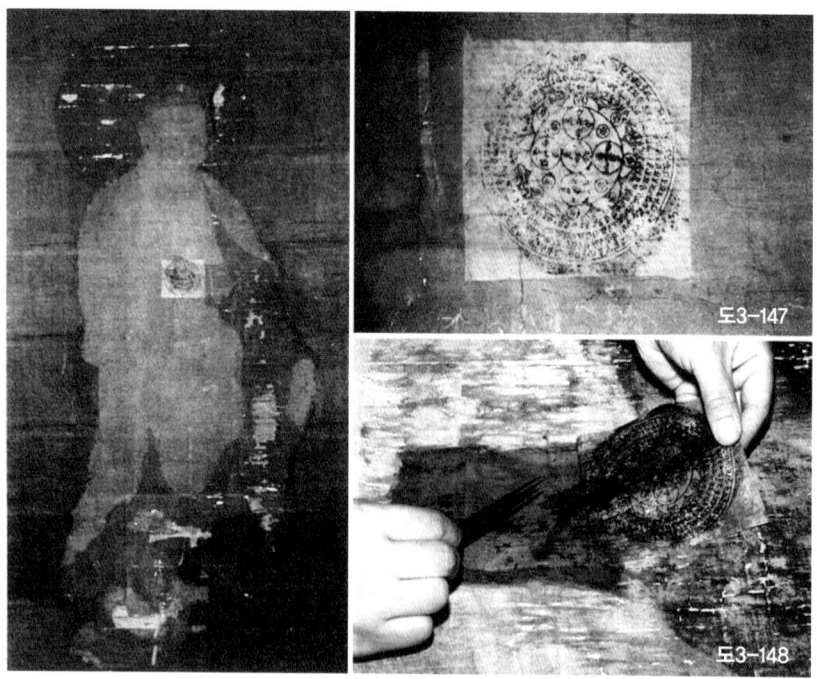

**도3-146** 아미타독존도, 14세기, 184.0×86.5cm, 일본 교토 쇼보지(正法寺)

는 복장물이라고 하였다.

18세기부터 복장낭을 불화 상단에 실물로 봉행하던 양식이 시대가 내려갈수록 차차 실물에서 그림으로 변했다. 18세기 중반이 되면서 불화는 족자에서 액자 형태가 많아지고 그와 함께 점차 그림 복장낭이 나타나며 도형화 되는 것을 알 수 있다.

불화의 후령통은 원통형(圓筒形)과 방통형(方筒形)이 있는데, 『조상경』에서는 불상에는 원통형의 후령통을 봉안하고 불화에는 사각형의 후령통을 봉안하라[34]고 되어 있다. 그러나 복장유물을 살펴보면 정확하게 지켜지지 않고 있으며, 이러한 현상은 담양 용화사에 소장되어 있는 복장진언(腹藏眞言 : 1911년)[35]에 나오는 '방원불방(方圓不妨)'의 방식에 따라 후령통을 봉안한 듯하다.

예를 들어 유점사본 『조상경』 간행(1824년) 이전에 조성된 1727년 원주 구룡사 삼장보살도와 1753년 순천 선암사 석가모니불 괘불도 등에서는 원통형의 후령통이 출현되었는데 유점사본 조상경 발간 이후인 1868년 평창 보덕사 사성전 후불화에서는 사각형의 종이 후령통이 출현되었으며, 그 후로 사각형 종이 후령통의 출현이 잦아지는 경향이 있다. 이를 통해 18세기에는 원통형과 사각형의 후령통이 혼재하였고 19~20세기 전반에는 사각형이 일반화되었음을 알 수 있다. 그러므로 불화 후령통의 형태는 원통형에서 사각형으로 변형되었을 가능성이 크다고 보는데 그 이유는 불화의 틀의 간격이나 복낭의 두께와 크기에 맞추어서 자연스럽게 형

---

**34** 『造像經』, 「諸佛菩薩腹藏壇儀式」條, 1824년 楡岾寺板. '… 塑像容圓筒 畵幀用方筒 …'.
**35** 『조상경해의』 참조.

태가 변형되었을 것이라고 추측된다. 또한 아래표를 통해 괘불에는 원통형 후령통이 모셔졌음을 알 수 있다.

| 명칭 | 연대 | 형태 | 복장낭 |
|---|---|---|---|
| 경주 기림사 비로자나불회도 | 1718 | 족자 | 실물 |
| 합천 해인사 지장보살도 | 1739 | 액자 | 실물 |
| 여수 흥국사 삼장보살도 | 1741 | 족자 | 실물 |
| 김천 직지사 시왕도 | 1744 | 액자 | 그림 |
| 예산 수덕사 지장보살도 | 1744 | 액자 | 그림 |
| 순천 선암사 석가모니불 괘불도 | 1753 | 족자 | |
| 의성 대곡사 삼화상 진영 | 1782 | 액자 | 그림 |
| 상주 황령사 아미타후불도 | 1786 | 액자 | 그림 |
| 고창 선운사 비로자나불도 | 1840 | 액자 | 그림 |

표3-10 조선시대 불화 복장물의 형태

이상으로 복장낭은 형태에 중점을 두고 설명하였으며 다음의 표로 그동안 연구된 조선시대 불화 복장물을 간략히 비교하여 밝힌다.

| 명칭 | 연대 | 복장물 | 크기|cm | 조성자 |
|---|---|---|---|---|
| 원주 구룡사 삼장보살도 (보물 제1855호) | 1727 | 후령통(원통형), 복장낭, 원문 2매, 일체여래비밀진신다라니, 보협다라니, 보자기 | 170×251 | 백기(白基), 영휘(暎輝) |
| 순천 선암사 석가모니불 괘불도 (보물 제1419호) | 1753 | 황동후령통(원통형), 황초폭자, 발원문 3매, 백지주서 및 인본 다라니 9매, 33조사도 발원문, 종자도 | 1260.5×678 | 치한(致閑) 등 금어 4명과 즉민(卽琝) 등 화사 8명 |

| | | | | |
|---|---|---|---|---|
| 봉화 축서사 괘불도 (보물 제1379호) | 1768 | 후령통, 사리2과, 씨앗4종, 다라니(8엽다라니등 4종 4매), 원문 1점, 복장낭 3점 | 830×465 | 정일(定一) 등 10명 |
| 서산 문수사 지장시왕도 | 1774 | 후령통, 발원문, 복장낭, 5보병 5점, 다라니 2점, 서신 6점, 책력 14점 | 133×157 | 설훈(雪訓)과 7명 |
| 평창 보덕사 사성전 후불화 | 1868 | 종이후령통(사각형), 발원문, 8엽대홍련주, 천원(天圓), 지방, 다라니, 범자, 5색실, 복장낭 | 178×93.5 | 의운자우(意雲慈雨)와 15명 |
| 서울 지장암 자수아미타삼존 괘불도 | 1926 | 복장유물 | 길이 561.5 | 보경보현(寶鏡普賢) 출초(밑그림) 수사(繡師) 안근석 외 675명 |

표3-11 조선시대 불화 복장물

아울러 필자는 복장낭의 명칭에 대하여 한 가지 문제점을 제시하고자 한다. 1824년 유점사판 『조상경』 「황초폭자안립차제」 편에는 "황초폭자 안에 후령통, 원문, 보협주 등을 순서에 맞춰 안립하는 데 있어 처음 복장에 넣을 때 향낭(香囊)에 봉안한다"고 기록하였다.[36]에서 향낭의 존재가 밝혀졌는데 그동안 문화재 관련 연구서를 보면 불화나 괘불 또는 번(幡)

---

36 『造像經』, 「黃綃幅子安立次第」條, 1824년 榆岾寺板.
  '… 가지하고 나서 關伽 공양한 뒤에 부처님의 복장 속에 넣되 똑바로 배꼽에 당口하여 바르게 세우고 眞言梵書를 상하 좌우에 충만하여 기울거나 숙이지 않도록 해야 한다. 처음 복장에 넣을 땐 천천히 남북과 정면, 배후를 살펴서 향주머니에 봉안하되 이와 같이 해야 한다.'
  '…旣加持已 關伽供養後 入於佛腹中 正當臍輪而正立 以眞言梵書充滿上下左右 使無欹斜偃仰之境初入藏之時 徐徐當察南北面背也 奉安於香囊如之也'.

도3-149 원주 구룡사 삼장보살도, 조선 1727년, 월정사 성보박물관 소장, 보물 제1855호

도3-150 원주 구룡사 삼장보살도 복낭, 월정사 성보박물관 소장

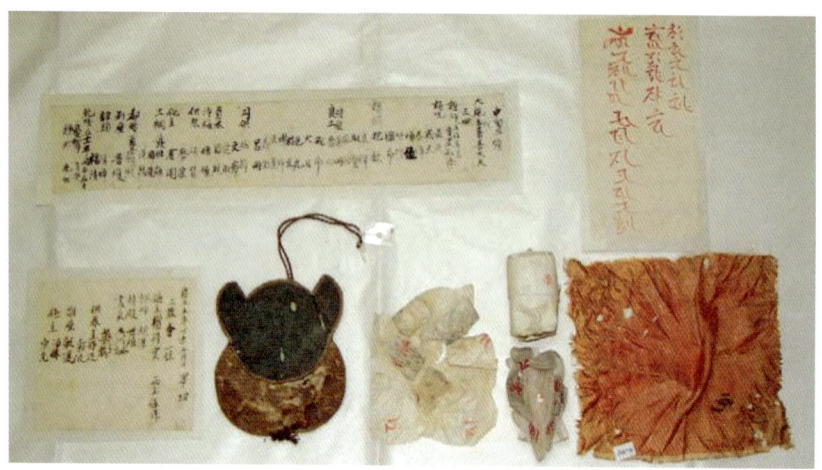
도3-151 원주 구룡사 삼장보살도 원통형 후령통과 복장물, 조선 1727년, 월정사 성보박물관 소장

에 달린 복장 주머니를 모두 '복장낭(腹藏囊)' 또는 '복낭(腹囊, 福囊)'이라고 칭하고 있다. 이에 대하여 필자는 혜묵 스님으로부터 '복장낭(腹藏囊)'과 '향낭(香囊)'을 구별하여 조성하는 법을 배웠는데, 복장낭(腹藏囊)은 조상경의 내용과 같이 법식을 갖추어서 봉안하는 것을 말하고, 향낭(香囊)

도3-152 합천 해인사 지장보살도, 조선 1739년, 보물 제1799호

도3-153 합천 해인사 지장보살도, 복낭, 해인사 성보박물관 소장

도3-154 순천 선암사 석가모니불 괘불도 원통형 후령통, 조선 1753년

도3-155 순천 선암사 석가모니불 괘불도

은 불화의 보존을 위하여 5향, 5황, 5약 등의 방충, 살충, 방습, 방향의 효과가 탁월한 복장물목만 넣어서 장엄용으로 여러 점을 함께 거는 것을 말한다. 위의 봉화 축서사 복장낭에서는 출현되지 않았지만 복장낭이나 향낭에서 5향, 5황, 5약 등이 출현되는 예가 많고 특히 '번(幡)'의 장엄은

제3부 한국의 복장물

도3-156 서산 문수사 지장보살도, 조선 1774년, 수덕사 근역성보관 소장

도3-157 서산 문수사 지장보살도 부분, 수덕사 근역성보관 소장

도3-158 영천 은해사 기기암 신중도, 은해사 성보박물관 소장

도3-159 기기암 신중도 복장물 일괄, 은해사 성보박물관 소장

도3-160 필자가 재현한 복낭

도3-161 청양 장곡사 향낭, 불교중앙박물관 소장

'향낭(香囊)'으로 대신하는 것으로 알고 있다. 그러므로 앞으로 불화 복장 유물을 연구할 때 복장물의 내용을 더욱 면밀히 분석하여 그 용도를 밝히고 복장낭과 향낭으로 구분하여 더욱 과학적인 접근이 이루어지기를 바란다.

이상으로 불화 불복장을 마치며 괘불과 불화의 조성에 얽힌 '미완성 불화'의 전설에 대하여 중앙아시아의 문화에서 유래를 밝혀보고자 한다.

우리나라의 유서 깊은 대찰에는 예수재, 수륙재 등 야외에서 봉행되는 대법회 의식용으로 모시는 괘불 불화가 있는데 이러한 대형 불화와 영험

도3-162 수자니 직물의 미완성 자수 흔적

도3-163 우즈베키스탄의 수자니 직물, 19세기, 타슈켄트 국립공예박물관 소장

 깊은 법당 내에 모셔진 불화에는 관세음보살의 화현인 관음조나 화공이 종종 등장한다. 예산 수덕사와 부안 내소사, 산청 율곡사 등 전국적으로 전해 내려오는 전설의 내용이 거의 비슷한데 화공이 기일을 정하여 문을 열지 말라고 당부하고 불화를 조성하는데 회향일 하루 전에 동자(또는 스님, 공양주)가 문을 열어 그림을 그리던 관음조(또는 화공이 관음조로 변하여)가 열린 문틈 사이로 날아가 버려서 하루 정도의 조성 분량만큼 미완성으로 남았다고 하는 내용이다.

 신앙적으로 정성이 얼마나 중요한지에 대한 영험담이나 전설로 이해할 수도 있겠지만 필자는 이러한 '불화의 미완성'의 이유를 중앙아시아 불교 유적지 복원사업을 위해 수년간 실크로드 일대를 답사하면서 아래와 같이 추론하게 되었다. 지금도 이 지역에서는 많은 이슬람교, 조로아스터교신자와 불자 등 대부분의 사람들이 신께 바치는 작품이나 어른들에게 선물하는 작품 또는 정성을 다하는 혼수품에 도안의 아주 작은 부분을 색을 칠하지 않거나 수를 놓지 않는다. 때로는 신전의 벽화나 벽걸이에도 조금의 여백을 남겨두었다. 그러한 이유는 첫째, 세상의 모든 성스러운 존재는 신만이 완성할 수 있으므로 신의 영역을 남겨두어야 한다는 것이다. 둘째, 귀하고 아름답고 값진 것이 완성되면 찬탄을 받기 때문에 자만하지 않겠다는 겸손함 때문이며 셋째, 명작(名作)으로 인하여 세상 사람들의 시기를 받을 수도 있고 또 시기심으로 작품이 훼손될 수도 있기 때문이라고 한다.

그러므로 우리나라의 불교 전래과정을 보면 지금도 생활 속에서 살아있는 중앙아시아 사람들의 신앙심과 풍습이 무관하지 않으므로 과거 우리 조상들도 이러한 신심과 겸손함으로 하루치 작업을 남겨두고 불사를 회향하지 않았을까 하는 생각이 든다.

제4부

# 불복장의 재현과 해설

# 1. 사리

사리(舍利)의 본래 뜻은 '신체(śarīra)'이며 후에 부처님과 스님들의 시신을 뜻하게 되었다. 리그베다 시대부터 인도에서 행해진 토장(土葬)과 화장(火葬)법에 따라 토장한 유체(遺體)는 전신사리(全身舍利)라 하고, 화장한 유체(遺體)는 쇄신사리라고 한다. 오늘날 보편적으로 칭하는 사리는 쇄신사리인데 다투[dhātu : 타도(馱都)]라고 하며 전신사리와 쇄신사리를 합하여 생신사리(生身舍利)라 하고, 부처님의 가르침 즉, 경전을 법신사리(法身舍利)라고 한다.

사리에 대한 내용은 7세기 당(唐)의 도세(道世) 스님이 편찬하신 유서(類書) 『법원주림(法苑珠林)』에서 상세히 설명하고 있다. 그중 제40권 사리편은 술의부(述意部), 제3 인증부(引證部), 불영부(佛影部), 분법부(分法部), 감복부(感福部)로 나뉜다.

인증부에서는 사리를 3가지로 분류하고 있다. "골사리(骨舍利)로 백색을 나투고, 발사리(髮舍利)로 흑색을 나투며, 육사리(肉舍利)로 붉은색을 나툰다고 하였으며 보살과 나한(羅漢)의 사리도 그러하다.… 사리는 84만억 리 모든 세상에 가득하고 부처님의 사리는 쇠뭉치로 내리쳐도 부서지지 않는다."

제4 분법부에서는 『해룡왕경(海龍王經)』에 "여래의 지혜는 끝이 없고 여래의 성덕(聖德)은 한없이 변하여 삼천세계에 각각 화현(化現)하시며 여래의 사리는 늘지도 않고 줄지도 않으며[不增不減] 널리 나툰다. 비유컨

도4-1 단양 방곡사 적멸보궁 증과사리    도4-2 대전 광제사 증과사리

대 태양의 빛이 물속을 비추는 것같이 나지도 멸하지도 않는[不生不滅] 법[度]이다"라는 내용과 함께 『관불삼매경(觀佛三昧經)』, 『아육왕경(阿育王經)』, 『대비경(大悲經)』, 『보살처태경(菩薩處胎經)』의 사리분배에 관한 내용도 있다. 특히 『보살처태경』에는 부처님 열반 후 다비 시 출현된 최초 사리를 천상계, 용궁, 인간계에서 탑을 세워 모셨다고 하는데 "사리의 일분(一分)은 천인들이 천상에 칠보탑을 세워 모시고 일분은 용왕이 용궁에 칠보탑을 세워 모시고 일분은 인간계의 여덟 명의 왕이 8탑을 세워 모셨으며, 사리병탑과 49곡(斛)[1]의 재(灰)와 흙으로 49보탑을 세웠으며 도유처(闍維處 : 다비처)는 39인(仞)[2] 높이의 보탑(寶塔)을 세웠다"고 한다. 아울러 사리동류면력제대전기소(舍利東流綿歷帝代傳紀所)에 수(隋) 문제(文帝) 당시에 입불사리탑(立佛舍利塔)을 세웠다는 것과 28주(州)에 세워진 탑의 장소가 기록되어 있다.

---

[1] 1곡은 10말.
[2] 1인은 7척.

제5 감복부(感福部)의 내용 중에는 『대비경』에 사리 공양의 공덕이 수록되어 있는데 "사리에 공양·예배하는 자는 열반에 들고 불상·탑·절을 세워 선근 염불하였거나 한 송이 꽃이라도 바치면 제석천왕·전륜성왕 같은 대신통력을 이룬다"고 하였다.

이상으로 『법원주림』을 통해서 경전 상에 나타나는 사리의 종류와 설명에 대하여 알아보았으며, 아래는 사리의 불가사의한 존재와 모습, 증감(增減)을 보이는 사리의 분류와 명칭에 대해서 필자가 문헌에서 확인하고 실제로 체험한 일들을 참고하여 서술하고자 한다.

## 1) 진신사리(眞身舍利)

부처님 다비 후 수습된 쇄골(碎骨)사리이다. 천상, 사바세계, 용궁에 모셔진 사리로 부처님의 가피로 중생과의 인연에 따라 부사의한 신통력으로 나투시는 불과(佛果)이다. 3종이 있으니 신(身)사리, 증(增)사리, 분(分)사리이다.

도4-3 단양 방곡사 적멸보궁 증과 중인 사리

도4-4 단양 방곡사 적멸보궁 증과 사리(약 4,100과)

**(1) 신사리 :** 골사리, 육사리, 발사리 전체를 말한다.

① 정골(頂骨)사리 : 부처님의 머리[頂骨] 사리, 작은 구슬 모양으로 주로 청색과 황색

② 정안(頂眼)사리 : 부처님의 눈[頂眼] 사리, 작은 구슬 모양으로 주로 흑색과 적색

③ 혈(血)사리 : 부처님의 피[血] 사리, 가장 많은 양으로 사리 중 가장 작은 사리, 모래알 크기이며 투명한 적색

④ 피부(皮膚)사리 : 부처님의 살사리, 일정하지 않은 구슬 모양으로 주로 황색

⑤ 골(骨)사리 : 부처님의 뼈사리, 불지사리처럼 손가락 모양을 띠거나 구슬 모양이거나 덩어리 모양. 재색·흑색·황색·백색

⑥ 치아(齒牙)사리 : 부처님의 치아 사리, 치아 모양이며 백색·재색

**(2) 증사리 :** 크기와 숫자가 저절로 늘어나거나 스스로 옮기어 생긴 사리로 허공사리(虛空舍利)도 이에 해당된다.

**(3) 분사리 :** 한 과(果)의 사리에서 나누어져 생긴 수많은 사리

사리의 분과에 대한 기록은 무수히 많으나 조선시대 중에서 불교가 가장 융성했던 세조 때의 기록 몇 가지를 살펴보았다.[3]

① 1462년(세조 8년) 홍천사에 대종을 조성한 기록인 홍천사신주종명

---

[3] 김성도, 『사리신앙의 기원에 대한 역사적 연구』, 위덕대학교 석사학위논문, 2015, p.68.

(興天寺新鑄鍾銘)에 "효령대군 보가 사리 25과를 절에서 모셔와서 주상과 자성왕비가 내전에 봉안하고 예배하였다.… 분과하여 총 102과가 되었으며 회암사 법회 중에 사람들이 모셔서 가져간 것 또한 부지기수였다."

② 1464년(세조 10)에 "효령대군이 회암사에서 원각법회를 베풀었는데 여래께서 모습을 나타내시고 감로가 내렸다. 황색가사를 입은 스님이 세 번 탑을 돌고 정근하니 그 빛이 번개와 같았고 또, 방광하여 낮같이 밝았으며 채색안개가 허공에 가득하였다. 사리가 분신하여 수백 과가 되었는데… 또 분과하여 사리 수십 과가 나왔으니…"

③ 1465년(세조 11) 원각사비명(圓覺寺碑銘)에 "효령대군이 회암사의 동쪽 산등성이에 석종을 세워 석가모니의 사리를 봉안하고 인하여 법회를 베풀어 원각경을 강설하였는데…분과하여 8백여 과가 나왔다."

④ 1466년(세조 12) 낙산사에서 관음보살님께 예경하다 "동쪽으로 순행에 나서 금강산에 올라 담무갈을 예경하고…관세음보살상을 보고 예경하였다. 이 때 사리가 분과하였는데 오채가 밝게 빛났다…"

우리나라의 불자들과는 달리 다른 나라에서는 사리 영험에 대한 시험을 한 사례가 많다. 독자의 이해를 돕기 위해 김준호 선생의 논문에 있는 표를 인용하고자 한다.

| 국가 | 사리 영험담(연대) | 시험방법 | 결과 |
|---|---|---|---|
| 중국 | 후한 명제(明帝) (57~75) | | 5색방광 공중선회 |
| 중국 | 오나라 손권(孫權) 강승회(康僧會) (241) | ① 쇠방망이로 침 ② 불속에 넣음 | ① 원형불변 ② 빛이 날아올라 연꽃 형상이 됨 |
| 중국 | 진나라 축장서(竺長舒) (291~299) | 물에 빠트림 | 5색광명이 치솟음 |
| 중국 | 송나라 안천재(安千載) (431) | ① 방망이로 침 ② 물에 빠트림 | ① 원형불변 ② 광명이 일어남 |
| 중국 | 송나라 장수원(張須元) (432) | 물에 빠트림 | 불꽃이 서로 이어짐 |
| 중국 | 송나라 응지(凝之) (438) | ① 쪼개봄 ② 물에 세척 | ① 원형불변 ② 광명이 뻗어 나옴 |
| 중국 | 단양 태수 왕아(王雅) (5세기초 추정) | ① 사리 그릇을 뒤집음 ② 물에 빠트림 | ① 그릇에 붙어 떨어지지 않음 ② 소리에 응하여 광명이 치솟음 |
| 일본 | 소가노 우마코(蘇我馬子) (584) | ① 철질(鐵質) 위에 철추(鐵鎚)로 내려침 ② 물에 던져 빠트림 | ① 철질과 철추는 부서지고 사리는 원형불변 ② 마음이 원하는 대로(隨心所願) 물에 뜨나 가라앉음 |

표4-1 고대 사리신앙의 전파과정에서의 사리 영험 시험 기록[4]

위의 표의 사례에서도 알 수 있듯이 사리는 신통력으로 방광(放光), 불쇄(不碎), 불초(不燋), 공중변화(空中變化), 수중부침(水中浮沈), 수중방광(水中方光) 등의 신이한 이적을 보여 불교를 받아들이는 계기와 훼불 위기의 극복, 불사 성취의 기틀을 마련해 주었다.

---

4 김준호 : 「고대 동아시아 사리신앙의 전개–중국과 일본의 사리 영험담을 중심으로」, (참고자료 : 『집신주삼보감통록(集神州三寶感通錄)』, 『일본서기(日本書紀)』, 『일본영이기(日本靈異記)』.

그러므로 사리 신앙의 중요성은 아무리 강조하여도 지나치지 않다고 하겠다.

## 2) 보사리(保舍利)

보석으로 만들어 진신사리와 함께 봉안된 사리로 조상경의 영향으로 그동안 출현된 보사리 중에는 수정이 가장 많고 마노, 호박, 산호, 옥, 유리구슬 등이 있다.

자수정으로 된 보사리의 예로 익산 미륵사지석탑 봉안사리가 있는데, 필자는 익산 미륵사지석탑의 부처님 진신사리 13과 중에서 1과만을 진신사리로 추정한다. 왜냐하면 첫째, 사리구의 봉안양식이 금동제사리외호 안에 금동제사리내호가 있고 또 금동제사리내호 안에 유리제사리병이 있는 3중구조인데 이 중 가장 가운데 유리제사리병의 구연부의 기벽 두께가 0.3mm이고 입구 지름이 4mm이므로 이 병 안에 봉안되려면 4mm 이하의 크기만이 가능한데 13과의 사리 중에서 4mm 이하 크기의 사리는 1과이고 나머지는 6~7mm 이하이기 때문이다. 그러나 금동사리내호가 출토 당시 유리제사리병이 형체를 알아볼 수 없을 만큼 얇고 작은 수십 개의 파편으로 파손된 상태였고 사리병 밖의 12과와 함께 섞여 있었기 때문에 증과한 사리일 가능성도 배제할 수는 없다.

둘째, 고대인들의 우주관에 따라 12지(十二支)를 근거로 12과의 보사리로 1과의 진신사리를 보호하는 배

도4-5 익산 미륵사지 탑사리기 진신사리 1과(작은 사리)와 보사리 11과

열로 본다. 역사적으로 고대삼국에서는 왕과 귀족의 능(陵)에서 12지상이 12지신(十二支神)이 되어 능의 주인을 지키는 수호신 역할을 했는데 사리탑에 모셔진 부처님의 진신사리가 근본적으로 부처님의 유골이므로 고대인들의 우주적인 믿음으로 12신장(十二神將)의 성격을 지닌 보사리를 봉안했을 것으로 유추된다.

### 3) 가사리(假舍利)

『조상경』에 의하면, 불상 안에 부처님 사리를 봉안해야 한다고 하며 진신사리를 모시지 못할 때에는 대체사리(代替舍利)로 수정 7과를 모시거나 일체여래비밀전신사리보협다라니(一切如來秘密全身舍利寶篋陀羅尼)를 모신다고 나와 있다. 다라니에 대해서 살펴보면, 다라니가 가사리(假舍利)와 법사리(法舍利)라는 두 설이 있다. 또 고대불상에서부터 가사리로 각종 보배구슬과 흙구슬, 도자구슬 등이 출현하고 있으며 간다라불상의 육계의 홈에서부터 시작되어 사리기, 후령통 등에 봉안되어 있다.

도4-6 수정사리(가사리 수정 7과)

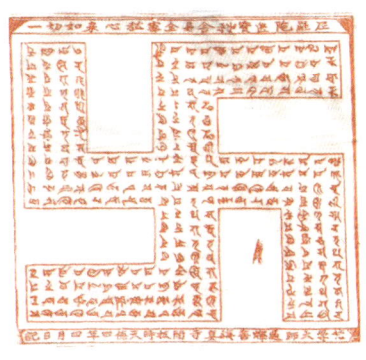

도4-7 일체여래비밀전신사리보협다라니

## 4) 법사리(法舍利)

법사리는 불경과 다라니를 지칭하는데, 『묘법연화경(妙法蓮華經 : 법화경)』과 『무구정광대다라니경(無垢淨光大陀羅尼經)』이 법사리로서 불상의 복장 경전으로 가장 많이 봉안되었다. 불상과 탑에 묘법연화경을 가장 많이 모시는 이유는 다보여래께서 출현하신 「견보탑품(見寶塔品)」과 「보현보살권발품(普賢菩薩勸發品)」에서 사경 공덕의 수승함을 밝힌 영향 때문인 듯하다.

"만약 어떤 이가 받아서 가지고 읽고 외우며 바르게 기억하고 생각하며, 그 옳은 뜻을 이해하고 설함과 같이 닦고 행하면, 마땅히 아시옵소서. 이 사람은 보현의 행을 행하여 헤아릴 수 없고 가없는 모든 부처님의 거처에서 깊게 선한 근본을 심은 것이니, 모든 여래께서 손으로 그 머리를 어루만지심이 된 것이옵니다. 만약 다만 써서 베끼기만

도4-8 안동 보광사 보협인다라니경, 고려 1007년 이후, 불교중앙박물관 소장

하여도 이 사람은 명을 마치면 마땅히 도리천상에 나나니, 이때에 8만 4천 천녀가 많은 재주와 음악을 지으며 와서 그를 맞이하거늘, 그 사람은 곧 일곱 가지 보배로 된 관을 쓰고 궁녀들과 함께 재미있게 놀고 기분이 좋아서 즐거운데, 어찌 하물며 받아 가지고 읽고 외우며 바르게 기억하고 생각하며, 그 옳은 뜻을 이해하고 설함과 같이 닦고 행함이오리까."

8세기 초 통일신라시대에 들어서면서 조탑신앙의 발흥과 함께 불국사 석가탑을 비롯하여 『무구정광대다라니경』을 진신사리 대신 법사리로 많이 모셨다.[5] 조탑신앙은 탑 조성과 고탑 중수, 진흙 소탑 안치의 공덕을 강조한 것으로 소탑 99기를 안치하면 9만 9천의 불탑을 조성한 것과 같다고 『무구정광대다라니경』의 조탑 공덕에 나와 있다. 이러한 『무구정광대다라니경』의 법사리 신앙은 우리 불교만의 고유한 특징이라 할 수 있다. 이후에는 『보협인다라니경(寶篋印陀羅尼經)』에 의거한 법신사리가 유행하였는데 『보협인다라니경』은 772년 중국의 불공 스님이 한역(漢譯)한 경전으로 다라니를 조성하여 공양하면 성불할 수 있다고 하였다.

부처님께서 열반에 드실 때 설하신 『대반열반경(大般涅槃經)』의 유훈에 따르면 "자기 자신에게 귀의하고 법에 귀의하며 남에게 귀의하지 말라. 스스로를 광명으로 삼고 남을 광명으로 삼지 말라. 그리고 모든 생(生)한 것은 반드시 멸(滅)하는 법이니 부지런히 힘써 해탈을 구하라"라고 하셨

---

[5] 부처님께서 말씀하셨다. "대바라문이여, 이 가비라성의 세 갈래 길에 오래된 불탑이 있고, 그 탑 속에는 여래의 사리가 있느니라. 지금 그 탑이 무너져 가고 있으니 그대가 가서 탑을 중수하면서 상륜당을 만들고 그 속에 다라니를 써서 넣고 성대한 공양을 베풀고 법에 의지하여 일곱 번 신주를 송하라. 그리하면 그대의 수명이 오래 갈 것이며 오랜 뒤에 목숨을 마치면 극락세계에 왕생하여 역시 백천만겁 동안 복락을 받을 것이다."

도4-9 불국사 무구정광대다라니경, 통일신라 742년 이전, 불교중앙박물관 소장

도4-10 견주서다라니(絹朱書陀羅尼)

다. 그러나 우리의 불성을 일깨워 주신 스승인 부처님의 사리가 곧 부처님이요, 사리의 친견이 부처님을 친견한 것이기에 사리에 대한 믿음과 공경심을 가지고 예배를 하는 사리신앙이 태동한 것이다.

부처님의 가르침도 소중한 법신사리이나 진신사리보다 확실한 부처님이 또 어디에 계시겠는가? 부처님의 형상인 불상과 부처님의 상징인 탑도 사리를 모신 후에야 비로소 불이(不二)의 부처님이 되어 존엄성과 신성성을 지니게 되는 법이기 때문이다.

부처님의 가피를 바라는 불자들로서는 증과(增顆)에 증과를 거듭하고 부서지지도 불에 타지도 물에 젖지도 않고 중생의 믿음과 원에 따라 자유자재로 형상을 나투시는 영험한 사리를 모신 불상, 탑, 경전[6]을 가장 공경히 모시는 것이 당연하다.

---

[6] 경전 축(軸)에 구멍을 뚫고 사리를 봉안함.

『화엄경』「현수품(賢首品)」에서 믿음[信]에 대하여 "믿음은 도의 근원이며 공덕의 어머니요, 일체의 착한 법을 자라나게 하며, 의심의 그물을 끊고 애류를 벗어나 열반의 위없는 도를 열어 보인다"[7]고 하신 말씀이 있다. 그러므로 사리의 실체를 보기 위해서는 부처님을 향한 깊은 믿음이 있거나 부처님과 같은 혜안(慧眼)이 있어야 한다. 업에 눈멀어 있는 중생의 육안으로는 성스럽고 불가사의한 부처님의 사리를 바로 볼 수 없다. 필자가 사리에 대한 출처와 연유에 대하여 상세히 서술하는 것은 독자들에게 사리신앙을 권하여 기도 공덕

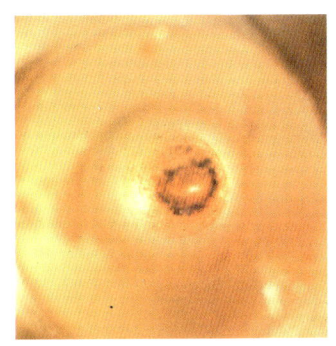

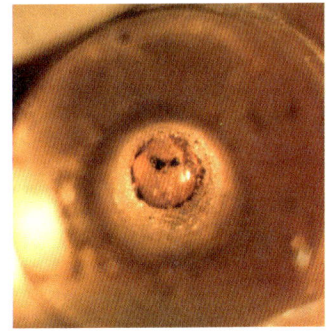

도4-11 화엄경 사경축에 모신 사리, 통일신라, 강우방

으로 함께 고통을 여의고 부처님이 되기를 바라는 간절한 원이 있어서이다. 끝으로 이 책을 통하여 진신사리의 영험에 대한 확고한 믿음과 신념으로『금광명경(金光明經)』권4「사리품(舍利品)」의 내용을 새겨본다.

> "사리는 계정혜(戒定慧)를 훈수(薰修)한 결징제로 이는 매우 얻기 어려우며 최상의 복전(福田)이므로 중생들은 마땅히 사리에 예배하고 공양하라."

---

7  信爲道元功德母 長養一切諸善法 斷除疑網出愛流 開示涅槃無上道.

## 사리가 방광하고 증과하는 것을 직접 목격한 이야기

부처님 사리에 대한 영험에 대하여 필자의 경험을 밝히면서 사리신앙과 복장에 대한 중요성을 알리고자 한다. 대전광역시 자양동 광제사에서 불기 2559년 음력 9월 1일 새벽 5시에 사부대중 천여 명이 천일 동안 『대방광불화엄경』 사경기도를 봉행하던 중 단양 방곡사(회주 묘허 스님)에서 모셔온 부처님진신사리 3과(골사리 2과와 육사리 1과)가 10과(골사리 4과, 육사리 5과, 발사리 1과)로 증과되어 보궁에서 방광하시는 광경을 목격하였다. 이 사리는 음력 3월 27일 이운하여 광제사로 모셔왔는데, 신라의 아도(阿道) 스님이 중국의 백마사(白馬寺)에서 모셔와 경남 선산의 청화산 백련사(白蓮寺)에 모셨던 사리이다. 백련사는 대한제국 말년까지 규모가 큰 사찰이었으나 고종황제 시절 비안현감에 의해 소실되었다. 이때 무너진 사리탑에서 방광하시던 진신사리를 당시 주지인 두점(斗点) 스님이 모시고 백련사의 복원을 꾀하였으나 그 원을 이루지 못하고 그 후 도암(道庵) 스님, 성엄(性奄) 스님, 묘허(妙虛) 스님으로 4대에 걸쳐 백련사 복원의 유촉과 함께 전해진 부처님 진신사리이다. 사리는 숫자상으로 3과가 10과로 증과되는 이적이 있었을 뿐만 아니라 크기에서도 좁쌀만한 크기에서 보리쌀과 대두만한 크기로 커졌다. 특히 검은색의 발(髮)사리는 진신사리 중에서도 친견하기 어려운 불가사의한 사리인데 허공 중에서 들어오셔서 사리함에 자리하시고 빛을 발하고 계셨다.

현재 10과의 사리 중 3과(골사리 1과, 육사리 1과, 발사리 1과)는 대한불교조계종에서 건립한 아프리카 탄자니아 보리가람농업기술대학법당 비로자나불상에 봉안되었다. 또한 불기 2515년 10월 충북 단양 방곡사 적멸보궁에 모셔진 좁쌀만한 크기의 골사리 1과가 꽃송이처럼 자라나 약 4100과로 증과하신 사리를 친견하였는데 이 사리는 대중스님들의 철야기도정진 중에 분과하였다고 한다.

아프리카 탄자니아 보리가람농업기술대학 법당에 모셔진 탄생불

# 2. 사리기

사리기는 사리를 봉안하는 법구로 고대로부터 유리, 금속, 토기, 목재, 직물 등을 소재로 사리병, 사리합, 사리구 등으로 구분되어 여러 겹으로 조성되어 있다. 독립된 사리기일 경우에는 주로 삼중으로 이루어졌는데 때로는 형식에 구애받지 않고 다양한 형태로 조성된다.

신라시대에는 석함, 은합, 사리병의 형식으로 되어 있으며『삼국유사(三國遺事)』제4 탑상편(塔像第四) 전후소장사리(前後所藏舍利)에 의하면, 고려시대에는 5중으로 속에서부터 침향함, 순금함, 백은함, 유리함, 나전함으로 되어 있다는 기록이 나온다. 그러나 후령통에 봉안할 때에는 조그마한 사리합에 모시며 비단보로 사리를 감싸 모시거나 비단주머니로 사리기를 대신하기도 한다.

**도4-12** 연꽃을 현대적 감각으로 재현한 모양이 돋보이는 현대식 사리기

**도4-13** 감은사지 동삼층석탑 사리장엄구 외함 사리기, 통일신라 682년, 높이 31cm, 너비 19.9cm, 국립중앙박물관 소장, 보물 제1359호

**도4-14** 감은사지 동삼층석탑 사리장엄구 내함 사리기, 통일신라 682년, 높이 20cm, 너비 14.7cm, 국립중앙박물관 소장, 보물 제1359호

# 3. 후령통

　후령통은 상신신앙(像身信仰)을 근간으로 해서 고려시대 말기부터 조성되기 시작하여 조선시대에 이르러서 『조상경(造像經)』의 지침에 따라 형태를 갖추고 오늘날까지 전해지고 있는 우리나라의 대표적인 불복장물이다. 후령통을 중심으로 한 복장물이 불상에 권능(權能)과 신성(神性)을 부여하기 위하여 엄정한 복장의례(腹藏儀禮)와 점안의례(點眼儀禮)가 『조상경』에 기록되어 있는 대로 가지법사(加持法師)와 증사(證師) 그리고 불사(佛師), 송주사(誦呪師)에 의해서 행해지고 전승되어 왔다. 후령통에 대해서 여태껏 잘 알려지지 않았던 이유는 조성과 의례가 밀교의 영향으로 외부에 알려지지 않게 비전(祕傳)되어 왔기 때문이다. 이렇듯 후령통은 불교의 밀교와 화엄사상과 주역사상 등이 어우러진 심오한 철학의 보고(寶庫)이며 역사가 담겨 있는 우리나라 독창적인 유물이자 인류의 문화유산으로 가장 뛰어난 문화재 중 하나라고 하겠다.

　종교적 성상인 복장물에 대한 연구에 대하여 살펴보면, 서양에서는 우리와 달리 예배대상인 성상에 복장물을 봉행하는 의례가 없는 관계로 동아시아 불상을 중심으로 연구되어 왔다. 일본이 가장 먼저 시작하였으며 1960년대부터는 국가에서 주도적으로 연구를 진행하고 있다. 우리나라에서 공식적으로 불복장물에 대한 연구보고가 시작된 것은 1955년 당시 문교부장관으로부터 조사를 의뢰받아 연구를 착수한 민영규 교수의 청양 장곡사 고려철불(현재 금동약사불좌상) 복장유물이다. 이 연구보고서에 따르면, 1346년(고려시대 충목왕 2)에 봉안된 후령은합(喉鈴銀盒)이 나오는데 후령은합 속에 『조상경』의 내용과 일치하는 물목이 안립되어 있었다. 이로써 현재까지 발견된 『조상경』 중 최초본인 용천사(龍泉寺)본 『조상경(1575년)』이 발간되기 이전부터 이미 불복장 의례가 성행되고 있었음을 알 수 있는 중요한 단서가 되고 있다. 장곡사 고려철불 복장유물연구보고서를 필두로 그간 발표된 연구서에서 보아지듯 후령통이 우리나라 불교성보 중에서 불교교리뿐만 아니라 민족의 문화와 역사를 함께 지닌 뛰어난 가치를 지닌 불교문화재임이 분명한데도 불구하고 그간 공개적이며 체계적인 연구가 이루어지지 않았다. 연구는 물론이고 관심 자체가 부족한 이유에 대해서 골몰한 결과 필자는 다음과 같은 생각을 하게 되었다.

우리나라 불자들과 대다수 국민들의 불상관(佛像觀)은 불상이 곧 부처님이요, 예배의 대상물인지라 불복장물은 부처님의 장기(臟器)에 해당되므로 불상을 건드리거나, 개복(開腹)하는 행위는 훼불행위로서 상당히 두려운 일로 금기되어 왔기 때문이다. 불상을 개복하는 이유가 불상의 보수나 개금(改金), 개채(改彩)가 아닌 연구 목적일 때는 후령통을 비롯한 모든 불복장물을 해체하는 상황이 되므로 불자로서는 금기시(禁忌視)할 수밖에 없는 것이었다.

옛날에도 간혹 어떤 이들이 한때 부처님의 진신사리의 영험과 진위를 증명하고 가려내기 위하여 불사리를 불에 넣어 타지 않음을 증명하고 물에 넣어 젖지 않음을 증명하고 압력을 가해서 부서지지 않는 것을 증명하기 위해 실험을 한 적이 있는데 이로 인하여 불사리의 불가사의한 영험은 밝혀졌으나 한편으로 생각해 보면 불자로서 부처님 법체(法體)의 성스러움을 훼손하였으니 5역죄(五逆罪)의 과보는 어찌 면할 건지 참으로 안타까운 마음이 든다. 그러므로 이제부터라도 불교계가 주축이 되어 불교문화재와 탑, 불상, 불화 등의 복장물을 개복하거나 해체할 경우에 대해서 다음과 같은 점을 염두에 두어야 할 것이다.

* 승려가 중심이 되어 의례를 갖추고 진행할 수 있도록 법과 규칙을 강력하고 상세하게 제정한다.
* 불상에 대한 연구방식도 상호(相好), 수인(手印), 장엄(莊嚴) 등 외형과 재질 위주로 진행한다.
* 여건상 면밀한 불상 연구가 필요할 때에는 현대의 뛰어난 기술이 집적된 3D, X-선, CT, CR, XRF 촬영 등의 문화재보존과학을 활용하여 최대한 유물의 훼손이 없게 내부 구조, 불복장 물목, 재료 성분, 제작 기법 등을 밝혀내도록 학계의 풍토를 개선시켜 나가야 할 것이다.

거듭 강조하건대 불상과 탑 등 불교문화재는 부처님의 가르침과 불자들의 신앙심이 깃든 숭배의 대상이므로 단순히 연구대상으로 접근하게 해서는 안 된다. 그리고 불교문화재를 영구히 지키는 방법 중에는 무엇보다 덮여 있는 것은 덮어 두고 묻혀 있는 것은 묻힌 상태로 보존해 가는 방법이 우선되어야 하며 불교문화재를 연구·복원하거나 보수하는 사람들은 늘 불사에 동참한 불자들의 정성과 믿음, 원력을 헤아리고 그들의 바람에 어긋남이 없어야 할 것이다. 특히 학문적 업적을 남기려는 목적이나 불사를 위한 목적으로 불복장물을 공개·전시하는 일은 부디 삼가하여 주기를 간절히 바란다.

## 1) 후령통의 형태

불상을 실제 인체와 동등하게 여기는 상신신앙의 영향으로 불상의 내부에 오장에 해당하는 5보병과 5장의 해당 범자(梵字 : 5륜종자 참조)의 조합이 『조상경』의 의식 절차를 통해 새로운 형태의 불복장으로 탄생되었는데 이 복장물이 후령통(喉鈴筒)이다.

후령통은 명칭에서 나타나듯이 목구멍 '후(喉)'와 방울 '령(鈴)', 대롱 '통(筒)'의 글자로 이루어졌는데 지금까지 발견된 후령통의 위치는 불상의 가슴과 배 부분이며 후령통 안에 방울이 안립된 예는 없었다. 그러므로 후령통에 대한 명칭과 형태의 연관성을 밝혀내기 위해서는 불상 안에 봉안되었던 통(筒)과 방울(鈴) 및 목 부분에 봉안되었던 복장물에 대한 조사가 선행되어야 하는데, 본 장에서는 먼저 동아시아 불상에 출현된 방울(鈴)에 대하여 소개하고자 한다.

도4-15 광주 자운사 대웅전 목조아미타불좌상. 고려후기 1388년, 자운사 소장

복장용 방울은 불상 복장물보다 탑 복장물이 앞서는데 가장 오래된 세이료지 석가여래 입상보다 앞선 우리나라 7세기경의 황룡사 구층 목탑지 심초석 하단에서 출토된 청동제 방울 3점과 8~9세기 화엄사 5층석탑, 익산 왕궁리 5층석탑, 안동 임하사 전탑지 등에서 각 1점씩 출토되었으며 9세기 이후에는 드물게 나타난다.

　　가장 오래된 불상 복장용 방울[鈴]은 985년 북송의 태주(台州) 개원사(開元寺)에서 일본의 구법승 조넨(奝然 : 938~1016) 스님의 발원으로 조성되어 986년에 일본의 세이료지(淸凉寺)에 봉안된 석가여래입상(釋迦如來立像)에 봉안된 것으로 추측한다. 이 불상을 1954년 조사할 때에 등 뒤의 장방형 봉함목에서 금동방울과 봉제장기모형, 경전, 보리수 염주, 동경, 사라수잎, 당(幢) 등과 함께 수백 점의 직물 조각이 발견되었다.

　　그 후 영국의 빅토리아 앨버트미술관에 소장된 원대(元代 : 1260~1386)의 목조관음보살반가좌상(木彫觀音菩薩半跏坐像)에서도 동령(銅鈴)과 견제(絹製)의 장기모형, 5곡종자, 향목편, 면 등의 복장물이 발견되었고 그 밖에도 방울은 동북아시아 전역의 불상에서 발견되고 있다.

　　우리나라에서 발견된 가장 오래된 방울은 고려시대 1346년에 조성된 서산 문수사(文殊寺)의 금동아미타불좌상(金銅阿彌陀佛坐像)의 복장물인데, 이 불상에서 발견된 동령은 처음 발견 당시 목 부위에 봉안되었던 것으로 밝혀져서 후령통 연구에 중요한 실마리를 제

도4-16 목제 후령통, 고려, 높이 17.2cm, 밑지름 7×9cm, 자운사 소장

도4-17  8엽연화, 고려, 직경 8.5cm, 자운사 소장

도4-18  해인사 대적광전 비로자나불좌상 복장 후령통, 조선 1490년, 동(銅), 높이 33.3cm, 구경 14.4cm

공해 주었다. 그 후 1358년(고려 공민왕 7)에 조성된 안정사(安靜寺)의 금동불좌상(金銅佛坐像)에서도 동령이 출현되었다.

서산 문수사 금동아미타불좌상의 동령이 목에서 발견되어 '후령(喉鈴)'이라는 명칭의 근거를 제시했는데, 후령통 형태의 변화에 가장 명확한 근거를 제시한 동령(銅鈴)이 발견된 곳은 광주 자운사(紫雲寺)의 목조아미타불좌상(木造阿彌陀佛坐像)이다. 이 불상은 조상된 후 고려시대(1388년)와 조선시대(1611년) 두 번에 걸쳐서 복장이 추가로 봉안되었는데 처음 조상된 때와 연기(緣起)에 대해서는 알 수 없으나 불복장물을 통해 1184년(고려 명종 14)에 중원부(中原府: 청주 일대)에서 간행된 여의보인 대수구다라니 범자 군다라상(如意寶印 大隨求陀羅尼梵字 軍陀羅相)이 봉안된 것으로 보아 불상의 조상 시기를 1388년보다 앞섰을 것으로 추측해 볼 수 있다.

필자가 자운사 후령통을 눈여겨본 것은 불상 안에 동령, 평면형의 후공(喉孔)이 뚫려 있는 목제 후령통, 금속제 8엽연화(八葉蓮花)가 모두 봉안되어 후령과 덮개모양인 8엽연화와 후령통이 개별물목으로 함께 공존하고 있기 때문이다. 이 시기 이후에는 복장물에 동령(銅鈴)과 8엽연화가 사라지고 후령통 덮개에 관(管) 대롱 모양의 후혈(喉穴)이 생기고 8엽연화 모양의 다양한 문양이 새겨지는 등 현재의 후령통의 표본이 생기게 되었다. 축서사 괘불도 후령통의 경우 8엽대홍련지도가 뚜껑에 바로 그려져 있다.

이러한 형태의 변화과정을 거쳐『조상경』의 물목 내용과 일치하는 최초의 후령통은 해인사 법보전 비로자나불상(1490년 : 보물 제1779호)에서 출현하였다. 동에 은박을 입힌 재질의 긴 합형으로 현재까지 알려진 후령통 중 가장 크다(높이 33.8cm). 특히 뚜껑 부분의 긴 후혈(喉穴)의 주위를 5방색 비단으로 두텁게 감싼 것은 유일하게 보이는 형식이다.

이상과 같이 후령통에 대하여 살펴보면, 조성할 때 동령(銅鈴)이 불상의 목구멍(喉) 부분에 봉안되는 과정에서 '후령(喉鈴)'이라 불리었고, 동령(銅鈴)과 합(盒)의 형태인 8엽통과 8엽연화가 합쳐지고 합의 덮개에 후혈(喉穴)이 생기면서 명칭도 '후령'과 '통'이 합쳐져서 '후령통(喉鈴筒)'이 되었다. 처음에는 후령(喉鈴)을 단독으로 봉안하다가 후령통(喉鈴筒)이 등장하면서 후령은 사라진 것이다.

후령통의 조성은『조상경』의『묘길상평등비밀최상관문대교왕경(妙吉祥平等祕密最上觀門大敎王經 : 후령통의 안립 5보병편 신수내강경본「묘길상대교왕경」비교 참조)』의 규범을 따랐는데 유물로 출현된 후령통의 평균적인 크기는 7~20cm이며, 소재는 구리·철·은 등의 금속재료와 나무·종이 등으로 만들어져 불·보살·신장상 등 입체상에는 원통형을, 탱화에는 사각형의 후령통을 봉안하여 왔다. 아래에는 그동안 출현된 8엽통과 후령통을 시대별로 살펴보았다.

| 문수사 금동아미타불 (1346년) |  목합 외부의 8엽연화후령 |  후령 | |
|---|---|---|---|
| 자운사 목조아미타불좌상 (1388년) |  목제후령통 |  후령 |  8엽연화 |
| 해인사 대적광전 목조비로자나불좌상(1490년) |  은제8엽연봉 |  후령통 | |
| 쌍계사 목조석가삼세불좌상(1605년) |  후령통 복장물 일괄 |  후령통 | |
| 수덕사 목조석가여래삼불좌상(1639년) |  후령통 복장물 일괄 |  8엽주 |  5방경 |

불복장의 비밀

| | |
|---|---|
| 목합형 후령통<br>(조선시대) |   <br>후령통 복장물 일괄 |
| 원통형 금속후령통<br>(조선시대) |   |
| 대나무후령통<br>(조선시대) |   |
| 8엽연화형 후령통<br>(조선시대) |  <br>전체　　　　　부분 |
| 종이후령통<br>(조선시대) |  |

## 2) 후령통의 상징적 의미

후령통은 앞서 말한 바와 같이 후령통을 형성하는 한 점 한 점의 성물(聖物)이 이치[理]를 근간으로 하여 형상[事]을 통하여 원융한 부처님의 가르침을 나타낸다. 밀교의 교상(敎相 : 이론적 원리)을 밝힌 『대일경(大日經)』에 근거를 둔 태장계만다라(胎藏界曼茶羅)와 실천적 수행의 체계를 세운 『금강정경(金剛頂經)』을 바탕으로 한 금강계만다라(金剛界曼茶羅)와 『화엄경(華嚴經)』의 보현행원(普賢行願)과 법계연기(法界緣起)사상이 같이 담겨 있는 후령통은 무궁무진한 위덕을 지닌 부처님과 중생의 서원을 연결시켜 주는 복장물이자 새로운 형태의 삼신삼세불상(三身三世佛像)[8]이라 할 수 있다. 무엇보다 우주법계의 실상과 윤회를 함축한 진리의 표현이며 불보살님의 한없는 가피와 대승보살의 원력을 함축하고 있는 복장물이요, 아울러 선종(禪宗)이 주를 이루었던 조선시대에 밀교(密敎)와 화엄연기사상(華嚴緣起思想)과 유교(儒敎)가 서로 조화롭게 융화되어 완성된 사(事)를 통한 이(理)의 결정체라 할 수 있다.

한편 후령통은 다양한 불교사상의 영향을 받은 데에서 더 나아가 유교가 번성한 조선시대에 유행되면서 동양의 가장 오래된 유교경전인 주역(周易 : 역경)의 영향도 많이 받았다. 후령통 안의 안립 방위, 형태, 색상의 배열에 오행사상(五行思想)과 이간(易簡 : 하늘과 땅이 서로 영향을 미쳐 만물을 생성케 하는 이법)과 변역[變易 : 천지간의 현상. 인간 사회의 모든 사행(事行)은

---

[8] 삼신불과 삼세불이 조합된 불상으로 삼신불은 법신(法身) 비로자나불, 보신(報身) 노사나불, 화신(化身) 석가불이고, 삼세불은 석가불, 약사불, 아미타불을 말한다. 삼신삼세불상은 우리나라 불교의 최대 사상인 화엄사상과 법화사상이 합쳐져 이루어진 도상인데 이것은 통폐합된 조선시대 불교를 명쾌하게 상징해 주고 있어서 매우 중요한 의의를 나타내고 있다고 하겠다.

끊임없이 변화한다]과 불역(不易 : 영원히 변하지 않는 줄기)의 우주현상을 설명하는 주역의 사상이 나타나 있기 때문이다.

모든 사물의 이름에는 그 뜻이 담겨 있기 마련이다. 목구멍 후(喉), 방울 령(鈴), 대롱 통(筒)으로 이루어진 후령통의 이름에 대해 세세히 살펴보는 것도 의미가 있다. 맨 앞의 '후(喉)'자는 목구멍, 급소, 입, 숨통, 결후(結喉)의 뜻을 가지고 있는데 한자의 자획(字劃)을 풀어 나누면 뜻을 나타내는 입 구(口)와 음을 나타내는 후(侯)로 나뉘어진다. 이는 상신신앙의 영향으로 불상의 인체화가 이루어졌고, 이에 따라 방울을 불상의 목(喉) 위치에 봉안하게 된 것은 너무나 당연한 이치라고 생각한다.

다음으로 '령(鈴)'자의 의미를 불교경전에서 찾아보면 고려시대에 성했던 밀교경전인 『금강정경(金剛頂經)』의 금강령보살(金剛鈴菩薩)[9]에서 찾을 수 있다. 금강령보살이 속한 금강계만다라의 37존 불보살에 대해서는 『조상경』의 '37존설'에도 나오므로 짚어보고 가고자 한다.

| 37존 | 동 | 남 | 서 | 북 | 중앙 |
|---|---|---|---|---|---|
| 5불(佛) | 아촉불<br>(阿閦佛) | 보생불<br>(寶生佛) | 아미타불<br>(阿彌陀佛) | 불공성취불<br>(不空成就佛) | 비로자나불<br>(毘盧遮那佛) |
| 16대보살<br>(十六大菩薩) | 금강살타보살(金剛薩埵) | 금강보보살<br>(金剛寶) | 금강법보살<br>(金剛法) | 금강업보살<br>(金剛業) | 각 위 4불의<br>4보살 |
| | 금강왕보살<br>(金剛王) | 금강광보살<br>(金剛光) | 금강리보살<br>(金剛利) | 금강호보살<br>(金剛護) | |

---

[9] 금강령보살은 일명 편입대보살(編入大菩薩)이라고 하는데, 금강령을 흔들어 나는 소리가 모든 사람들의 몸과 마음속으로 두루 스며들어 갈마부[羯磨部 : 금강계의 5대 월륜(月輪) 중에서 북방을 가리킴. 중생을 위해 자비를 베풀어서 갖가지 일을 성취시켜 주는 부분임]의 세계로 끌려 들어가게 하며, 불보살에 대한 환희심을 불러일으키게 한다.

|  | | | | | |
|---|---|---|---|---|---|
|  | 금강애보살(金剛愛) | 금강당보살(金剛幢) | 금강인보살(金剛因) | 금강아보살(金剛牙) |  |
|  | 금강희보살(金剛喜) | 금강소보살(金剛笑) | 금강어보살(金剛語) | 금강권보살(金剛拳) |  |
| 4바라밀보살(四波羅蜜菩薩) | 금강바라밀보살(金剛波羅蜜) | 보바라밀보살(寶波羅蜜) | 법바라밀보살(法波羅蜜) | 갈마바라밀보살(羯磨波羅蜜) | 비로자나불의 4보살 4금강녀(四金剛女) |
| 8공양보살(八供養菩薩) | 금강희보살(金剛嬉) | 금강만보살(金剛鬘) | 금강가보살(金剛歌) | 금강무보살(金剛舞) | 내4공양보살(內四供養) |
|  | 금강향보살(金剛香) | 금강화보살(金剛華) | 금강등보살(金剛燈) | 금강도향보살(金剛塗香) | 외4공양보살(外四供養) |
| 4섭보살(四攝菩薩) | 금강구보살(金剛鉤) | 금강색보살(金剛索) | 금강쇄보살(金剛鎖) | 금강령보살(金剛鈴) |  |

표4-1 금강계만다라 성신회(갈마회)의 37존

『금강정경』의 교리를 바탕으로 한 금강계만다라에서 중심인 성신회[成身會 : 갈마회(羯磨會)]의 37존 불보살은 비로자나불(대일여래)이 4방(四方)에 4불(四佛)을 유출(流出)해서 5불(五佛)이 성립되고 5불이 나머지 32보살을 출생시킨 것이다. 비로자나불은 마지막으로 37존의 4섭보살(四攝菩薩) 중 금강령(金剛鈴)보살을 유출하여 부처님의 소리가 일체 중생으로 하여금 몸과 마음에 두루 스며들게 하여 불법의 세계로 편입(編入)시키고 일체 법을 완성하게 된다.[10]

금강령보살의 역할에서 알 수 있듯이 고대부터 신성한 종교의식의 도

---

[10] 이선용, 「우리나라 불복장의 특징」, 『미술사학연구(구 고고미술)』 p.289, 2016. 3.

**도4-19** 전 논산 청동방울 팔주령, 삼성미술관 리움 소장    **도4-20** 전 논산 청동방울 쌍두령, 삼성미술관 리움 소장    **도4-21** 령(鈴)

구로 사용되어졌던 '령(鈴)'의 기능은 듣는 이로 하여금 소리를 듣고 깨치게 해서 인도하는 것이다.

   외형상으로 보면 령(鈴)은 쇠붙이로 만든 둥근 방울로 여러 개를 함께 모아서 달거나 다른 형태의 쇠붙이와 모여서 흔들 때마다 서로 부딪쳐서 소리가 난다. 우리나라에서 출토된 동령(銅鈴)으로 팔주령(八柱鈴 : 국보146-1호)과 쌍두령(雙頭鈴 : 국보146-3호) 등이 종교 의례용으로 쓰였는데 동서양을 막론하고 모든 종교의식에서 쇳소리[金聲]로 된 신성한 의식구로 사용해 왔다. 이는 쇳소리가 높고 강하게 울려 퍼져서 하늘에 닿는다고 믿었기 때문이며 불[火]을 숭상하는 민속에게는 불 속에서 생성되는 금속에 대한 경배하는 마음 때문일 것으로 추측된다. 그래서 금속으로 된 의식구는 오늘날에도 방울뿐만 아니라 종·쇠북·징·집령(執鈴)·바라·운판(雲版) 등 여러 형태로 만들어져 있는데, 특히 우리나라 불교의식에 사용되는 대표적인 4물(四物 : 범종·목어·운판·법고) 중에서도 금속으로 만들어진 범종과 운판은 천상계와 허공계, 명부세계에 법음을 전하는 법구이다. 또한 '령'이라는 글자[字]와 관련된 명칭인 '영하(鈴下)'는 장수(將帥)에 대한 경칭(敬稱)으로 장수는 자원(字源)에 따르면 통솔자라는 뜻보다 신에게 고기를 바치는 사람 즉, 집전관(執典官)으로 해석하고 있는데 이런 예를 보아도 방울은 신에게 기도를 드릴 때 쓰였던 신성하고 권위 있는 의식구이다.

이처럼 후령과 후령통은 부처님의 숨결을 따라 방울소리 같은 맑은 법음이 울려 퍼져 중생으로 하여금 깨우치게 해서 불법의 세계로 인도하고 자비광명이 입을 통하여 방광하기를 기원하는 마음과 이에 감응하는 권능과 생명의 상징인 것이다.

## 원융무애한 화엄 불교사상을 함축하고 있는 후령통

다음은 후령통의 안과 밖을 5색실로 엮어 완성하는 의미의 이치를 교리적 측면에서 살펴보고자 한다.

후령통의 안립방법에 대해서 구체적인 설명은 후령통의 안립편에 나오므로 생략하기로 하고, 후령통을 완성하는 단계에 있어서 5색실로 후령통 속의 각종 물목을 갖춘 5보병을 묶고 후령통 덮개구멍[喉穴]으로 빼내어 천원지도(天圓之圖)와 8엽대홍련지도(八葉大紅蓮之圖), 지방지도(地方之圖)로 싸여진 후령통을 황초폭자의 끝과 함께 싸서 상단부를 묶고 다시 5색실로 전체를 가로 세로로 돌려서 맺고 마지막으로 다라니와 복장사명으로 봉하여 마친다. 이 때 후령통의 중심인 5불을 상징하는 5보병을 『조상경』에서 『보현병(普賢瓶)』이라 칭하였는데 그 이유가 『화엄경』「이세간품(離世間品 : 세간의 굴레에서 벗어난다는 내용)」에서 유래되었다고 본다.

「이세간품」에서는 보혜보살(普慧菩薩)이 보현보살(普賢菩薩)에게 보살의 행(行)에 관하여 200가지 질문을 하고 보현보살이 그 물음에 대하여

병에 물을 쏟듯이 2000가지로 대답하였다. 병의 물로 비유되는 이러한 2000가지 행문(行門)으로 보살의 행(行)을 이루어 세간을 벗어나 법계로 들어가는 「입법계품」이 이어서 전개되었고 이와 같이 보현보살에게 가득 채워져 있는 청정수와 같은 2000가지 보현행이기도 한 보살의 행으로 인해서 보배병을 보현병으로 본 것이라고 여겨진다. 그리고 『화엄경』 전체 내용으로 보았을 때 청정법신 비로자나부처님으로부터 출현한 광대무변한 천백억화신 부처님의 지혜와 자비가 중생계를 감싸고 연결되는 일대연기(一大緣起)를 통하여 부처님과 중생이 한 몸이 되는 세계를 의미하듯이 보현병인 보배병에서 출발하여 후령통을 감싸는 5색실의 연결이야말로 원융한 화엄사상의 상징적 표현인 것이다.

또한 후령통의 후혈(帿穴)을 통하여 5색실이 내외를 연결하는 것은 『화엄경』의 보현보살의 실천행이면서 앞서 설명한 만다라의 금강불보살의 중생을 섭수(攝受)하는 보살행을 나타내므로 후령통은 만다라사상과 화엄사상과 시대사상을 함축한 원융무애한 의미를 갖추고 있다고 볼 수 있다.

도4-22 서울 보문종 보문사 대웅전(극락보전)

도4-23 후령통

**도4-24** 서울 보문종 보문사 대웅전(극락보전) 종도리에서 발견된 후령통에서 나온 복장물

 이상으로 불상에서 출현된 후령통을 중심으로 교리적 해석과 상징적 의미에 대하여 설명하였으나 조선시대에는 극히 드물긴 하지만 법당의 제일 높은 부분 목재인 종도리(마룻대)에서 상량문과 함께 봉안된 예가 있어서 아래에 소개하고자 한다.
 서울에서 가장 오래된 법당인 보문종의 총본산인 보문사의 대웅전에서 2017년 10월 3종의 상량문[건륭 12년(1747), 도광 4년(1824), 동치 4년(1865)]과 함께 발견된 사각 종이로 만들어진 후령통은 1747년에 조성된 것으로 추측되는데, 물목으로는 비교적 원형이 잘 보존된 후령통 안에 5색실, 5보, 5약, 복장 다라니 등이 황초폭자에 감싸여 있었다.
 오늘날 교계에서는 후령통이 불상과 탱화에만 봉안되는 것으로 알려져 있으나 필자는 조선시대에는 불상, 탑, 탱화, 괘불, 사경축, 법당 상량보에도 봉안하는 의례가 유행하였다고 배웠다. 그러므로 이 점에 대하여

도4-25  금산 극락사 아미타불 봉안 후령통 조성의식

교계의 지속적인 연구가 이루어진다면 앞으로 밝혀지리라 믿는다.

  이상으로 후령통이 갖는 상징적 의미에 대한 설명은 마치고 부처님의 형상을 표현한 불상에 비해 부처님의 사상을 표현한 후령통의 공덕(功德)에 대해 말로는 오롯이 다 찬탄할 수 없는 필자로서는 『화엄경』 「입법계품(入法界品)」의 게송을 아래에 소개하며 그 공덕을 새기고자 한다.

刹塵心念 可數知     온 세상의 티끌 먼지 다 세어서 안다 해도  
大海中水 可飮盡     온 바다의 모든 물을 다 마셔서 삼킨다 해도  
虛空可量 風可繫     저 허공을 헤아리고 큰 바람을 잡아매어도  
無能盡說 佛功德     부처님의 크신 공덕 능히 모두 말 못하리.

# 4. 후령통 구성과 안립 순서

## 1) 후령통

후령통 구성물과 안립 순서는 1824년 유점사판(楡岾寺板) 『조상경(造像經)』의 내용 중 「제불보살복장단의식(諸佛菩薩腹臟壇儀式)」, 「묘길상대교왕경(妙吉祥大敎王經)」, 「삼실지단해석(三悉地壇解釋)」의 내용을 기본으로 하여 서술하였다. 유점사본 『조상경』에서는 대부분 물목을 오행의 방위인 '동남서북중앙'의 순으로 배열하였는데 「삼실지단석」에서 3종실지진언인 5륜종자와 입실지, 출실지진언은 '동서남북중앙' 순의 방위를 따르고 있다. 진심종자는 예외로 '동남서북중앙'의 차례를 따르고 있는데 이는 진심종자편에서 밝히고자 한다.

그리고 5색과 5방의 나열에 대해서는 유점사판 『조상경』의 내용을 따라 재현하였는데 『묘길상대교왕경』의 원본이 실려 있는 『대정신수대장경(大正新修大藏經)』[1]을 참고자료로 수록하였다.

---

[1] 고려대장경(고려시대 국보 제32호)을 저본으로 대정 11년(1922년)~소화 7년(1932)에 제작하였다. 전통적인 대장경 이외에도 중국과 일본의 많은 사본을 교감하고, 팔리어와 산스크리트어 장경과도 대조하여 편찬하여서 가장 광범위하고 정확한 판본으로 평가된다. 돈황사본과 팔리어 대장경인 남전대장경(南傳大藏經) 등 새롭게 발견된 자료를 추가하였다.

## (1) 원형(圓形) 후령통

도4-26 원형 후령통

도4-27 원형 후령통 재현

## (2) 방형(方形) 후령통

도4-28 방형 후령통

도4-29 방형 후령통 재현[2]

    조선시대부터 불상이나 불화를 조성할 때 대표적인 복장물로 후령통을 봉안했다. 후령통은 『조상경(造像經)』에 인용된 『묘길상평등비밀최상관문대교왕경(妙吉祥平等祕密最上觀門人敎王經)』의 규범에 따라 5방위(五方位)를 기본으로 하여 5방색(五方色)을 나투며 물목을 갖추어 안립(安立)한다. 그동안 발견된 후령통의 평균적인 높이는 7~20cm 사이로, 구리·철·은

---

[2] 방형 후령통을 재현함에 있어 투명한 소재로 제작한 이유는 물목의 안립 위치를 설명하기 위한 것이다.

등의 금속재료와 나무·종이 등의 소재로 조성되어 있으며, 불·보살·신장상 등 입체상에는 원통형 후령통을, 불화에는 방(사각)형과 원통형의 후령통을 봉안하였다.

## 2) 후령통에 안립하는 순서

황초폭자를 먼저 펴고 위에 다음의 물목들을 차례대로 안립한다.
(1) 황초폭자(黃綃幅子)
(2) 보협인다라니(寶篋印陀羅尼)
(3) 열금강지방지도(列金剛地方之圖)
(4) 5방경(五方鏡) : 중방원경은 후령통 밖 아래, 사방경은 후령통에 물목을 안립한 후에 후령통 밖에 방위대로 5색사로 묶어서 고정한다.
(5) 후령통 내 안립 : 후령통 속을 완전히 비우고 나서 통의 밑바닥에서부터 아래 구성물을 차례대로 안립한다.

① 5륜종자도(五輪種子圖)

② 진심종자도(眞心種子圖)

③ 입실지도(入悉地圖) : 보신주(補身呪)

④ 출실지도(出悉地圖) : 화신주(化身呪)

⑤ 준제구자도(准提九字圖)

⑥ 하양면원경(下兩面圓鏡)

⑦ 5보병(五寶瓶) : 5곡, 5보, 5약, 5향, 5황, 5개자, 5색채번, 5색사, 5시화, 5보리수엽, 5길상초, 5산개, 5금강저형

⑧ 생반(生飯)

⑨ 사리합(舍利盒)

⑩ 무공심주(無孔心珠)

⑪ 상양면원경(上兩面圓鏡)

⑫ 5방경(五方鏡)

⑬ 원문(願文)

(6) 8엽대홍련지도(八葉大紅蓮之圖) : 후령통의 덮개[8엽의 모양인 경우 8엽개(八葉盖)라 한다] 위에 올린다.

(7) 준제구자천원지도(准提九字天圓之圖) : 천원의 그림이 아래로 향하게 하고 8엽개 위에 덮어 통을 감싼다.

(8) 칠구지불모심대준제다라니(七俱胝佛母心大准提陀羅尼) : 황초폭자를 묶은 후 밖에 세로로 붙인다.

(9) 문수보살법인능소정업다라니(文殊菩薩法印能消定業陀羅尼) : 황초폭자로 묶은 병의 목부분에 가로로 붙인다.

(10) 복장사명(腹藏師名) : 문수보살법인능소정업다라니 옆에 쓴다.

(11) 사방주 : 𑖀(아) 𑖦(마) 𑖨(라) 𑖮(하)를 황초폭자 밖에 동남서북의 방위에 맞춰서 쓴다.

## 3) 봉안물목과 안립하는 법

참고로 도판의 다라니와 원문 모두 필자가 혜묵 스님 생전에 배운 대로 직접 제작하였으며 5곡, 5약, 5엽, 5시화 등의 물목재료 또한 직접 채집하여 재현한 것이므로 스님과 지역에 따라 차이가 있을 수 있음을 먼저 밝힌다.

## (1) 5륜종자도(五輪種子圖)

도4-30  5륜종자도 비밀실지(秘密悉地)[3]

도4-31  5륜종자도 비밀실지

| 방위 | 색 | 자(字) | 모양 | 부(部) | 오장 | 불(佛) | 지혜 | 식(識) | 륜(輪) | 출생 | 봉안 위치 |
|---|---|---|---|---|---|---|---|---|---|---|---|
| 동 | 청 | 암暗 am | 방형 | 금강부 (金剛部) | 간 | 아촉불 (阿閦佛) | 대원경지 (大圓鏡智) | 제8식 | 금강지륜 (金剛地輪) | 산하대지가 아(阿)자를 따라 출생 | 배꼽 아래 |
| 서 | 백 | 밤鑁 vaṃ | 원형 | 연화부 (蓮華部) | 폐 | 아미타불 (阿彌陀佛) | 묘관찰지 (妙觀察智) | 제6식 | 금강수륜 (金剛水輪) | 산하만류(山河萬類) | 입속 |
| 남 | 적 | 람覽 rāṃ | 삼각형 | 보생부 (寶生部) | 심장 | 보생불 (寶生佛) | 평등성지 (平等性智) | 제7식 | 금강화륜 (金剛火輪) | 금, 옥, 보배, 일월성신(日月星辰), 화주광명(火珠光明) | 가슴 가운데 |
| 북 | 흑 | 함唅 haṃ | 반원형 | 갈마부 (羯磨部) | 위장 | 불공성취불 (不空成就佛) | 갈마지 (羯磨智) | 전5식 | 금강풍륜 (金剛風輪) | 곡식, 과일, 꽃 | 이마 |
| 중앙 | 황 | 캄坎 khaṃ | 원형 | 불부 (佛部) | 비장 | 대일왕불 (大日王佛) | 법계출생지 (法界出生智) | 제9식 | 대공륜 (大空輪) | 인간, 천상을 기르고 안색을 아름답게 하고 복덕·부귀를 출생 | 정수리 |

표4-2  5륜종자

---

[3]  비밀실지는 최초의 다섯 법신을 말한다.

5륜종자는 동·서·남·북·중앙의 5방위에 따라 안립하는 것으로 방위에 따라 형태와 쓰인 글자가 다르게 나타난다. 위의 글자 암·밤·람·함·캄에서 5지(五智)가 출생한다고 하였다. 5륜종자에 대하여 삼실지단석(三悉地壇釋)[4]에 의하면 이것은 금강반야(金剛般若), 5자복전(五字福田), 5분법신(五分法身)이라 하여 일체 만법이 다섯 글자[五字]에 포섭된다. 그러므로 『존승불정송(尊勝佛頂頌)』에 이르기를 "다섯 글자는 5륜지(五輪智)이다"라고 하였다. 5지(五智)는 5분신(五分身)으로 변화하여 5법신(五法身)을 이루고, 5륜은 법계륜(法界輪)을 다 포섭하는데 이는 3밀(三密)이 바로 3신(三身)이기 때문이다. 이 5자륜(五字輪)은 4륜왕(四輪王)의 법신이다. 그러므로 『반야이취경(般若理趣經)』에서는 "이 글자에서 4륜왕을 유출한다"고 하였다.

　　또 『보리심론(菩提心論)』에서는 "4지(四智)를 따라 4바라밀보살(四波羅蜜菩薩)이 출생하며, 삼세의 일체 현성을 생육하는 어머니가 된다"라고 하였는데 4바라밀보살[5]이 바로 4륜왕인 것이다. 여기서 5지륜(五智輪)이 법신을 성취한다는 의미 때문에 「불공청불문(不空請佛文)」에서 "상주법계(常住法界) 진언궁중(眞言宮中) 반야해회(般若海會) 5륜보망세계(五輪寶網世界) 청정법신(淸淨法身) 법성신(法性身) 암밤람함캄(暗鍐覽哈坎) 대교주(大敎主) 비로자나불(毘盧遮那佛)"이라 하였는데, 바로 대일왕여래(大日王如來)이다.

---

4　삼실지단이란 비밀실지, 입실지, 출실지로 깨달음의 성취를 말한다.
5　금강계만다라의 주존(主尊)인 대일여래를 중심으로 하여 대일여래에게 공양하기 위한 전후좌우에 있는 네 보살을 말한다.

## (2) 진심종자도(眞心種子圖)

도4-32 진심종자도(5불종자진언)

도4-33 진심종자도

| 방위 | 색 | 종자자(種子字) | 5불(五佛) | 5불종자진언 | 5지(五智) | 바라밀보살 |
|---|---|---|---|---|---|---|
| 동 | 청 | 훔(hūṃ) 吽 | 아촉불(阿閦佛) | 옴 악쇼브야 훔 | 대원경지(大圓鏡智) | 금강(金剛) 바라밀보살 |
| 남 | 홍 | 다락(트라) 怛洛 (trāḥ) | 보생불(寶生佛) | 옴 라트나 삼바바 트라 | 묘관찰지(妙觀察智) | 보(寶) 바라밀보살 |
| 서 | 백 | 하릭(흐리) 紇里 (hriḥ) | 아미타불(阿彌陀佛) | 옴 아미타바 흐리 | 평등성지(平等性智) | 법(法) 바라밀보살 |
| 북 | 흑(녹) | 악(아하) 惡 (aḥ) | 불공성취불(不空成就佛) | 옴 아모가싣데 아하 | 성소작지(成所作智) [갈마지(羯磨智)] | 갈마(羯磨) 바라밀보살 |
| 중앙 | 황 | 밤 鑁 (vaṃ) | 비로자나불(毘盧遮那佛) | 옴 바즈라 다투 밤 | 법계출생지(法界出生智) [방편구경지(方便究竟智)] | 금강근본(金剛根本) 바라밀보살 |

표4-3 진심종자

진심종자는 앞의 '5보병' 편에서 살펴본 밀교의 금강계5불을 나타내는 5불종자(五佛種子)이다.[6] 일반적으로 진심종자는 '동·서·남·북·중앙'의 방위(훔·다락·하릭·악·밤)로, 3종(실지)진언은 '동·남·서·북·중앙'의 배열(암·밤·람·함·캄)로 많이 쓰여져 왔다. 또한 3종진언은 5행의 색을 따르고 있지만 진심종자는 5불종자이므로 5보병과 같이 5불의 색을 따르는 것이 더 합당할 것 같은데, 『조상경』과 출현된 복장물목들에서는 5색을 5행의 색으로 통일시키려는 경향이 있었고 진심종자 또한 『조상경』에서 5행의 색을 따르고 있다.

'훔'이 나타내는 동방의 아촉불(阿閦佛)은 산스크리트어로 악쇼브야 다타가타(Aksobhya-Tathagata)로 악쇼브야 붓다(Buddha)이며 종자진언은 '옴 악쇼브야 훔'이다. 아촉불은 음역이며, 분노를 가라앉히고 마음의 동요를 진정시키는 부처님이다. 밀교 계통의 금강계만다라에서는 힘과 조복의 상징이며 악쇼브야란 '흔들리지 않는다'라는 뜻이라서 부동불(不動佛), 무동불(無動佛)이라고도 한다. 즉 동요하지 않으므로 결코 분노하지 않는 무노불(無怒佛)이며 움직임이 없는 고정물을 의미하는 것이 아니라 동요하거나 머뭇거리지 않는 불퇴전(不退轉)의 용맹을 뜻한다. 진리의 세계로 향하는 구도자에게 아촉불은 '흔들림이 없는 굳센 믿음을 부여하는 것이다.' 훔은 법신·보신·응신(應身)·화신의 4신(四身)으로 일체의 법을 대표하고 있다. 우주가 태어나고 모든 인간의 몸과 정신이 나오고 궁극적으로 깨달음을 이룬다는 것이다. 이에 모든 깨달음은 하나이니 우주 조화의

---

[6] 5불종자진언은 삼실지단해석편에 나오는 5여래종자인 '옴 훔 다랑(락) 하릭 악'으로 쓰기도 한다.

근원자리이며 우주 생명의 씨앗이며 모든 소리를 머금은 소리이며 만물과 생명의 모든 소리를 낳는 근원소리이다.[7]

'다락'이 나타내는 남방의 보생불(寶生佛)은 산스크리트어로 라트나 삼바바(Ratna-Samhava)인데, 보생여래라고도 하며 종자진언은 '옴 라트나 삼바바 트라'이다. 대일여래의 평등성지(平等性智)에서 유출(流出)한 보생불은 평등성지를 담당하며 일체의 재물과 행복을 맡아 중생들에게 평등한 가르침을 펴는 부처님이다. 위덕을 지닌 금강광보살(金剛光菩薩)과 원만한 금강당보살(金剛幢菩薩)과 대보(大寶) 여의(如意)의 금강보보살(金剛寶菩薩)과 환희의 금강소보살(金剛笑菩薩) 등을 거느린다.[8]

'하릭'이 나타내는 서방의 아미타불(阿彌陀佛)은 대승불교의 부처님 가운데 서방극락정토의 주불(主佛)로서 아미타여래, 미타불이라고도 한다. 산스크리트어로 아미타유스(amitayus : 무량한 수명을 가진 자), 아미타브하(amitabha : 한량없는 광명을 지닌 자)라고 하는데 중국으로 전해지면서 아미타라고 음사되고 무량수불(無量壽佛)·무량광불(無量光佛)이라 한다. 종자진언은 '옴 아미타바 흐리(하릭)'이다. 아미타불을 주제로 한 경전은 대표적으로 정토삼부경(淨土三部經)인 『무량수경』, 『관무량수경(觀無量壽經)』, 『아미타경』이 있다. 아미타불을 믿고 명호를 부르면 정토에 태어난다는 아미타불신앙은 650년경부터 중국에서 널리 유행하기 시작하여 우리나라에서는 신라 선덕왕 때 자장(慈藏) 스님의 지도로 이루어졌으며 그 후 원효(元曉 : 617~686) 스님에 의해 미타신앙 또는 정토신앙이 흥왕되어 오늘에 이른다. 정토삼부경에 의하면, 아미타불은 세자재왕불(世自在王佛)의

---

7 『불교용어사전』.
8 「법보신문」, 불보살의 명호 : 보생불, 2004. 8. 10.

시대에 법장보살(法藏菩薩)이며, 극락세계는 법장보살의 48대원으로 이루어졌다. 법장보살은 사바세계에서 서쪽으로 10만 억 불토를 지나서 있는 극락세계에 머물면서 현재까지 설법하고 계시며 극락세계는 고통이 전혀 없고 즐거움만 있는 이상세계로 대승불교에서는 가장 대표적인 정토(淨土)이다. 아울러 극락(極樂)이라는 단어는 구마라집(鳩摩羅什, Kumarajiva : 344~413, 구자국 출신) 스님에 의하여 만들어졌음을 밝힌다.

'악'이 상징하는 북방의 불공성취불(不空成就佛)은 대승불교와 금강승불교에서 스스로 태어나 태초부터 언제나 존재해 왔다고 전해진다. 산스크리트어로 아모가싯디(Amogha Siddhi)를 음역하여 아목가실지(阿目伽悉地)라 하였다. 아모가는 '확실한, 헛되지 않은, 공하지 않다'는 뜻이며 싯디는 '완성, 완성한 달성, 성취'를 의미하고 열심히 수행하여 깨달음과 열반을 이룩한 부처님이라는 뜻이다. 밀교에서는 깨달음을 얻어 생긴 능력으로 모든 중생을 골고루 제도한다 하며 석가모니 부처님과 동격으로 여긴다. 종자진언은 '옴 아모가싣데 아하'이다. 성소작지(成所作智)의 지혜를 보여 주는 부처님으로 그 성취에 대한 끝없는 노력을 흑색(또는 녹색)으로 상징하고 있다. 여기서 흑색은 『대일경』에서 '모든 색을 포용하고 소각시켜 버린다'는 뜻으로 설명하고 있다.

'밤'이 나타내는 비로자나 부처님을 주불로 모신 법당은 비로전(毘盧殿) 혹은 대적광전(大寂光殿)이라 한다. 비로자니불(毘盧遮那佛)은 모든 부처님의 진신(眞身)인 법신불 즉 광명의 부처님이며, 산스크리트어 바이로차나(Vairacana)의 음역이고, 밀교에서는 대일여래(大日如來)로 일컫는다. 법신은 빛깔이나 형상이 없는 우주의 본체인 진여실상(眞如實相)을 의미하는 것이다. 종자진언은 '옴 바즈라 다투 밤'이다. 필자의 생각으로는 이와 같이 밀교와 화엄사상에 의지해 비로자나 부처님을 후령통에 모신 것은 불상이나 후령통을 조상(造像)한 의미가 단순한 부처님의 경배를 넘어서 부처님을 이루고 불국토를 이루고자 함이 더욱 강렬하게 작용되었다고 본다.

### (3) 입실지도(入悉地圖)

도4-34 입실지도

비밀실지 위에 점을 더한 것으로 대공증과(大空證果)를 의미하는 다섯 글자, 아(阿 ā )[9], 라(羅 ā ), 바(縛 vā ), 하(訶 hā ), 카(佉 khā )는 동·남·서·북·중앙을 나타낸다. 다섯 글자에 각각 곁에 획을 더하면 만행(萬行)의 보현법계(普賢法界)가 되며 능히 가지와 잎을 발생하여 광명이 두루 원만한 부처님의 법계에 들어간다. 그러므로 입(入)이라고 했다. 이는 보신(報身)을 성취한다는 의미이기 때문에 청불문(請佛文)에는 '금강연화장(金剛蓮華藏) 세계(世界) 불가설(不可說) 구경원만(究竟圓滿) 무애대장(無碍大藏) 진사위덕신(塵沙威德身) 아바라하카(阿縛羅訶坎) 법계주(法界主 : 노사나불)'라 하였는데 대일왕(大日王)이라고도 하며 만법(萬法)의 왕이다.[10]

---

9  진언집과 조상경에서 살펴보면 실담자 (a)자는 (a)와 약간의 차이가 있는데 앞의 (a)자는 잘 쓰이지 않고 (a)를 대신 쓴 경우도 있다.

10 『조상경』 삼실지단 해석.

### (4) 출실지도(出悉地圖)

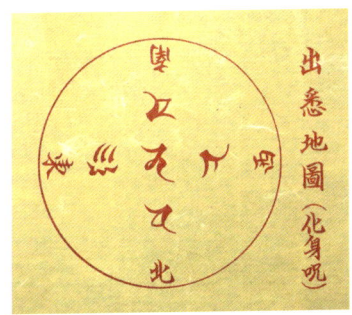

도4-35 출실지도

아(阿 a 𑖀), 바(縛 pa 𑖪), 라(羅 ra 𑖨), 자(左 ca 𑖓), 나(那 na 𑖡)는 동·남·서·북·중앙을 나타낸다. 진언의 의미에 대해『문수오지자다라니경(文殊五智字陀羅尼經)』에서 설하기를, "문수의 다섯 글자는 모두 비밀실지 중 다섯 글자의 의미와 같은데 차례로 일체의 지혜를 발생하기 때문에 출(出)이라고 한다"고 하였다. 이는 화신(化身)을 성취한다는 뜻이다. 그러므로 청불문(請佛文)에서 "사바세계주 화현무변 불가칭수 오탁겁중 감수백세 아라바차나 일대교주 석가모니불(娑婆世界主 化現無邊 不可稱數 五濁劫中 減壽百歲 阿羅縛左那 一代敎主 釋迦牟尼佛)"이라고 하였는데 이는 일체불모(一切佛母)라는 뜻이다. 또한 이르기를 보신(報身)이기 때문에 보현(普賢)의 행원(行願)이 되고 화신(化身)은 문수의 지혜가 되며 이를 합하여 법신을 낸다고 하였다.『금강정범본경(金剛頂梵本經)』에서는 "시방의 게송 가운데 있는 바 진언(眞言)이 천만억이라 해도 이 3신진언(三身眞言)과 5자공덕(五字功德)에는 비량(比量)되지 않는다"고 하였다. 그러므로 비밀실지와 입실지와 출실지를 각 한 편만 외워도 대장경을 일천 편 외운 공덕과 같다고 하였다.

| 3종실지진언 | 방위에 따른 배열 (동 서 남 북 중앙) | | | | | 설 명 | 이명(異名) | 참 고 |
|---|---|---|---|---|---|---|---|---|
| 비밀실지진언 (秘密悉地眞言) | 암 暗 aṃ | 밤 鑁 vaṃ | 람 覽 raṃ | 함 唅 haṃ | 캄 坎 khaṃ | 법신을 성취하고 만법을 포섭하는 진언 | 5륜종자 법신주, 법신성취진언 | 비밀실지는 소실지 (蘇悉地)라고도 한다 |
| 입실지진언 (入悉地眞言) | 아 阿 a | 바 縛 va | 라 羅 ra | 하 訶 ha | 카 佉 kha | 비밀실지에 들게 하고 보신을 성취하는 진언 | 보신주, 보신성취진언 | 비로자나법신진언 '아비라훔캄' |
| 출실지진언 (出悉地眞言) | 아 阿 a | 라 羅 ra | 바 縛 pa | 차 左 ca | 나 那 na | 불지(佛智)를 드러내고 화신을 성취하는 진언 | 화신주, 화신성취진언 | 문수보살5자다라니 '아라바차나' |
| 진심종자진언 (眞心種子眞言) | 훔 吽 hūṃ | 하릭 紇里 hriḥ | 다락 怛洛 trāḥ | 악 惡 aḥ | 밤 鑁 vaṃ | 5불을 나타내는 종자진언 | 5불종자진언 | 동 남 서 북 중 훔 다락 하릭 악 밤 |

표4-4 조상경 삼실지단해석에 나오는 3종실지진언

실지(悉地)는 범어로 (siddhi, 싯디)이며, 밀교에서 3종실지진언[11]을 닦아서 세간과 출세간의 묘과를 성취하므로 한역으로 작성취(作成就), 묘성취(妙成就)라 하고 깨달음의 경지를 말한다.[12] 『조상경』에서 중요한 진언인 3종실지진언(비밀실지, 입실지, 출실지진언)은 『조상경』의 삼실지단해석과 3종실지궤(三種悉地軌, 당 선무외삼장 역)에서 약간의 차이가 있다. 삼실지단석의 3종실지진언은 '암밤람함캄, 아바라하카, 아라바차나'이고 3종실지궤에는 '아밤람함캄(阿鑁藍哈坎), 아비라훔캄(阿毘羅吽坎), 아라바차나

---

11 5륜종자 5자엄신관 비교(이 책 p.376) 참조.
12 불광대사전(佛光大辭典).

(阿羅縛左那)'로 글자의 차이가 있다. 3종실지궤에 나타나는 3종실지는 다음과 같이 설해져 있다.

"하품의 실지(悉地)는 아라바차나(阿羅縛左那)이다. 이것을 출실지라 이름한다. …1편을 송하면, 장경(藏經)을 100만 편 전독함과 같다.… 만약 5번 외우면 빠르게 무상보리를 성취하게 된다. 중품의 실지는 아비라훔캄(阿毘羅吽坎)이다. 이것을 입실지라 이름한다. …광명이 빛나 부처의 법계에 들어가므로 입실지라 이름하는 것이다. 만약 1번 외우면 장경 1000편을 전독함과 같다.… 상품의 실지는 아밤람함캄(阿鑁藍啥坎)이다. 이것을 비밀실지라 이름하고, 또한 성취실지(成就悉地)라 이름하고, 소실지(蘇悉地)라고도 한다. 소실지란 변법계(遍法界)이다. 불과(佛果)를 성취해서 대보리를 증득하는 법계의 비밀한 말이다. 광명하여 두루 채우니 오직 부처만이 부처와 더불어 능히 이 문에 들어갈 수 있다. 연각과 성문은 능히 비추지 못하므로 비밀실지라 이름한다.… 출실지는 발로부터 허리까지이고 입실지는 배꼽으로부터 심장까지이며 비밀실지는 심장으로부터 정수리까지다."[13]

진심종자와 3종(실지)진언은 도상으로 볼 때는 문제가 없으나 문자로 서사(書寫)하는 순으로 볼 때는 방위의 배열이 다르다. 밀교계 경전상에도 만다라(曼陀羅)나 가지(加持)할 때 방위의 배열이 '동남서북'과 '동서남북'으로 혼재되어 있는데, 문자 상의 배열로 볼 때는 일반적으로 진심종자는 '동남서북중앙'의 배열로, 3종실지진언은 삼실지단석에 따라 '동서남북중앙'의 배열로 쓰여 왔다.

---

[13] 김치온, 「금태(金胎) 양부대법(兩部大法)의 전개에 대하여」, 회당학회, 2003.

## (5) 준제구자도(准提九字圖)

도4-36 준제구자도

준제구자는 『칠구지불모소설준제다라니경(七俱胝佛母所說准提陀羅尼經)』에 나오는 진언으로 준제보살은 산스크리트어 찬디(Candi)의 음역으로 천수관음(千手觀音), 마두관음(馬頭觀音), 11면관음(十一面觀音), 여의륜관음(如意輪觀音), 성관음(聖觀音)과 함께 6관음인 관세음보살이다. 준제구자는 준제진언으로 '옴 자 레주레 준제 사바하'이다. '옴'은 우주 자체로 진리를 말하며, '자례'는 유행존(流行尊)이고 '주례'는 머리[頭上]이며 '사바하'는 원만성취를 의미한다. 준제진언은 한 번만 외워도 『능엄경』을 전부 읽은 것과 같은 부처님의 복덕을 지니며 우주법계를 장엄한다.14

| 자(字) | | 안치위 | 뜻 | 여래문 | 이름 |
|---|---|---|---|---|---|
| 옴 唵 oṁ | ॐ | 정상 | 삼신(三身) 일체법은 불생한다. 심신이 원만하며 이사(理事)가 맑고 공색(空色)이 지극히 진실하여 기멸(起滅)이 없다. | 극선문 (極善門) | 본불생 (本不生) |
| 자 左 ca | ज | 두 눈 | 일체법이 불생불멸한다. 심신이 청정하여 나기 전의 광명이 고요히 비추어 생멸이 없다. | 묘각문 (妙覺門) | 불생불멸 (不生不滅) |
| 례 隷 le | ऱ | 목 | 일체법이 모양도 없고 얻을 바도 없다. 심신이 길이 멸하여 허공과 같으니 허공의 자성은 분별이 없는 것이다. | 진상문 (盡相門) | 무소득 (無所得) |

---

14 준제진언 염송법과 기도, 운곡 대사.

| | | | | | |
|---|---|---|---|---|---|
| 주 注 co | | 심장 | 일체법이 무생무멸이다.<br>허공은 움직이거나 구르지 않듯이 동함이 없는 마음엔 늘어남도 없고 줄어듦도 없다. | 지정문<br>(至靜門) | 무생무멸<br>(無生無滅) |
| 례 隷 le | | 두 어깨 | 일체법에 더러운 때가 없다.<br>본래 고요한 마음엔 새삼스럽게 고요한 마음이 없다 새삼스럽게 고요함이 없기 때문에 뒤를 보지 않는다. | 본정문<br>(本靜門) | 무무구<br>(無無垢) |
| 준 準 cyan | | 배꼽 중앙 | 일체법이 무등(無等 : 견줄 것이 없다)이다.<br>마음에 본래 헤아림이 없다. | 과량문<br>(過量門) | 무등각<br>(無等覺) |
| 제 提 ce | | 겨드랑이 | 일체법이 취할 것도 없고 버릴 것도 없다.<br>마음엔 선악이 없다. 선악이 없을 때 차별이 없다. | 몰량문<br>(沒量門) | 무취사<br>(無取捨) |
| 사바 娑婆 svā | | 두 다리 | 일체법이 평등하여 언설이 없다.<br>대정은 모양이 없다. 본래 이름도 없고 모양도 없기에 비유를 끊었다. | 대정문<br>(大定門) | 무언설<br>(無言說) |
| 하 訶 hā | | 두 발 | 일체법이 인(因)도 없고 과(果)도 없다.<br>절증할 때에는 시간적으로 앞뒤가 없으며 반야는 근본(根本)도 지말(枝末)도 아니다. | 절증문<br>(絕證門) | 무인무과<br>(無因無果) |

표4-5 준제진언

## (6) 하양면원경(下兩面圓鏡)

후령통의 안과 밖을 동시에 비추는 양면원경은 부처님의 세계와 중생의 세계가 차별이 없는 지혜광명의 세계인 비로자나 부처님의 세계, 즉 화엄세계를 나타내는 복장물이다. 복장에 납입하는 거울은 보통 동이나 금·은·납·유리·색종이 등으로 양쪽 면이 다 비치도록 만든다.

1점의 후령통에 4점의 양면원경을 안립하는데 통 안의 5보병 아래 안립하는 것을 하양면원경이라 하고, 5보병 위에 안립하는 것을 상양면원경이라 한다. 5보병을 사이로 서로 마주보게 안립하고 후령통 밖에는 5

도4-37 하양면원경 1

도4-38 하양면원경 2

방을 나타내는 5경 중에서 서쪽을 나타내는 양면원경과 중앙을 나타내는 양면원경을 후령통의 서쪽 면과 바닥에 붙이고 5색실로 감아서 고정시킨다. 그중 중앙을 나타내는 양면원경은 둥근 평면 모양이나 둥근 원통 모양으로 만든다.

또한 거울은 후령통과는 별개로 불상의 가슴 부위에 안립되기도 하고, 탑에도 봉안되며 특히 점안의식에 필요한 법구이므로 기원과 의미에 대하여 살펴보고자 한다.

고고학에서 거울의 기원은 현재 튀르키예(터키) 영토인 아나톨리아지역의 고대무덤에서 발견한 돌거울로 본다. 이것은 기원전 6000년으로 추정되는 둥글게 흑요석으로 제작된 돌거울이다. 금속제 거울은 기원전 4000년 메소포타미아지역과 기원전 3000년 고대 이집트에서 구리를 갈아서 제작하기 시작한 것을 기원으로 본다. 한편 오늘날과 같이 유리판을 금속으로 코팅한 거울은 서기 1세기경 레바논의 영토인 시돈에서 제작되었다. 우리나라는 선사시대의 유적지와 무덤, 탑과 불상에서 청동거울(銅鏡, bronze mirror)이 발견되었으므로 동경을 중심으로 설명하고자 한다.

동경은 구리 또는 구리합금(청동)으로 만들었는데, 고대 샤머니즘이 태동할 때부터 태양을 상징하는 종교 도구로 힘을 상징하는 검과 비·바람을 상징하는 구슬과 함께 통치자와 주술사의 권위와 위엄을 상징하는 신성한 물건이었다. 특히 천상의 태양과 지상의 생명을 연결시켜 주는 도구로서 태양빛을 반사시키는 거울을 가슴에 달고 의식을 행할 때 거울은 태양신의 매개체 역할을 한 강력한 신력(神力)을 가진 의식구였다.

선사시대의 유적지 중에서 동경이 출토된 곳은 중국 랴오닝(遼寧) 정가좌와 충남 부여 연화리, 전북 익산 오금산, 대전광역시 괴정동 유적 등에서 발굴되었는데, 이곳들은 한국식 동검이 출토된 지역과 거의 일치한다. 삼국시대에는 백제 무령왕릉(武寧王陵 : 재위 501~523)에서 출토된 청동신수경(靑銅神獸鏡)과 전라남도에서 출토된 젖무늬거울[乳紋鏡]이 있고, 신라의 왕릉에서는 황남대총(皇南大塚) 남쪽 무덤의 동경 1점과 왕자의 고분인 금령총(金鈴塚)에서 출토된 백유소경(百乳小鏡)이 있다.

이와 같이 권력의 상징인 왕과 왕자의 무덤에서 나왔다는 것은 거울이 이 시대에는 높은 신분의 상징물임을 나타낸다고 하겠다. 또한 이 시기에 제작된 우리나라 동경 중에는 제작기법이 거울 면을 오목하게 만들어 햇빛이 한 곳에 모여 반사되고 물체가 거꾸로 비치는 특징이 있어 종교적인 의례와 주술적인 의식에 사용된 것임을 알 수 있으며 불교 역시 이러한 시대적인 영향으로 복장물로 봉안되어졌다고 생각된다.

불복장의 거울이 탑에서 기원되었다는 것은 삼국시대의 탑 복장물에서 확인할 수 있는데, 그 예로 불국사 석가탑의 민무늬거울[素紋鏡]과 황룡사 절터의 목탑 심초석(心礎石) 아래에서 한(漢)나라 계통의 3면거울[三面鏡]과 미륵사 절터에서 출토된 당(唐)나라 계통의 거울을 들 수 있다.

그러므로 오늘날 불복장물로 안립되는 거울은 고대 태양신 숭배신앙에서 차츰 불교의 대일여래(大日如來)신앙과 지혜의 상징이 혼합되어 이루어진 통불교적 화엄사상을 대표한다고 본다.

위 내용은 유물을 중심으로 거울에 대해 설명한 것이다. 끝으로 일연(一然) 스님의 『삼국유사(三國遺事)』 고조선(古朝鮮)편에 거울이 3부인(三符印)[15] 중에 속해 있음을 전하면서 거울의 의미를 새기고자 한다. 아울러 1만 3천 개의 태양의 문양과 윤회를 상징하며 점을 치는 데 사용했다고 보는 다뉴세문경(多鈕細文鏡)이나 오늘날에도 무당들이 수호신의 신체로 쓰는 유기로 만든 칠성명두(七星明斗) 또는 도교(道敎)에서 도사가 등판에 업고 기도하는 조요경(照妖鏡) 등 거울은 역사적으로나 종교적으로 그 의미가 매우 광대하고 깊음을 밝힌다.

### (7) 5보병(五寶甁)

5보병은 보석·유리·금속·나무·직물·종이 등으로 만들어 후령통 안에 안립하는데 간혹 도자기로 만든 것도 있다. 5보병에 아래의 성물을 납입하며 동시에 길이 열 자(1자 : 30.3cm)의 5색실로 5보병 뚜껑의 연결부분을 각각 묶어서 후령통의 밖으로 꺼내놓는다. 대일여래(大日如來)의 다섯 가지 지혜를 나타내는 것으로 제불보살복장단의식(諸佛菩薩腹藏壇儀式)에서 보현보살의 한없는 원행(願行)과 자씨(慈氏)보살인 미륵보살의 한없이 중생을 요익케 하는 행(行)과 제개장(除蓋障)보살의 한없이 바른 지견과 제악취(除惡趣)보살의 한없는 대비방편과 대일여래의 한없는 성청정(性淸淨)을 보배병이라 한다. 보배병은 만법(萬法)을 품고 받아들인다[含容]는 뜻으로 여래를 비유한 것이며 보현병(普賢瓶)이라 하기도 한다.

---

15 3부인 : 환웅이 칼·방울·거울로 세상을 열었다.

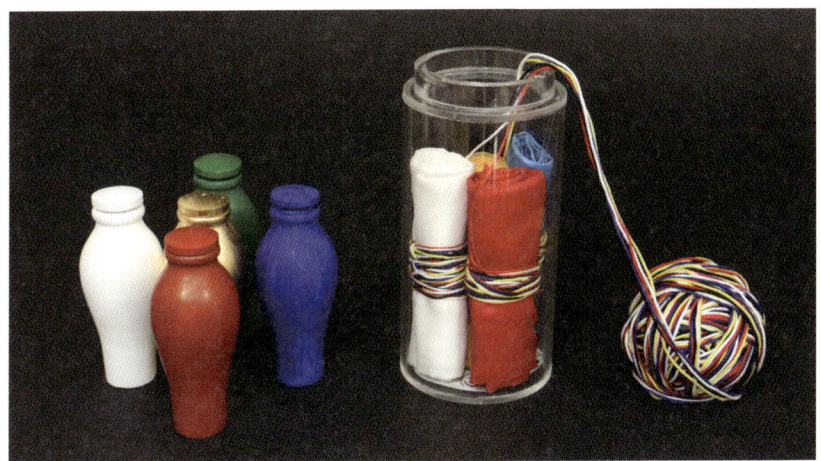

도4-39 5보병

「묘길상평등비밀최상관문대교왕경(妙吉祥平等祕密最上觀門大敎王經)」[16]에 따르면, 미륵보살이 중생을 불쌍히 여겨 부처님께 관정(灌頂)하여 주시기를 청하니 이에 따라서 동방(東方)에는 금강바라밀보살(金剛波羅蜜菩薩)을 상징하는 마노보병을 금강바라밀보살진언 '옴 살다바 바아리 훔' 108편 가지(加持)[17]하여 대관정을 받으면 금강 같은 파괴되지 않는 몸을 얻는다.

남방(南方)에는 보생(寶生)바라밀보살을 상징하는 황색마니보병을 보생바라밀보살진언 '옴 라다나 바아리 다랑' 108편 가지하여 대관정을 받으면 진귀한 보배가 원만해짐을 얻는다.

---

16 이하 후령통에 납입하고 가지(加持)하며 관정(灌頂)하는 의례는 이 「묘길상대교왕경」의 의례에 따른다.
17 부처님의 대자비가 중생에게 미쳐서 중생의 믿음이 부처님께 감응되어 서로 어울리는 것이며, 밀교에서는 부처님의 절대적인 자비가 신앙하는 사람의 마음에 전달되어 수행자가 그 자비를 자신의 신심으로 감응하는 것을 말함.

서방(西方)에는 연화(蓮華)바라밀보살을 상징하는 홍색산호마니보병을 연화바라밀보살진언 '옴 달마 바아리 하릭' 108편 가지하여 대관정을 받으면 자수용지(自受用智)의 몸을 얻는다.[18]

북방(北方)에는 갈마(羯磨)바라밀보살을 상징하는 불병(佛瓶)인 녹색유리보병을 갈마바라밀보살진언 '옴 갈마 바아리 훔' 108편을 가지하여 대관정을 받으면 5여래(五如來)의 견고한 몸을 얻는다.

중방(中方)에는 금강근본(金剛根本)바라밀보살을 상징하는 불병인 백색수정보병을 근본(根本)바라밀보살진언 '옴 상가리 선디가리 우타니 가타야 살발달 사다야 사바하' 108편을 가지하여 대관정을 받으면 견고한 몸을 얻는다 하셨으니 이는 모두 부처님께서 중생을 위하여 베푸신 비요법문(秘要法門)이다.

또한 『대일여래오지보소(大日如來五智寶疏)』에 5보병(五寶瓶)의 공덕은 "청정한 물을 가득 채워 모든 중생의 본래 청정한 마음 가운데 붙기 때문에 중생이 곧 법왕(法王)의 지위를 얻는다"라고 밝혀져 있다.

색의 배열은 5방불(금강계)의 배열과 같다. 바라밀보살진언의 마지막 자(字)는 진심종자편에서 살펴본 바와 같이 5불진언의 마지막 자(字)와 거의 같다.[19]

---

[18] 서방 연화바라밀보살은 신수대장경본에서는 법바라밀보살로 나오며 37존설에서 4바라밀보살 중 법바라밀보살은 나오지만 연화바라밀보살은 다른 경전에서도 찾아보기 어렵다. 북방 갈마바라밀보살진언 '옴 갈마 바아리 훔'은 신수대장경본에서는 '옴 갈마 바아리 악'으로 나온다.

[19] '다량, 다락'과 '트라', '하릭'과 '흐리', '악'과 '아하'는 발음의 한글표기상의 차이이고 범어에서는 같은 글자이다.

| 5방 | 상징보살 | 보병 | 바라밀보살진언 | 진심종자진언 | 5불종자진언 |
|---|---|---|---|---|---|
| 동 | 금강(金剛)바라밀보살 | 청색마노보병 | 옴 살다바 바아리 훔 | 훔 | 옴 악쇼브야 훔 |
| 남 | 보생(寶生)바라밀보살 | 황색마니보병 | 옴 라다나 바아리 다랑 | 다락(트라) | 옴 라트나 삼바바 트라 |
| 서 | 연화(蓮華)바라밀보살 | 홍색산호보병 | 옴 달마 바아리 하릭 | 하릭(흐리) | 옴 아미타바 흐리 |
| 북 | 갈마(羯磨)바라밀보살 | 녹색유리보병 | 옴 갈마 바아리 훔 | 악(아하) | 옴 아모가싣데 아하 |
| 중앙 | 금강근본(金剛根本)바라밀보살 | 백색수정보병 | 옴 상가리 선디가리 우타니 가타야 살발달 사다야 사바하 | 밤 | 옴 바즈라 다투 밤 |

표4-6  5보병

아래의 5보병 표4-7에서는 유점사본 『조상경』을 중심으로 5보병 납입 복장물을 순서에 따라 설명하였고, 5보병 표4-8에서는 『대정신수대장경』의 「묘길상대교왕경」과 유점사본 『조상경』의 「묘길상대교왕경」의 내용을 비교하였다.

| | 물목 | 동(東) | 남(南) | 서(西) | 북(北)북(北) | 중앙(中央) | 비고 |
|---|---|---|---|---|---|---|---|
| 1 | 5경(五鏡) | 방경(方鏡) | 삼각경(三角鏡) | 원경(圓鏡) | 반월경(半月鏡) | 원경(圓鏡) | 불지(佛智)를 상징 |
| | 불지(佛智) | 대원경지(大圓鏡智) | 평등성지(平等性智) | 묘관찰지(妙觀察智) | 성소작지(成所作智)(갈마지) | 방편구경지(方便究竟智)(법계체성지) | |
| | 식(識) | 제8아뢰야식 | 제7말나식 | 제6의식 | 전5식 | 제9아마라식 | |

제4부 불복장의 재현과 해설

| | 5보병<br>(五寶瓶) | 청색마노<br>(瑪瑙)보병 | 황색마니<br>(摩尼)보병 | 홍색산호<br>(珊瑚)보병 | 녹색유리<br>(琉璃)보병 | 백색수정<br>(水晶)보병 | 색(色)은 불(佛)을<br>병(瓶)은<br>바라밀보살을 표한다<br>(신수대장경에서<br>연화바라밀보살은<br>법바라밀보살) |
|---|---|---|---|---|---|---|---|
| 2 | 5불.<br>5여래 | 아촉불 | 보생불 | 무량수불 | 불공성취불 | 비로자나불 | |
| | 바라밀<br>보살 | 금강바라밀<br>보살 | 보생바라밀<br>보살 | 연화바라밀<br>보살 | 갈마바라밀<br>보살 | 금강근본바라<br>밀보살 | |
| 3 | 5곡<br>(五穀) | 대맥(大麥)<br>(보리) | 직(稷)<br>(기장) | 도(稻)<br>(벼) | 녹두(綠豆) | 마자(麻子)<br>(삼) | 아촉불진언과 금강바<br>라밀보살진언 가지 (동) |
| 4 | 5보<br>(五寶) | 생금(生金)<br>(순금) | 진주(眞珠) | 생은(生銀)<br>(순은) | 유리(琉璃) | 호박(琥珀) | 보생불진언과<br>보생바라밀보살진언 (남) |
| 5 | 5약<br>(五藥) | 인삼(人蔘) | 감초(甘草) | 계심(桂心) | 아리(阿梨) | 부자(附子) | 무량수불진언과<br>연화바라밀보살진언 (서) |
| 6 | 5향<br>(五香) | 청목향<br>(靑木香) | 정향<br>(丁香) | 곽향<br>(藿香) | 침향<br>(沈香) | 유향<br>(乳香) | 불공여래진언과<br>갈마바라밀보살진언 (북) |
| 7 | 5황<br>(五黃) | 대황(大黃) | 웅황(雄黃) | 소황(小黃) | 자황(雌黃) | 우황(牛黃) | 비로자나불진언과근본바<br>라밀보살진언 (中) |
| 8 | 5개자<br>(五芥子) | 시라청개<br>(蒔蘿靑芥) | 자개<br>(柴芥) | 백개<br>(白芥) | 만청흑개<br>(蔓菁黑芥) | 황개<br>(黃芥) | 10대명왕진언 |
| 9 | 5채번<br>(五綵幡) | 청채번<br>(靑綵幡) | 홍채번<br>(紅綵幡) | 백채번<br>(白綵幡) | 흑채번<br>(黑綵幡) | 황채번<br>(黃綵幡) | 금강수보살진언 |
| 10 | 5사<br>(五絲) | 청선(靑線) | 홍선(紅線) | 백선(白線) | 흑선(黑線) | 황선(黃線) | 중방본존수구진언 |
| 11 | 5시화<br>(五時華) | 청시화<br>(靑時花) | 홍시화<br>(紅時花) | 백시화<br>(白時花) | 흑시화<br>(黑時花) | 황시화<br>(黃時花) | 허공장보살진언 |
| 12 | 5수엽<br>(五樹葉) | 향수엽<br>(香樹葉) | 추수엽<br>(楸樹葉) | 야합수엽<br>(夜合樹葉) | 오동엽<br>(梧桐葉) | 정수엽<br>(檉樹葉) | 지장보살진언 |
| 13 | 5묘향초<br>(五妙香草) | 구사초<br>(矩舍草) | 마하구사초<br>(摩訶矩舍草) | 실리구사초<br>(室里矩舍草) | 필추구사초<br>(苾蒭矩舍草) | 실당구사초<br>(悉黨矩舍草) | 길상초진언 |
| 14 | 5개<br>(五蓋) | 청개(靑蓋) | 황개(黃蓋) | 홍개(紅蓋) | 녹개(綠蓋) | 백개(白蓋) | 백산개진언<br>산개(傘蓋) |
| 15 | 5저<br>(五杵) | 청백저<br>(靑帛杵) | 황백저<br>(黃帛杵) | 홍백저<br>(紅帛杵) | 녹백저<br>(綠帛杵) | 백백저<br>(白帛杵) | 금강저(金剛杵) |

표4-7  유점사본 『조상경』을 중심으로 살펴본 5보병 납입복장물(腹藏物)

| | 물목 | 동 | 남 | 서 | 북 | 중앙 | 『조상경』과 비교 |
|---|---|---|---|---|---|---|---|
| 1 | 5보병<br>(五寶瓶) | 청색마노<br>(靑色瑪瑙)보병 | 황색마니<br>(黃色摩尼)보병 | 홍색산호<br>(紅色珊瑚)보병 | 녹색유리<br>(綠色琉璃)보병 | 백색수정<br>(白色水晶)보병 | 동(同) |
| 2 | 4보말(四寶末)<br>5보(五寶) | 금(金)<br>생금(生金) | 은(銀)<br>진주(眞珠) | 동(銅)<br>생은(生銀) | 철(鐵)<br>유리(琉璃) | <br>호박(琥珀) | 내용 차이 |
| 3 | 5하수<br>(五河水)<br>5약(五藥) | 벽아하<br>(蘗誐河)<br>인삼(人蔘) | 염모나하<br>(琰母娜河)<br>감초(甘草) | 신도하<br>(信度河)<br>계심(桂心) | 박추하<br>(縛芻河)<br>아리(阿梨) | 니련선나하<br>(泥連繕那河)<br>부자(附子) | '오불수(五佛水)를 표함'『조상경』에서는 5약으로 대체 |
| 4 | 5향말<br>(五香末) | 백전단향<br>(白栴檀香)<br>청목향(靑木香) | 홍전단향<br>(紅栴檀香)<br>정향(丁香) | 우두향<br>(牛頭香)<br>곽향(藿香) | 공골마향<br>(工骨摩香)<br>침향(沈香) | 용뇌향<br>(龍腦香)<br>유향(乳香) | '불향(佛香)을 표함'<br>내용 차이 |
| 5 | 5곡(五穀) | 도(稻)<br>대맥(大麥) | 곡청(穀靑)<br>직(稷) | 지마(芝麻)<br>도(稻) | 대맥(大麥)<br>녹두(綠豆) | 녹두(菉豆)<br>마자(麻子) | 내용 차이 |
| 6 | 5종자<br>(五種子)<br>5개자<br>(五芥子) | 백개자<br>(白芥子)<br>시라청개<br>(蒔蘿靑芥) | 자개자<br>(紫芥子)<br>자개<br>(紫芥) | 황개자<br>(黃芥子)<br>백개<br>(白芥) | 만청자<br>(蔓菁子)<br>만청흑개<br>(蔓菁黑芥) | 시라개자<br>(蒔蘿芥子)<br>황개<br>(黃芥) | 배열 차이 |
| 7 | 5장물(五藏物)<br>5황(五黃) | 유(乳)<br>대황(大黃) | 락(酪)<br>웅황(雄黃) | 소(酥)<br>소황(小黃) | 분(糞)<br>자황(雌黃) | 소변(小便)<br>우황(牛黃) | 『조상경』에서 5황으로 대체 |
| 8 | 5색채번<br>(五色綵幡) | 청채번<br>(靑綵幡)<br>청채번<br>(靑綵幡) | 황채번<br>(黃綵幡)<br>홍채번<br>(紅綵幡) | 홍채번<br>(紅綵幡)<br>백채번<br>(白綵幡) | 녹채번<br>(綠綵幡)<br>흑채번<br>(黑綵幡) | 백채번<br>(白綵幡)<br>황채번<br>(黃綵幡) | '불신(佛身)을 표함'<br>배열 차이 |
| 9 | 5보리수엽<br>(五菩提樹葉)<br>5향엽<br>(五香葉) | 무우보리수<br>(無憂菩提樹)<br>향수엽<br>(香樹葉) | 시리사보리수<br>(尸利沙菩提樹)<br>추수엽<br>(楸樹葉) | 오담발라보리수<br>(烏曇跋羅菩提樹)<br>야합수엽<br>(夜合樹葉) | 니구타보리수<br>(尼俱陀菩提樹)<br>오동엽<br>(梧桐葉) | 필발라보리수<br>(畢鉢羅菩提樹)<br>정수엽<br>(檉樹葉) | 『조상경』에서는 5향엽으로 대체 |
| 10 | 5시화<br>(五時華) | 청시화<br>(靑時花) | 홍시화<br>(紅時花) | 백시화<br>(白時花) | 흑시화<br>(黑時花) | 황시화<br>(黃時花) | '불신(佛身)을 표함'<br>동(同) |
| 11 | 5길상초<br>(五吉祥草)<br>5묘향초<br>(五妙香草) | 구사초<br>(矩舍草) | 마하구사초<br>(摩訶矩舍草) | 실리구사초<br>(室里矩舍草) | 필추구시초<br>(苾蒭矩舍草) | 실당구사초<br>(悉黨矩舍草) | 『조상경』에서는 5묘향초로 대체 |
| 12 | 5색선(五色線)<br>5색소(五色綃) | 청선(靑線)<br>청선(靑線) | 황선(黃線)<br>홍선(紅線) | 홍선(紅線)<br>백선(白線) | 녹선(綠線)<br>흑선(黑線) | 백선(白線)<br>황선(黃線) | '총혜(聰慧)와 결계(結界)를 표함' 배열 차이 |
| 13 | 5산개<br>(五傘蓋) | 청개(靑蓋) | 황개(黃蓋) | 홍개(紅蓋) | 녹개(綠蓋) | 백개(白蓋) | 동(同) |
| 14 | 5금강저<br>(五金剛杵) | 청백저<br>(靑帛杵) | 황백저<br>(黃帛杵) | 홍백저<br>(紅帛杵) | 녹백저<br>(綠帛杵) | 백백저<br>(白帛杵) | 신수장경에는 색 없음 |

**표4-8** 대정신수대장경의 「묘길상대교왕경」과 유점사본 『조상경』의 「묘길상대교왕경」의 물목 비교
※ 표 안의 점선 아랫줄은 『조상경』의 물목

『조상경』에 나오는 「묘길상대교왕경」은 어떤 이유에서인지 신수대장경의 「묘길상대교왕경」인 「묘길상평등비밀최상관문대교왕경(妙吉祥平等祕密最上觀門大教王經)」과는 내용의 차이가 있다. 신수대장경의 원본은 내용이 상세하고 5색의 배열이 일정하게 적용되고 있고 명칭이 정확한 반면 『조상경』의 경문은 그렇지 않으므로 신수대장경본을 모본으로 보고 비교해 보았다.

　화악 스님은 제불보살복장단의식에서 "오직 이 5산개의 방위색이 5보병과 같으니 원융법문을 표하는 것인가(此五蓋方色 定其位相同 表圓融法門耶), 이 보병은 5방색이 바뀌면 원융한가(此寶瓶 五方色易位則圓融耶)?"라고 하여 의문을 제기하고 있는데 신수대장경의 「묘길상대교왕경」을 살펴보면 원래는 5색이 '청황홍녹백'이던 것이 『조상경』에서는 오행색인 '청홍백흑(녹)황'으로 일부 물목이 바뀐 것을 알 수 있다. 신수대장경본에서는 5색(五色)이 있는 물목인 5보병(五寶瓶), 5색채번(五色綵幡), 5색선(五色線)과 5산개(五傘蓋)는 전부 5불(금강계)의 색과 같은 '청황홍녹백(동남서북중앙)'의 배열을 따르고 있고 『조상경』의 「묘길상대교왕경」에서는 5보병, 5산개만 '청황홍녹백'의 배열을 보이므로 차이가 있음을 알 수 있다. 5보병과 5산개도 복장의식에서는 『조상경』을 따르지 않고 '청홍백녹황'으로 쓴 경향을 출현된 복장물에서 확인할 수 있다. 북방의 색은 흑색이 아닌 '녹색'으로 통일하고 있다.

　「묘길상대교왕경」에는 5경(五鏡)에 대한 내용은 없다. 삼실지단석과 5자엄신관의 5륜(五輪)의 5형(五形)은 만다라(단)의 제작과 5륜관법의 수행에 쓰이고 있는데 『조상경』에서는 '존승의'의 5지(五智)를 5경에 대입하고, 삼매 속에서 5해인을 관하는 것에 비유하여 『조상경』에서 독창적으로 해석한 것이라 하겠다.

5하수, 5장물, 5보리수엽, 5시화는 중국에서 구할 수 없으므로 5약, 5황, 5수엽, 5화(5시화) 등으로 대체물목을 쓴다. 5하수는 대체물을 제시하지 않고 있는데 "5하수에 목욕하면 일체의 장염(障染)이 다 청정해져서 5길상을 얻는다"고 하는 「묘길상대교왕경(신수대장경본)」의 내용처럼 『조상경』에서는 5하수를 5약으로 바꿔서 '5약에 목욕하면……'이라고 하였다. 또한 5하수의 진언으로 5약의 진언에 맞춤으로써 5약으로 대체시키고 있다. 『조상경』에서는 5약으로 5정심관을 통해서 중생의 다섯 가지 병인 '탐진치만의(貪瞋痴慢疑)'를 다스려 길상을 얻는 이치를 설명하여 이사원융을 추구하므로 이 또한 『조상경』의 독창성이라 할 수 있다. 5길상초는 5묘향초로 대체한다고 했으나 그대로 쓰고 있고 필자도 현재 인도에서 직접 구해서 쓰는 점에 대해서는 5길상초편에서 자세히 밝히겠다.

　표를 살펴보면, 유점사본『조상경』에서는 '5곡, 5보, 5약, 5향, 5황'을 5불진언, 5바라밀보살진언으로 차례로 가지함으로써 5보병 각각의 5불진언, 5바라밀보살진언과 맞아 떨어지도록 배대를 시키고 있는데 오히려 신수대장경본에서는 4보, 5하수, 5향, 5곡, 5종자, 5장물 순으로 일관성이 없다.

　아래에 신수대장경본「묘길상대교왕경」을『조상경』본과 비교해 보고자 한다.

　① 5불(五佛)을 상징하는 5보병(五寶瓶)은 『조상경』과 동일하게 '청황홍녹백(동남서북중앙)'으로 안립한다. 『조상경』의 37존설에서도 확인할 수 있듯이 대일여래의 4보살은 4바라밀보살(금강바라밀보살, 보바라밀보살, 법바라밀보살, 갈마바라밀보살)인데, 그중 '법바라밀보살'이 신수장경본에서는 '법바라밀보살'로 되어 있고 『조상경』에서는 '연화바라밀보살'로 되어 있다. 북

방의 갈마바라밀보살진언이 신수대장경본에서는 '옴 갈마 바아리 악'인데 조상경본은 '옴 갈마 바아리 훔'이다. 바라밀보살진언의 마지막 자(字)들이 5불(진심)종자진언인 '훔 다락 하릭 악 밤'을 따른 것을 보면 『조상경』의 오기(誤記)인 것 같다.

② 5보(五寶) 대신에 4보(四寶)인 '금은동철(金銀銅鐵)'을 가루로 썼으므로 '4보말(四寶末)'이라고 하였다.

③ 불수(佛水)를 상징하는 5하수(五河水)는 벽아하(蘗誐河), 염모나하(琰母娜河), 신도하(信度河), 박추하(縛芻河), 니련선나하(泥連繕那河)로 5약의 원 물목으로 추정되는데 신수대장경본의 5하수의 가지진언과 『조상경』본의 5약의 가지진언이 일치한다.

④ 불향(佛香)을 상징하는 5향(五香)은 가루로 쓰므로 5향말(五香末)이라고 하였고, 백전단향(白栴檀香)·홍전단향(紅栴檀香)·우두향(牛頭香)·공골마향(工骨摩香)·용뇌향(龍腦香)으로 물목의 내용이 다르다.

⑤ 5곡(五穀)은 도(稻)·곡청(穀靑)·지마(芝麻)·대맥(大麥)·녹두(菉豆)로 『조상경』과는 차이가 있다. 여기에서 '도곡청지마대맥녹두(稻穀靑芝麻大麥菉豆)'의 5곡이라 하였는데 '도(稻)'는 볍씨를, '청지(靑芝)'는 영지버섯, '지마(芝麻)'는 참깨를, '마(麻)'는 삼씨를 말한다. '대맥(大麥)'과 '녹두(菉豆)'는 보리와 녹두로 보이고, 나머지 '도곡청지마(稻穀靑芝麻)'에서 '도(稻)·곡청(穀靑)·지마(芝麻)'인지도 모르겠고, 그렇다면 '곡청(穀靑)'이 무엇인지, 아니면 '도곡과 청지, 마'라는 것인지에 대해서는 좀 더 연구가 필요할 것 같다.

⑥ 5종자(五種子)는 '백개자(白芥子)·자개자(紫芥子)·황개자(黃芥子)·만청자(蔓菁子)·시라개자(蒔蘿芥子)'로 배열 순서의 차이가 있다.

⑦ 5장물(五藏物)은 신수대장경본의 5장물의 가지진언과 『조상경』본

의 5황의 가지진언이 같으므로 『조상경』본에서 5황으로 대체하였다고 본다. 신수대장경본에 의하면, "한 마리의 소에서 나온 유(乳)·락(酪)을 쓰고 다른 소의 것은 쓰지 않는다. 소(酥)·분(糞)·소변(小便)과 함께 그릇에 담는다." 즉, 5장물은 유(乳)·락(酪)·소(酥)·분(糞)·소변(小便)이다.[20] 『조상경』본에 의하면, "한 마리의 소에서 나온 유락(乳酪)을 쓰고 다른 소의 것과 소분(酥糞)은 쓰지 않는다. 아사리는 분과 소변을 함께 그릇에 담는다"[21]라고 하였다. 신수장경본에서는 다섯 가지의 내용이 구체적인 데 비해서 『조상경』본은 전해지는 과정에 내용이 추가되어 변동이 있었던 듯하다.

『열반경(涅槃經)』「성행품(聖行品)」에서는 5미(五味) 중 제호(醍醐)를 최상승의 법에 비유하였는데, 다섯 가지 맛은 유락생숙제호(乳酪生熟醍醐)로 우유를 정제하면서 나오는 유미(乳味: 우유)·락미(酪味: 요구르트, 타락)·생소미(生蘇味: 고형 요구르트)·숙소미(熟蘇味: 버터)·제호미(醍醐味: 치즈)이다.[22]

『능엄경』에서는 단(壇)을 건립할 때 백우(白牛)의 분(糞)을 쓰고, 밀교의 중요한 의식인 호마(護磨)의식에도 우분(牛糞)을 단(壇)에 바른다. 인도에서는 지금도 소를 신성시하여 우유·타락·버터의 유제품과 소의 분(糞)과 소변(小便)은 갠지스강과 함께 정화의 힘을 가지고 있는 것으로 생각

---

**20** 신수장경본(新修藏經本). 용일우유락부득용별우 급소분소변공성정기중(用一牛乳酪不得用別牛 及酥糞小便共盛淨器中).

**21** 조상경본. 용일우유락 부득용별우급소분 아사리이분소변 공성정기중(用一牛乳酪 不得用別牛 及酥糞 阿闍利以糞小便 共盛淨器中).

**22** 大般涅槃經 卷 第十四 聖行品 第七之四
譬如從牛出乳, 從乳出酪, 從酪出生穌, 從生穌出熟穌, 從熟穌出醍醐, 醍醐最上, … 佛亦如是, 從佛出生十二部經, 從十二部經出修多羅, 從修多羅出方等經, 從方等經出般若波羅蜜, 從般若波羅蜜出大涅槃, 猶如醍醐. 言醍醐者, 喻於佛性, 佛性者即是如來. …

하고 있다. 또한 벌레 퇴치를 위해서 소의 변을 벽에 바르기도 하고, 땔감으로 사용하는 등 소에게서 얻는 모든 것이 생활 속에서 필수품으로 쓰이고 있다. 하지만 우리나라에서는 옛날에는 유제품이 거의 이용되지 않았고, 풍속이 다르므로 『조상경』에서는 5황으로 대체한 것 같다.

⑧ 불신(佛身)을 5번(五幡)으로 표하는 5색채번(五色綵幡)은 『조상경』과는 다르게 '청황홍녹백(동남서북중앙)'으로 5보병의 색배열과 같다.

⑨ 5보리수엽(五菩提樹葉)인 무우보리수(無憂菩提樹)·시리사보리수(尸利沙菩提樹)·오담발라보리수(烏曇跋羅菩提樹)·니구타보리수(尼俱陀菩提樹)·필발라보리수(畢鉢羅菩提樹)는 중국에서 구할 수 없으므로(此土無緣) 5향엽을 쓴다고 하였고 『조상경』에서도 5향엽을 썼다.

⑩ 5불신(五佛身)을 표하는 5시화(五時花)도 구할 수 없으므로(此方緣無) 응용해서 쓴다고 하였고 『조상경』에서는 5색시화를 썼다.

⑪ 5길상초(五吉祥草)도 구할 수 없으므로(此土無緣) 5묘향초를 쓴다고 하였는데 『조상경』에서는 5길상초를 그대로 썼다.

⑫ 5색선(五色線)과 5색채(五色綵)는 『조상경』과는 달리 '청황홍녹백'으로 5보병의 색배열과 같다.

⑬ 5산개(五傘蓋)도 『조상경』과 같이 '청황홍녹백색(동남서북중앙)'의 배열을 보인다.

⑭ 5금강갈마저(五金剛羯磨杵)를 보병의 입구에 각각 둔다. 복장의식에서는 5색을 맞춰서 쓰고 있는데 경에서는 색은 지정되어 있지 않다.

또 5보병통(8엽통, 후령통)에 안립하는 물목이 다른 경우가 있는데 문명대 교수는 「만다라의 의미와 수용 문제」에서 "5보병통은 5곡(동), 5보(남), 5약(서), 5향(북), 5황(중앙)을 5병에 안치하여 통(筒)에 안치한 후 5색실로 연결하여 통 밖의 사방에는 오경을 배치하여 역시 5색실로 묶는 것이다" 라고 하였으며, 이때 '통(筒)'은 밀교의 단(密壇 : 만다라)인 '밀단'에서 유래하였으며, '통(筒)'은 우주이며 우주 속에 5보병을 5방불의 상징으로 삼아 5방으로 배치하여 밀단(密壇)을 형성한 것으로 이해하고 있다고 하였다. 또 5곡(五穀)은 동(東) 아촉불, 5보(五寶)는 남(南) 보생불, 5약(五藥)은 서(西) 무량수불, 5향(五香)은 북(北) 불공불, 5황(五黃)은 중(中) 비로자나불로서 이 5불을 5방에 배치함으로써 밀단(密壇)이 되는 것이라고 하였는데 고불상(古佛像)의 복장물 가운데는 이와 같이 봉안되어 있는 경우도 흔히 있다. 이는 앞에서 설명한 대로 '5곡, 5보, 5약, 5향, 5황'을 5보병 각각의 '5불진언', '5바라밀보살진언', '방위'에 맞아 떨어지도록 배대를 한 것으로 신수장경본은 배대가 맞지 않고 『조상경』에서는 배대가 맞는데 밀단이나 의식법에 대해서는 고려중기 밀교사상과 의식에 관한 연구가 더 진행되어야 할 것이다.

## ㄱ. 5곡(五穀)

5곡은 5보병 안에 넣는 다섯 가지 곡식으로 대맥(大麥 : 보리, 동), 직(稷 : 기장, 남), 도(稻 : 벼, 서), 녹두(綠豆 : 북), 마자(麻子 : 삼씨, 중앙)이며, 보리(菩提)의 싹을 낸다는 5지(五智)로 10신(十信)·10주(十住)·10행(十行)·10회향(十回向)·10지(十地)의 싹을 낸다는 의미를 지녔다.

도4-40 5곡

제4부 불복장의 재현과 해설

『대일경기(大日經記)』에는 "5곡의 종자가 깨끗한 심전(心田)에서 5지보리(五智菩提)의 착한 싹을 발생한다. 5곡은 지(地)·수(水)·화(火)·풍(風)·공(空)으로 부처님의 종자인 불종자(佛種子)·법종자(法種子)·지종자(智種子)·보종자(報種子)·금강종자(金剛種子)를 나타낸다. 범부종자(凡夫種子)는 6도 4생(六道四生)을 순환 왕래하는 다섯 가지 부처님의 종자이다"라고 하였다.

5곡을 5보병에 납입할 때에는 5곡을 한 그릇에 담고 5길상초로 물을 뿌리며 아촉불진언(阿閦佛眞言) '옴 약수바 훔'과 금강바라밀(金剛波羅蜜)보살진언 '옴 살다바 바아리 훔'을 각 108편 외며 가지(加持 : 범어로 adhiṣṭhāna이다. 음사하면 지슬타남으로 쓰며 서로 도와서 들어간다는 뜻)하고 동방(東方)부터 봉안한다. 그리하여 대관정[灌頂 : 밀교에서 아사리가 5지법수(五智法水)를 제자의 머리에 뿌려 주는 의식]을 받으면 상주불멸의 의식이 된다. 이러한 5곡을 봉안하는 근본적인 바램은 중생의 심전(心田)에 지혜종자를 심어 불과(佛果)를 증득하고 부처님의 복전(福田)에 5곡의 씨를 심어 부처님의 가피로 일체중생이 태어날 때마다 5곡이 풍성한 공덕을 누리는 것이며, 아울러 마씨를 납입하여 부처님께 의복의 근본인 씨앗을 공양하고 그 공덕으로 부처님께서 법의(法衣)로 감싸주시기를 바라며 중생의 의복이 항상 풍요롭기를 발원하였을 것이라고 추측한다.

근래에 상업적으로 5곡상자를 만든 것을 보면 벼 대신에 쌀, 마씨나 녹두 대신에 팥이 들어 있는데 쌀과 팥은 해충, 특히 바구미의 피해가 심하고 다른 복장물까지 손상시키므로 삼가해야 한다. 혹 오래된 불상의 복장물에서 말린 쌀처럼 생긴 누렇고 단단한 곡물이 발견되는데 이것은 제불보살복장단의식(諸佛菩薩腹藏壇儀式)에 따라서 쌀밥을 말려서 넣은 생반(生飯)이다.

## ㄴ. 5보(五寶)

5보는 생금(生金, 동)·진주(眞珠, 남)·생은(生銀, 서)·유리(琉璃, 북)·호박(琥珀, 중앙)이다. 5보를 5보병에 납입할 때에는 한 그릇에 담고 5길상초로 물을 뿌리며 보생불(寶生佛)진언 '옴 라다나 바아 리 다랑' 108편을 가지한 후 동

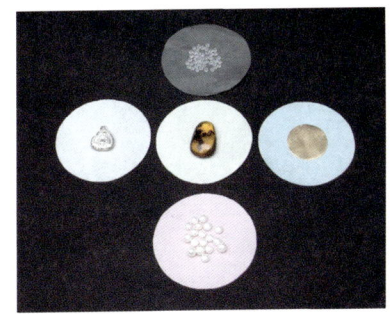

도4-41 5보

방에 순금부터 안립한다. 그리하여 대관정을 받으면 부서지지 않는 금강(金剛)의 몸을 얻는다.

5보는 우주생성의 기본 5행이 갖추어져 있음을 알 수 있다. 땅[土]에서 나오는 금(金)·은(銀), 바다[水]에서 나오는 진주, 나무[木]에서 나오는 호박, 불[火]에 녹여서 만들어지는 유리에 이르기까지 다 깊은 뜻이 내포되어 있다. 또 5보는 영원히 사라지지 않는 지혜의 상징이며 무량한 광명의 상징이다. 이러한 보석은 역사적으로는 고대부터 권위와 부의 상징이었으며 불상의 조상에 있어서도 불상의 권능과 신성(神性)을 나타내기 위하여 불사리의 대용물로 처음엔 육계(정수리)부터 봉안되어 왔다.

## ㄷ. 5약(五藥)

5약은 인삼(人蔘, 동)·감초(甘草, 남)·계심(桂心, 서)·아리(阿利, 북)·부자(附子, 중앙)이다. 5약을 5보병에 납입할 때는 한 그릇에 담고 5길상초로 물을 뿌리며 무량수불진언(無量壽佛眞言) '옴 아미다바 하릭'과 연화바라

도4-42 5약

밀진언(蓮華波羅密眞言) '옴 달마 바아리 하락' 각 108편을 가지한 후 동방에 인삼부터 납입한다. 그리하여 대관정을 받으면 법왕의 몸을 얻는다.

또 5약을 지니는 것은 다섯 가지 부처님이 되는 약을 표하는 것이니 곧 불약(佛藥)·법약(法藥)·보약(報藥)·갈마약(羯磨藥)·지약(智藥)이다. 이러한 5약으로 목욕하면 범부의 무량겁(無量劫)으로 내려온 모든 번뇌장이 청정해지고 불길상(佛吉祥)·법길상(法吉祥)·보길상(報吉祥)·갈마길상(羯磨吉祥)·지길상(智吉祥)을 얻는다.[23] 약이란 병을 다스리는 데 쓰임이 있는 물건이므로 이러한 약을 통하여 불법(佛法)의 이치를 나타내고 있다. 비유컨대 5약은 5장(五臟)의 병을 다스리는 것으로, 탐(貪)하는 병이 많은 자는 부정관(不淨觀)으로, 성내는 병이 많은 자는 자비관(慈悲觀)으로, 어리석은 병이 많은 자는 지혜관(智慧觀)으로, 교만한 병이 많은 자는 겸심관(謙心觀)으로, 의심하는 병이 많은 자는 정념관(正念觀)으로 수행함을 뜻한다.

이상의 내용이 불교사상에 바탕한 것이라면 시주자들의 일반적인 생각은 부처님은 지혜광명이시고 태양을 의미하므로 강한 양(陽)기운을 가지고 있는 약재를 5약으로 선택한 것 같다. 또한 한방(韓方)에서 양(陽)은 남성(男性)을 나타내므로 남아(男兒)의 출산을 위하여 5약을 복용하기도

---

[23] 신수대장경본에서는 5약이 벽아하(蘗誐河)·염모나하(琰母娜河)·신도하(信度河)·박추하(縛芻河)·니련선나하(泥連繕那河)의 5하수로 되어 있다.

하였는데, 복장에도 양기운의 약재를 봉안하고 남아 출산을 기원했으리라 여겨진다. 무엇보다 병고해탈, 무병장수, 음기퇴치, 불로장생을 바라는 마음에서 봉안하였을 것이다.

　5약은 한약재 판매상에서 구입할 수 있는데 5약 중 계심(桂心)은 계피(桂皮), 육계(肉桂), 계지(桂枝)로 더 많이 알려져 있는데 이 모두 계수(桂樹)나무(학명 : 육계나무, 본초명 : 육계)의 일부이므로 계피(桂皮)를 구입하면 된다. 아울러 아리(阿梨)는 『본초강목(本草綱目)』과 『동의보감(東醫寶鑑)』에 수록되어 있지 않은 약재로 우리나라 한약재상에서는 구하기 어렵다. 필자는 티베트나 중국 윈난성(雲南省) 북쪽지역에서 구입한다.

| 종류 | 방위 | 색 | 성질 | 맛 | 인체에 대한 독성 | 효능 |
|---|---|---|---|---|---|---|
| 인삼 | 동 | 흰색 | 따뜻하다 | 달고 쓰다 | 없다 | 동맥경화 치료 간기능 뇌기능 회복 당뇨 감기 빈혈 예방 혈압정상화 피로 회복 신경세포 촉진 항스트레스 피부미용 |
| 감초 | 남 | 황색 | 따뜻하다 | 달다 | 없다 | 독소 배출 인후통 완화 혈관질환 개선 조정 작용 변비 예방 위보호 피부미용 |
| 계심 | 서 | 황색 | 따뜻하다 | 달고 맵다 | 없다 | 혈액개선 어혈치료 간 폐기능 강화 시력 회복 신 5장 하초치료 풍비치료 독소 배출 |
| 아리 | 북 | 황색 | 따뜻하다 | 약간 쓰다 | 없나 | 염증 치료 관절염 통병 치료 폐기능 강화 근육강화 |
| 부자 | 중앙 | 흑색 | 매우 따뜻하다 | 맵고 달다 | 있다 | 양기 보충 신진대사 촉진 혈압 상승 강심작용 마비 진통 냉병 설사 흥분 치료 |

표4-9　5약

## ※우리나라에서 발견된 가장 오래된 인삼

우리나라에서 가장 오래된 인삼으로 천성산 관음사 목조관음보살좌상의 복장에서 출현한 고려인삼이다. 조선 연산군(1502년)대에 조성된 보살상에서 출현하였는데 탄소연대 측정결과로는 1060±80년으로 확인되었다.

**도4-43** 천성산 관음사 목조관음보살좌상 복장에서 나온 천년이 넘은 인삼

### ㄹ. 5향(五香)

5향은 청목향(靑木香, 동)·정향(丁香, 남)·곽향(藿香, 서)·침향(沈香, 북)·유향(乳香, 중앙)이며, 향기가 좋은 약재로 산스크리트어 간다(gandha)를 건타(乾陀), 혹은 건두(健杜)로 음역하였다. 신성한 물질로 종교의식의 내실을 삼으려

**도4-44** 5향

는 데 뜻이 있으며 태고시대부터 삼계(三界)의 영기(靈氣)를 통할 수 있다고 믿어 향을 태워서 하늘에 뜻을 고한 기록이 있다.

5향을 5보병에 납입할 때에는 미세한 분말을 만들어 한 그릇에 담고 5길상초로 물을 뿌리며 불공성취불진언(不空成就佛眞言) '옴 아모가 싣데악'과 갈마바라밀보살(羯磨波羅蜜菩薩)진언 '옴 갈마 바아리 훔' 108편을 가지(加持)한 후 동방에 청목향가루부터 봉안한다. 이렇게 해서 대관정을 받으면 여래의 5분법신향을 얻고 하는 일을 모두 성취한다.

향(香)은 나쁜 냄새를 없애고 심식(心識)을 깨끗하게 하므로 부처님께 등·꽃·쌀·차·과일과 함께 올리는 대표적인 공양물이며, 불교의식에서 없어서는 안 될 필수 품목이다. 또한 향은 해탈의 상징으로 부처님의 향기를 나타내니 불향(佛香)·법향(法香)·보향(報香)·갈마향(羯磨香)·지향(智香)의 뜻을 지닌다. 유가교(瑜伽敎)에서는 "세간(世間)의 향으로써 출세간(出世間)의 5분법신(五分法身)을 향에 비유한다"고 하여 계(戒)·정(定)·혜(慧)·해탈(解脫)·해탈지견(解脫知見)의 향이 법신과 법계에 두루하고 충만한 것을 가리킨다.

한편 5향은 모두 성질이 따뜻하고 맛이 매워서 불상의 보존에 매우 중요한 살균제·방부제·방향제 역할을 하므로 아래에서는 인체에 대한 약효보다는 불상의 보존에 대한 효능을 위주로 설명하고자 한다.

| 종류 | 방위 | 색 | 성질 | 맛 | 인체에 대한 독성 | 효능 |
|---|---|---|---|---|---|---|
| 청목향 | 동 | 옅은 청색 혼합 | 약간 따뜻하다 | 맵고 쓰다 | 있음 | 소독(박테리아균 성장 억제) 습기 방지 항균 |
| 정향 | 남 | 진한 적색 | 따뜻하다 | 맵다 | 없음 | 항염 살균 방부 구충 마취 |
| 곽향 | 서 | 잎뒷면 줄기 옅은 혼합 흰색 | 약간 따뜻하나 | 맵다 | 없음 | 향신(비린내 제거) 살균 |
| 침향 | 북 | 검은색 | 따뜻하다 | 향기롭고 순하게 맵다 | 없음 | 소염 잉균 전하 벽사(辟邪) |
| 유향 | 중앙 | 옅은 황색 | 따뜻하다 | 약간 맵다 | 없음 | 피부 질환(두드러기, 건선) 어혈 진통 살균 소염 |

표4-10 5향

이상에서 간략히 살펴본 바와 같이 5향은 일상생활에서 안정제·치료제·방향제·방부제 등의 약재로 사용될 뿐만 아니라 신성하고 신비적이며 주술적 작용을 가진 청정한 물질이며 신과 인간을 연결시켜 주는 물질로 종교의례와 장례의례에도 깊은 관계가 있었다.

고대 이집트나 페르시아에서는 미라 제작의 공정이나 사체처리과정에서 다량의 향이 소비되었는데, 이 또한 악취를 방지하는 역할뿐만 아니라 사자(死者)에 대한 숭배와 위로에서 기원된 것이다. 향이 가진 청정작용으로 인하여 속죄의 의미와 부정을 퇴치하고 소멸시키고자 하는 기원을 담아 향수로 씻거나 향을 바르거나 몸에 지니거나 신성한 곳에 향을 진열하며 하늘신과 조상신 등 무수한 신에 대한 숭배의식에 분향(焚香)의식이 첫 순서로 진행된다. 향나무는 신성한 나무로 여겨졌기에 최초의 불상도 전단향(栴檀香) 나무로 조성하였다.

필자의 생각으로는 5향은 5병에만 납입할 것이 아니라 삼베나 모시로 주머니를 만들어 천연향 특히 목향을 대량으로 봉안하는 것이 바람직하며 훈증(燻蒸)도 함께 실행하여야 한다. 그 좋은 예로는 영주 부석사(浮石寺) 무량수전은 600년의 역사를 지녔는데 건축 후 침향을 피운 효과로 지금도 법당 안의 단청이 잘 보존되어 있다. 삼국시대부터 열대지방에서 자란 벌레가 먹지 않는 침향나무를 수입하여 매향(埋香 : 향나무를 묻는 것)하여 왔는데 진감 국사(眞鑑國師 : 신라 774~850)께서 민물과 바닷물이 만나는 곳인 선운사(禪雲寺) 주변 바닷가 지역에 매향했다는 기록이 있다. 이후 서해안 주변의 사찰에서 매향한 침향나무는 오늘날에도 불사와 공양을 위한 질 좋은 향나무를 얻기 위해서 스님들이 중심이 되어 매향의식을 이어가고 있다.

## ㅁ. 5황(五黃)[24]

5황은 대황(大黃, 동)·웅황(雄黃, 남)·소황(小黃, 서)·자황(雌黃, 북)·우황(牛黃, 중앙)이다. 대황은 식물이고 웅황·소황·자황은 광물(鑛物)이며, 우황은 소의 담낭과 담관에 염증으로 생긴 결석을 건조시킨 것으로 5황 모두 약재

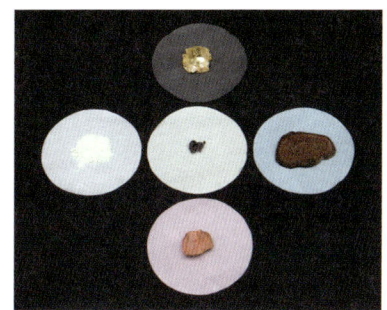

도4-45 5황

이다. 5장물을 5보병에 납입할 때에는 한 소[牛]에서 나온 유락(乳酪 : 버터나 식용크림)을 사용하고 다른 소의 것이나 소분(酥糞 : 연유)을 사용해서는 안 된다. 이때에 아사리는 소똥과 소 오줌을 깨끗한 그릇에 함께 담고 물을 뿌리고 관정한 후 송주법사(誦呪法師)는 비로자나불진언(毘盧遮那佛眞言) '옴 바아라 다도밤'과 근본바라밀보살(根本波羅蜜菩薩)진언 '옴 상가리 선디가리 우타니 가타야 살발달 사다야 사바하' 108편을 외우며 가지한 후 동방에 대황부터 봉안한다. 그리하여 대관정을 받으면 윤회를 초월하고 청정한 몸을 얻는다.

5황은 대체적으로 성질이 차고 살균작용이 강한 특징이 있으므로 불상의 보존에 매우 중요한 약재이다. 자황(雌黃)에 대해서는 두 가지 해석이 있는데 위 사진에 소개된 금빛색이 나는 자황은 뛰어난 색상으로, 고급불화의 재료로 사용되는 것이며, 또 다른 자황은 석웅황(石雄黃)이라고

---

[24] 신수대장경본에서는 5황 대신 5장물로 나오므로 조상경에서도 5장물의 설명이 나오고 5황에 대한 설명은 없다.

도 하는데 석웅황이 나오는 산에서 양지쪽에서 캔 것은 웅황, 음지쪽에서 캔 것을 자황이라 하며 이것은 웅황보다 붉고 투명한 색을 띤다.

5황에서 우황을 뺀 나머지는 모두 인체에 독이 있어서 외용약으로 쓰는 공통점이 있으며 기(氣)가 센 약재이다. 우황은 신비의 약재로서 치료약으로서의 효능 이외에도 소를 숭배하는 인도인들의 의식에서 충분한 종교적 의미를 지니고 있어서 의례를 봉행한 후 복장물로 자리하였을 것이며, 그러한 의식이 복장의례에까지 영향을 주었다고 본다.

5황과 5향의 효능을 비교하면 서로 같은 점이 많으면서도 그 성질에 있어서는 차고 뜨거운 것이 상반되는데 이 또한 조화를 이루었다고 본다. 후령통의 납입물을 살펴보면 음·양·5행(五行)·일(日)·월(月)·사생(四生) 등 생명의 근원과 대우주를 상징하는 집합물임을 알 수 있다.

| 종류 | 방위 | 종류 | 성질 | 맛 | 인체에 대한 독성 | 효능 |
|---|---|---|---|---|---|---|
| 대황 | 동 | 식물 | 차다 | 떫고 쓰다 | 조금 있음(외용약) | 항균, 소염, 살충, 습진 제거 |
| 웅황 | 남 | 광물 | 차다 | 달고 쓰다 | 있음(외용약, 내복 시 기생충 제거) | 해독, 살균, 살충, 피부염 |
| 소황 | 서 | 광물 | 차다 | 쓰다 | 있음(외용약) | 살균, 살충 |
| 자황 | 북 | 광물 | 차다 | 달고 쓰다 | 있음(외용약) | 살균, 살충 |
| 우황 | 중앙 | 동물 | 차다 | 달고 쓰다 | 없음(내복약) | 해열, 해독, 진정, 담 제거 |

표4-11 5황

## ㅂ. 5개자(五芥子)

5개자는 시라개자(蒔羅芥子, 동)·자개자(紫芥子, 남)·백개자(白芥子, 서)·만청개자(蔓菁芥子, 북)·황개자(黃芥子, 중앙)이다. 아사리는 5개자를 깨끗한

물에 씻어 한 그릇에 담아 물을
뿌리고 관정하고 송주법사는 10
대명왕진언(十大明王眞言) '옴 호로
호로 지타 지타 반다 반다 하나
하나 아미리제 오훔 박' 7편을 가
지한 후 각각 10알씩 5보병에 납
입한다. 5보병에 5개자를 안치하

도4-46 5개자

고 대관정을 받으면 5력(五力 : 신력, 정진력, 염력, 정력, 지혜력)을 얻는다. 내용은 다음과 같다.

- 동방 : 구소인(鉤召印)을 하고 염만달가대명왕(焰曼怛迦大明王) 아촉화신(阿閦化身)진언 '옴 바아라 구로다 훔훔훔 바탁 바탁 바탁 염만다 구함' 7편을 외고 청색 시라개자 10알을 납입한다.
- 남방 : 구소인을 하고 발라니야달가대명왕(鉢羅尼也怛迦大明王) 비로화신(毘盧化身)진언 '바라 양다 구함' 7편 하고 붉은색 자개자 10알을 납입한다.
- 서방 : 법정인(法定印)을 하고 발납마달가대명왕(鉢納摩怛迦大明王) 보생화신(寶生化身)진언 '바나마나 구함' 7편을 가지한 후 백개자 10알을 납입한다.
- 북방 : 항복자재인(降伏自在印)을 하고 미걸낭달가대명왕(尾乞囊怛迦大明王) 아미타화신(阿彌陀化身)진언 '미가나다 구 함' 7편을 가지한 후 진한 청색의 만청개자 10알을 납입한다.
- 동남방 : 최승인(最勝印)을 하고 타지라야대명왕(陀枳羅惹大明王) 불공화신(不空化身)진언 '훔 탁기 훔 악' 7편을 가지한다.

- **서남방** : 앙구인(仰口印)을 하고 영라능나대명왕(顙攞能拏大明王) 아촉화신(阿閦化身)진언 '옴 니라 바아라 나나 훔' 7편을 가지한다.
- **서북방** : 대력인(大力印)을 하고 마하마라대명왕(摩訶摩羅大明王) 아촉화신(阿閦化身)진언 '옴 오아라 수라야 훔' 7편을 가지한다.
- **동북방** : 무동인(無動印)을 하고 아좌라낭타대명왕(阿左攞囊他大明王) 아미타화신(阿彌陀化身)진언 '아자라 가리 마하바라 박하 훔훔 훔 바탁' 7편을 가지한다.
- **중앙 황색보병 하방** : 최장인(摧障印)을 하고 박라파다라대명왕(縛羅播多羅大明王) 아미타화신(阿彌陀化身)진언 '악달 바아라 다로라 아 다리로 가야가라 노새사 가바라 가리 사다미라 비마제 가로나 능가라미 가라 훔' 7편을 가지하고 황개자 10알을 납입한다.
- **중앙의 황색보병 상방** : 불정인(佛頂印)을 하고 오슬쇄작흘라박리제대명왕(塢瑟灑作訖羅縛里帝大明王) 아촉화신진언(阿閦化身眞言) '옴 나모 사만다 가야바 가디다바 아라남 옴 슈레메 훔 사바하' 7편을 가지하고 황개자 10알을 납입한다.

우리나라에서는 겨자[25]와 갓의 씨를 개자(芥子)라고 하는데 황개자가 널리 사용된다. 황개자는 향신료와 약용으로 주로 쓰이는데 부패방지작용도 있으며 원산지는 중앙아시아이다.

5개자 중에서 시라개자는 인도와 지중해연안에서 재배되며 주로 제과·제빵·생선요리에 사용되고 있고 자개자는 헝가리, 스페인, 불가리아

---

[25] 겨자는 기원전 16세기경 이집트 문헌에 마늘, 양파 등과 함께 약으로 소개되어 있고, 기원전 12세기 주나라 때에 이미 향신료로 쓰였으며, 우리나라에서는 삼국시대 때부터 조미료로 사용된 것으로 추측된다.

등에서 재배되며 향신료와 착색료로 사용된다. 백개자는 검은개자보다 크기가 더 크고 자극성은 덜한데 중앙아시아에서 재배되어 현재 미국 겨자를 만드는 데 원료로 사용된다. 흑개자는 정유 성분의 농도가 높은 진한 맛의 겨자 원료로 인도, 말레이시아, 멕시코, 일본 등에서 널리 재배되고 있다. 필자는 5개자를 인도 향신료 시장에서 구입한다.

개자(芥子)는 매운 열매로 그 형태가 매우 작아서 경전에서 아주 작은 것을 비유할 때 인용된다. 또 그 맛이 대단히 맵기 때문에 밀교에서는 이것을 불 속에 집어넣고 마구니의 항복과 재앙을 소멸하는 목적으로 하는 가지기도(加持祈禱)에 사용한다. 개자를 복장물로 봉안하는 이유에 대한 필자의 생각은 개자는 성질이 뜨겁고 매운 향을 내며 약간의 기름성분도 있어서 예로부터 불의 신을 모시던 사람들의 호마의식과 밀교의 호마의식에 공양되었기 때문이며, 또 경전에서 개자는 크기가 작은 것에 비유되기 때문에 부처님에 비하여 중생이 매우 보잘것없이 작고 헤아릴 수 없이 많더라도 낱낱이 지혜와 자비의 눈으로 중생을 살펴보시고 개자같이 작은 고통과 번뇌까지도 모두 소멸시켜 해탈하게 해 주시기를 바라는 믿음에도 있다고 하겠다.

또 작은 개자씨도 심으면 열매를 맺으니 중생의 마음속에 있는 불성도 이와 같아서 언젠가는 불과(佛果)를 이루게 됨을 나타낸다. 아울러 개자는 작은 씨 하나를 심어도 크게 자라서 수많은 열매를 맺으므로 다산(多産)과 다복(多福)의 기원이 담겨져 있다고 본다. 한편 부패방지 성분과 시니그린(sinigrin) 성분에 살균·항균 효과가 있으므로 복장물로 대단히 유용하다. 이에 대한 설명을 아래 도표로 정리하였다.

| 종류 | 방위 | 색 | 성질 | 맛 | 인체에 대한 독성 | 효능 |
|---|---|---|---|---|---|---|
| 시라 개자 | 동 | 청 | 따뜻하다 | 맵다 | 없다 | 내복약 : 항암효과 체내활성탄소억제 냉증 통풍 폐렴 노화예방 신경통 다이어트 감기예방 신경계치료<br>외용약 : 살균 피부미용 근육완화 아토피 상처 발모<br>요 리 : 향신료 부패방지 제과 제빵 생선요리 |
| 자개자 | 남 | 홍 | 따뜻하다 | 맵다 | 없다 | 내복약 : 상동<br>외용약 : 상동<br>요 리 : 향신료 착색료 부패방지 모든 요리 |
| 백개자 | 서 | 백황 | 따뜻하다 | 맵다 | 없다 | 내복약 : 상동<br>외용약 : 상동<br>요 리 : 향신료 부패방지 서양요리 |
| 만청 개자 | 북 | 흑황 | 따뜻하다 | 맵고 쓰다 | 없다 | 내복약 : 상동<br>외용약 : 상동<br>요 리 : 향신료 부패방지 동양요리 |
| 황개자 | 중앙 | 황 | 따뜻하다 | 맵다 | 있다 | 내복약 : 상동<br>외용약 : 상동<br>요 리 : 향신료 부패방지 모든 요리 |

표4-12 5개자

## ㅅ. 5색채번(五色綵幡)

5색채번[26]은 청채번(靑綵幡, 동), 홍채번(紅綵幡, 남), 백채번(白綵幡, 서), 녹채번(綠綵幡, 북), 황채번(黃綵幡, 중앙)인데 다섯 부처님의 몸을 표시하니 동방 아촉불(阿閦佛), 남방 보생불(寶生佛), 서방 무량수불(無量壽佛), 북방 불

---

[26] 번(幡)은 당(幢), 개(蓋)와 함께 부처님과 보살님의 위덕을 표시하는 장엄도구인 깃발로 산스크리트어로 patākā이며 파다가(波多迦)라고 음역한다.

공성취불(不空成就佛), 중앙 비로자나불(毘盧遮那佛)이다. 5색채번을 5보병에 납입하려면 아사리는 5색채번을 한 그릇에 담고 물을 뿌리며 관정하고 송주법사는 금강수보살진언(金剛手菩薩眞言) '옴 바아라 바나예 사바하' 108편을 가지한다. 5방법사가 5보병에 안

도4-47 5색채번

치한 후 대관정을 받으면 명성과 칭찬이 멀리 소문이 나서 일체중생이 보고 듣고 따라 기뻐하고 번뇌가 자연히 소멸된다.

## ㅇ. 5색사(五色絲)

5색사(五色絲)는 청색선(靑色線, 동), 홍색선(紅色線, 남), 백색선(白色線, 서), 녹색선(綠色線, 북), 황색선(黃色線, 중앙)이다. 계단(戒壇)을 가지하여 5색사로 5보병의 입올 매단다. 아사리는 이 5색사를 한 곳에 놓고 물을 뿌리며 관정하고

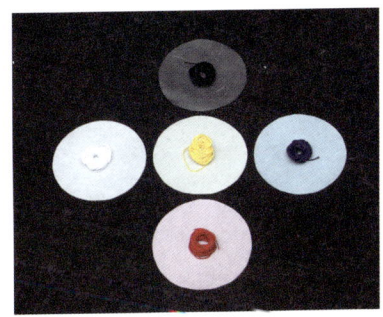

도4-48 5색사

송주법사는 중방본존수구진언(中方本尊隨求眞言) '옴 바아라 다도 바아라 소다라 반자 락가라 미나니나 훔다'를 108편 가지한다. 이 실은 총명한 지혜를 표시하고 한계의 결정[結界]을 표시하므로 일체의 천마(天魔)가 들어가지 못한다. 5색채번과 동일한 색으로 배열한다.

5색사의 길이는 10자(1자 : 30.303cm)로 하며 단장(壇場)을 결계(結界)할 때에는 50자를 쓴다. 단장을 결계하였던 5색사는 점안법회 이후 대중들에게 나누어 주며, 대중은 5색사를 성물로 성스러운 지역(도량)을 표시하거나 몸이나 집 또는 이동수단에 지닌다. 점안 시 5색사는 청색·홍색·백색·녹색·황색을 사용하는데 녹색은 생명을 나타내는 길상색이기 때문에 흑색 대신 쓰인다.

5색초(五色綃)[27]의 끈은 보살의 대비심 가운데 사섭방편의 뜻인데 중생번뇌의 습기를 묶으려 하는 것이고 5색초는 오래 살아 다하지 않는다는 뜻으로 『약사경』에는 5색(五色)이라 하였다.

### ㅈ. 5시화(五時花)

5시화(五時花)는 청시화(靑時花, 동), 홍시화(紅時花, 남), 백시화(白時花, 서), 녹시화(綠時花, 북), 황시화(黃時花, 중앙)이다. 꽃은 5불신(五佛身)과 장엄을 나타내는데 아사리는 계절에 피는 5색꽃으로 말려서 가지한다. 꽃을 한 그릇에

도4-49 5시화

담고 물을 뿌려 관정하고 송주법사는 허공장보살진언(虛空藏菩薩眞言) '옴 강라바야 훔 사바하'를 108편을 가지한 후 5방법사는 꽃을 받아 5보병

---

27 생견 초(綃)는 『조상경』에서는 '5색소'라고 하여 '소'로 발음하였는데 예전에는 '소'라고도 했으나 요즘은 '초'로 발음한다. 그러므로 5색초, 황초폭자라고 발음하는 것이 옳다.

안에 안치한다.

　다섯 불신은 진언종(眞言宗)에서 이르는 양부만다라의 법신불(法身佛)로 금강계(金剛界)는 동방 아촉불(阿閦佛), 남방 보생불(寶生佛), 서방 아미타불(阿彌陀佛), 북방 불공성취불(不空成就佛), 중앙 대일불(大日佛)이며 태장계(胎藏界)에서는 동방 보당불(寶幢佛), 서방 아미타불(阿彌陀佛), 남방 개부화왕불(蓋敷華王佛), 북방 천고뇌음불(天鼓雷音佛), 중앙 대일불(大日佛)을 이른다.

　꽃 공양은 부처님의 전생 설화 및 생전에도 이루어졌고 고대 쿠샨시대(2~3세기) 간다라 탑의 사리기에도 금이나 금박으로 만들어진 꽃이 봉안되어 있는 것을 볼 수 있다. 그리고 『대일경기(大日經記)』에 의하면 5가지 공양물을 법성(法性)에 비유하였는데 그 뜻을 간략히 서술하면 아래와 같다. 향은 더러움을 깨끗하게 하고 재앙과 번뇌를 쉬게 하며, 꽃은 자비로부터 나는 것이며, 향은 지혜의 불에 태우는 것이므로 법계를 향기

**도4-50** 사리기, 간다라 쿠샨시대, 2~3세기, 편암·금 등, 높이 13㎝, 독일 베를린 아시아미술관 소장

롭게 하는 것이며, 알가(閼伽 : 부처님께 올리는 물)는 생사의 열뇌(熱惱)를 없애서 청량함을 얻는 것이며, 음식은 무상(無上)의 감로로 불생불사(不生不死)의 맛을 나타내는 것이며, 등(燈)은 여래께서 어둠을 깨트리고 무진(無盡)의 지혜 등을 전하여 법계를 밝힌다고 하였다. 그러므로 5시화를 봉안하는 것은 부처님의 자비를 찬탄함과 동시에 부처님의 자비를 염원하는 뜻을 담고 있다고 생각된다.

### 차. 5보리수엽

5보리수엽은 향수엽(香樹葉, 동), 추수엽(湫樹葉, 남), 야합수엽(夜合樹葉, 서), 오동수엽(梧桐樹葉, 북), 정수엽(檉樹葉, 중앙)이다. 아사리가 5보리수를 한 그릇에 넣고 물을 뿌려 관정하면 송주법사는 지장보살진언 '옴 살바니 바라나 미설캄예 훔'을 진언하며 108편 가지한

도4-51 5보리수엽

후 5방법사는 5보병 안에 안치한다. 필자는 위의 『조상경』에 나온 5보리수잎은 5보병에, 말린 보리수잎은 독립된 복장용기에 별도로 봉안한다.

보리(bodhi)는 지혜이다. 그러므로 보리수는 부처님의 깨달음을 나타낸다. 무불상시대에는 부처님의 생애를 묘사한 부조에서 부처님상이 보리수로 대신 표현되고 있는데 이는 부처님께서 보리수 아래 금강좌(金剛座)에서 등정각(等正覺)을 이루셨기 때문이다. 그렇기 때문에 고대에는 보리수잎이 성스럽게 여겨져서 쿠샨시대(2~3세기)에 금판으로 만든 보리수

잎사귀 모양의 복장물이 간다라 탑 사리기에서 발견되었는데 현재는 독일 베를린 아시아미술관에 소장되어 있다. 이런 유물을 통해 보리수 잎사귀는 탑과 불상의 복장물로 오래 전부터 봉안되었을 것으로 믿어진다.

『조상경』에서는 보리수가 우리나라에는 인연이 없기 때문에 위의 다섯 나뭇잎을 대신한다고 하였으나 오늘날에는 보리수가 널리 분포되어 있으므로 보리수잎을 봉안하면 된다. 신수대장경본에 나오는 5보리수엽 종류는 무우보리수(無憂菩提樹), 시리사보리수(尸利沙菩提樹), 오담발라보리수(烏曇跋羅菩提樹), 니구타보리수(尼俱陀菩提樹), 필발라보리수(畢鉢羅菩提樹)인데 예전부터 구할 수 없었으므로 대용으로 봉안하는 5종의 잎을 아래와 같이 제철에 채취 건조하여 봉안하여 왔다.

- ** 향수(香樹) : 측백나무과의 상록교목으로 회백엽, 회엽, 향목엽이라고도 한다. 목재와 약재로 사용되는데 재료로는 불상 조각재, 가구재, 장식재, 관(棺)재료로 애용되며 향의 특징을 살려 염주, 기도물품, 장신구로 만들어 신체와 밀착시켜 사용한다. 약으로는 어린 가지와 잎을 햇빛에 말리거나 생잎을 복용하고 환부에 붙이기도 한다. 해독, 거풍, 이뇨, 혈액 개선, 소종, 감기, 관절염, 풍, 습기로 인한 통증, 습진, 종기, 습성두드러기, 살충에 효과가 있으며 연기로 쏘이거나 액으로 씻는다.
- ** 추수(湫樹) : 측백나무과의 상록비늘잎교목으로 편백나무, 노송나무, 회목이라고도 하며 일본어 '히노끼'로 잘 알려져 있다. 목재질이 좋고 향기가 뛰어나 건축재료, 인테리어재료, 가구, 도마, 베개, 욕조, 장난감 등에 사용되며 울타리용, 약용으로 사용된다. 향기

만으로도 삼림욕, 해충 퇴치, 스트레스 완화, 숙면의 효과가 있고 피톤치드의 방출량이 침엽수 중에서 가장 뛰어나 새집증후군 소멸, 항균, 살균, 살충, 항생, 면역력 증강, 혈액순환 촉진, 피부질환 치료에 쓰인다.

** 야합수(夜合樹) : 자귀나무로 알려져 있으며 음향합목, 합환수, 합혼목이라고 하며 6~7월에 실처럼 가는 꽃이 핀다. 잎이 밤에는 오므라드는 것을 보고 부부가 자는 것 같다 하여 야합수, 자귀나무라 한다. 울타리 안 정원수로 심으며 소가 잘 먹어서 소쌀나무, 소밥나무라고도 하며 콩깍지같이 생긴 열매가 바람이 불면 흔들려 소리가 나므로 여설수라고도 한다. 가구재료와 약재로 쓰이는데 줄기는 주로 가구의 손잡이로 쓰이고 꽃, 잎, 껍질은 약재로 사용한다. 꽃은 성질이 순하고 독이 없고 달아서 달여서 복용하거나 말려서 가루를 내어 먹거나 약술을 만들어 마시며 외용 시에는 가루와 식물성기름을 혼합하여 환부에 붙이는데 복용하면 기관지염, 천식, 인파선염, 폐렴에 효과가 있고 뼈를 다쳤을 때 붙이면 통증완화와 치료에 효과가 있다. 잎도 차로 달여 마시면 부부 금실이 좋아지고 고약을 만들어 붙이면 뼈가 튼튼해진다. 껍질은 달여서 복용하는데 근육경련, 타박상, 심신불안, 해수, 기생충 소멸, 시력 보강, 습진, 인후통, 용종, 우울증, 불면증, 폐옹, 옹종 등에 효과가 있다. 오래 전부터 절 주변에는 약용나무로 야합수를 심어 가꾸어 왔다.

** 오동수(梧桐樹) : 쌍떡잎식물로 동목피, 백동새로 불리며 5~6월에 꽃이 피며 촌락 근처에서 자라는 낙엽활엽수이다. 목재로 장롱, 상자, 악기를 만들며 줄기, 가지, 껍질, 뿌리의 껍질 등은 햇볕에

말려 약으로 쓴다. 달여 먹으면 혈액을 식혀주고 임질, 피부염증, 타박상, 치질, 담독에 효과가 있고, 껍질 달인 물로 머리를 감으면 두통이 소멸되고 머리카락에 윤기가 생기며 살충효과가 있다. 재래식화장실에 잎을 넣으면 벌레와 냄새를 없애준다. 현재 조류독감항생물질을 발견하여 개발 중에 있다.

** 정수엽(檉樹葉) : 위성류과(渭城柳科)에 속하는 낙엽교목이다. 주로 물가에 심는데 5월에 피는 연분홍색 꽃은 크지만 열매가 없고 8~9월에 피는 작은 꽃에 열매가 있다. 잎이 가늘고 가지는 밑으로 처진다. 수형이 수양버들과 비슷하나 독특한 모양의 잎과 꽃이 핀다. 잎과 가지를 그늘에 말려 달여서 마시면 심경, 위경, 폐경, 이뇨, 발진, 해독, 살충, 해열, 감기, 기관지염, 청열, 창상, 소풍, 풍습, 중풍에 효과가 있고, 가루약과 알약으로도 복용한다.

이와 같이 우리나라에서 대용약으로 복용하는 5보리수의 공통점은 향기가 좋고 살충력이 있으며 목재로 이용될 뿐만 아니라 약으로 쓰이는 매우 이로운 나무임을 알 수 있다.

**도4-52** 보리수, 인도 기원정사 보리수엽(左), 한국 법주사 보리수엽(右).

## ㅋ. 5길상초(五吉祥草)

5길상초는 구사초(矩舍草, 동), 마하구사초(摩訶矩舍草, 남), 실리구사초(室利矩舍草, 서), 필추구사초(苾蒭矩舍草, 북), 실당구사초(悉黨矩舍草, 중앙)이다. 부처님께서 인지(因地)에서 수행하실 때 항상 구사초, 마하구사초, 실리구사초를 깔고 누우셨으며 필추구사초, 실당구사초를 베고 누우셨다. 서천(西天)에는 5길상초가 있지만 우리나라는 인연이 없으므로 묘하고 향기로운 풀로 대신한다. 아사리가 먼저 5길상초를 한 그릇에 담고 물을 뿌려 관정하면 송주법사는 길상초진언(吉祥草眞言) '옴 바아라 마하 구사 바미 다라모 기아비 선자 다망'을 108편 가지하고 나서 5방법사가 5보병에 안치한다. 제자에게 관정하면 청정한 몸으로 행주좌와(行住坐臥)에 항상 목욕한 것처럼 길상하게 된다.

5길상초는 호마공양(護魔供養)에 있어 우선 도지단(塗地壇)한[28] 연후에 다섯 가지 풀을 11위(十一位)로 나누어 8방(八方)에 봉안하되 점점 동쪽에서 북쪽으로 향하며 다른 방향으로는 하지 않는다. 이어서 중앙엔 3위(三位)를 봉안한다. 여덟은 4불(四佛)과 4바라밀보살(四波羅蜜菩薩)을 표시하고 중앙에 봉안한 3위(三位)의 풀은 3보(三寶)와 3신(三身)을 표시한다. 나머지 길상초로 단에 물을 뿌리고 제자의 몸에 뿌려 도량에 들어가게 하고 또 쇄도향단(灑塗香壇) 가운데에 쓰이는 물은 모두 5길상초로 뿌

---

[28] 도지단의 의미는 호마의궤에서 설치하는 호마단을 살펴보면 알 수 있다. 호마단은 땅을 파서 5보, 5곡, 5향 등을 묻고 그 위에 흙으로 단을 만들고, 우분(牛糞)을 발라 7일 동안 말려 만든다. 즉 도지단은 흙으로 단을 만들고 우분을 바른 단이라는 뜻이다. 쇄도향단(灑塗香壇)은 신수대장경본을 참조하면 조금 차이가 있는데(及灑塗香 是壇中所用之物) 앞의 단(壇)에 도향(塗香)을 길상초로 뿌린 것으로 보면 될 것 같다.

도4-53 인도의 구사초

도4-54 다람살라에서 구해 온 길상초

리는데 사방을 정화하고 장애와 번뇌를 없애 마친 것을 표한다.[29]

『법화경(法華經)』 제23 「약왕보살본사품(藥王菩薩本事品)」에서 길상초가 나오는데 "이 사람은 오래지 않아 반드시 길상초를 깔고 도량에 앉아서 마구니를 깨트리고 소라를 불며 큰 법의 북을 둥둥 울려서 모든 중생을 늙고 병들고 죽는 고통의 바다에서 건져내어 해탈하게 하리라" 하였으며 『수행본기경(修行本起經)』의 부처님 성도설화에서는 부처님께서 보리수 아래에서 수행하실 때 지나가는 농부에게 한 움큼의 풀을 공양 받아 깔고 앉으셨는데 그 풀의 끝이 만(卍)자 모양의 길상초(吉祥草)였다고 한다.

문중에 따라 길상초 대신 볏단으로 가지하기도 한다.

도4-55 볏난 기지구

---

29 호마의식은 복장소입제색 뒤에 나오는 복장단중회의에서 복장을 조성하는 날의 결계의식으로 재차 설명되고 있다.

## ㅌ. 5산개(五傘蓋)

5산개는 청산개(靑傘蓋, 동), 홍산개(紅傘蓋, 남), 백산개(白傘蓋, 서), 녹산개(綠傘蓋, 북), 황산개(黃傘蓋, 중앙)이다. 청개병(靑蓋瓶)으로 관정하면 모든 수승한 일이 원만해진다. 『조상경』에서는 홍개병(紅蓋瓶)으로 관정하면 모두가 길상하고 능히 모든 법을 이해하고 깨닫

도4-56 5산개

는다고 하였다. 백개병(白蓋瓶)으로 관정하면 10불선업(十不善業)을 소멸하는데 그 백업(白業)이 모든 번뇌의 종자를 없애 남기지 않게 된다. 녹개병(綠蓋瓶)으로 관정하면 모든 공덕을 구족하게 얻는다. 황개병(黃蓋瓶)으로 관정하면 모든 세간 출세간의 진귀한 보배를 원만히 얻는다고 하였는데 5산개를 가지한 후 5보병에 안치하므로 '개병(蓋瓶)'이라고 하였다.

아사리가 5산개를 한 그릇에 담고 물을 뿌려 관정하면 송주법사는 백산개진언(白傘蓋眞言) '옴 살바다타 아다제 다라 보아 명가 삼모나라 사바라나 삼마예 훔'을 108편 가지한다. 가지 후 아사리가 차례로 5산개의 위치를 바꾸는 명칭을 부르면 5방법사는 응답하고 5산개를 5보병에 안치한다.


앞의 5보병 봉안물 가운데 직물로 만드는 5종자범자 ▢, 번 ▨, 산개 ▨, 금강저 ⚬━⚬ 이다. 필자는 위의 직물 복장물은 소형으로 만들어 5보병에 안치하고 불상이 대형일 경우 현재 사용되는 법구를 더하여

봉안한다. 대형으로 제작하는 방법으로는 번의 글자는 비단에 먹으로 쓰거나 수를 놓고 산개는 나무로 틀을 만들어 비단과 종이를 씌우고 금강저는 동으로 만들어져 있는 제품을 구입하여 원형대로 봉안하거나 5색을 올려서 봉안한다.

『조상경』의 5방색은 보통 중국의 5행설(五行說)에 따라 동-남-서-북-중앙, 청-홍-백-흑-황이고 출현된 복장물들도 대부분 이를 따르고 있지만 유점사본 『조상경』에서는 5보병과 5산개의 5색은 다른 물목과 달리 5불의 색과 같은 청-황-홍-녹-백이다. 5방색 중 북방의 색은 녹색과 흑색이 혼용되고 있는데 「묘길상대교왕경」의 모본이라 할 수 있는 신수대장경의 「묘길상대교왕경」에서는 북방의 색을 녹색으로 통일하고 있고 일부 밀교경전과 5행사상에서는 흑색으로 되어 있다. 제불보살복장단의식에서는 『대일경소』를 인용하여 5색에 대해서 설명하고 있는데, 다음의 표에서 알 수 있듯이 밀교에서 일반적으로 말하는 5부(여래부, 연화부, 금강부, 보생부, 갈마부)의 5색(황백청홍흑)과는 차이가 있다. 그리고 분노부에 대해서는 명왕부(明王部)를 분노부라고 한다고도 하지만 5부(五部)에서 분노부로 분류한 기록은 찾아보기가 어렵고 색 배열도 일정한 근거를 찾기가 어렵다.

산개는 인도에서 국왕이나 귀인의 뒤에서 햇빛이나 비를 막기 위하여 시자가 서서 머리 위를 덮어 주는 것이다. 초기불교 고대불상과 부조 및 벽화에 산개가 등장하는데 인도의 대표적인 불교성지인 바르후트 대탑(BC 2~3세기경)과 산치 대탑(BC 1세기경)의 부조에 새겨져 있으며 중국에는 둔황석굴 제272굴과 윈강석굴 제6동 남벽 상층의 불입상에서 볼 수 있다.

우리나라는 『삼국유사』에 신라 자장(慈藏) 스님이 당나라에서 돌아올

때 대장경, 번(幡), 당(幢)과 함께 산개를 가져왔다고 기록되어 있다. 통일신라(7세기말) 송림사 전탑에서 출현된 금동사리함과 감은사 석탑 금동사리함(682년경)에 붙어 있는 산개가 가장 대표적이며 부석사 무량수전 소조아미타상(국보 제45호) 위에 조각된 천개는 목조건물로는 유일한 예이다. 이와 같이 오랜 역사를 지닌 산개는 해와 비를 막아주는 일산이며 우산으로서 부처님의 가피로 6도(六道)에서 고통 받는 중생을 덮고 보호해주며 해탈시켜 주는 공덕물인 것이다.

| 색 | 5부 | 5부(금강계) | 의미 |
|---|---|---|---|
| 백 | 여래부 | 불부(황) | 재앙을 가라앉히는 색 |
| 황 | 연화부 | 연화부(백) | 이익을 증장시키는 색 |
| 적 | 금강부 | 금강부(청) | 항복을 받는 색 |
| 청 | 보생부 | 보생부(홍) | 모든 일을 판단하고 이루는 색 |
| 흑 | 분노부 | 갈마부(흑) | 모든 것을 포섭하여 안치하는 색 |

표4-12 『대일경소(大日經疏)』의 5색(五色)

『조상경』의 여러 판본과 복장유물들은 대체로 5방(五方)의 방향과 5색(五色)이 중국의 5행(五行)을 따르고 있는데 5행에 대한 색과 방위 등의 설명은 다음과 같다.

| 색 | 방위 | 5대 | 5행 | 인체장기 | 계절 | 음양 | 기(氣) | 색 |
|---|---|---|---|---|---|---|---|---|
| 청 | 동 | 지(地) | 목(木) | 간(肝) | 춘 | 양 | 생기 | 태양이 솟는 방위라 나무가 푸르고 많아서 청색 |

| 홍 | 남 | 화(火) | 화(火) | 심(心) | 하 | 강양 | 왕성 | 태양열이 강하여 적색을 나타냄 |
|---|---|---|---|---|---|---|---|---|
| 백 | 서 | 수(水) | 금(金) | 폐(肺) | 추 | 음 | 쇠퇴 | 태양열이 식고 쇠(衰)를 나타냄 찬 기운이 강해서 백색 |
| 흑 | 북 | 풍(風) | 수(水) | 신(腎) | 동 | 강음 | 정지 | 골이 깊어지고 해가 짧아지고 어두워져서 흑색 |
| 황 | 중앙 | 공(空) | 토(土) | 비(脾) | | | | 땅을 나타내며 땅과 우주의 중심이라 황색 |

표4-13  5행의 색과 방위

## ㅍ. 생반(生飯)

생반은 앞서 생금과 생은에서 밝혔듯이 '순쌀밥'을 뜻하는데 수분 없이 말려서 봉안한다. 우리나라 초기 불복장물을 살펴보면, 생반은 『조상경』이 유행하기 이전에 특히 후령통의 원형인 문수사의 8엽통에서 밀린 생반인 건반

도4-57  생반

(乾飯)이 최초로 발견되었다. 이는 부처님께 올리는 6법공양의 뜻을 가진다고 볼 수 있다. 그 후 장곡사의 후령통에서도 출현되었다.

유점사본『조상경』에서는 생반3분에 대해서 설이 많아서 알지 못한다고 하였는데 신수대장경본「묘길상대교왕경」에는 조상경본에는 없는 생반3분의 내용이 나온다. 5병관정(五甁灌頂)을 받기 위해 5병, 4보말, 5하수, 5향말, 5곡, 5종자, 5장물, 5색채, 5보리수엽, 5시화, 5길상초, 5색선, 5

산개까지를 가지(加持)하고 생반3분(生飯三分)을 가지하고 마지막에 백개자유(白芥子油)를 태우고 진언을 염하여 제자의 3업을 정화하면서 5병관정을 마친다고 하였는데 생반3분(生飯三分)을 가지하는 내용을 요약해 보면 다음과 같다.

"무릇 도량을 엶에 미리 생반1분을 도량 밖에 안배하되 다섯 번 가지한 후 사마(邪魔)에게 공양한 뒤에 대문 밖에 버려서 짐승들이 먹게 하고, 1분(一分)은 가지하여 곳곳의 토지(土地)에 공양하고, 1분(一分)은 가지하여 제자(弟子)의 10불선업(十不善業)으로 인하여 생긴 몸의 3장(三障)을 멸하여 나쁜 기운이 도량과 몸을 괴롭히고 침범하지 못하도록 한다."

이는 도량의 결계의식으로 보이는데 물목들을 가지하기 이전에 결계의식을 행하는 것이 순서상 옳을 듯하다. 우리나라 사찰에서는 언제부터인지는 확실치 않지만 복장의식을 시작하기에 앞서 결계의식으로 생반3분(生飯三分)을 행하여 왔는데 5곡밥 세 그릇, 나물반찬 세 그릇, 감로수 세 그릇, 과일 세 접시, 떡 세 접시를 일주문 앞과 마당, 그리고 부처님 모실 법당 앞에 차려놓고 공양을 올린다. 또한 공양게송이나 시식문에서는 '중생의 밥' 또는 '아귀나 귀자모신(鬼子母神)의 공양물'과 축생들을 위하여 공양 전에 덜어놓거나 공덕을 쌓는 '헌식(獻食)'이 나오는데 이런 의식들의 연원(淵源)이 「묘길상대교왕경」의 '생반3분'에서 유래한 것인지는 확실치 않지만 이 또한 결계의 의미이면서 공양의 의미와 중생에 대한 자비를 표하고 있다.

## ㅎ. 5금강저(五金剛杵)

5금강저는 5색의 비단[帛]으로 만든 청백금강저(靑帛金剛杵), 홍백금강저(紅帛金剛杵), 백백금강저(白帛金剛杵), 녹백금강저(綠帛金剛杵), 황백금강저(黃帛金剛杵)이다. 5보병의 입구에 각각 금강갈마저(金剛羯磨杵)를 안치하고 연후에 방향을 따라 본존진언(本尊眞言) '옴 호로호로 지따지따 반다반다 하나하나 아미리데 옴 박'과 바라밀보살진언 '옴 살다바 바아라 훔'을 각각 108편 가지한다.

금강저는 여래의 금강지혜(金剛智慧)로 마음속에 망상 마구니를 깨트리고 지혜광명을 나타나게 한다는 뜻을 지닌 법구이다. 『열반경』에는 밀적금강역사(密迹金剛力士)가 부처님의 위신력을 받들어 금강저로써 모든 마구니를 티끌과 같이 부순다고 하였다. 또 밀교의 만다라에는 금강부의 존상들이 모두 금강저를 지니고 있으며 신중탱화에 중심인 동진보살상(童眞菩薩像)도 금강저를 지니고 있다.

금강저는 불교의식에 사용되는 불교용구인데 제석천왕(帝釋天王)이 가지고 있던 전광(電光 : 번개)에 붙여졌던 이름인데 아수라와 싸울 때 코끼리를 타고 금강저를 무기로 쳐부순다고 한 신화에서 나왔다. 금강저의 끝

도4-58 5금강저

도4-59 5금강저

은 처음에는 뾰족하였으나 의식구로 사용되면서 여러 가닥으로 모아지는 형태가 되어서 갈라진 수에 따라 2고저, 3고저, 4고저, 5고저, 9고저 등이 있다. 손잡이는 좌우에 불꽃모양 형태를 보저(寶杵)라 하고 탑을 조각한 것을 탑저(塔杵)라 한다. 의식단을 설치할 때는 중앙(中央)에 탑저를 4방(四方)에 보저를 배치한다.

우리나라 불상 복장물에는 고려시대부터 금강저가 봉안된 것을 발견할 수 있으며 가장 오래된 금강저는 국립중앙박물관 금속공예실에 소장되어 있는 길이 22cm의 청동오고금강저인데 이것은 고려후기에 중국 원나라와 교류하면서 유입된 라마교의 영향을 받아서 만들어진 밀교의 법구이다. 금강저는 문양으로도 널리 사용되었는데 고려시대에는 사경과 변상도의 가장자리를 장엄하였다. 오늘날에는 불경, 다라니 외에도 불교조각과 회화 및 염주 등 기도물품과 각종 장엄물에도 널리 활용되고 있다.

### (8) 사리합(舍利盒)

사리합은 부처님의 사리를 모시기 위해서 둥글게 2~3분(二三分 : 1分은 약 0.3cm)쯤으로 8엽개(8엽의 연화)를 갖춘 사리용기이다. 부처님 사리는 7과를 모시는데 때로는 수정 7과나 보석 7과를 모시기도 하고 법사리로 일체여래비밀전신사리보협다라니를 모시기도 한다.

사리합은 금·은·동 등 금속과 수정·유리 등 보석과 나무 등으로 주로 조성하는데 비단으

도4-60 사리합

로 싸서 5색실로 감아 모시는 경우도 있다. 비단 사리보는 2003년 수덕사 대웅전 목조삼세불좌상에서 출현된 예가 있는데 고려 1639년에 봉안한 청색주사리보(靑色紬舍利褓)에 58과의 사리가 모셔져 있었다. 사리를 사리함에 모셔서 후령통에 봉안하지 않을 경우에는 사리함을 조성해서 모시는데 사리함은 2~3겹 겹치는 구조로 하나 7~9겹 구조도 드물게 있으며 상부에 8엽개(八葉蓋)를 갖춘다.

### (9) 무공심주(無孔心珠)

무공심주는 구멍 없이 만든 구슬이다. 심주의 '주'는 구슬주(珠) 또는 기둥주(柱)를 쓰는데 『조상경』에서는 구슬주(珠)를 쓴다. 심주는 염주·소주·수주와는 구별이 되는데 가운데 구멍이 없기 때문이다. 일반적으로 복장입물색기에는 珠를 쓰는데 柱를 쓴 예는 고려시대 1346년에 조성된 문수사 금동아미타불좌상에서 출현되었다. 이 불상에서 柱를 쓴 이유에 대한 필자의 생각은 불상 복장물 전체의 위치와 특히 8엽통의 위

도4-61 무공심주

도4-62 무공심주

도4-63 무공심주

치를 살펴보았을 때 불상의 목 부분에 후령이, 가슴에는 심주가 봉안된 복합 8엽통이, 그리고 가슴 아래 부분에는 차례로 발원문, 문서류, 직물이 안립되었기 때문에 이 때 무공심주는 불상의 중심인 심장 가운데 위치하므로 불상의 기둥으로 삼은 것이라고 본다. 전체적인 복장물의 위치상 무공심주는 단순한 1과의 구슬이지만 그 위치가 대단히 중요하고 심오한 의미를 가진 복장물이라고 할 수 있다.

### (10) 상양면원경(上兩面圓鏡)

상양면원경은 금·은으로 만드는데 동판을 개금하여 만들기도 한다. 후령통의 안과 밖을 동시에 비추는 원경은 부처님의 세계와 중생의 세계가 차별이 없는 지혜 광명의 세계로 광명의 부처

도4-64 상양면원경

님인 비로자나 부처님의 세계, 즉 화엄세계를 뜻하며 화엄사상의 영향을 받은 복장물이다.

상양면원경을 후령통 속의 맨 윗부분에 덮고 끝으로 5보병을 묶었던 5색사를 합하여 덮개의 구멍으로 뽑아내어 가로와 세로로 돌리고 5색실 안에 5방경을 고정시킨다. 이 때 5색사의 길이는 불상에만 사용하면 10자(1자 : 30cm)로 하며 단장(壇場)을 결계(結界)할 때는 50자로 한다. 상양면원경은 출현된 복장물에 따르면 양면이 평평한 것도 있고 윗면을 8엽 모양으로 덮어서 입체적으로 도톰하게 만들어진 것도 있다.

## (11) 5방경(五方鏡)

5방경은 동에 방경, 남에 삼각형, 서에 원경, 북에 반월경, 중앙에 원경을 거는 □ △ ○ ◠ ○ 형의 거울이다. 소재는 위의 양면원경과 같은데 때에 따라 철판, 납판, 색종이로 만들기도 한다. 색종이로 만들 때에는 청-적-백-흑-황색으로 만들고 중앙의 황색거울은 평면형 또는 원통형으로 만들어 후령통 밑면에 붙인다. 이러한 5방경을 통해 5지혜를 갖춘 불상은 무궁무진한 생명력과 자비광명을 갖춘 부처님으로 완성된다.

존승의(尊勝儀)에 따르면, 5방경은 5지혜를 나타내는데 동방거울은 대원경지(大圓鏡智), 남방거울은 평등성지(平等性智), 서방거울은 묘관찰지(妙觀察智), 북방거울은 성소작지(成所作智), 중방거울은 방편구경지(方便究竟智)를 나타낸다. 화엄경에 보현보살이 여래장신(如來藏身)삼매에 들어가 5해인(五海印)을 본다는 것도 이것과 비교하면 같은 것이다. 당나라 지엄스님의 설로 알려진 5해인설이 고려 체원(體元)이 편찬한 『법계도기총수록(法界圖記叢髓錄)』 제1권에 실려 있는데 5해인은 대원경지해인(大圓鏡智海印), 일심진여해인(一心眞如海印), 불이실상해인(不二實相海印), 세계해인(世界海印), 국토해인(國土海印)이다.

도4-65 5방경

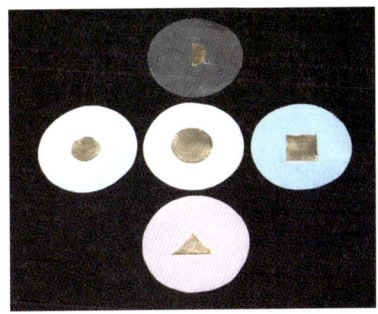

도4-66 5방경

** 대원경지해인(大圓鏡智海印) : 삼대아승지겁을 닦은 제석(帝釋)이 법공(法空) 수미산정(須彌山頂)에 올라 소지장(所知障) 아수라와 싸울 때 3과백법상(三科百法像)이 대원경지해 가운데에 나타나는 해인.

** 일심진여해인(一心眞如海印) : 셀 수 없는 겁을 닦은 제석이 본각(本覺) 수미정에 올라 근본무명(根本無明) 아수라와 더불어 싸울 때 항사성덕상(恒沙性德像)이 일심진여해에 나타나는 해인.

** 불이실상해인(不二實相海印) : 일념불생(一念不生)하는 제석이 일행삼매(一行三昧) 수미정에 올라 망상 아수라와 서로 싸울 때 무상무분별상(無相無分別像)이 불이실상해에 나타나는 해인.

** 세계해인(世界海印) : 이불찰미진수겁을 닦은 제석이 총상(總相) 수미정에 올라 변계(遍計) 아수라와 서로 싸울 때 10종보법상(十種普法像)이 세계해에 나타나는 해인.

** 국토해인(國土海印) : 10불(十佛)인 제석이 법성 수미정에 올라 무주실상(無住實相) 아수라와 서로 싸울 때 3종세간상(三種世間像)이 국토해에 나타나는 해인.

| 방향 | 지혜 | 모양 | 색(종이로 제작할 경우) |
|---|---|---|---|
| 동 | 대원경지(大圓鏡智) | □ | 청 |
| 남 | 평등성지(平等性智) | △ | 홍 |
| 서 | 묘관찰지(妙觀察智) | ○ | 백 |
| 북 | 성소작지(成所作智) | ⌒ | 흑 |
| 중앙 | 방편구경지(方便究竟智) | ○ | 황 |

표4-14  5방경

## (12) 원문(願文)

5방경을 5색사로 고정시킨 후령통을 사방 한 자 5촌(1자 : 30cm, 1촌 : 3cm)의 황색생사에 올려놓는데 통 아래에 원문을 접어 넣는다. 원문은 푸른 비단에 주사(朱砂)를 갈아서 붉은 글씨로 증명한 스님들, 만든 사람, 심부름한 사람, 신도, 연화(緣化)와 보

도4-67 원문

고 듣고 따라 기뻐하며 도운 사람들의 이름을 전부 올린다. 이러한 불상의 원문은 후대의 불교사에 중요한 자료가 되므로 정직하고 상세하게 기록해야 하며 발원문이나 기원문과는 내용이 다른 복장물이다.

## (13) 보협주(寶篋呪)

보협주는 일체여래전신사리보협진언(一切如來全身舍利寶篋眞言)을 지칭하는 것으로 이 주(呪)는 일체여래의 진신사리 모두를 함축 저장하고 있는 보배상자와 같은 진언이다. 밀교 계통의 경전인 일체여래심비밀사리보협인다라니경(一切如來心秘密舍利寶篋印陀羅尼經)에서 보협주를 사경하거나 인쇄해서 탑이나 불상 속에 안치하면 큰 공덕을 얻는다고 하였다. 이러한 가르침의 영향으로 고려시대부터 법사리로 모시던 보협주는 오늘날에도 중요한 복장물로 자리하고 있다. 대보협주는 불설불모반야바라밀다대명관상의(佛說佛母般若波羅蜜多大明觀相儀)에서 나온 다라니로서 이 진언을

생지(生紙)에 약간 써서 불상 속을 채운다. 한글로 써서 봉안해도 된다.

소보협진언(小寶篋眞言 : 소보협다라니)은

옴 바 아라 바 샤 가 리 아 나 맘 라 훔
唵 縛 日羅 婆 舍 迦 里 誐 那 幹 羅 吽

인데 소보협진언은 복장소입제색의 내용에서 설명한 대로 흰 비단에 금으로 '옴바아라바샤가리아나맘라훔'을 써서 넣는다.

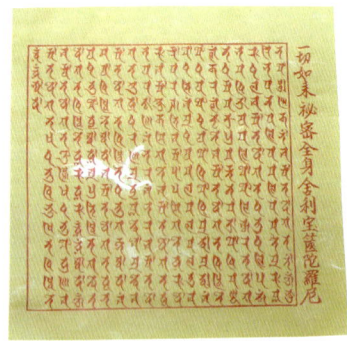
도4-68 대보협주

도4-69 소보협주

## (14) 열금강지방지도(列金剛地方之圖)

열금강지방지도의 안립 위치는 황초폭자 위에 원문-보협주-지방도-후령통-팔연도-천원도의 순서에 따라 놓으며 지방도는 후령통을 황초폭자로 감쌀 때 천원도 안으로 접어서 올리고 천원도가 밖으로 내려서 감싸게 된다. 원문이나 보협주는 그간 출현된 복장물에서 보면 그 위치가 『조상경』의 내용과 합일되지 않는 예가 많이 있는데 후령통의 옆에 세우거나 발원문, 색입기, 다라니 등과 별도로 봉안되어 있다. 필자의 경험에 의하면, 불상과 후령통의 크기와 원문의 내용에 따라 원문과 보협주 위치는 복장사(腹藏師)가 정하는 것이 바람직하다고 생각한다.

금강계만다라의 영향을 받아 범자(梵字)와 불보살명을 각 방위에 배치하였는데 중앙에 이중의 방(方)을 두고 그 사이 모서리 네 곳에 각 4괘(四卦 : 건곤손간)를 세우고 그 사이에 10간(十干)과 12지(十二支)를 배치하여 방위를 나타내고[20간지는 22간지(干支)에서 무기(戊己)가 빠져 있다] 밖으로 24불보살을 24종자범자(種子梵字)와 함께 배치하였다.

『금강정경』에 의하면 금강계보살의 이명(異名)으로 금강살타보살은 보현보살, 금강보보살은 허공장보살, 금강법보살은 관자재보살, 금강리보살은 문수보살임을 알 수 있다.

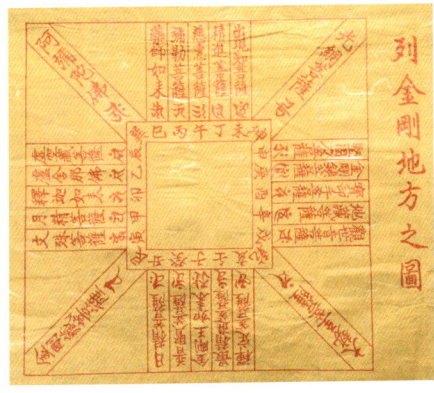

도4-70  열금강지방지도 1

● : 양수(홀수, 천수)
○ : 음수(짝수, 지수)

동거삼팔목(東居三八木)
남거이칠화(南居二七火)
서거사구금(西居四九金)
북거일육수(北居一六水)
중거오토(中居五土)

※열금강지방지도 2는 저자가 통합 복원한 다라니

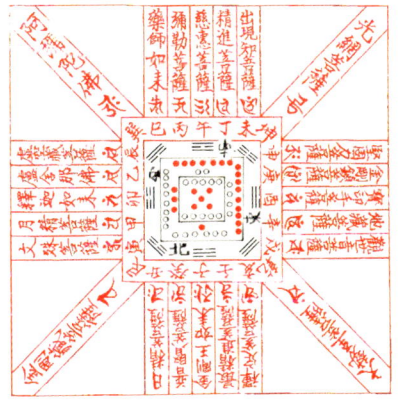

도4-71  열금강지방지도 2

그림의 제일 안쪽부터 하도(河圖), 문왕8괘(文王八卦), 4간방이 포함된 20간지와 금강만다라를 근간으로 하는 24금강불보살이 종자(種子)와 함께 배열되어 있다.

① 하도
하도는 중국 상고시대의 3황(三皇) 중의 복희(伏羲)가 황하(黃河)에서 얻은 상도(祥圖)로 낙서(洛書)와 더불어 8괘와 음양5행의 바탕이 되어 동양사상의 근간을 이룬다. 문왕8괘는 낙서를, 복희8괘는 하도를 보고 그린 것이다.

② 문왕8괘
문왕8괘는 후천8괘라고 하며 자연의 시간적 변화과정을 설명한 것으로 음양의 변화에 따라 시계방향으로 마치 5행의 변화처럼(목화토금수) 변화되는 모습에 따라 8괘를 배열한 것이고, 태극기의 건곤감리 4괘의 유래인 복희8괘도는 선천8괘라고 하며 8괘를 대칭적으로 배열하여 자연계의 공간적 구조를 설명하고 있다.

③ 4간방과 20간지
4간방(艮方)은 건곤손간으로 안쪽의 8괘와 같은 문왕8괘순으로 배열되어 있다.

④ 24금강불보살과 24종자는 앞서 설명한 바와 같다.

※ 다음에 나오는 사진은 『조상경』에는 서술되지 않았으나 복장유물로 출현되고 있는 하도와 낙서, 8괘 그리고 진언이 복합된 지방도들이다.

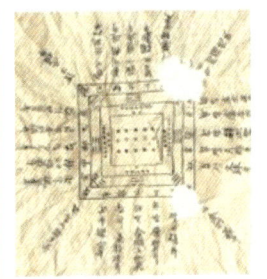
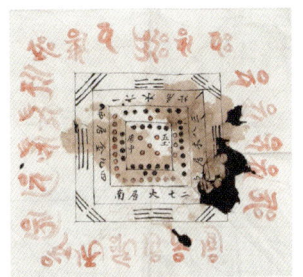

도4-72 열금강지방지도 3, 1780년대, 원각사박물관 소장 4간방 양옆에 건(乾)의 왼쪽 위에서부터 시계방향으로 현좌진언 '옴 바아라 미라야 사바하' 추가

도4-73 열금강지방지도 4, 1774년 개인 소장.

도4-74 열금강지방지도 5 개인 소장

※ 하도(河圖)와 낙서(洛書)

하도와 낙서는 고대중국의 황실에서 이를 귀한 국보로 여겨 저장하던 곳을 '도서관(圖書館)'이라 하였고 동양철학의 바탕이 되는 주역의 64괘, 음양5행과 태극8괘의 근간이 되고 각각 복희8괘와 문왕8괘의 유래가 된다.

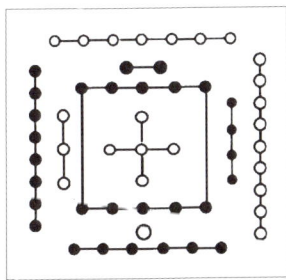
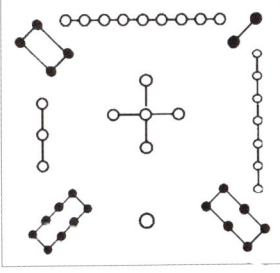

하도, 낙서(위쪽이 남쪽)
○ : 양수(홀수, 천수) :
음수(짝수, 지수)

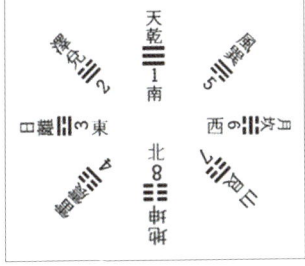
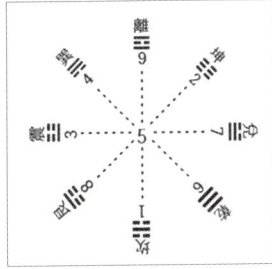

복희8괘 방위도와
문왕8괘 방위도

|  | 복희8괘 | 문왕8괘 |
| --- | --- | --- |
| 유래 | 복희씨가 용마에게 얻은 하도(河圖)를 바탕으로 만듦 | 우(禹)임금이 거북에게 얻은 낙서(洛書)를 보고 주(周)나라 문왕(文王)이 만듦 |
| 이명 (異名) | 선천8괘(先天八卦) | 후천8괘(後天八卦) |
| 8괘 배치 | 서로 반대가 되는 8괘가 대칭 | 시간의 순서대로 음양의 변화에 따라 시계방향으로 배치 |
| 이치 | 자연계의 공간적 구조를 설명 | 자연의 시간적 변화과정을 설명 |
| 관점 | 음양(陰陽)적인 측면에서 본 것 | 5행(五行)적인 측면에서 본 것 |
| 방위 | 동서남북-리감건곤 | 동서남북-진태리감 |
| 수(數) | 동서남북 사정방과 간방의 수를 표시. 상하, 좌우 대각선의 수의 합이 공히 15수이다. 1~9까지의 수로 총합수는 45 | 1, 6은 북쪽 2, 7은 남쪽 3, 8은 동쪽 4, 9는 서쪽을 표시하고 1~10까지의 수가 표시되어 총합수는 55 |
| 변천 | 주역의 64괘와 태극기의 건곤감리 4괘의 유래 | 홍범구주의 유래 |

표4-15  8괘도 비교[30]

## (15) 8엽대홍련지도(八葉大紅蓮之圖)

8엽대홍련지도는 후령통의 덮개인 8엽개 위에 펴는 것으로 8엽에 붉은 범어로 쓴 주문으로 후령통 덮개 위 천원(天圓) 아래에 편다. 8엽은 8방(方)을 가리키고 8방인 동서남북 4방(方)과 그 사이에 있는 4간방(間方)이며, 각각 4부처님과 4보살님, 중앙의 원은 대일여래의 자리이다. 밀교의

---

[30] 홍형순, 「상수(象數)원리를 정원 구성에 적용한 용도서(龍圖墅)와 귀문원(龜文園)」, 한국전통조경학회, 2012.

도4-75 8엽대홍련지도    도4-76 8엽대홍련지도

양부만다라(兩部曼茶羅) 중 『대일경(大日經)』의 내용을 형상화한 태장계만다라(胎藏界曼陀羅)에서 중심에 위치한 중대8엽원(中臺八葉院)에서 불보살의 존상을 범어종자(種字)로 표시한 문자 만다라이며, 8엽의 연꽃을 그리므로 8엽대홍련도라 이름 지었다. 밀교에서는 8엽의 연화를 불보살의 자리로 이용하고 또 중생본유(衆生本有)의 마음상징으로 중시되어 왔는데 4부처님은 보생불, 개부화왕불, 무량수불, 견고뢰음불이며 4보살님은 보현, 문수, 관음, 미륵보살님이다.

『조상경』에서는 불상을 조상(造像)하여 불신(佛身)을 완성하는 복장단의식을 수행을 통해서 성불하는 과정과 동일하게 보고 단순히 '복장의식(腹藏儀式)'이 아니라 '복장단의식(腹藏壇儀式)'이라고 하여 의식을 통해 불신(佛身)을 완성한다고 하는 만다라적 의미를 나타내고 있다.

이상과 같이 후령통 위에 덮거나 점안 시 불상 위에 배치하는 8엽대홍련지도가 태장계만다라이고 후령통을 싸는 열금강지방지도는 금강계만다라이므로 밀교의 태장계와 금강계 양부만다라가 복장의식에 적용되고 있음을 알 수 있다.

| 서북엽상안포<br>(西北葉想安布)<br>살 바- 다 타 아다 야-<br>薩 捋 嚩 怛 他 議 多 倪 也 | 북엽상안포<br>(北葉想安布)<br>薩 捋 嚩 蹉 羅 曳<br>사 다 바 사 라 예 | 동북엽상안포<br>(東北葉想安布)<br>다 냐 - 타<br>怛 他 |
|---|---|---|
| 나 바 리 보 리 다 예<br>那 波 哩 布 哩 多 曳 | 서북위상<br>西北位想<br>아<br>悉 | 북위상<br>北位想<br>예<br>曳 | 동북위상<br>東北位想<br>사바 하<br>沙 波 訶 |
| 서엽상안포<br>(西葉想安布)<br>바 - 바 사 라 예<br>縛 嚩 蹉 羅 曳 | 서위상<br>西位想<br>미<br>尾 | 연화중심(蓮華中心)<br>당상안포(當想安布)<br>옴제이자(唵提二字)<br>옴 제<br>唵 提 | 동위상<br>東位想<br>솜 -<br>率 魯 | 동엽위상안포<br>(東葉位想安布)<br>나 모<br>那 謨 |
| 서남엽상안포<br>(西南葉想安布)<br>아 바 리 미 다 우 나 예<br>阿 波 哩 彌 馱 虞 翼 曳 | 서남위상<br>西南位想<br>디<br>底 | 남위상<br>南位想<br>삼 -<br>沙 密 哩 | 동남위상<br>東南位想<br>디<br>底 | |
| | 남엽상안포<br>(南葉想安布)<br>아 랴 바 랴-바 라 미 다 예<br>阿 哩 鉢 也 播 囉 彌 馱 曳 | 동남엽상안포<br>(東南葉想安布)<br>바 아 바 제<br>波 識 波 帝 |

표4-16 8엽위상안포도

다음은 밀교의 교리인 5자엄신관(五字嚴身觀)과 비교하여 조상경의 방위, 색, 다라니를 비교하여 표로 살펴보고자 한다.

5자엄신관은 법신을 깨달아서 몸과 세계와 불성(佛性)이 둘이 아님을 깨닫게 하는『대일경(大日經)』을 바탕으로 한 '태장계관상법'이다. 몸은 가부좌한 상태로 손으로는 법신 비로자나부처님의 법계정인을 취하고, 입으로는 '옴 아비라훔캄 스바하'를 염송하고, 뜻으로는 자신의 몸이 지수화풍공의 다섯 가지 근본요소(5대)로 이루어진 것임을 관상하여 죄업을

도4-77 금강계 9회 만다라

소멸하는 것이다. 몸의 다섯 곳인 허리 아래, 허리 위, 심장 위, 미간 상, 정수리 상에 포치된 5대, 5종자를 관상하여 삼매에 듦으로써 물질세계를 구성하는 5대(五大)를 체달하여 비로자나(대일여래) 법신불과 우주법계와 중생이 본질적으로 동일함을 깨닫게 하는 수행법이다.[31]

---

[31] 김치온, 대한불교진각종 교육원 연구교수.

| 5대(五大) | | 지(地) | 수(水) | 화(火) | 풍(風) | 공(空) |
|---|---|---|---|---|---|---|
| 방위 | | 동 | 서 | 남 | 북 | 중앙 |
| 종자자(種子字) | 입실진언 | 아 | 바 | 라 | 하 | 카 |
| 태장계 | 5륜 종자(비밀실지) | 암 | 밤 | 람 | 함 | 캄 |
| 비로자나법신진언 | | 아 | 비 | 라 | 훔 | 캄 |
| 5불(금강계)(5보병의 색과 동일) | | 청 아촉불 | 홍 아미타불 | 황 보생불 | 흑, 녹 불공성취불 | 백 대일여래(비로자나불) |
| 5색(5자엄신관) | | 황 | 백 | 홍 | 흑, 또는 녹 | 청 |
| 5자종자색 (5행의 색과 같다) | | 청 (목) | 백 (금) | 홍 (화) | 흑 (수) | 황 (토) |
| 참고 5방불번 | | 청 약사불 | 백 아미타불 | 홍 보생불 | 흑 부동존불 | 황 비로자나불 |
| 5부(五部) -금강계 | | 금강부 | 연화부(법부) | 보생부 | 갈마부 | 불부(여래부) |
| 5지(五智) | | 대원경지 | 묘관찰지 | 평등성지 | 성소작지 | 법계체성지(방편구경지) |
| 식(識) | | 제8아뢰야식 | 제6의식 | 제7말나식 | 전5식 | 제9아마라식 |
| 상징형(形) | | □ 방형 | ○ 원형 | △ 삼각형 | ▽ 반원형 | ○ 보주형 |
| 『대일경소』의 5륜형 | | □ 정방형 | ○ 원형 | △ 삼각형 | ▽ 반월형 | 작일점(作一點) |
| 『조상경』의 5방경형 | | □ 방형 | ○ 원형 | △ 삼각형 | ▽ 반원형 | ○ 원형 |
| 신상(身上) 배대 | | 요하(腰下) | 요상(腰上) | 심상(心上) | 액(額), 미상(眉上) | 정상(頂上) |
| 『조상경』의 신상(身上) 배대 | | 요하(腰下) | 구중(口中) | 심중(心中) | 액(額) | 정상(頂上) |

표4-17  5자엄신관을 바탕으로 본 『대일경』과 『조상경』의 방위별 배열 비교[32]

앞의 표에 대한 부연 설명을 더해 독자의 이해를 돕고자 한다.

---

32 「佛像點眼時點筆에 나타난 思想과 意義 고찰」 표4, 한정미 참조.

① 방위

표에서 살펴보면『대일경』의 '5자엄신관'의 방위는 '동서남북중앙'으로 밀교의 탑인 '5륜탑'의 배치와 같고 '5륜종자'의 배열도 '동서남북중앙'이다.

『조상경』에서는 대체로 방위를 중국의 5행에서 쓰는 방위인 '동남서북중앙'으로 통일하였는데『조상경』'3실지단해석'의 '3종실지진언'은『대일경』의 '동서남북중앙'으로 유지하였다.

참고로 불교경전인『금강경(묘행무주분)』과『천수경(사방찬)과 '8상도' 중 '4문유관'에서는 '동남서북'을 쓰고 있다.

② 5방색

동방과 중방의 황색과 청색이 바뀌어져 있는데 일반적으로 음양5행설의 5방색 배치는『조상경』의 '청홍백흑황(동남서북중앙)'으로 알려져 있고 5방색에 대해서는 '오색채번'편에서 설명하였다.

③ 중방원경의 유래

5방경(五方鏡)의 중앙에 해당하는 중방원경의 원형의 유래는『대일경』에서 보면 원래는 보주형(寶珠形)인 것을 알 수 있다. 5륜의 형상에 대하여『대일경소』에서는 '작일점(作一點)'이라 하여 다음과 같이 설명되어 있다.

지륜(地輪)은 정방형, 수륜(水輪)은 원형, 화륜(火輪)은 삼각형, 풍륜(風輪)은 반달형, 제일 위의 허공륜(虛空輪)은 한 점을 찍음이라.

표의 5륜탑(五輪塔)은 '지수화풍공' 5대의 요소마다 화신주인 범자 '아 바 라 하 카'를 도형에 대입해서 지덕을 갖춘 비로자나불 법신을 탑으로 상징화한 밀교탑으로 일본 밀교 계통의 사찰에서 흔히 볼 수 있다.

④ 5불(五佛)

5불(五佛)은 『금강정경』을 근거로 하는 '금강계 5불(아촉불, 아미타불, 보생불, 불공성취불, 대일여래)'을 말한다. 5륜종자와 진심종자의 5불은 이 금강계 5불을 따라 표와 같이 '청백홍녹황(동서남북중앙)'이다.

우리나라의 불교의식에 흔히 쓰이고 있는 오방불번에서 동쪽의 아촉불이 약사불로, 남쪽의 보생불이 보승불로, 북쪽의 불공성취불이 부동존불로 바뀌어져 쓰이고 있다.

⑤ 5륜종자의 신체 배대 위치

5륜종자를 불신(佛身)에 배대하는 위치(5륜종자표)의 참조가 다른 것을 알 수 있는데 몸의 위치로 보자면 점필 위치와는 달리 『대일경』을 근거로 하는 위치(요하, 요상, 심상, 이마, 정상)는 순차적으로 배치되어 있다.

⑥ 5륜종자의 5색

선무외 삼장의 『체본금강정경』을 해석한 '삼실지단석'에 나오는 '5륜종자'의 5색은 '5행'의 색과 같은데 『대일경』을 바탕으로 한 '오자엄신관'의 '오륜종자'의 '오색'은 다른 것이 비교된다. 오채번의 오방색에서도 살펴보았듯이 인도에서 전래된 불교가 중국화하면서 서로 다른 '불교의 오대'와 '주역의 오행'의 색이 공존하는 형태를 보이고 있다.

⑦ 5지와 5식의 차례는 '중앙동남서북'의 5행순으로 보면 제9아마라식부터 제8아뢰야식, 제7말나식, 제6의식, 전5식의 순서로 순차적으로 배열된다.

### (16) 준제구자천원지도(准提九字天圓之圖)

천원지도의 근본학설은 '천원지방(天圓地方)' 사상에서 찾을 수 있다. 고대 중국의 수학과 천문학 문헌인 『주비산경(周髀算經)』에서 "모난 것은 땅에 속하고 둥근 것은 하늘에 속하니 하늘은 둥글고 땅은 모나다"라고 한 데서 유래를 찾을 수 있으며 이는 우주의 형태를 나타낸 것이다. 하늘은 덮고 땅은 실으며 하늘은 땅의 외부를 포괄한다는 이치이다. 그러므로 천원도는 하늘을 나타내는 원형의 준제주와 땅을 나타내는 사방주가 합하여 이루어진 것이다. 이 중 준제구자부터 설명하면 다음과 같다.

준제구자는 '옴 자례주례 준제 사바하'인데,
'옴'자는 일체법이 끊임없이 생성과 유지와 종멸을 이루므로 불생불멸(不生不滅)을 뜻하며
  '자'자는 일체법이 행하는 바 없음[無行]을 뜻하며
  '례'자는 일체법에 형상이 없음[無相]을 뜻하고
  '주'자는 일체법이 생겨나고 머무는 바 없음[無起住]을 뜻하고

도4-78 준제구자천원지도 1

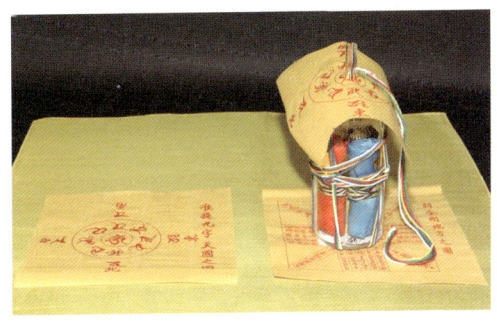
도4-79 준제구자천원지도 2

'례'자는 일체법에 더러움이 없음[無垢]을 뜻하고
'준'자는 일체법 자체에 비교할 만한 동등한 깨달음이 없음[無等覺]을 뜻하고
'제'자는 일체법에는 취하고 버림이 없음[無取捨]을 뜻하고
'사바'자는 일체법이 평등하여 언설할 바 없음[平等無言說]을 뜻하고
'하'자는 일체법은 비롯함이 없이 적정하며 머무는 바 없는 열반[無住涅槃]을 지니게 된다고 하였다.

 이 준제주를 염송할 때에는 천원도의 도상과 같이 스스로의 마음을 둥근 달과 같이 생각하고 달 한가운데 '옴'자를 놓아둔 마음 '자례주례 준제 사바하' 각각의 글자를 옴자의 오른쪽 방향으로 펼쳐둔 후 한 자 한 자 뜻을 자세히 관해서 마음과 더불어 상응하여 서로 통하게 한다. 준제주는 모든 진언을 다 싸고 있으며 염송하는 사람이 깨끗하고 더러운 것을 가리지 않고 일체의 어려움에서 벗어나고 준제보살님의 가피를 받는다. 또 준제구자주 밖으로 땅의 형태를 나타내는 4방주가 있는데 주문은 '옴 아마라(나)하(唵阿摩羅訶)'이고 중앙의 옴과 같이 중심으로 하여 '동(아), 남(마), 서(라), 북(하)'으로 방향을 나타낸다. 이 4방주는 범패(梵唄)의 짓소리로도 널리 알려져 있는데 의식에 함께 쓰이는 주문이다. 이러한 천원도의 위치는 후령통 위에 8엽도와 천원도를 위를 향하게 펼쳐놓고 중심으로 5색실을 뽑아내고 나서 천원도로 지방도의 외부를 싸서 하늘이 땅을 포괄하는 형태를 만든다. 그런 후 황초폭자 사이로 상부에서 5색실을 뽑아내어 돌려 묶는다.

※ 출현된 복장의 천원지도

① 중앙에 옴(ॐ)자

② 양동음정도(陽動陰靜圖)

송나라의 유학자 주렴계[周敦頤 : 1017~1073]가 무극(無極)에서 만물이 화생(化生)하는 이치를 밝힌 태극도설(太極圖說)에서 음양의 운행을 표현한 양동음정 부분이다. [퇴계 이황 선생의 성학10도(聖學十圖) 중 제1도(圖)인 태극도(太極圖)의 부분]

양동음정도의 외중내(外中內)의 각 면마다 소원(小圓)에 다음의 글자를 한 자씩 써서 그렸다. 백색은 양이고 흑색은 음에 해당한다.

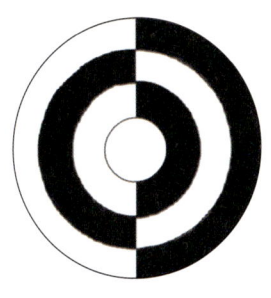

외태극양기백(外太極陽氣白)

외무극음기흑(外無極陰氣黑)

중무극음기흑(中無極陰氣黑)

중태극양기백(中太極陽氣白)

내태극양기백(內太極陽氣白)

내무극음기흑(內無極陰氣黑)

양동음정도

③ 양음이 교차하여 반원형으로 싸고 있다. 양수는 천수(天數)로 홀수(1, 3, 5…)이고 음수는 지수(地數)로 짝수(2, 4, 6…)를 나타낸다.

④ 동서남북 사방의 방위가 열금강지방지도의 방위를 나타낸 것과 동일한 방향인 하도배열로 배치되어 있다.

⑤ 사방주와 준제주가 써져 있거나(그림 5), 준제진언이 두 번 양쪽으로 써져 있다.(그림 4, 6)

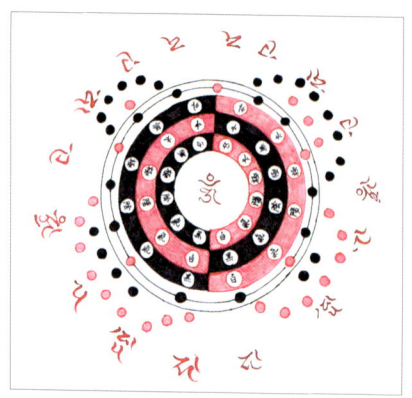

**도4-80** 준제구자천원지도 3.
준제진언이 두 번 양쪽으로 쓰여 있다.

**도4-81** 준제구자천원지도 4.
조선 1774년. 사방주와 준제주가 쓰여 있다.

**도4-82** 준제구자천원지도 5. 조선 1774년

## (17) 칠구지불모심대준제다라니(七俱胝佛母心大准提陀羅尼)

황초폭자 상부에서 뽑아낸 5색실로 후령통을 반쯤 돌려 세로로 싼 후 나머지 반쯤을 돌려 가로로 싼다. 실이 다하면 준제주를 세로로 봉한다. 5색실의 의미는 『약사경(藥師經)』에서 보살의 대비심 가운데 사섭방편(四攝方便)을 나타내며 중생번뇌의 습기(習氣)를 묶으려 하는 것이고 5색실은 무한한 생명을 상징한 것이다.

또 제불보살복장단의식에서는 준제진언을 붉게 2건(件)을 쓰는데 한 건은 윤서(輪書)로 써서 후령통 안에 붙이고 한 건은 세로로 써서 황초폭자로 싼 뒤에 세로로 한 바퀴쯤 돌리고 마감한다.

준제주는 '옴 자례주례 준제 사바하'인데 『불설칠구지불모심대준제다라니경』에 의하면 "준제주를 독송하면 5무간 지옥이 사라지고 모든 죄가 소멸되고 나는 곳마다 불보살님을 만나고 재물과 기구가 뜻대로 충족되며, 날 때마다 출가하여 보살의 율의(律儀)와 정계(淨戒)를 갖추고 인천(人天)에 태어나고 3악도에 떨어지지 아니하며, 늘 제천(諸天)의 수호를 받으

도4-83 칠구지불모심대준제다라니

며, 집안의 재난과 횡액과 병고의 뇌해(惱害)가 없게 되고, 모든 하는 일이 다 이루어지고, 사람들이 다 믿는다"라고 하였다. 아울러 병고해탈하고 도적과 짐승의 해를 당하지 않고 소송에서는 승소하며 강이나 바다를 건널 때는 물속에서도 악한 짐승을 만나지 않으며 쇠고랑을 벗게 되고 모든 국토에 수재(水災)·한재(旱災)와 독한 염병이 사라진다고 하였다.

또 "1편만 독송하여도 재난과 병고가 소멸되고 탑 하나를 이루며, 108편을 독송하면 공경하는 생각이 들며, 80만 편을 독송하면 관자재보살님과 다라보살, 금강주보살을 친견하며, 신선의 묘약(妙藥)을 받고 보살의 수기를 받는다. 1천만 편을 독송하면 보살의 설법을 듣고 따라가며, 만약 탑이나 불상 또는 사리탑 앞에서 30만 편을 독송하면 금강수보살을 친견하고 궁전으로 가며, 탑을 돌며 독송하면 아바라기다보살과 가리지보살을 만나고 선약(仙藥)을 얻고 보살도를 보여주며 일체종성의 이익과 무상보리를 얻게 된다. 만약 박복하고 적은 선근도 없고 근기와 보리심이 없는 자라도 대준제다라니법을 들으면 속히 아뇩다라삼먁삼보리를 증득하게 된다"라고 하였다.

## (18) 문수보살법인능소정업다라니(文殊菩薩法印能消定業陀羅尼)

문수보살법인능소정업다라니는 '옴 파계타 나마 사바하'인데 '옴 바게나 나마 사바하(唵 婆計陀 那摩 娑婆訶 𑖌𑖼 𑖤𑖐𑖸 𑖡𑖦 𑖭𑖿𑖪𑖯𑖮𑖯)'라고도 음역하며 『다라니집(陀羅尼集)』 제6권에 "간직한 뒤에 이 주문을 인봉(印封)하면 정업(定業)을 소멸한다"라고 하였다. 이 다라니를 써서 황초폭자로 싼 윗부분에 가로로 돌려 싸고 함봉한 남면(南面)에 증명인 「신(臣) ○○○는 삼가 봉한다(謹封)」라고 쓴다. 완성된 후령통을 단상에 올려놓고 송주법사가 부동존진언(不動尊眞言) '나무 삼만다 바아라 남전나 마하 노사나 스바다야 훔 다라다 함 마암'을 108편 가지하면 『조상경』에 따른 후령통의 조성과 법식이 모두 이루어진다.

후령통의 마지막 단계에 문수보살 법인능소정업다라니를 돌린 이유에 대하여 생각해 보면 필자가 처음 후령통의 조성에 있어서 근간이 되는 사상은 화엄연기사상과 밀교 및 정토신앙 그리고 주역의 이간(易簡)과 변역(變易) 및 불역(不易)사상이 조합된 것이라 서술하였는데 이 다라니 역시 같은 맥락에서 설명할 수 있다.

『화엄경』에서 문수보살은 보현보살과 함께 비로자나불의 양쪽 협시보살이 되며 3존불의 일원을 이루고 있는데 보현보살이 실천적 보살행을 행할 때 문수보살은 지혜로써 깨우침을 전한다. 후령통의 형태로써 두 보살의 관계를 설명하면 통 안의 5보병을 보현병이라고도 하는데 이 보현병을 비로자나불의 지혜와 상징인 5색실로 묶어서 통 밖으로 내어 마지막으로 결박한 자리 위에 문수보살법인능소정업다라니로 돌려 싼 것은

도4-84 문수보살법인능소정업다라니

두 보살이 한 몸이 되는 것을 말한다. 아울러 10현문(十玄門)에서 설한 동시구족상응문(同時具足相應門)을 통해 온 세계 3세의 모든 법이 인연으로 인한 것으로 동일한 때에 구족 원만하여 피차가 서로 비추고 드러나니 모든 법은 한 장소와 동시에 일어나는 일대연기를 나타낸 것을 후령통에 나타내고자 하는 것이라고 본다. 또 문수보살이 설법주가 되어 석가모니불께서 양발바닥에서 백억 광명을 방출하는 위덕을 찬탄한 광명각품(光明覺品)에서는 발바닥은 딛고 일어서는 근본이 되므로 신심(信心)을 나타낸다고 하였다. 무량한 공덕의 불세계로 들어가는 시작점이 신심이듯이 후령통이 나타내는 중생과 부처가 하나가 되는 세계 역시 신심으로 들어가야 하므로 문수보살능소정업다라니와 복장사(腹藏師)의 이름을 적어 봉하였다고 생각되는데 복장사에 대해서는 다음에 설명하고 여기에서는 문수보살의 10대원(十大願)에 대하여 밝히고자 한다. 왜냐하면 신심을 가지고 문수보살의 지혜행을 이룰 때 부처님의 온전한 가피가 있고 궁극에는 중생이 부처가 되는 세계, 다시 말해 중생이 본래 부처인 후령통의 세계가 완성되기 때문이다.

### 문수보살 10대원(十大願)

① 모든 중생이 부처님의 가르침을 성취하고 갖가지 방편으로 불도(佛道)에 들게 한다.

② 문수를 비방하고 미워하고 죽음을 주는 중생이라도 모두 보리심을 내게 한다.

③ 문수를 사랑하거나 미워하거나, 깨끗한 행을 하거나 나쁜 짓을 하거나 모두 보리심을 내게 한다.

④ 문수를 속이거나 업신여기거나 3보(三寶 : 부처님·부처님의 가르침·스

님)를 비방하며 교만한 자들까지 모두 보리심을 내게 한다.

⑤ 문수를 천대하고 방해하며 구하지 않는 자까지 모두 보리심을 내게 한다.

⑥ 살생을 업으로 하는 자나 재물에 욕심이 많은 자까지 모두 보리심을 내게 한다.

⑦ 모든 복덕을 부처님의 보리(지혜)도에 회향하고 중생이 모두 복을 받게 하며, 모든 수행자에게 보리심을 내게 한다.

⑧ 육도(六道 : 지옥·아귀·축생·인간·수라·천상세계)의 중생과 함께 나서 중생을 교화하며 그들이 보리심을 내게 한다.

⑨ 3보를 비방하고 악업을 일삼는 중생들이 모두 보리심을 내어 위없는 도를 구하게 한다.

⑩ 자비희사(慈悲喜捨)와 허공같이 넓은 마음으로 중생을 끊임없이 제도하여 보리를 깨닫고 정각을 이루게 한다.

## (19) 복장사명(腹藏師名)

선재동자는 문수보살을 찾아가서 근본지혜를 의지하여 발심(發心)하고 선지식(善知識)을 찾아시 문수보살께서 가리킨 양명(陽明:자비와 지혜)하고 즐거움이 넘치는 이상향인 남쪽의 승락국(勝樂國)으로 길을 떠나 남쪽으로 계속 가다가 마지막에 보살의 수행지위를 다하고 일체법을 성취하고 회향을 하게 되는데 이 품에서 선재동자의 가는 방향이 후령통에 영향을 주어서 법인주 남면에 '신(臣) ○○은 삼가 봉한다(謹封)'라고 적은 것이라 추측된다.

또 복장사 이름을 적은 띠를 둥글게 고리처럼 접착한 것은 무시무종

도4-85 복장사명

(無始無終: 시작도 없고 끝도 없다는 뜻으로 진리 또는 윤회는 무한함을 뜻한다)의 화엄연기(華嚴緣起)사상을 나타내며 선재동자와 같은 신심과 발심으로 정진하여 해인삼매[33]를 증득하고 능히 정업(定業)을 소멸하고 문수보살의 법인(法印)을 성취하기를 서원하는 상징이라고 본다. 중생과 부처와 마음을 본질적으로 하나로 보는 화엄사상에서는 발심(發心)의 순간이 매우 중요하기 때문이다. 그러므로 복장사의 이름을 올리는 자리는 처음 발심한 자리(初發心時)로 곧 정각(正覺)의 자리가 되는 것이다.

　복장사의 이름을 올리는 것으로 후령통은 완성되었으나 이 외에도 중요한 복장물이 있으므로 널리 봉안되어 온 복장물과 점안의식에 필요한 성물과 다라니를 간략히 소개하고자 한다.

---

[33] 해인삼매(海印三昧): 부처님이 화엄경을 설하시면서 도달한 삼매의 경지로 모든 번뇌가 사라진 부처님의 마음속에는 과거와 현재·미래의 모든 업이 똑똑하게 보인다는 것을 의미한다.

# 5. 기타 복장물과 점안의식 준비물

불상의 복장물 중에서 가장 성스러운 사리와 심오한 뜻을 지닌 후령통에 대하여 부족하나마 설명을 마치고 이어 두 성물을 제외한 중요한 복장물과 점안의식에 필요한 준비물에 대하여 본 장에서 다시금 설명하고자 한다.

## 1) 복장소입제색기(腹藏所入諸色記)

복장소입제색기는 흰 비단에 금분으로 기록하는데 5방(五方)에 따라 복장물을 분류하여 물목을 상세히 기록하고 이어서 원문, 다라니, 사리기, 경전 등 중요한 복장물을 기록한다. 그간 출현된 유물은 한지에 먹물

도4-86 복장소입제색기

로 기록된 것이 주를 이루며 드물게 비단에 주사(朱砂)로 기록된 것도 있다. 예를 들면 목불상일 경우 나무의 종류와 수령 및 자생지를 기록하고, 금동불일 경우에는 합금(合金)의 비율과 초출도(初出圖) 등을 기록한다. 아울러 복장물에 대해서도 준비과정을 기록하기도 한다.

필자는 복장소입제색기에 미래에 있을 불상과 불화 또는 복장물의 수리와 보존의 편익을 위하여 참고가 될 내용을 상세히 기술한다. 『조상경』의 제불보살복장단의식편에 복장소입제색에 대한 내용이 있으므로 아래에 간략하게 옮긴다.

## ※ 복장에 들어가는 여러 가지 물건

5방에 따라 5색으로 봉안한다. (주. 5방과 5색에 대해서는 5채번편 참조)
① 5경(五鏡)
② 5소5륜5자(五綃五輪五字) : 5륜종자도(五輪種子圖)와 동일
③ 보신5자(報身五字) : 보신주(報身呪)와 입실지도(入室地圖)와 동일
④ 화신5자(化身五字) : 화신주(化身呪)와 출실지도(出悉地圖)와 동일
⑤ 5소륜5자(五綃輪五字) : 진심종자도(眞心種子圖)의 5자(五字)
⑥ 5방병(五方瓶) : 5보병(五寶瓶)과 동일
⑦ 5곡(五穀)
⑧ 5보(五寶)
⑨ 5약(五藥)
⑩ 5향(五香)
⑪ 5황(五黃)
⑫ 5개자(五芥子)

⑬ 5채번(五綵幡)

⑭ 5선(五線)

⑮ 5시화(五時花)

⑯ 5수엽(五樹葉)

⑰ 5구사초(五矩舍草)

⑱ 5개(五蓋)

⑲ 5백저(五帛杵)

다음은 앞에서 살펴본 '복장소입제색(腹臟所入諸色)'편에 나오는 복장물의 물목이다.

⑳ 일체여래전신사리보협진언(一切如來全身舍利寶篋眞言)

㉑ 양면원경(兩面圓鏡)

㉒ 5색선(五色線)

㉓ 황초폭자일(黃綃幅子一)

㉔ 원문일도(願文一度)

㉕ 사리7립(舍利七粒)

㉖ 사리합(舍利盒)

㉗ 후령통(喉鈴筒)

㉘ 4방주(四方呪)

㉙ 8엽대홍련주(八葉大紅蓮呪)

㉚ 천원도(天圓圖)

㉛ 지방도(地方圖)

㉜ 5륜종자도(五輪種子圖)

㉝ 보신주도(補身呪圖)

㉞ 화신주도(化身呪圖)

㉟ 진심종자도(眞心種子圖)

㊱ 5방경(五方鏡)

㊲ 칠구지불모심대준제다라니(七俱胝佛母心大准提陀羅尼)

㊳ 문수보살법인능소정업다라니(文殊菩薩法印能消定業陀羅尼)

## 2) 발원문(發願文)

발원문은 귀의분(歸依分), 참회분(懺悔分), 행원분(行願分) 또는 발원분(發願分), 회향분(廻向分)으로 구성되어 있다. 귀의분은 불상을 조성하게 된 내역과 발원의 내용을 적은 글로 보통은 불보살과 삼보께 예를 표한다. 다겁생래(多劫生來)로 알게 모르게 지어온 죄를 참회하는 참회분, 불사의 공덕으로 이루어지기를 바라는 바를 아뢰는 행원분 또는 발원분, 불

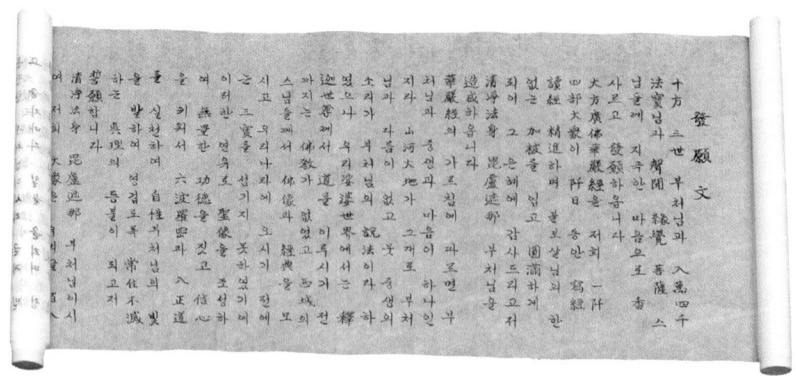

**도4-87** 발원문

불복장의 비밀

사의 공덕으로 일체중생이 깨달음을 얻고 불국토가 이루어지기를 기원하는 회향분으로 구성되어 있다. 발원문은 조상(造像)불사와 관련된 인물을 기록한 후령통에 안립하는 원문(願文)과는 성격이 다르므로 내용상의 차이가 있다.

## 3) 불경(佛經)

도4-88 불경보 재현작

복장경의 내용은 주불상(主佛像)에 따라 정해지는데 사경(寫經)과 인쇄경이 있으며 자수로 된 것도 있다. 때로는 변상도(變相圖)로 된 경도 있는데 두루마리형과 제본형으로 만들어서 보자기에 싸거나 주머니에 넣어서 봉안한다. 이 때 주의할 점은 제본형일 경우 겉표지를 뜯고 봉안하여야 한다. 왜냐하면 표지를 배접할 때 쌀풀 등 식물성 접착제를 사용하면 해충이나 곰팡이의 피해가 생겨서 불경은 물론 다른 복장물까지 보존을 어렵게 하기 때문이다.

필자는 불경의 보존을 위해서 종이와 천에 치자물 또는 쪽물을 들이거나 보자기와 주머니에 향과 5황 중에서 우황을 뺀 대황, 웅황, 소황, 자황을 가루 내어 섞어서 한지에 싸서 넣고 봉한다.

## 4) 다라니집(陀羅尼集)

다라니(dhāranī)는 부처님 가르침의 핵심으로 지혜와 삼매(三昧) 그리고 진언(眞言)의 뜻을 지녔으며 총지(總持)·능지(能持)·능차(能遮)라 번역한다. 총지란 하나를 기억함으로써 다른 것까지 연상하여 기억한다는 의미이고, 능지는 모든 선법(善法)을 능히 지니고 있다는 뜻이며, 능차는 악법(惡法)을 능히 막아준다는 뜻으로 한량없는 공덕을 지니고 있어서 모든 악한 법을 제(除)하고 모든 선한 법을 지니게 한다는 의미이다.

불법을 마음속에 간직하여 잊지 않게 하는 힘이 있는 다라니는 진언(眞言) 그대로 번역하지 않고 원음(原音) 그대로 발음하며 정진한다. 이는 원문 전체의 뜻이 번역에 의해 한정되는 것을 경계하는 밀어(密語)의 성격 때문이다. 밀교에서는 주다라니(呪陀羅尼)라 하며 재난을 없애는 힘이 있다고 믿는다.

위의 불복장다라니집은 필자가 유점사본(楡岾寺本) 『조상경』에서 나온 복장다라니와 점안다라니 등 모든 진언을 한 권에 모아서 사경한 불복장다라니집이다.

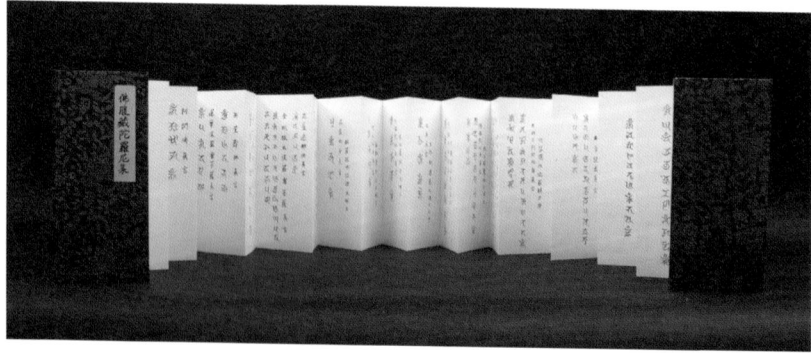

도4-89 다라니집

## 5) 알가(閼伽)

부처님께 올리는 공덕수(功德水)·향화수(香花水)·청정수(淸淨水)로 알려진 알가(argha : 閼伽·阿伽·遏迦·遏囉加)의 본 뜻은 '가치 있는 것'으로 부처님께 바치는 공양물을 말하는데, 그 후 공양물을 담는 용기까지 포함되었다가 오늘날에는 공덕수와 공덕수를 담는 용기를 말한다.

도4-90 알가

복장유물 관련서적을 보면 복장유물 가운데 향수병이라고 표기된 것을 볼 수 있는데 이 병이 바로 『조상경』에 나온 알가라고 추측된다. 왜냐하면 그동안 발표된 복장유물 보고서에서 알가라고 명명된 유물을 본 적이 없기 때문이다. 필자의 경우 병에 향수를 넣어서 알가로 봉안하는데 알가에 대한 연구가 보다 면밀히 이루어지길 바란다.

## 6) 직물(織物)

직물은 각종 복장물의 소재인 종이와 병, 식물을 대신해서 모양과 색을 모방한 복장물로 제작하여 봉안할 때도 있다. 사리, 후령통, 전적(典籍) 등의 내용물을 포장한 주머니와 보자기, 다라니, 발원문, 원문, 물목색기 등의 기록물 그리고 갖가지 모양의 복장물이 직물로 출현되는데, 간혹 시주자의 옷과 여러 필의 5색직물이 출현되기도 한다. 이러한 복장의 직물은 우리나라의 직물사(織物史)와 복식사(服飾史) 연구에 중요한 자료가 되

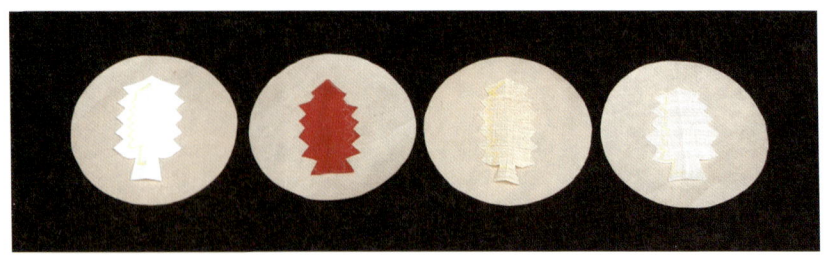

도4-91 직물

고 있다. 이러한 오래된 복장의 직물 중 그 형태가 비교적 원형을 지니고 있는 중요한 유물을 몇 가지 소개하고자 한다.

첫 번째로 서산 문수사 금동아미타불좌상(1346년)에서 나온 유물로 가야산문수사당주미타복장발원문(伽耶山文殊寺堂主彌陀腹藏發願文)과 사저교직답호(絲紵交織搭胡 : 저마사로 짠 사저교직포로 만든 저고리) 그리고 금박의 기법이 들어간 담청색천화봉황문인자황수파어룡문라(淡靑色穿花鳳凰紋印雌黃水波魚龍紋羅)가 있다. 두 번째로 합천 해인사 목조비로자나불좌상(통일신라-고려)에서 나온 고려 말에 제작한 요선철릭(腰線帖裏 : 위, 아래 옷을 허릿단을 넣고 붙여 만든 겉옷의 일종)과 5색의 사경낭(寫經囊)과 조각보가 있다. 세 번째로 영주 흑석사 목조아미타불좌상(조선시대) 복장에서 나온 유물로 1824년 유점사에서 간행된 『조상경』에서 나온 복장물목 중 직물로 조성하는 38종의 다양한 직물이 들어 있는데 그중 1858년에 제작된 잎사귀 형태의 생저포(生苧布) 2점, 소색주(素色紬) 1점, 만초화문릉(蔓草花紋綾) 2점은 5엽(五葉)을 상징하는 것이다.

이상의 내용은 불복장유물의 출처가 분명한 경우이고 불상의 존재는 알 수 없고 시주기(施主記)에 의하면, 대덕 6년(大德 6 : 1302년)에 조성된 불상에서 출현된 직물류(직물조각 220점, 의류 3점), 향주머니(5점), 경전, 다

도4-92, 도4-93, 도4-94 비단 복장물, 개인 소장

라니, 발원문(4매), 시주기(1매)[34]와 비교적 원형에 가까운 형태인 불복장 중심부에 보병(寶甁)이 안치되어 있었고 75가지의 상징물과 기호[35]가 함께 있었던 복장유물 일괄(一括)을 1991년 온양박물관에서 인수하여 학계에 공개하고 학술대회를 개최하고 보고서를 간행하였다.

  1302년 아미타불 복장물에서 보병을 충전시켰던 직물은 종류와 색채 및 직조기술(織造技術) 면에서 고려의 염직을 대표한다. 금을 많이 사용한 직금(織金) 유물이 많아서 화려한 귀족적인 성격이 나타나는 매우 품격 높은 직물로 이루어져 있다. 김영숙 교수의 보고서에는 직물류에 평소 시

---

[34] 김영숙(金英淑), 『고려시대 제직환경(製織環境)과 아미타불 복장 직물의 특성』, 계몽사, 1996.
[35] 김춘식(金春植), 『고려(高麗)의 불복장(佛腹藏)과 염직(染織)』, 계몽사, 1996.

도4-95 1302년 조상 불상 복장물, 자의(紫衣), 비단, 온양민속박물관 소장

주자가 입었던 3점의 의복과 현재까지 발표된 바로 가장 많은 220여 점의 직물복장물이 판독(判讀)되어 있는데 3점의 의복은 모두 상의이며 형태는 다르고 깃에 묵서가 있으며 옷 모양은 세로로 2등분한 것이다.

3점의 의류에 묵서내용은 아래와 같이 극락왕생을 비는 내용이며 옷의 주인은 고몽향(高夢鄕)[36]이다

| 의복명 | 재질 | 깃에 쓰인 묵서 내용 |
|---|---|---|
| 자의(紫衣) | 평견(平絹) | ○○○ 씨 동생극락원이복장입내자의급초배삼등을시납<br>○○○ (氏 同生極樂願以腹藏入內紫衣及絹背衫等乙施納) |
| 상의(上衣) | 평견(平絹) | 납재신유홍신처이씨<br>(納宰臣俞弘愼妻李氏) |
| 초배삼(絹背衫) | 초(絹) | 복장입교시초배삼시납재신유홍신처이씨<br>(腹藏入敎是絹背衫施納宰臣俞弘愼妻李氏) |

표4-18 상의 3종의 재질과 묵서 내용

---

[36] 허흥식(許興植), 「1302년 아미타불 조성 경위와 사상 경향」, 『1302년 아미타 불복장물의 조사 연구』 (온양민속 박물관 1991) p.21.

도4-96 1302년 조상 불상 복장물, 상의(上衣), 비단, 온양민속박물관 소장

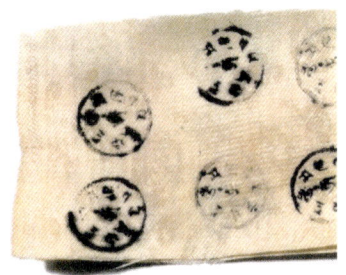

도4-97 1302년 조성 불상 복장물, 운단문릉준제주(雲團紋綾准提呪), 비단, 온양민속박물관 소장

　의류에 대한 상세한 설명은 생략하고 아울러 220점의 섬유와 나머지 불복장유물에 대하여서는 고려의 불복장과 염직[37] 『고려(高麗)의 불복장(佛腹藏)과 염직(染織)』을 참고하시길 권하며 이어서 이 복장유물이 1997년 일본에서 전시된 데 대해 소개하고자 한다.

　일본은 동아시아에서 불복장유물에 대한 조사와 연구를 가장 먼저 국가적 문화사업으로 시작하여 이미 1974년 나라국립박물관전(奈良國立博物館展)을 전후로 대규모 불복장전을 개최하였다.

　이러한 영향을 받은 듯 온양민속박물관에서는 대본산상국사산내승천각미술관(大本山相國寺山內承天閣美術館)에서 대본산승천미술관과 공동으로 1997년 3월 2일부터 31일까지 30일 동안 '불복장물장엄렬의 미. 고려조의 염직의 세계(佛腹藏物莊嚴裂의 美. 高麗朝의 染織의 世界)' 전시회를 열었는데, 이는 복장유물의 보존처리를 위해 일본에 체류하였던 일정 속에서 이루어

---

[37] 『고려의 불복장과 염직』, 허흥식·남권희·김영숙·권순정 공저, 계몽사, 1991.

진 전시회라고 기록되어 있다. 이에 당시 관계자들이 우리나라의 문화유산을 보존 처리해야겠다는 사명감으로 어려움을 극복하고 앞서 직물복장 유물을 과학적으로 보존 처리시켰다고 사료된다.

우리나라는 외적 불상문화재에 대한 가치에 비하여 내적 불복장문화재에 대한 인식이 부족한 편인데 소장 경위는 알 수 없으나 복장물 일괄에 대한 온양민속박물관의 연구 성과에 대해서는 다시 과학적 분석을 통해 상세한 논의가 필요한 때이다.

### 7) 목화(木花)

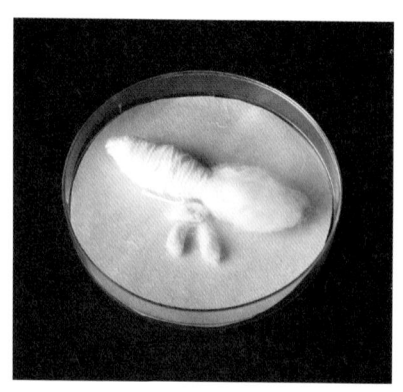

도4-98 목화

목화는 인도 및 중남미가 자생지로 BC 3500~250년 전부터 재배되기 시작해서 14세기 이후에 대량생산되었다. 우리나라에는 불교문화가 찬란히 꽃피던 고려시대에 문익점(文益漸 : 1329~1398)이 원나라에서 들여와서 이후 불복장에 봉안되었는데, 유물에서 살펴보면 그 종류도 다양하게 목화씨, 목화, 풀솜덩어리, 목화솜고치(무명실을 짓기 위해서 솜을 길게 말아 만든 것), 면실, 무명천 등 각양각색의 면제품과 면사가 봉안되어 있다.

무명[綿布]의 재료가 되는 목화솜, 목화솜고치, 무명실 등이 불상에 따라 전부 또는 일부 봉안되어 있는 사례가 있는데 그 대표적인 불상으로 경기도 화성 봉림사(鳳林寺)의 1362년 목조아미타불좌상(木造阿彌陀佛坐像 : 보물 제980호)이 있다. 이 불상은 고려시대에 1차 개금하고 조선시대에 2차 개금할 때 각각 복장을 봉안하였는데 2차 개금 시에 목화, 풀솜, 솜고치 등이 봉안되었음을 알 수 있다.

이상으로 목화에 대한 설명을 끝으로 불복장물의 재현과 설명을 마무리하고자 한다. 그동안 살펴본 불보살상과 불화 등에서 출현된 복장유물 외에도 소형불상, 불화, 소탑, 각종 불구를 비롯하여 다양한 내용의 국내외 전적류, 가사(袈裟), 화폐, 보석, 복장낭, 금속제 불구와 용기, 목제 조각품, 금속제 공예품, 발우(鉢盂), 염주, 소주(小珠), 거울, 향, 향낭, 향로, 향납, 의복, 수예품, 약재, 신분을 나타내는 증표 등 시대를 대표하는 명인들에 의해서 조성된 수많은 물목들이 문화 예술적으로 뛰어난 가치를 지닌 우리 민족의 자랑스러운 문화재로 빛을 내고 있다.

또한 폭넓은 사상과 뛰어난 안목을 지닌 복장사에 의해 봉안된 물목들 중에는 불교유물 외에도 역사기록물이나 의학, 철학, 정치학, 지리학, 풍수학 등 사회 전반에 걸친 교육서적과 관련 물품들이 출현되었다. 때로는 타종교의 서적도 봉안되기도 했는데, 동양의 각종 종교서적은 물론이거니와 400년 전 봉안된 남원 실상사(實相寺) 불상에서는 기독교 전례서인 성무일도서(聖務日禱書)가 출현되었다. 그러므로 불복장은 단순히 불교의 가르침이 깃든 성보만이 아니라 한 시대의 타임캡슐(time capsule)이라 할 수 있다.

이와 같이 다양한 물목의 복장물을 불상에 안립할 때는 불상의 크기와 위치, 복장물의 양에 따라 봉인법에 차이는 있으나 전통적인 법은 복장물을 봉안한 후 남은 공간에는 한지에 다라니를 쓰거나 인쇄하여 복장물의 위치가 변경되지 않도록 빈틈없이 채우고 불상 밑에 다라니를 써서 봉인한다.

마지막으로 불상혈(佛像穴)을 봉인할 때도 단순히 한지만을 붙이지 않고 복장물의 도난을 막기 위해서 불모(佛母 : 불상 제작자)와 의논하여 금속 제판이나 목재판을 사용하는 방법을 쓰기도 한다. 불상의 조상도 중요하지만 복장물 또한 불신(佛身)의 일부이므로 안전하고 영구적인 보존이 필수적이기 때문이다. 이 때 필자는 한지에 '옴 아 훔(🕉 ३१ (또는 ३१) ह्रीं)'을 써서 봉인하며 '옴아훔'에 대해서는 다음의 점안의식(點眼儀式) 준비물 중 고깔편에서 설명하고자 한다.

필자는 복장물의 물목에 변화를 주었는데 최근에는 정보통신과 인쇄 전자기술의 발전에 따라 CD-ROM이나 USB(universal serial bus) 메모리칩 등을 이용한 각종 영상물과 불교자료 그리고 신소재로 만든 섬유와 조각품 역사자료를 함께 봉안한다. 예를 들어 영상물로는 해인사 팔만대장경 CD-ROM과 불교방송국 제작영상물, 불상의 제작과정, 사찰 대중 출현

도4-99 고려 불상 복장물, 국립중앙박물관 소장

법회와 수행기록, 설법과 염불을 저장한 USB 메모리칩 등이 있다. 전적류로는 번역 불경, 의례집, 불교역사서, 어록집, 사찰역사, 대중 명부를 비롯해서 가능하면 다양한 기록물을 봉안하며, 우리나라 불교에 대한 기록과 전통기법으로 제작된 복장물뿐만 아니라 세계적인 불교유적지와 유물에 대한 자료와 불상, 의식용품, 다양한 작품을 함께 봉안한다.

돌이켜 생각해 보면, 과거부터 이어온 복장물 봉안을 위한 이러한 노력들은 불상에 생명을 불어 넣는 불교적 종교의식을 뛰어 넘어 현재 문화적·학문적·역사적 유산으로 큰 기여를 하였고 미래에도 세계불교와 인류 사회 전반에 걸쳐 귀한 유산이 될 것이라고 본다.

다음은 점안의식에 필요한 재현 준비물에 대해 설명하고자 한다.

## 8) 고깔

고깔은 원래 불교의식에서 승려가 쓰는 건(巾)의 한 가지인데 주로 저마포(苧麻布)로 제작하여 쓰며 이등변삼각형으로 배접된 베 조각을 둘로 꺾어 접어서 다시 이등변삼각형이 되고 터진 두 변에서 밑면만 남기고 다른 면은 붙게 한 것이 전통적인 고깔이다.

고깔의 유래에 대해서는 휴정(休靜) 스님(1520~1604)이 처음 만들었다는 설과 중국 주나라 때의 관(冠)인 변(弁)에서 시작되었다는 설이 있고, 또 삼국시대 우리나라 관모의 고유한 형태인 변형(弁形)이 통일신라에서 고려, 조선으로 이어져왔다는 설도 있다. 이러한 고깔은 오늘날 승무의 무복(舞服)이나 농악대, 무속의 복식에 사용되며 민속신앙의 대상으로서도 중요한 성물의 위치에 있다.

이창식(李昌植)은 『불교민속학의 세계』「세시풍속편」에 음력 10월 말날(午日)이 되면 새로 추수한 곡식을 조상단지에 갈아 넣고 모시는 풍습을 설명하였는데 이 조상단지를 영남지방에서는 '세존(世尊)단지'라고 하고 호남지방에서는 '제석오가리'라고 한다고 하였다. 필자는 어려서 대청마루 벽 선반 위에 모셔져 있던 세존단지를 보고 자랐는데 세존단지에는 흰색 한지로 접어서 만든 고깔이 씌워져 있었다. 지금 생각해 보면 불교와 민속종교가 혼합된 형태의 시월고사를 집안 대대로 모신 것 같다.

도4-100 고깔 1

도4-101 고깔 2

또 김태곤(金泰坤)의 『한국무신도(韓國巫神圖)』에서 삼불제석도(三佛帝釋圖), 제석위도(帝釋位圖), 칠성도(七星圖)의 성신(聖神)은 모두 고깔을 쓴 도상을 하고 있다. 그러므로 점안의식 전에 불상에 고깔을 씌우는 것도 불상의 위의(威儀)와 권위(權威)를 나타내는 것이라고 유추해 볼 수 있다.

점안의식을 시작하기 전에 고깔에는 전통적으로 '옴 아 훔' 세 글자를 경명주사로 붉게 쓰며 무진안(無盡眼), 천안(千眼), 10안(十眼)을 독송할 때 점필 안치한다. 글자에 대한 설명을 『조상경』 불보살점필법(佛菩薩點筆法)

의 범자(梵字) 해석에 따라 정리해 보면 아래의 표와 같다.

| 자(字) | 점안 위치 | 뜻[체(體)] | 공덕[용(用)] | 3신 (三身) | 3밀 (三密) | 3업 (三業) | 3안 (三眼) |
|---|---|---|---|---|---|---|---|
| 옴 唵 oṁ | 정상 (頂上) | 보리(菩提)는 동하지 않는다 | 백만의 건곤(乾坤)을 일시에 삼키는 것 | 화신 (化身) | 신밀 (身密) | 금강신업 (金剛身業) | 무진안 (無盡眼) |
| 아 啊 āḥ | 입속 (口) | 생멸하지 않는 반야(般若) | 산하대지 삼라만상 만행(萬行)의 깨달음 | 보신 (報身) | 구밀 (口密) | 금강어업 (金剛語業) | 천안 (千眼) |
| 훔 吽 hūṁ | 가슴 (胸) | 사륙법계(四六法界)를 관하는 것 | 한 생각도 동하지 않아 근원으로 돌이켜 고향에 도달한다 | 법신 (法身) | 의밀 (意密) | 금강심업 (金剛心業) | 십안 (十眼) |

표4-19 3밀진언

　다음은 금강아사리관상의궤(金剛阿闍梨觀想儀軌)에 나오는 '옴아훔'을 관상(觀想)하는 법이다. 점안의식에 앞서 증명법사(證明法師)는 목욕을 하고 깨끗한 옷을 입고 먼저 정습(正習 : 선정에 듦)에 들어 금강(金剛)처럼 결가부좌(結跏趺坐)를 하고 편히 앉아 마음을 맑게 하고 법을 관(觀)함에 걸림이 없게 한다. 그런 뒤에 관상하기를 목 위에서 큰 연꽃이 나타나고 연꽃은 '아(阿)'자로 변해지고 '아'자는 '월륜(月輪)'으로 변해지고 월륜은 '훔(吽)'자로 변해지고 '훔'자는 '5고금강저(五鈷金剛杵)'로 변해지고 금강저가 혀 위로 옮겨오면 설근(舌根)은 금강처럼 파괴되지 않는 혀로 변하게 한다.
　다음으로 두 손이 '아'자로 변하고 '아'자가 변해서 월륜이 되고 월륜이 변하여 '훔'자가 되고 '훔'자가 변하여 백색오고금강저가 되고 금강저는 변하여 금강처럼 파괴되지 않는 손이 되게 한다. 그런 다음 정수리 위를 관하여 상상하되 '옴(唵)'자가 신금강(身金剛)이 되게 하고 입안을 상상하되 '아'자가 어금강(語金剛)이 되게 하고 마음속으로 상상하되 '훔'자가 심금강(心金剛)이 되게 한 연후에 이 혀로써 진언가지(眞言加持)를 칭송해야 모두 다 원만하게 되며 이 손으로 일체인(一切印)을 맺어야 바야흐로 성취할 수 있다. 그러므로 무릇 인(印)을 맺고 주(呪)를 외움에는 먼저 정법계인주(淨法界印呪)와 삼매야계인주(三昧耶戒印呪)를 해야 이후에 일체인주가 옳게 된다. 설사 어떤 사람이 일찍이 부처님의 예를 받고 악한 마음으로 파훼(破毁)하여 다시 청정해지지 못했더라도 이 주문을 한 번이나 일곱 번을 외면 계를 파한 죄[罪垢]가 모두 청정해져서 모든 계품(戒品)이 연고와 같이 돌아가 얻는다. 일체의 단법(檀法)을 스승에게 전해 받지 못했더라도 이 주문을 일곱 번 외면 즉시 작법(作法)을 행하도록 허락해도 도적의 법[盜法]이 되지 않는다고 하였으니 '옴아훔' 관상법의 위력은 참으로 대단한 것이다. 그러므로 점안식에 앞서 불상에 고깔을 씌울 때는 꼭 '옴아훔' 세 글자를 주사(朱砂)로 붉게 써서 씌우고 7편을 외고 모셨다가 점안의식에 임한다.

오늘날에는 약식으로 '옴'자만 쓴 경우도 보았으나 전통적인 복장법에는 고깔과 불상을 봉인하는 자리에 함께 써서 상하로 '옴아훔'의 공덕인 연화월륜금강저로 신금강, 어금강, 심금강을 이루어 청정법계에 위대한 부처님의 탄생을 증명하니 '옴아훔'을 범자로 꼭 쓰기를 권한다. 왜냐하면 『조상경』에서 범자는 한 자 한 자가 다 사리이므로 범서를 모르고 한자(漢字)가 옳다고 하는 것은 외도인(外道人)이라 하였기 때문이다.

필자는 오늘날 승가 교육 과목에 범자(梵字) 교육이 없는 것은 대단히 잘못된 일이라고 생각한다. 고대시대에도 배워온 범자를 왜 가르치지 않는지 답답한 마음을 금할 길이 없으며 범서(梵書)의 서체(書體) 또한 우리나라 고유의 서체인 오두사미필법[烏頭巳尾筆法, 오두작복사미필법(烏頭鵲腹巳

尾筆法)이라고도 하며 줄여서 오사필법(烏巳筆法)이라 한다]이 있는데 이 서체는 글꼴의 처음은 까마귀의 머리와 같이 시작해서 중간은 까치 배처럼 둥글고 끝은 뱀의 꼬리처럼 유연하게 뽑아서 쓰는데 그 모양새가 참으로 복스럽고 아름다운 전통적인 서체이다. 이러한 범자와 서체에 대해서 앞으로 학계에서 관심을 가지고 범 종단적으로 좀 더 연구하고 교육하게 되기를 바라는 마음이 간절하다.

## 9) 화취진언(火聚眞言)

『안상경(安像經)』에 의하면, 새로 조상한 불상은 단(檀) 위에 동쪽을 향하게 안치한 후 황의(黃衣 : 황색가사)로 덮은 후에 아사리는 "부처님은 한 무더기 불과 같다고 관상(觀想)하며 화취진언 '옴 살바바라 보타나하 나

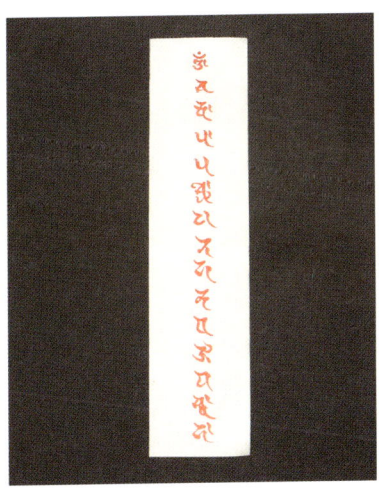

도4-102 화취진언

도4-103 화취진언

바 아라야 사바하' 7편을 외며 약간의 흰 개자를 불상에 던진 후 다시 부처님의 진실한 몸(眞實身)과 같다고 생각하라" 하였다. 오늘날 점안식에서 완벽하게 봉행되고 있지는 않으나 그 근원을 밀교와 연관 지어 설명하고자 한다.

화취진언을 가지하는 의식은 밀교의 수행법인 호마법(護摩法)에서 유래한 것이다. 호마(homa)는 인도의 바라문교에서 마장(魔障)을 제하고 복을 구하기 위해서 인도 최고의 신(神)에 속하며 불의 신인 아그니(Agni)에게 올리던 화제(火祭)의식의 영향을 받아서 이루어졌다. 호마의식에서는 부동명왕(不動明王)이나 애염명왕(愛染明王)을 본존으로 모시고 전면에 호마단을 세우며 단 가운데 화로를 만들어 붉나무, 마른 소나무, 생뽕나무 등을 호마목으로 태우며 불꽃의 중앙에 곡물을 공양물로 던지면서 기도를 올린다.

호마법은 단의 규모와 그 내용에 따라 외호마(外護摩)와 내호마(內護摩)로 나누어진다. 외호마는 실제 호마단을 차리고 행하는 의식으로 또는 외사(外事)라고도 한다. 내호마는 스스로를 단장(壇場)으로 하여 부처님의 지화(智火)로써 내심의 번뇌와 업을 태우는 것을 말하며 내리(內理)라고도 한다. 제불보살복장단의식(諸佛菩薩腹臟壇儀式)에서는 실제로 불을 피우지 않고 화취진언을 통하여 호마의식을 봉행하므로 이(理)와 사(事)가 조화된 의식이라고 할 수 있다.

또한 많은 곡물 중에서 의식에 개자를 쓰는 이유에 대해서는 문헌에서 찾을 수가 없었다. 그래서 추측컨대 개자는 5보병에 안립하는 복장물이고, 지금도 인도의 힌두교 호마의식과 중앙아시아 조로아스터교의 호마의식에서 사용되고 있으며, 우리나라의 액막이 하는 풍습에서도 개자처럼 매운 고추씨나 마른 고추를 태우는 비법이 있는 것 등을 미루어 개자를 쓰는 이유를 짐작할 수 있다.

특히 개자는 기름 성분이 있어서 불에도 잘 타고 맵고 흰 연기가 나므로 매운 맛과 연기가 부정한 것을 정화하고, 흰색과 붉은 색은 길상색으로 밝은 광명을 나타내므로 흰 개자가 호마의식의 공양물로 선택된 것이라고 본다. 아울러 5보병에 안치된 개자 씨는 이미 5력(五力)을 갖추었으므로 불상 안에 5력을 지닌 개자를 향해 또 개자를 던져서 무진법계에 무궁무진한 부처님의 가피력이 충만하기를 바라는 마음과 내외(內外)와 이사(理事)가 일치하는 권능을 갖추는 의식이라는 점에서도 생각해 볼 수 있다.

## 10) 8엽대홍련화8금강저도(八葉大紅蓮華八金剛杵圖)

8엽대홍련화8금강저도는 8엽대홍련화도와 8금강저도가 합쳐져서 이루어진 점안의식 다라니도(陀羅尼圖)이다. 8엽대홍련화도를 도상으로 만들어 불상 위에 5색실로 연결하여 장엄하는 것은 아사리가 작법을 봉행하지 않아도 그와 같은 공덕이 있다고 한다. 8금강저도(八金剛杵圖)는 점안의식에서 별도로 제작하여 8엽대홍련화도 아래에 5색실로 연결해서 불상 위에 배치하기도 하지만 연화 잎 사이에 금강저를 넣어서 한 장에 제작하는 경우가 더 많다. 금강저에 대한 위력은 보배병에 안립되는 5금강저에서 설명하였으므로 여기서는 생략하기로 한다.

이 밖에도 점안법회에는 도량을 장엄하는 결계다라니(結界陀羅尼)로 신묘장구대다라니와 5방번(五方幡), 12불번(十二佛幡), 항마진언번(降魔眞言幡) 등 각종 번과 금란방(禁亂榜), 6색방(六色榜), 6소방(六所榜) 등 각종 방과 5

도4-104 8엽대홍련화8금강저도

도4-105 8엽대홍련화8금강저도

색천, 5색사를 걸거나 붙이고 법당 입구에는 큰 향로를 놓고 향을 피워 대중이 향 연기에 훈습(薰習)하도록 한다. 법당 안에는 신중단(神衆壇) 아래 3증사단(三證師壇)을 차려 놓고 병풍으로 가려 놓는다. 증명법사단(證明法師壇 : 나옹 스님, 지공 스님, 무학 스님)에는 증명법사의 자리와 점안법 구상을 마련하고 병풍으로 가려 놓는다.

상(床) 위에는 길상초(또는 소나무 가지나 볏단), 거울, 관정수(灌頂水), 팥, 붓 등을 준비해 두는데 붓은 『조상경』에서 분명히 먹물을 묻히지 않은 하얀 붓끝으로 입안(入眼)하라고 되어 있으니 특히 유의해야 할 점이다. 또 일현 스님의 『석문의범』에는 '붓끝에 경명주사분을 찍어서 점필한다' 라고 한다. 이 밖에도 새알심을 넣지 않고 쌀과 팥으로만 끓인 팥죽과 백설기 떡 등 공양물과 5색실을 끊어서 시주자들에게 나누어줄 새 가위 등 헤아릴 수 없이 많은 법구와 공양물이 필요하다.

이상으로 복장물과 점안식에 필요한 의식물에 대한 설명을 마치며, 끝으로 필자의 생각을 더하면, 단(壇)이란 모름지기 덕을 갖추는 것이므로 물품과 의식에만 치중해서 교법에 나타난 근본 이치를 망각하는 어리석음을 짓지 말아야 한다. 오직 정성과 정심(淨心)으로 장엄하고 일심으로 '옴아훔' 진언을 염송하면 증명법사의 자격을 갖추게 된다고 하였으니, 오직 신심을 다하여 점안의식을 봉행하면 불상과 불심(佛心)이 합일되어 불상의 위덕은 부처님 재세시의 전단향목불과 같게 되리라 믿는다.

身恒徧坐 一切道場　몸은 항상 일체 도량에 두루 앉아 계시면서
菩薩衆中 威光赫奕　보살대중 가운데 그 위광이 혁혁하니
如日輪出 照明世界　마치 태양이 떠서 온 세계를 밝게 비추는 것과
　　　　　　　　　　　같다.

- 『화엄경(華嚴經)』「세주묘엄품(世主妙嚴品)」

제5부

# 조상경

# 1. 조상경(造像經)

『조상경(造像經)』은 불보살상 조성의 기원과 공덕, 영험, 그리고 불상에 생명을 불어 넣는 점안의식(點眼儀式)과 복장의식(腹藏儀式)에 대한 절차와 구성 물목들에 대한 이론적 근거를 경전들을 바탕으로 설명하는 비전(祕典)이다. 불상에 복장을 넣는 취지와 복장에 들어가는 물목들의 크기와 개수, 넣는 방법까지 자세히 열거하고 있다.

『조상경』이 언제 어떻게 누구에 의해서 만들어졌는지는 알려진 바가 없지만 『조상경』은 우리나라만의 독자적인 내용을 지닌 특징이 있으며, 이러한 『조상경』으로 인해 복장물을 안치하는 복장의식이 차츰 일정한 법식을 가지게 되었다. 『조상경』이라는 명칭은 1746년 김룡사본에서 처음 사용되었다.

『조상경』은 독립된 경전이 아닌 진실(陳實)의 『대장일람집(大藏一覽集)』, 자현(慈賢)의 「묘길상대교왕경」(妙吉祥大敎王經)』, 선무외(善無畏, 637~735)의 『삼실지단석(三悉地壇釋)』, 시호(施護)의 『관상의궤(觀想儀軌)』의 네 개의 경전에서 발췌한 내용들로 이루어졌다.

『대장일람집』은 남송 1157년에 편찬되었으며 불상 등을 실제 조상(造像)하는 조형(造形)에 관한 내용은 아니지만 서론부에 불상 조성의 연유와 공덕을 설명하고 있다. 「묘길상대교왕경」은 『묘길상평등비밀최상관문대교왕경(妙吉祥平等祕密最上觀門大敎王經)』의 약칭으로 요나라 자현 스님이 1060년대에 한역한 인도 후기 금강계 밀교경전이다. 전 5권 중 제1권에서 5보병에 물목을 가지(加持)하는 과정의 복장의식의 절차를 설명하고 있다.

『삼실지단석』은 『조상경』에서 송(宋) 선무외(善無畏 Śubhakarasiṃha : 637~735)의 『체본금강정경(體本金剛頂經)』을 해석한 것이라고 하였는데 선무외삼장은 동인도 출신의 스님으로 중국에 온 것은 송대(宋代, 960~1279)가 아닌 당대(唐代, 618~907)이다. 선무외삼장은 밀교의 대표경전인 7세기 중엽 서부 인도에서 성립된 태장계의 『대일경(大日經)』을 한역(漢譯)한 당나라에 초기밀교를 전한 선구자이다. 『불정존승심파지옥전업장출삼계비밀삼신불과3종실지진언의궤[佛頂尊勝心破地獄轉業障出三界秘密三身佛果三種悉地眞言儀軌]』의 약칭으로 3종실지(Siddhi : 완벽한 성취를 말함)는 입실지·출실지·비밀실지의 세 가지 실지를 말한다. 입실지는 보신, 출실지는 화신, 비밀실지는 법신을 성취한 상태를 말한다.

『관상의궤(觀想儀軌)』는 북송 980년 시호가 한역한 『불설불모반야바라밀다대명관상의궤(佛說佛母般若婆羅密多大明觀想儀軌)』의 약칭으로 11세기 초 북송의 시호 스님이 한역한 1권짜리 경전으로 불복장 의식을 행하는 사람들이 행해야 할 태도와 주의사항이 저술되어 있다.

# 2. 조상경(造像經) 판본의 비교

고려시대부터 행해져 온 복장 의식이 체계화되면서 밀교 등 여러 경전에서 복장과 관련된 부분을 모아 한 권의 경(經)으로 편찬되었는데, 조선 중기 1575년에 전남 담양 용천사(龍泉寺) 판본 『대장일람경(大藏一覽經)』이 최초본으로 발견되었고 조선 후기까지 1677년 전남 고흥 능가사(楞伽寺) 판본 『관상의궤』, 1720년 평안도 용강 화장사(華莊寺) 판본 『화엄조상』, 1746년 경북 문경 김룡사(金龍寺) 판본 『조상경』, 1824년 강원도 금강산 유점사(楡岾寺) 판본 『조상경』 등이 있다. 「복장진언」과 「진언집」도 복장 의식과 복장진언이 수록되어 있어 참고할 만한 자료이다. 다섯 가지 판본을 살펴보면 큰 변화 없이 수용한 부분과 생략된 부분, 새롭게 나타나는 부분 등을 비교 분석하여 『조상경』 판본을 용천사본, 능가사본, 유점사본으로 크게 나눌 수 있다.

조상경 판본에 대해서는 허흥식 『불복장의 배경과 조상경』, 정명자(善眞) 『불복장의식에 관한 연구』, 태경 스님 『조상경』, 김인효 『조상경 판본의 비교 교감 연구』, 남권희 『조상경 판본의 서지적 연구』 등 기존의 논문과 책에 잘 정리되어 있어 세부적으로는 비교·분석하지 않도록 하겠다.

각 판본에 대해 간략하게 살펴보면 첫 번째, 용천사판은 현존하는 최고본으로 간기가 있어 1575년 2월 전라도 담양 추월산 용천사에서 판각 및 간행되었음을 알 수 있다. 도언, 상영, 조혜가 간행에 참여하였다. 두 번째, 능가사판은 1697년 1월 팔영산 능가사에서 개판(改版)되었으며 각수로 탄유와 색난이 참여하였다. 세 번째, 화장사판은 1720년 5월 평안도 화장사에서 장대립, 여화춘, 윤소 등 7명의 시주로 개판·간행되었으며 각수로 체은(體旹)과 석인이 참여하였다. 네 번째, 김룡사판은 1746년 4월 문경 운달산 김룡사에서 김룡사 주지 태겸(太兼)이 간행하였으며 각수는 비구 만성, 국초, 정국평이 참여하였다.

마지막으로 앞의 판본들의 완성본이라 할 수 있는 유점사판은 1824년 5월 금강산 유점사에서 개판되었는데 조선 후기 용허(聳虛) 스님이 당시 『조상경』이 오래되고 잘못된 곳이 많아 산재해 있던 불상 조상(造像)과 봉안에 관한 의식집을 찬집(纂集)하여 선교(禪敎)에 두루 통달했던 화악지탁(華嶽知濯 1786~1848) 스님에게 고증(考證)을 청하고, 서문은 뇌암(雷庵)과 백석(白石) 거사가 짓고, 제자 영해여훈(呂訓) 스님이 필사(筆寫)하였다.

| 구분 | 간행연대 | 소장처 |
| --- | --- | --- |
| 용천사(龍泉寺) 판본 『대장일람경(大藏一覽經)』 | 1575년 | 일산 원각사, 부산 복천사 |
| 능가사(楞伽寺) 판본 『관상의궤』 | 1677년 | 동국대, 제주 성광사 |
| 화장사(華莊寺) 판본 『화엄조상』 | 1720년 | 부산 내원정사 |
| 김룡사(金龍寺) 판본 『조상경』 | 1746년 | 고려대, 동국대, 북한산 대성암, 부산 범어사 |
| 유점사(榆岾寺) 판본 『조상경』 | 1824년 | 순천 송광사, 김천 직지사, 남양주 수진사, 규장각, 일산 원각사, 합천 해인사, 동국대 등 |
| 천진암 필사본 『조상경』 | 1888년 | |
| 용화사 필사본 『복장진언』 | 1919년 | 담양 용화사 |

표5-1 조상경 판본 비교

『조상경』의 고증(考證)을 맡은 화악지탁 스님은 환성지안(喚醒志安)의 법맥을 이은 선사(禪師)이자 화엄학의 대가이며 유학에도 밝아 문장가로서도 이름을 떨쳤으며 스님의 진영(眞影)이 직지사와 통도사 등에 전해지고 있다. 법손(法孫)인 보월혜소(寶月慧昭) 스님이 스님의 시문, 영찬, 행장 등을 모아 『삼봉집(三峯集: 1869년)』을 편찬하였는데 『조상경』에 스님이 쓴 「약술비의(略述鄙意)」가 『삼봉집』에도 실려 있다.

도5-1 『조상경』의 고증을 맡은 화악지탁 대선사 진영. 직지사 성보박물관 소장

다섯 판본의 『조상경』의 공통되는 부분은 『대장일람경(大藏一覽經)』 「조상품(造像品)」의 14칙(則), 제불보살복장단의식(諸佛菩薩腹藏壇儀式), 5경·5보병·5곡·5향·5공양, 「묘길상대교왕경(妙吉祥大敎王經)」, 삼실지단석(三悉地壇釋), 불보살점필방팔안(佛菩薩點筆方八眼), 준제구성범자겸해의(准提九聖梵字兼解義)이고 유점사(楡岾寺)본에만 들어 있는 내용으로는 중간조상경서(重刊造像經序) 2, 약술비의(略述鄙意), 금강아사리관상의궤(金剛阿闍梨觀想儀軌), 복장제물해석분제이과설(腹藏諸物解釋分齊二科說), 5길상초·5륜종자·5산개, 복장소입제색(腹藏所入諸色), 복장단중회의(腹藏壇衆會議), 「묘길상대교왕경(妙吉祥大敎王經)」의 금강저와 생반3분, 후령통내안립차제(喉鈴筒內安立次第), 황초폭자내안립차제(黃綃幅子內安立次第), 옴아훔해의(解義), 37존설(尊說), 점안문제진언(點眼文諸眞言), 발문(跋文) 2이다. 이 중 불설불모대명관상의(佛說佛母大明觀想儀)가 유점사본, 김룡사본, 능가사

| 큰제목 | 유점사본(1824년) 소제목 | 김룡사 (1746) | 화장사 (1720) | 능가사 (1677) | 용천사 (1575) |
|---|---|---|---|---|---|
| 중간서 | 중간조상경서(重刊造像經序) | - | - | - | - |
|  | 중간조상경서(重刊造像經序) | - | - | - | - |
| 서문 | 약술비의(略述鄙意) ● | | | | |
| 대장일람경(大藏一覽經) 조상품(造像品) | 조상품(造像品) 15칙(則) | ○ | | | |
| 아사리관상의궤 | 금강아사리관상의궤(金剛阿闍梨觀想儀軌) ● | - | - | - | - |
| 복장단의식 | 제불보살복장단의식(諸佛菩薩腹藏壇儀式) | ○ | ○ | ○ | ○ |
| 복장제물해석분제이과설 | 복장제물해석분제이과설(腹藏諸物解釋分齊二科說) ● | - | - | - | - |
|  | 5경(鏡) 5보병(寶甁) 5곡(穀) 5향(香) 5약(藥) 5공양(供養) | ○ | ○ | ○ | ○ |
|  | 5길상(吉祥) 5륜종자(輪種子) 5산개(傘蓋) ● | | | | |
|  | 복장소입제색(腹藏所入諸色) ● | - | - | - | - |
|  | 복장단중회의(腹藏壇衆會義) ● | - | - | - | - |
| 묘길상대교왕경 (妙吉祥大敎王經) (자현) | 「묘길상대대교왕경」(妙吉祥大敎王經) | | | | |
|  | 5보병(寶甁) 5곡(穀) 5보(寶) 5약(藥) | | | | |
|  | 5향(香) 5황(黃) 5개자(介子) 5색채번(色綵幡) | | | | |
|  | 5색사(色絲) 5시화(時花) 5보리수(菩提樹) | | | | |
|  | 5길상초(吉祥草) 5산개(傘蓋) | | | | |
|  | 금강저(金剛杵) | | | | |
|  | 생반삼분(生飯三分) | | | | |
|  | 후령통내안차제립(喉鈴筒內安次第立) ● | | | | |
|  | 황초폭자내안차제립(黃綃幅子內安次第立) ● | | | | |
| 삼실지단석 (三悉地壇釋) (서무외) | 삼실지단석(三悉地壇釋) | | | | |
|  | 점필팔안(點筆八眼) [점필론(點筆論)] | | | | |
|  | 제구성범자(提九聖梵字) [겸의해(兼義解)] | | | | |
|  | 암아우의해(唵啊吽義解) ● | | | | |
| 불모반야바라밀다대명 관상의궤(佛母般若波羅 蜜多大明觀想儀軌) (시호) | 대명관상의(大明觀想儀) | | | | |
|  | [소입제색(所入諸色)] × | | | | |
|  | [제물차제초록(諸物次第抄錄)] × | | | | |
|  | 37존설(三十七尊說) ● | | | | |
| 점안문(點眼文) | 점안문제진언(點眼文諸眞言) ● | | | | |
| 발문(跋文) | 발(跋) | | | | |
|  | 발(跋) | | | | |

표5-2 조상경 판본별 항목 비교도

출처 : 『조상경』 태경 스님 역저, 도서출판 운주사, p.30.

본에는 있고 화장사본·용천사본에는 없는 차이가 있다.

　『조상경』과 관련된 전적으로 금해관영(錦海瓘英, 1856~1937) 스님이 유점사본을 중심으로 서사한『복장진언(腹藏眞言)』이 있는데 복장의식절차들이 상세히 기록되어 있다. 또「점안문」과「조상경진언」이 실려 있는『진언집(眞言集)』도 있는데『진언집』은『조상경』의 제작과 시대를 공유하므로 비교 연구해서 살펴볼 필요가 있어 우선 간략히 짚고 넘어 가겠다. 한글이 창제되기 전까지는 한자로 진언을 음역했고 한글창제 후에는 한글로 활발히 음사하였는데 전해지는 진언집은 안심사본(1569), 신흥사본(1658), 불영대본(1688), 만연사본(1777), 망월사본(1800)의 5종본이다. 처음의 안심사본(1569년)은 설은(雪訔) 스님이 개판한 중간본(重刊本)이고, 후에 범어에 능했던 용암숙공(龍巖肅公) 화상이 잘못된 범어음을 수정하여 만연사본(1777년)을 간행했다가 소실되고, 망월사에서 영월규공(暎月奎公) 스님이 이를 수정·증보하여 망월사본(1800년)을 중간(重刊)하여 현재까지 망월사에 판목이 보존되어 있다.[1]

　『망월사본진언집』에는 본문에 '진언집총론', '실담장해의총론', '진언집범례', '홍무정운자모지도', '언본16자모', '범본50자문실담장'의 제목으로 실담문자와 한글표기 방법에 대해 상세히 설명되어 있어 훈민정음연구에 소중한 자료가 되고 있으며, 이 책은 진언집의 집대성본이라 할 수 있다.

---

1 『한국민족문화대백과사전』.

# 3. 조상경(造像經)의 구성과 과목

『조상경』은 서분(序分), 정종분(正宗分), 유통분(流通分)으로 이루어져 있는데, 『조상경(유점사본)』의 내용 구성을 인유(因由)와 신해행증(信解行證), 사법(四法)에 배대한 것을 도식화하면 다음과 같다.

『조상경』의 내용은 크게 조상의 기원과 공덕에 관해 논한 부분과 복장의식의 절차와 진언을 서술한 부분으로 나뉘는데, 화악지탁 스님은 '약술비의(略述鄙意)'에서 경전의 내용을 인(因)과 '신해행증'에 배대한 네 부분으로 나누어 다음과 같이 밝히고 있다.

### 1) 인유분(因由分)

『대장일람경(大藏一覽經)』의 「조상품(造像品)」 15칙(則)의 1칙(則)에서 조상의 연유를 발기하여 전법의 유래가 있음을 밝혀 '인(因)'으로 삼았다. 금강아사리관상의궤(金剛阿闍梨觀想儀軌)에도 조상의 연유가 나온다.

### 2) 신법(信法)

『대장일람경』의 「조상품」 15칙(則) 중 '약조약수지묘리(若造若修之妙理)' 부터 시작하는 내용으로 조상(造像)의 공덕을 증신(證信)함은 영험이 진

| 조상경 목차 | 4법(法) | 삼분과(三分科) |
|---|---|---|
| 중간조상경서(重刊造像經序)-뇌암(雷庵), 백석(白石) | | 서분 |
| 약술비의(略述鄙意)-화악지탁(華嶽知濯) | | |
| 대장일람경 조상품(大藏一覽經 造像品) 15칙(則) | 인유(因由) | |
|     발기조상인유 | | |
|     증신조상공덕 … | 신(信) | |
| 금강아사리관상의궤(金剛阿闍梨觀想儀軌) | | 정종분 |
| 제불보살복장단의식(諸佛菩薩腹藏壇儀式) | 해(解) | |
|     복장제물해석분제이과설(腹藏諸物解釋分齊二科說) | | |
|     5경, 5보병, 5곡, 5향, 5약 … | | |
|     복장소입제색(腹藏所入諸色) | 행(行) | |
|     복장단중회의(腹藏壇衆會議) | | |
| 묘길상대교왕경(妙吉祥大敎王經) | | |
| 후령통내안립차제(喉鈴筒內安立次第) | | |
| 황초폭자내안립차제(黃綃幅子內安立次第) | | |
|     부동존진언(不動尊眞言) | | |
| 삼실지단석(三悉地壇釋) | 증(證) | |
| 불설불모반야바라밀다대명관상의(佛說佛母般若波羅蜜多大明觀想儀) | | |
| 37존설(尊說) | | |
| 점안문제진언(點眼文諸眞言) | | |
| 증명위목 | | |
| 발(跋)-화악지탁(華嶽知濯) | | 유통분 |
| 발(跋)-영해여훈(影海呂訓) | | |

표 5-3 유점사본 『조상경』의 과목(科目)

실함을 밝히고 있으므로 '신법(信法)'에 배대하였다.

『대장일람경』의 「조상품」에서 『조상공덕경』을 인용하여 조상의 유래와 공덕을 설명하고 있다. 먼저 부처님이 제석천(帝釋天)의 청으로 도리천에 올라가 어머니 마야부인을 위하여 설법하느라 석 달 동안 계시지 않으셔서, 우전왕이 부처님을 그리워한 나머지 부처님과 똑같은 등상을 조성하여 경배한 것이 불상 조상의 시초이며 원인임을 밝히고, 이어서 불상을 조성한 영험과 공덕에 대해 자세히 알려주고 있다. 불상을 조성하고 공양할 때는 법답게 신심(信心)을 기울여서 정성껏 주의해서 모셔야 과보를 받지 않고 영험과 공덕을 얻는다는 것, 『경덕전등록(景德傳燈錄)』 등의 선법문을 통해 선문(禪門)에서 불상의 상(相)을 대하는 관점을 설하고, 『욕상경(浴像經)』에서 욕불하는 의식을 설명하고, 사리를 모신 불탑의 조성과 공덕을 밝히고 있다.

금강아사리관상의궤(金剛阿闍梨觀想儀軌)는 의식을 집전하는 아사리가 '옴아훔'의 관상법을 통해서 '신구의(身口意) 3업(三業 : 몸과 입과 마음으로 업을 짓는 것)'으로 '신구의 금강'을 성취하게 한다고 하는 금강계삼밀진언수행에 관한 의궤이다.

## 3) 해법(解法)

제불보살복장단의식(諸佛菩薩腹藏壇儀式)에서 복장제물해석분제이과설(腹藏諸物解釋分齊二科說), 5경 등 물목 설명에 이르기까지 복장의식의 절차에 대한 내용을 이치적으로 설명하여 사(事)에 즉(卽)하여 이(理)를 밝힌 '해법(解法)'에 배대하였다.

제불보살복장단의식에서는 불상을 조상(造像)한 후 생명을 부여하는 복장단의식에 대하여 『다라니집경(陀羅尼集經)』[2]과 『대일경』의 「입만다라구연진언품(入曼茶羅具緣眞言品)」인 「구연품(具緣品)」을 근거로 해서 설명하고 있다. 이 부분에서는 정화(淨化)의식인 화취진언(火聚眞言)만이 진언으로 첨가되었다.

복장제물해석분제이과설에서는 복장물의 물질적인 면에 집착하여 그 이치를 잃을까 염려하여 복장물 하나하나의 이치적인 의미를 설명하여 복장의식의 이사원융(理事圓融)을 추구하고 있다.

## 4) 행법(行法)

복장소입제색(腹藏所入諸色)과 「묘길상대교왕경(妙吉祥大教王經)」의 인용부분과 후령통, 황초폭자내 안립까지 복장물로 납입하는 여러 물목들의 종류와 의미, 납입방법, 절차 등을 다루면서 각 부분마다 진언을 첨가하였다. 이(理)에 의지하여 사(事)를 성취한 것으로 '행법(行法)'에 배대하였다.

## 5) 증법(證法)

부동존주(不動尊呪)로부터 삼실지단석(三悉地壇釋), 불설불모반야바라밀다대명관상의(佛說佛母般若波羅蜜多大明觀想儀), 점안문제진언(點眼文諸眞言)까

---

[2] 『다라니집경(陀羅尼集經 : 大正藏 제18책)』은 전 12권의 경전으로 아지구다(阿地瞿多, Atigupta)가 654년(당나라)에 여러 종류의 다라니와 수인(手印), 화상법(畵像法), 단(壇)의 건립 등에 대해 역경한 경전으로 불상 조상과 복장단 의식과 연관이 있다.

지를 끝으로 『조상경(造像經)』은 마무리된다. 이사원융(理事圓融)한 화엄(華嚴)의 종극(終極)의 도(道)를 나타낸 것으로 '증법(證法)'에 배대하였다.

삼실지단석(三悉地壇釋)에서는 불신(佛身)을 이루게 하는 비밀실지(5륜종자)·입실지·출실지인 3실지(三悉地)의 단(壇)과 불보살을 점필하는 준제주 및 불보살의 종자인 다라니들을 설명하고 있다. (8엽대홍련지도편 3종실지사상 참조)

불설불모반야바라밀다대명관상의(佛說佛母般若波羅蜜多大明觀想儀)에서는 불설불모반야바라밀다대명주를 설하고 관상하며 이어서 8방으로 종자(種字)가 그려진 8엽대홍련화를 관상하여 최상승의 실지법(悉地法)을 얻는 데 이르기까지의 과정과 공덕을 설명하고 있다.

끝으로 보협다라니와 금강계만다라를 구성하는 37존불보살에 대한 설명과 점안의식의 진언들과 점필법을 수록하고 『조상경』을 마무리하였다.

### 3종실지사상(三種悉地思想)과 조상경(造像經)

인도 후기 불교로 생겨난 밀교의 양부 대경인 『대일경』과 『굼간정경』이 중국으로 전해지면서 3종실지사상으로 발전되는네 3종실지사상은 비밀실지(秘密悉地: 5륜종자)·입실지(入悉地)·출실지(出悉地)의 3실지수행(三悉地修行)으로 불신(佛身)을 이룬다고 하는 금태불이(金胎不二)의 밀교사상이다.

태장계와 금강계 양부만다라를 융합하여 당대 이후에 성립된 3종실지의 금태불이사상을 잘 보여주고 있는 의궤로 3종실지궤(三種悉地軌)가 있는데 3종실지궤에는 『대일경(大日經)』에서 설하고 있는 5자·5대·5형의 세 가지 요소와 『금강정경(金剛頂經)』류에서 설하는 5부·5불·5지의 세 가지 요소가 잘 조화를 이루고 있다. 일찍이 인도에서 없었던 『대일경』과 『금강정경』의 양계(兩界) 구도가 산생과 순환을 추구하는 중국의 5행사상 등의 영향으로 금태불이(金胎不二)사상으로 발전하였다. 즉 인도의 밀교가 중국의 유교와 도교적 요소와 융합되어 중국적 밀교를 산출하였고 중국화된 금태불이의 3종실지사상은 삼실지단석(三悉地壇釋)를 통해 『조상경』에 도입되기에 이른 것이다.

# 부록

# 도판출처

도1-1 실크로드 여행사 이상훈
도1-2 실크로드 여행사 이상훈
도1-3 실크로드 여행사 이상훈
도1-4 실크로드 여행사 이상훈
도1-5 실크로드 여행사 이상훈
도1-6 실크로드 여행사 이상훈
도1-7 肥塚隆·宮治昭 責任編集『世界美術大全集』東洋編13: インド(1)』小學館, 2000. p.34, 圖29
도1-8 『インド古代彫刻展』日本經濟新聞社, 1984. 도5
도1-9 『佛敎傳來の道 平山郁夫と文化財保護』NHK·NHK Promotions, 朝日新聞社, 2011. 도8
도1-10 『Indian Buddhist Art from Indian Museum, Kolkata』日本經濟新聞社, 2015. 도1
도1-11 東京国立博物館編『パキスタン·ガンダーラ彫刻展』NHK·HK Promotions, 2002. 도16
도1-12 김규현 역『대당서역기』글로벌콘텐츠, 2013.
도1-13 高田修 著, 이숙희 역『불상의 탄생』예경, 1994.
도1-14 東京国立博物館編『シルクロード大美術展』読売新聞社, 1996. 도29
도1-15 위키피디아 간다라 조
도1-16 『平山郁夫とシルクロード』古代オリエント博物館, 1989. 도24
도1-17 『NHK大英博物館4 インド·佛敎美術の開花』日本放送出版協會, 1991. p.30
도1-18 平山郁夫とシルクロード美術館編『平山郁夫の繪畫とシルクロードの遺産』平山郁夫とシルクロード美術館, 2004. 도28
도1-19 『日本·インド國交樹立50周年記念 パキスタン·ガンダーラ彫刻展』NHK·NHK프로모션, 2002. p.28
도1-20 실크로드 여행사 이상훈
도1-21 『NHK大英博物館4 インド·佛敎美術の開花』日本放送出版協會, 1991. p.19

도2-1 『조형미의 극치 석조미술』국립중앙박물관, 2006. p.15
도2-2 국립중앙박물관,『고대불교조각대전』통천문화사 2015. 도4
도2-3 국립중앙박물관,『고대불교조각대전』통천문화사 2015. p35
도2-4 국립중앙박물관『고대불교조각대전』통천문화사 2015. p72
도2-5 http://harvardartmuseums.org/
도2-6 『佛像彫刻の鑑賞基礎知識』至文

도2-7 『佛像彫刻の鑑賞基礎知識』至文堂, 1995, 도211

도2-7 『佛像彫刻の鑑賞基礎知識』至文堂, 1995, 도211

도2-8 『重要文化財 別卷Ⅱ 像內納入品』每日新聞社, pp.27~28

도2-9 山西省文物局·中國歷史博物館編 『應縣木塔遼代秘藏』文物出版社, 1991

도3-1 국립중앙박물관
도3-2 국립중앙박물관
도3-3 국립중앙박물관
도3-4 국립중앙박물관편 『新소장품 특별공개-새롭게 선보이는 우리 문화재』 국립중앙박물관, 2014
도3-5 국립중앙박물관편 『新소장품 특별공개-새롭게 선보이는 우리 문화재』 국립중앙박물관, 2014
도3-6 불교문화재연구소편 『한국의 사찰문화재 2009』 불교문화재연구소
도3-7 국가유산청
도3-8 국가유산청
도3-9 국가유산청
도3-10 『ガンダーラ美術とバーミヤン遺跡展』 靜岡新聞社·靜岡放送事業局, 2007, p.152
도3-11 『アフガニスタン流出文化財報告書-保護から返還へ』 東京藝術大學アフガニスタン特別企劃展實行委員會, 東京藝術大學ユーラシア文化交流センター, 2016, p.113
도3-12 해인사 성보박물관
도3-13 해인사 성보박물관
도3-14 해인사 성보박물관
도3-15 불교문화재연구소
도3-16 불교문화재연구소
도3-17 불교문화재연구소
도3-18 불교문화재연구소
도3-19 불교문화재연구소
도3-20 불교문화재연구소
도3-21 불교문화재연구소
도3-22 불교문화재연구소
도3-23 불교문화재연구소
도3-24 수덕사 근역성보관
도3-25 수덕사 근역성보관, 『지심귀명례-한국의 佛腹藏』, 2004, 도4
도3-26 국가유산청
도3-27 불교신문사 신재호
도3-28 불교중앙박물관
도3-29 불교중앙박물관
도3-30 불교중앙박물관
도3-31 불교중앙박물관
도3-32 불교중앙박물관
도3-33 불교중앙박물관
도3-34 불교중앙박물관
도3-35 국가유산청
도3-36 불교중앙박물관
도3-37 불교중앙박물관

도3-38 불교중앙박물관
도3-39 불교신문사 신재호
도3-40 국가유산청
도3-41 불교중앙박물관
도3-42 불교중앙박물관
도3-43 불교중앙박물관
도3-44 국가유산청
도3-45 수덕사 근역성보관
도3-46 수덕사 근역성보관
도3-47 수덕사 근역성보관
도3-48 수덕사 근역성보관
도3-49 수덕사 근역성보관
도3-50 수덕사 근역성보관
도3-51 수덕사 근역성보관
도3-52 수덕사 근역성보관
도3-53 수덕사 근역성보관
도3-54 수덕사 근역성보관
도3-55 경원
도3-56 불교문화재연구소
도3-57 불교문화재연구소
도3-58 불교문화재연구소
도3-59 불교문화재연구소
도3-60 불교문화재연구소
도3-61 불교문화재연구소
도3-62 불교문화재연구소
도3-63 불교문화재연구소
도3-64 불교문화재연구소
도3-65 불교문화재연구소
도3-66 국립중앙박물관『발원, 간절한 바람을 담다』㈜지엔에이커뮤니케이션, 2015, p.101
도3-67 국립중앙박물관『발원, 간절한 바람을 담다』㈜지엔에이커뮤니케이션, 2015, pp.104~106
도3-68 국가유산청
도3-69 불교문화재연구소
도3-70 불교문화재연구소
도3-71 국가유산청
도3-72 국가유산청
도3-73 국가유산청
도3-74 통도사 성보박물관
도3-75 경원
도3-76 불교신문사 신재호
도3-77 불교문화재연구소
도3-78 불교문화재연구소
도3-79 불교문화재연구소
도3-80 불교중앙박물관編『꿈꾸는 즐거운 극락』조계종출판사, 2016, p.130
도3-81 불교중앙박물관編『꿈꾸는 즐거운 극락』조계종출판사, 2016, p.131
도3-82 국립중앙박물관『발원, 간절한 바람을 담다』㈜지엔에이커뮤니케이션, 2015, p.174
도3-83 국가유산청
도3-84 국립중앙박물관『발원, 간절한 바람을 담다』㈜지엔에이커뮤니케이션, 2015, p.176
도3-85 국립중앙박물관『발원, 간절한 바

람을 담다』 ㈜지엔에이커뮤니케이션,
2015, pp.174~175
도3-86 국가유산청
도3-87 불교문화재연구소
도3-88 불교문화재연구소
도3-89 불교문화재연구소
도3-90 불교문화재연구소
도3-91 불교문화재연구소
도3-92 불교문화재연구소
도3-93 불교문화재연구소
도3-94 불교문화재연구소
도3-95 불교문화재연구소
도3-96 불교문화재연구소
도3-97 불교문화재연구소
도3-98 불교문화재연구소
도3-99 불교문화재연구소
도3-100 불교문화재연구소
도3-101 불교문화재연구소
도3-102 불교문화재연구소
도3-103 불교문화재연구소
도3-104 불교문화재연구소
도3-105 불교문화재연구소
도3-106 국가유산청
도3-107 수덕사 근역성보관
도3-108 수덕사 근역성보관
도3-109 수덕사 근역성보관
도3-110 수덕사 근역성보관
도3-111 수덕사 근역성보관
도3-112 수덕사 근역성보관

도3-113 수덕사 근역성보관
도3-114 수덕사 근역성보관
도3-115 수덕사 근역성보관
도3-116 수덕사 근역성보관
도3-117 수덕사 근역성보관
도3-118 수덕사 근역성보관
도3-119 불교문화재연구소
도3-120 불교문화재연구소
도3-121 국가유산청
도3-122 국가유산청
도3-123 불교문화재연구소
도3-124 월정사 성보박물관
도3-125 월정사 성보박물관
도3-126 월정사 성보박물관
도3-127 월정사 성보박물관
도3-128 월정사 성보박물관
도3-129 월정사 성보박물관
도3-130 월정사 성보박물관
도3-131 송광사 성보박물관
도3-132 송광사 성보박물관
도3-133 송광사 성보박물관
도3-134 송광사 성보박물관
도3-135 송광사 성보박물관
도3-136 송광사 성보박물관
도3-137 송광사 성보박물관
도3-138 송광사 성보박물관
도3-139 송광사 성보박물관
도3-140 송광사 성보박물관
도3-141 송광사 성보박물관

도3-142 송광사 성보박물관
도3-143 송광사 성보박물관
도3-144 송광사 성보박물관
도3-145 송광사 성보박물관
도3-146 박은경
도3-147 박은경
도3-148 박은경
도3-149 월정사 성보박물관
도3-150 월정사 성보박물관
도3-151 월정사 성보박물관
도3-152 해인사 성보박물관
도3-153 해인사 성보박물관
도3-154 국가유산청
도3-155 국가유산청
도3-156 수덕사 근역성보관
도3-157 수덕사 근역성보관
도3-158 경원
도3-159 경원
도3-160 경원
도3-161 불교중앙박물관
도3-162 민병훈
도3-163 민병훈

도4-1 불교신문사 대전지사장 이시영
도4-2 불교신문사 대전지사장 이시영
도4-3 방곡사
도4-4 방곡사
도4-5 국립중앙박물관 (재)백제세계유산센터『세계유산백제』비에이디자인, 2016, p.140
도4-6 불교신문사 대전지사장 이시영
도4-7 불교신문사 대전지사장 이시영
도4-8 불교중앙박물관
도4-9 불교중앙박물관
도4-10 불교신문사 대전지사장 이시영
도4-11 강우방
도4-12 불교신문사 대전지사장 이시영
도4-13 국가유산청
도4-14 국가유산청
도4-15 국가유산청
도4-16 수덕사근역성보관『지심귀명례-한국의 불복장 특별전』2004, 도64
도4-17 수덕사근역성보관『지심귀명례-한국의 불복장 특별전』2004, 도66
도4-18 해인사성보박물관『해인사비로자나불복장유물특별전-서원』2008, p.25
도4-19 국가유산청
도4-20 국가유산청
도4-21 불교신문사 대전지사장 이시영
도4-22 보문사
도4-23 보문사
도4-24 보문사
도4-25 불교신문사 대전지사장 이시영
도4-26 불교신문사 신재호
도4-27 불교신문사 대전지사장 이시영
도4-28 수덕사 근역성보관『지심귀명례-한국의 불복장 특별전』2004, 도201
도4-29 불교신문사 대전지사장 이시영

도4-30 불교신문사 대전지사장 이시영
도4-31 불교신문사 대전지사장 이시영
도4-32 불교신문사 대전지사장 이시영
도4-33 불교신문사 대전지사장 이시영
도4-34 불교신문사 대전지사장 이시영
도4-35 불교신문사 대전지사장 이시영
도4-36 불교신문사 대전지사장 이시영
도4-37 불교신문사 대전지사장 이시영
도4-38 불교신문사 대전지사장 이시영
도4-39 불교신문사 대전지사장 이시영
도4-40 불교신문사 대전지사장 이시영
도4-41 불교신문사 대전지사장 이시영
도4-42 불교신문사 대전지사장 이시영
도4-43 금산군청
도4-44 불교신문사 대전지사장 이시영
도4-45 불교신문사 대전지사장 이시영
도4-46 불교신문사 대전지사장 이시영
도4-47 불교신문사 대전지사장 이시영
도4-48 불교신문사 대전지사장 이시영
도4-49 불교신문사 대전지사장 이시영
도4-50 국립중앙박물관『고대불교조각대전』통천문화사, 2015. p.33
도4-51 불교신문사 대전지사장 이시영
도4-52 불교신문사 대전지사장 이시영
도4-53 BTN 불교티비
도4-54 불교신문사 대전지사장 이시영
도4-55 불교신문사 대전지사장 이시영
도4-56 불교신문사 대전지사장 이시영
도4-57 불교신문사 대전지사장 이시영
도4-58 불교신문사 대전지사장 이시영
도4-59 불교신문사 대전지사장 이시영
도4-60 불교신문사 대전지사장 이시영
도4-61 불교신문사 대전지사장 이시영
도4-62 불교신문사 대전지사장 이시영
도4-63 불교신문사 대전지사장 이시영
도4-64 불교신문사 대전지사장 이시영
도4-65 불교신문사 대전지사장 이시영
도4-66 불교신문사 대전지사장 이시영
도4-67 불교신문사 대전지사장 이시영
도4-68 불교신문사 대전지사장 이시영
도4-69 불교신문사 대전지사장 이시영
도4-70 불교신문사 대전지사장 이시영
도4-71 불교신문사 대전지사장 이시영
도4-72 불교신문사 대전지사장 이시영
도4-73 불교신문사 대전지사장 이시영
도4-74 불교신문사 대전지사장 이시영
도4-75 불교신문사 대전지사장 이시영
도4-76 불교신문사 대전지사장 이시영
도4-77 日本東寺『東寺國寶展』世田谷美術館, 1995
도4-78 불교신문사 대전지사장 이시영
도4-79 불교신문사 대전지사상 이시엉
도4-80 불교신문사 대전지사장 이시영
도4-81 불교신문사 대전지사장 이시영
도4-82 불교신문사 대전지사장 이시영
도4-83 불교신문사 대전지사장 이시영
도4-84 불교신문사 대전지사장 이시영
도4-85 불교신문사 대전지사장 이시영

도4-86 불교신문사 대전지사장 이시영
도4-87 불교신문사 대전지사장 이시영
도4-88 불교신문사 대전지사장 이시영
도4-89 불교신문사 대전지사장 이시영
도4-90 불교신문사 대전지사장 이시영
도4-91 불교신문사 대전지사장 이시영
도4-92 불교신문사 대전지사장 이시영
도4-93 불교신문사 대전지사장 이시영
도4-94 불교신문사 대전지사장 이시영
도4-95 김영숙(金英淑)『고려시대 製織 環境과 아미타불복장 직물의 특성』계몽사, 1996
도4-96 김영숙(金英淑)『고려시대 製織 環境과 아미타불복장 직물의 특성』계몽사, 1996

도4-97 김영숙(金英淑)『고려시대 製織 環境과 아미타불복장 직물의 특성』계몽사, 1996
도4-98 불교신문사 대전지사장 이시영
도4-99 경원
도4-100 불교신문사 대전지사장 이시영
도4-101 불교신문사 대전지사장 이시영
도4-102 불교신문사 대전지사장 이시영
도4-103 불교신문사 대전지사장 이시영
도4-104 불교신문사 대전지사장 이시영
도4-105 불교신문사 대전지사장 이시영

# 참고문헌

1) 단행본 [저자명 가나다순]

강상원『동국정운실담어주석』정음청학술원, 2009
강우방 외『불교조각2』솔출판, 2004
鎌田茂雄 著/신현숙 역『한국불교사』민족사, 1994
鎌田茂雄 著/정순일 역『중국불교사』경서원, 1985
高田 修 著/이숙희 역『불상의 탄생』예경, 1994
金岡秀友 著/원의범 역『밀교철학(密教哲學)』경서원, 1992
금동원『전통색 오행과 오방을 내려놓다』연두와 파랑, 2012
김영배『국어사자료연구Ⅱ』동국대출판부, 2013.
김영태『동아시아 한국불교사료 일본문헌편』동국대출판부, 2015
김영태『삼국시대 불교신앙연구』불광출판사, 1997
김지견 외『道詵研究』민족사, 1999
김태곤『한국의 무신도』열화당, 1989
김형우『고승진영』대원사, 1998
김희경『사리구』대원사, 1996
道世撰『法苑珠林』佛陀教育基金會, 2003(中)
목정배『한국문화와 불교』불교시대사, 1995
문화재청 불교문화재연구소『한국의 사찰문화재』조계종출판사, 2016·2017
민병훈『실크로드와 경주』통천문화사, 2015
박광연 외『동아시아 한국불교사료 중국문헌편』동국대출판부, 2014
박해진『훈민정음의 길』나녹, 2015
불교문화재연구소『불복장의식 현황 조사보고서』불교문화재연구소, 2012
비로영우『금강계만다라』하남출판사, 2017
사재동『무령대왕과 백제불교문화사』역락, 2015
사재동『훈민정음의 창제와 실용』역락, 2014
서동인『훙노인 김씨의 나라 가야』주류성, 2011

석길암 『불교 동아시아를 만나다』 불광출판사, 2010
신대현 『적멸의 궁전 사리장엄』 한길아트, 2003
안휘준 외 『한국미술의 역사』 시공사, 2007
용암(龍巖)編 『중간진언집』 보련각, 2005
유근자 『조선시대불상의 복장기록연구』 불광출판사, 2017
윤열수 『괘불』 대원사, 2011
이성운 『한국불교의례체계연구』 운주사, 2014
일연 『삼국유사』 을유문화사, 1995
일현 『석문의식집』 대흥기획, 1994
자현 『불교미술사상론』 운주사, 2012
자현 『한국 선불교의 원류 지공과 나옹연구』 불광출판사, 2017
자현 외 『한국의 사리신앙연구 오대산 월정사편』 운주사, 2014
長澤和俊 지음/민병훈 옮김 『돈황의 역사와 문화』 사계절, 2010
전통불복장 및 점안의식보존회 『전통불복장의식 및 점안의식』 조계종출판사, 2014
정각 『한국의 불교의례 I 상용의례를 중심으로』 운주사, 2016
정태혁 『표준범어학』 경서원, 1985
종석 『밀교학개론』 운주사, 2010
주경미 『중국고대 불사리 장엄연구』 일지사, 2003
중앙아시아학회編 『실크로드의 삶과 종교』 사계절, 2006
진정환 외 『조형미의 극치 석조미술』 국립중앙박물관, 2006
청화 『주역선해연구』 운주사, 2011
최완수 『한국불상의 원류를 찾아서 1, 2, 3』 대원사, 2002~2007
태경 『조상경』 운주사, 2006
표충사 『四溟』 사명성사 열반 400주기 추모대제봉행위원회, 2011
하정룡 『삼국유사사료비판』 민족사, 2005
해사 『불상점안의식연구』 운주사, 2015
허흥식 외 『고려의 불복장과 염직』 계몽사, 1999
홍윤식 『만다라』 대원사 빛깔있는 책들, 1992
홍윤식 『한국의 불교미술』 대원사, 2003
홍윤식 외 『불교민속학의 세계』 집문당, 1996
황수영 『불탑과 불상』 세종대왕기념사업회, 1974

## 2) 논문 [저자명 가나다순]

김동하 「숙수사지에서 출토된 신라소형금동불의 제작기법에 대한 연구」 『동국대학교 신라문화』 40권

김상현 「동아시아 불교문화의 흐름과 백제불교」 『57회 백제문화제 국제학술대회』

김성도 「舍利信仰의 起源에 대한 歷史的 硏究」 『위덕대석사학위논문』 2014

김영덕 「삼종실지의궤에 관한 연구」 『한국불교학 결집대회 중앙승가대』 2004

김영숙 「佛腹藏物 통해 본 服飾 思想性 檢討」 『문화재지』 제35호, 2002

김재철 「사리신앙에 관한 연구」 『원광대석사학위논문』 2002

김현덕 「실담문자(siddhamātṛkā) 음사연구-진언집(眞言集) 소재 진언의 한자 및 한글 음사 비교·분석」 『불교학연구』 제46호, 2016

문명대 외 「고구려불상과 중국산동불상」 『동북아역사재단 연구총서』 2007

민병훈 「우즈베키스탄 테르메즈지역의 불교미술 불교의 동점과정에 나타나는 중앙아시아불교의 지역적특성」 『전략지역심층연구 논문집 I 중앙아시아: 정치·문화』 대외경제정책연구원, 2010

민영규 「장곡사(長谷寺) 철불(鐵佛) 복장유물(腹藏遺物)」 『人文科學』 연세대학교 인문과학연구소, 1966

변순미 「楞嚴心呪 悉曇梵字 한글표기에 관하여」 『불교학연구』 제7권, 2003

안주호 「안심사본 진언집과 망월사본 진언집의 비교 연구」 『배달말』 통권 제31호, 2002

엄기표 「고려~조선시대 범자진언이 새겨진 석조물의 현황과 의미」 『역사민속학』 제36호, 2011

이선용 「우리나라 불복장의 특징」 『미술사학연구』 제289호, 2016

이승혜 「高麗時代 佛腹藏의 形成과 意味」 『미술사학연구』 제285호, 2015

이승혜 「불상의 성물(聖物) 봉안 쟁점과 과제」 『정신문화연구』 제38권 제1호, 2015

이지운 「백제 사리장엄에 대한 연구-부여 왕흥사지와 익산 미륵사지 출토사리장엄을 중심으로」 『중앙승가대석사학위논문』 2010

임기영 「고려시대 밀교 문헌의 간행 및 특징」 『서지학연구』 제58집, 2014

정은우 「고려시대 불복장의 특징과 형성배경」 『미술사학연구』 제286호, 2015

조성민 「韓國의 鑄造佛像 製作技法에 관한 연구」 『전주대 대학원 석사학위논문』 1996

주경미 「남송대 정치변동과 불사리장엄」 『미술사와 시각문화』 제9호, 2010

주경미 「中國 佛舍利莊嚴의 硏究現況과 課題」 『중국사연구』 제26집, 2003

주경미 「송대 정자사탑 지궁의 재매납과 장엄방식연구」 『미술사학』 제23호, 2009
천혜봉 「新羅 木板卷子本 〈無垢淨光大陀羅尼經〉의 考證 問題」 『서지학연구』 18, 1999
최인선 「조상경과 현대의 불복장-담양 용화사 수진 스님 불복장을 중심으로」 『문화사학』 31호, 2009
한정미 「佛像 點眼時點筆에 나타난 思想과 意義고찰」 『정토학연구』 제25권, 2016
한정호 「통일신라 불사리장엄 연구」 『동아대박사학위논문』 2008
홍윤식 「佛像 佛畵에 있어 腹藏物의 意味」 『문화재지』 제19호, 1986
홍윤식 「한국불교 의례의 밀교신앙적 구조」 『동국대불교학보』 12집, 1975
홍형순 「상수(象數) 원리를 정원 구성에 적용한 용도서(龍圖墅)와 귀문원(龜文園)」 『동국대학교 한국전통조경학회 춘계학술대회』 2012
Yang Hong(杨泓) 「Ancient Buddhist Reliquaries in China and Korea」 『考古 Kaogu』 2009

## 3) 전자불전

妙吉祥平等祕密最上觀門大教王經 第1卷 CBETA 電子佛典集成 ≫ 大正藏 (T) ≫ 第20冊 ≫ No1192 ≫ 第1卷 T45n1887B_001 法界圖記叢髓錄 第1卷 [0750c18]

## 4) 도록

**[한국] 가나다순**

국립경주박물관 『신라의 황금문화와 불교미술』 2015
국립문화재연구소 『우즈베키스탄 쿠샨왕조와 불교』 2013
국립중앙박물관 『고대불교조각대전』 통천문화사, 2015
국립중앙박물관 『국립중앙박물관 소장 불교조각 조사보고』 2014
국립중앙박물관 『국립중앙박물관 소장 중앙아시아 종교회화』 2013
국립중앙박물관 『발원, 간절한 바람을 담다』 2015
국립중앙박물관 『세계유산 백제』 효성문화사, 2016
국립중앙박물관 『아프카니스탄의 황금문화』 통천문화사, 2016
국립중앙박물관 『우즈베키스탄의 고대문화』 국립중앙박물관, 2009
국립중앙박물관·국립부여박물관 『백제가람에 담긴 불교문화』 워너지, 2009

문화재청 불교문화재연구소『한국의 사찰문화재』조계종출판사, 2014
불교중앙박물관『2017 불교중앙박물관 개관10주년 특별전』도반HC디자인사업부, 2017
불교중앙박물관『꿈꾸는 즐거움 극락』조계종출판사, 2016
불교중앙박물관『붉고 푸른 장엄의 세계』조계종출판사, 2015
불교중앙박물관·불국사『불국사 석가탑 사리장엄구』불교중앙박물관, 2010
수덕사근역성보관『지심귀명례-직 염 수 그리고 불교』수덕사근역성보관, 2006
수덕사근역성보관『지심귀명례-한국의 불복장 특별전』수덕사근역성보관, 2004
월정사성보박물관『월정사성보박물관도록』2002
이선호『대한민국국보총람』엘비컴, 2010
직지사성보박물관『깨달음의 길을 간 얼굴들-한국고승진영전』직지사성보박물관, 2000
해인사성보박물관『해인사 비로자나불 복장유물 특별전』해인사성보박물관, 2008

### [일본] 발행연도순
倉田文作編『日本の美術86 像内納入品』至文堂, 1973
奈良国立博物館『佛像と像内納入品展』奈良国立博物館, 1974
毎日新聞社編『重要文化財 別卷Ⅱ 像内納入品』毎日新聞社, 1978
『インド古代彫刻展』日本經濟新聞社, 1984
『平山郁夫とシルクロード』古代オリエント博物館, 1989
『NHK大英博物館4 インド·佛敎美術の開花』日本放送出版協會, 1991
光森正士『佛像彫刻の鑑賞基礎知識』至文堂, 1995
東京国立博物館『シルクロード大美術展』読売新聞社, 1996
肥塚隆·宮治昭 責任編集『世界美術大全集 東洋編13 インド(1)』小學館, 2000
東京国立博物館編『パキスタン·ガンダーラ彫刻展』NHK·NHK Promotions, 2002
平山郁夫とシルクロード美術館編『平山郁夫の繪畫とシルクロードの遺産』平山郁夫とシルクロード美術館, 2004
東京国立博物館『佛敎傳來の道』東京国立博物館, 2011
『佛敎傳來の道 平山郁夫と文化財保護』NHK·NHK Promotions·朝日新聞社, 2011
根津美術館『密敎繪畫』根津美術館, 2013
東京国立博物館『INDIAN BUDDHIST ART』日本經濟新聞社, 2015

## 5) 사전

**[한국] 가나다순**

『伽山佛敎大辭林』, 가산불교연구원, 2003
『동아새국어사전』 두산동아, 1998
『佛光大辭典』 佛光出版社, 1988
『불교대사전』 홍법원, 1998
『불교용어사전』 문예마당, 2007
『佛学大词典』 영인본
『한국민족문화대백과사전』 1991
『漢韓大辭典』, 단국대학교 동양학연구소, 2008
『漢韓大字典』 단국대학교 출판부, 1991
『漢韓大字典』 민중서림, 1997
네이버 사전
다음 사전
위키백과
한국향토문화전자대전

**[일본] 발행연도순**

織田得能『織田佛敎大辭典』大藏出版株式會社, 1954
中村元『佛敎語大辭典』東京書籍, 1981
金岡秀友·柳川啓一(監修)/菅沼晃·田丸德善(編集)『佛敎文化事典』佼成出版社, 1988
中村元『圖說佛敎語大辭典』東京書籍, 1988
中村元 外3人編『岩波佛敎辭典』岩波書店, 1989

# 찾아보기

## ㄱ

가사리 213
가섭 168
가지(加持) 251, 257, 272, 294, 349
각민 스님 154
간경도감 131, 136, 158, 182
간다라 25, 26, 32, 33, 34, 35, 36, 37, 44, 45, 46, 47, 49, 51, 67, 70, 71, 74, 122, 283, 285
갈마바라밀 232, 260
갈마지 242, 244, 259
갈마회 232
감산사 67, 68, 69, 70
감은사 220, 292
감초 260, 261, 269, 271
갑사 182
개병(蓋瓶) 290
개복(開腹) 222
개운사 43, 79, 83, 85, 108
개자(芥子) 278, 279, 280, 342, 343
거울 60, 255, 335, 344
건곤손간 303, 304
건칠보살좌상 113
겨자 278
결계 282, 294, 298

결계다라니 343
경안군 136, 181
경전 축 216
경허성우 152
계심(桂心) 260, 261, 271
계주(髻珠, 상투구슬) 45, 70, 141
고깔 337, 338
고쇼 스님 192
고조선 256
고종 152, 179
고창(高昌) 196, 164
골사리 206, 209, 218
공덕수 329
공민왕 95, 96, 104, 116, 118, 119, 120, 125, 226
관불삼매경 32, 207
관상법 340, 354, 357
관상의궤 348, 350, 351, 353
관음보살예문 134, 149, 150
관음조 202
관정(灌頂) 257, 277, 281, 284, 288, 290
광배 60, 62, 68
광흥사 124, 125, 126, 136
괘불 195, 197, 199, 201, 227, 237
교담미 389
교범바제 365
구룡사 195, 196, 198
구마라집 145, 161, 247
구사초 260, 261, 288, 289
구소인(鉤召印) 277
구텐베르크 106

부록    375

국청사(國淸寺) 51, 77, 98, 122
굽타양식 38
귀신사 155, 169
귀자모신 294
근본8탑 18, 19, 20
근본바라밀보살 275
근봉지 73
금강갈마저 295
금강계 109, 230, 231, 232, 243, 258, 262, 283, 292, 303, 307, 309, 310, 312, 349
금강광보살 232, 246
금강당보살 232, 246
금강령보살 231, 232, 233
금강바라밀보살 257, 263
금강바라밀보살진언 257
금강반야바라밀경 82, 83, 92, 96, 112, 135, 136, 156
금강보보살 232, 246
금강부 242, 291, 292, 310
금강소보살 232, 246
금강수보살 318
금강수보살진언 260
금강아사리관상의궤 339, 352, 353, 355, 356, 357
금강저 161, 260, 290, 295, 296, 339, 343, 353
금강정경 230, 231, 232, 303, 312, 359
금광명경 217
금문(金文) 스님 182
금박 101, 139, 283, 330

금산사 166, 168
금속활자 103, 104, 106, 107
금어 165, 196
금태불이 359
기기암 200, 201
기독교 335
기원정사 29, 287
길상초 289, 344
김룡사 113, 350, 351, 352, 353
김수온 127, 156, 131
김유신 71
김지성 68, 69

# ㄴ

나가르주나콘다 46
나라다 23, 24
나란타 115, 116, 117
나옹 115, 116, 118, 119, 120, 121, 123, 188, 344
낙산관음복장수보문병송 43, 77
낙서(洛書) 304, 305, 306
납석제 61, 62
녹야원 25, 145
능가사 350, 351, 352
능엄경 252, 265
니구류(尼拘類)나무 25

# ㄷ

다라니(dhāraṇī) 60, 75, 76, 80, 93, 98, 99, 101, 113, 126, 135, 136, 161, 180, 185, 197, 236, 296, 302, 303, 317, 319, 323, 329
다라니경 100, 134, 135
다라니집 318, 328
다라니집경 60, 66, 358
다자탑전분반좌 21
단계사(檀溪寺) 48, 67, 122
달마 192, 258, 259, 270
답호 101
당(唐) 53, 83, 206, 255
대당서역기 28, 30, 33
대림정사 21
대마도 191
대반열반경 18, 19, 215
대방광불화엄경 80, 81, 96, 174, 186, 218
대방광불화엄경합론 136, 183, 184
대승불교 38, 247
대승사 108, 111
대승사상 29
대승조상공덕경 32
대영박물관 82
대원경지 242, 244, 259, 300, 310
대일경 230, 247, 307, 308, 310, 311, 312, 349, 358, 359
대일경기 268, 283
대일경소 291, 292, 310, 311

대일여래(비로자나불) 232, 247, 255, 309, 312
대장경 54, 78, 177, 238, 292
대장일람경 348, 350, 351, 352, 355, 356, 357
대장일람집 56, 348
대좌 25, 26, 46, 61, 62, 66, 70, 138
대중 29, 178, 336, 337
대혜보각선사서 125
대홍사 148, 183, 186
도교 40, 51, 52, 53, 124, 256
도굴 46, 107
도나(도로나) 바라문 17, 18
도리천 29
도세(道世) 206
도지단 288
도참(圖讖) 121, 124
도쿠가와 이에야스 191
돈황(둔황) 33, 238
동경 55, 225, 255
동국사 135, 167, 168, 169
동국이상국집 43
동남서북 251, 311
동령(銅鈴) 225, 226, 227, 233
동북공정 84
동서남북 251, 306
동의보감 271
동종 170
동학사 91, 124, 135, 149, 151, 152, 153, 154, 170
디지털 탁본 68

## ㄹ

라마그라마 대탑 17
라자가하 17
레릭 불탑 18, 19
리차비(릿차비) 18, 19, 21

## ㅁ

마가다 17
마맥(馬麥) 386, 388
마우리아 21
마투라 34, 35, 36, 44
마하가섭 21, 386
마하승지율 44
만공 스님 159
만다라 113, 236, 251, 262, 166, 267, 307, 309
만연사 354
말라족 17
망월사 133, 354
매향(埋香) 274
명문(銘文) 20, 64, 65
명제구법설 48
목합 75, 98, 99, 1000, 101, 109, 123, 228
목화 334, 335
몽골 77, 95, 96, 101
묘관찰지 242, 244, 259, 299, 300, 310
묘길상대교왕경 227, 238, 257, 259, 261, 262, 263, 291, 292, 294, 348, 352, 353, 356, 358
묘엄존자 121
무공심주 73, 172, 241, 297
무구정광다라니경 62, 63, 64
무구정광대다라니경 83, 84, 85, 214, 215
무극(無極) 315
무수 23
무주제자 83
무학(無學) 79, 179
묵서명 71, 72, 76, 183
문명대 44, 63, 148, 167
문수동자 171
문수보살법인능소정업다라니 241, 318, 326
문수사 75, 96, 97, 99, 108, 123, 164, 197, 200, 225, 226, 228, 293, 293, 297, 330
문왕8괘 304, 305, 306
문정왕후 116
문종실록 131
문화재보존 223
미륵사 212, 255
민간신앙 124
민영규 90, 91, 221
민중신앙 75, 188
밀단(密壇) 267

## ㅂ

바늘주머니 92, 94

바라문 17, 18
바라문교 342
바라밀보살 244, 259, 263
바르후트 23, 24, 25, 26, 32, 291
바미얀 65, 67, 122
바이샬리(베샬리) 18, 19, 21, 37
박병선 105
박제상 151
발사리(髮舍利) 206, 209, 218
발원문(發願文) 135, 159, 164, 326
방곡사 207, 208, 218
방울 60, 224, 225, 231, 256
방원불방 195
방편구경지 244, 259, 299, 300, 310
방형후령통 239
배불숭유 114, 176, 178, 179, 187
백개자 261, 264, 276, 277, 280
백기(白基) 196
백련사 218
백마사 218
백산개진언 260
백우(白牛) 265
백운(白雲) 103
백운화상초록불조직지심체요절 103, 104
백호(白毫) 46
범서총지집 87, 88
범자다라니 88
범패 14, 314
법계 248, 283, 284
법계도기총수록 299

법계연기 230
법계체성지 259, 310
법륜 26, 27
법바라밀보살 232, 260, 263
법사리 55, 58, 66, 213, 214, 215
법신사리 64, 65, 206
법신주 250
법원주림 206, 208
법주사 127, 151, 164, 182, 287
법천사 140, 141, 143
법현(法顯) 28, 32
법화사상 230
베샬리(바이샬리) 17, 18, 19
베타디파 17
병인양요 104, 105
병자호란 167
보경보현(寶鏡普賢) 197
보광사 85, 86, 89, 108, 164, 214
보덕사 85
보리수 23, 24, 25, 55, 225, 284, 285, 287, 289
보리심론 243
보문사 235, 236
보시리 172, 212, 213
보살처태경 207
보생바라밀보살진언 260
보생부 242, 291, 292, 310
보생불 242, 244, 246, 260, 267, 280, 283, 307, 310, 312
보생화신진언 277
보신주 240, 250, 324

보저(寶杵) 296
보제존자 118, 119
보주(寶珠) 44, 74
보주형 310, 311
보현병 235, 256, 319
보협인다라니 240
보협주 197, 301, 302
보협진언 135
복낭(복장낭) 198, 199, 201
복식 114, 135, 136, 187
복장(伏藏) 42, 385
복장(腹藏) 40, 43
복장경 53, 190, 327
복장공 79, 138
복장다라니 87, 328
복장사 320, 321, 322, 335
복장사명 241, 321, 322
복장소입제색 289, 325, 352, 353, 356, 358
복장소입제색기 323
복장진언 195, 350, 351, 354
복천암 127
복희8괘 305, 306
봉림사 108, 112, 335
부동명왕 342
부리족 17
부자(附子) 260, 261, 269, 271
분노부 291, 292
분사리 209
불갑사 103, 106, 186
불경보 327

불경언해 130, 188
불공삼장 53
불공성취불 232, 242, 244, 247, 260
불공청불문 243
불국사 64, 74, 84, 85, 215, 255
불궁사 56, 57, 58, 66
불모(佛母) 148, 150
불본행집경 23
불부 292, 310, 242
불상혈 336
불설불모반야바라밀다대명관상의궤 54
불소행찬 42
불수 264,
불유교경 135, 144, 158
불전도 23, 25
불조삼경 135, 144, 158
불조직지심체요절 103
불족적 23
불좌 23, 27
불향 261, 264, 273
불화 42, 193, 194, 195, 196, 197, 201, 223, 324, 335
비구니 104, 124
비로자나불진언 260, 275
비밀실지 242, 243, 248, 250, 310
비수갈마천 32

ㅅ

사각형 161, 195, 197
사경축 237

사라쌍수 16, 23, 145
사리 영험 211
사리공 70, 71
사리구 219
사리기 20, 42, 46, 213, 219, 220, 283
사리신앙 209, 211, 218
사리탑 18, 21, 121, 318
사리합 219, 241, 296, 325
사리호 63, 64, 66, 67, 73
사명 스님 191, 192
4바라밀보살 232, 243, 258, 263, 288
4보 263, 264
사방주 241, 313, 315, 316
4섭보살 232
사십이장경 134, 144, 145
48대원 56, 347
사위국 29
사위성 32
사저교직답호 101, 102
산개 161, 260, 290
산서성(陝西省) 56, 57, 66
삼국유사 68, 83, 219, 256, 291
3대화상(3증사) 114, 115, 116, 121, 122
삼도보계 29, 32
3밀(密) 243, 339
3밀진언 339
삼보표치 27
삼봉집 352
삼세불(상) 148, 149, 150, 154, 155, 165, 166, 186
삼신삼세불상 164, 230

3실지 359
삼실지단석 238, 243, 312, 348, 349, 352, 353, 356, 358
37존 231, 232
삼장보살도 195, 196, 198
3종실지 250, 349, 359
3종실지궤 250, 251, 359
3황(皇) 304
상신(像身)신앙 51, 67, 74
상원사 131, 136, 151, 155, 170, 171, 174, 175, 179, 189
새클러박물관 49, 50, 51
색함(塞函) 54
생반 240, 268, 293, 294
생반삼분 353
생신(生身) 52
생신사리 206
샤카족 16, 17, 20
서지학(書誌學) 80, 84, 107, 140, 186,
석남암사지 60, 61, 63, 67, 113
석보상절 128
석옥청공 103, 104, 123
석왕사 78, 120
식준(釋俊) 비구/스님 135, 154
선무외 312, 348, 349, 353
선문염송 92, 96, 103, 135
선사(禪師) 89, 116, 352
선암사 115, 195, 196, 199
선운사 164, 196, 198, 274
선원사 177
선종영가집 131, 132

설훈 197
성덕왕 68, 151, 170
성소작지 244, 247, 259, 299, 300, 310
성수(聖樹) 23
성신회 232
성행품 265
세이료지(淸凉寺) 52, 54
세조 116, 124, 131, 134, 141, 150, 125, 156, 158, 174, 176, 183, 209, 210
세존단지 338
세종 128, 130, 144, 156
세종실록 127, 131, 141
소분(酥糞) 265
소실지 250, 251
속고승전 51
송광사 110, 120, 136, 164, 165, 168, 179, 180, 181, 182, 183, 184, 185, 186, 351
쇄도향단 288
쇄신사리 206
수기(授記) 23, 192
수덕사 196, 200, 228
수륙재 201
수사(繡師) 197
수양대군 128, 130, 131
수연(守衍) 135, 151, 163, 164, 166
수자니 직물 202
숭림사 155, 164, 170
숭불 17
숭불주 120, 178
슝가 왕조 26

스리랑카 20, 28, 46,
스투파(stūpa, 탑) 18, 19, 23, 26, 27, 44
승군 191
시호(施護) 54, 348
식염(食鹽) 169
신광 192
신광사 104, 119
신덕왕후 177
신륵사 115, 119
신미 대사 124, 126, 127, 128, 129, 130, 131, 136, 188, 190
신사리 209, 212
신선사상 40, 48, 51
신수대장경(대정신수대장경) 53, 227, 258, 262, 263, 264, 270, 275, 291, 293
신탑(信塔) 신앙 21
신해행증 355
실담문자 132, 133, 354
실담어 128, 129
실담자기 129
실담자해의총론 133
실지(悉地) 250, 251
실크로드 25, 36, 202
10간(干) 303
16대보살 232
12지(支) 212, 303
싯다르타 16
싯디(실지) 247, 250
쌍계사 123, 134, 147, 148, 149, 150, 155, 186, 228

## ㅇ

아그니 342
아도 218
아라바차나 249, 250, 251
아리 62, 260, 261, 269, 271
아미타화신진언 277, 288
아바라하카 248, 250
아밤람함캄 250, 251
아쇼카 21, 35, 37
아육왕경 207
아육왕상 49
아육왕전 21
아자타삿투 17
아촉불 232, 242, 245, 260, 267, 280, 283, 310, 312
아촉불진언 268
아촉화신진언 278
아프가니스탄 65, 67, 122
안상경 341
안심사 150, 156
안심사본 354
안정사 99, 108, 109, 226
안평대군 131
알가(閼伽) 284, 329
알라카파 17
알렉산더 36
암라팔리 21
암밤람함캄 243, 250
앙리 베베르 105
아합수(엽) 260, 261, 286

약술비의 352, 353, 356
양동음정도 315
양면원경 73, 325
양부만다라 283, 307, 359
언문 128
여의보인 대수구다라니범자 군다라상 226
연기경 67
연화부(법부) 242, 291, 292, 310
열금강지방지도 240, 302, 303, 305, 307, 315
염색 96, 161, 182
염직 96, 331, 333
영관 스님 148, 150
영조(英祖) 125, 147, 152
영휘(暎輝) 196
5개자 240, 260, 261, 276, 277, 278, 280, 324, 353
5경 93, 114, 254, 259, 262, 324, 353, 356, 357
5곡 93, 100, 113, 134, 140, 148, 149, 168, 193, 240, 241, 260, 261, 263, 264, 266, 267, 268, 288, 293, 324, 352, 356
5금강갈마저 266
5금강저(형) 240, 261, 295
5길상초 240, 261, 266, 268, 269, 288, 293
5대 292, 308, 309, 310, 211
오동수(梧桐樹) 286
오두사미필법 340

5력 277, 343
5륜종자(비밀실지) 238, 240, 242, 250, 311, 352, 353
5륜탑 311
5미(味) 265
5방경 114, 168, 228, 240, 241, 299, 300, 311, 326
5방법사 237, 282, 284, 288
5방불번 310
5방색 227, 239, 291, 311
5병관정 293
5보 93, 100, 114, 139, 168, 193, 236, 240, 260, 261, 262, 263, 264, 266, 264, 269, 288, 324, 353
5보리수 353
5보병 60, 76, 99, 110, 134, 139, 162, 197, 235, 240, 245, 253, 256, 257, 258, 259, 260, 262, 263, 267, 282, 284, 290, 324, 352, 353, 356
5보병통 266
5부 291, 292, 310, 359
5분법신 273
5불 232, 235, 244, 250, 260, 262, 263, 264, 267, 310, 312, 359
5불신 266, 282
5불종자 245
5불진언 258, 267
5산개 240, 261, 262, 266, 290, 352, 353
5색사 109, 134, 139, 168, 240, 281, 353
5색선 261, 262, 266, 293, 325
5색소 261, 282

5색채번 240, 261, 262, 266, 280, 281, 353
5색초 282
5시화 240, 241, 260, 282, 284, 293, 325, 353
5식(識) 312
5약(藥) 77, 93, 100, 114, 148, 149, 168, 188, 199, 236, 240, 241, 260, 261, 263, 266, 267, 269, 271, 324, 353, 356
5여래종자 245
5자엄신관 250, 308, 310, 311
5장(臟) 52, 270
5장물 261, 263, 264, 275
5정심관 263
5종자 261, 263, 264, 293, 309
5지(智) 310, 243, 244, 262, 267
5(색)채번 280
오타니 49, 396
5하수 261, 263, 264
5해인 262, 299
5행 276, 292, 306, 312
5행설 291
5향 76, 263, 264, 266, 267, 272, 273, 324, 352, 356
5향말 261, 264, 293
5향엽 261, 266
5황 93, 100, 188, 199, 240, 260, 261, 263, 266, 267, 275, 276, 324, 327, 353
온양민속박물관 94, 108, 332, 333
옴아훔 336, 339, 340, 345, 352, 357

요(遼) 53, 66
요조(凹槽) 57, 58
욕불 357
욕상경 357
용비어천가 128
용왕귀불도 23
용재총화 128
용천사본 113, 123, 350, 354
우전왕(優塡王) 28, 29, 32, 357
우즈베키스탄 202
우황 261, 275, 276
웅황 260, 261, 275, 276, 327
원문(願文) 164, 165, 189, 191, 301, 327
원시불교 29
원오(元悟) 134, 148, 150, 151
원효 246
월인석보 136, 125
월인천강지곡 127, 128, 136
월정사 172, 173, 198
위산경책 134, 135, 144, 158
유가교 273
유교 176, 178, 230
유락 265, 275
유불일치실 121
유점사 140, 350, 351
유점사본 350, 352, 355
유행경 18, 19, 21
육경합부 135, 136, 156, 157, 175
육계(肉髻) 121, 141
육사리 206, 209, 218
윤보(輪寶) 23, 26, 27

의상 스님/대사 124, 139, 179
의숙공주발원문 136, 173, 174
의승군 150
의운자우 197
의천(義天) 75, 78
응매 스님 168
이규보 43, 77
이두문(吏讀文) 62
이라발용왕 23, 24, 25
이색(李穡) 119, 125
이성계 78, 120, 121, 176
이세간품 235
이슬람교 202
이집트 254, 274, 278
인경(印經) 131
인삼 260, 261, 269, 270, 271, 272
임제종 121
임진왜란 135, 139, 148, 151, 155, 167, 191
입도요문론 125
입물색기 76, 102
입법계품 92, 235
입실지 238, 243, 250, 251, 349, 359
입안(入眼) 344

## ㅈ

자수 202
자운사 108, 123, 161, 224, 225, 226, 228
자장 율사/스님 170, 246
자현(慈賢) 53, 348

자황 261, 275, 276
작불형상경 33
잡아함경 18
장곡사 66, 89, 90, 91, 92, 93, 95, 96,
　　99, 101, 108, 201, 221, 222, 293
장기 모형 54, 67
장막 91
장아함경 18
장육사 113, 186
재탑 18
저고리 88, 181, 182, 330
전단향 32, 274
전륜성왕(轉輪聖王) 208
점안법회 282
점필 312, 338
정도전 121, 177
정법계인주 340
정수엽 260, 261, 287
정유재란 148, 150
정의공주 130
정일(定一) 197
정종 178
정토삼부경 246
정토신앙 56, 319
제납박타 115, 116
제석천왕 208, 295
제호 265
조각승 154, 166, 182
조넨 스님 54, 225
조로아스교(배화교) 50, 202, 342
조사신앙 119

조상경 판본 350, 351, 353
조상경(造像經) 53, 74, 75, 113, 140,
　　161, 164, 187, 221, 238, 239, 348,
　　350, 355, 359
조상공덕경 357, 360
조상설 28
조상품 56, 352, 353, 355, 356, 357
조탑설 18
존승불정송 243
존승의 262, 299
종경록 125
종경촬요 125
종도리 236
종이후령통 197, 229
주비산경 313
주사(朱砂) 174, 324, 340
주역 114
준제구자 252
준제구자천원지도 241, 313, 316
준제주 314, 316, 317
준제진언 252, 253
중대8엽원 307
중방원경 240, 311
즉민(卽珉) 196
증과사리 207
증명단 116
증명법사 122, 339, 344, 345
증사리 209
증일아함경 29
지공(指空) 75, 104, 117
지광(智廣) 129

지봉유설 129
지장보살도 196, 199, 200
지장암 197
지탁(知濯, 화악지탁) 스님 113, 352, 355, 356
직금(織金) 331
직물 42, 53, 67, 93, 96, 98, 134, 139, 140, 148, 161, 182, 202, 219, 225, 256, 290, 298, 329, 330, 331
직조기술 331
직지(直指) 103, 105
진감(眞鑑) 274
진신사리 64, 172, 208, 212, 213, 215, 217, 218, 222, 301
진실(陳實) 56, 348
진심종자 244, 245
진언집 350, 354
집현전 127, 129

## ㅊ

찰밥 93
채번 280
천원지도 234, 313, 315
천원지방 313
천혜봉
철릭
청량사 151
청백홍녹황 312
청홍백녹황 262
청홍백흑황 311

청황홍녹백 262, 266
체본금강정경 312, 349
초전법륜 25
총섭 121
추수(楸樹) 285
축서사 197, 199, 227
출실지 251, 349, 359
취미수초 136, 182
취암사 104
측천무후 83
치문경훈 103
칠구지불모심대준제다라니 241, 317, 326
침향 260, 261, 272, 273
침향목 57, 58, 86, 274

## ㅋ

카필라바스투(카필라성) 17, 20
콜리야족 17
콜카타 국립박물관 20
쿠샨 시대 45, 283, 284
쿠시나가르 17

## ㅌ

타임캡슐 335
타흐티 바히 37, 38, 45
탑신(塔身) 42
탑저(塔杵) 296
태고(太古) 179
태극기 304, 306

태극도설 315
태장계 307, 317, 349, 359
태조(太祖) 78, 79, 116, 120, 121, 152, 176, 177, 178
태종 121, 142, 144, 176
통견(通肩) 141
통도사 115, 117, 134, 137, 138, 139, 186, 352
티베트(티벳) 122
티벳어 127, 129

## ㅍ

파바 17
파사익왕(바사익왕) 29, 32, 373, 386, 389
파트나 18, 20
판각 87, 89, 158, 350
8공양보살 232
8금강저도 343
팔리어 238
8엽개 134, 139, 241, 296, 297, 306
8엽대홍련 234, 241, 306, 307
8엽대홍련화8금강저도 343, 344
8엽도 314
8엽연화 100, 226, 227
8엽통 75, 77, 78, 123
편수 165
평등성지 242, 244, 246, 259, 299, 300, 310
피프라하와 20

## ㅎ

하도(河圖) 304, 305, 306
학조(學祖) 126, 130
한글언해본 125
함허기화 132
항아리탑 18
해인사 71, 72, 73, 101, 149, 161, 177, 196, 199
해인삼매 322
향낭 197, 198, 199, 201, 335
향성 19
향수(香水) 274, 366
향수(香樹) 260, 271, 284, 285
향수엽 260, 261, 284
향신료 278, 279, 280
허공사리 209
허공장보살진언 260, 282
헤이안 74, 75
헬레니즘 34, 35
현장(玄奘) 28, 30, 32, 67
현진(玄眞) 151, 166
혜묵 스님 241
혜초 122
혜희(慧熙) 스님 182
호경기환 124
호마 265, 279, 288, 342
홍견묵서원문 92, 95
홍융탑 121
화공 165, 171, 202
화사 28, 165, 196

화신주 240, 250, 311, 324, 326
화엄경 80, 84, 92, 97, 190, 217, 235, 237, 299, 319, 345
화엄사상 89, 188, 191, 221, 230, 255
화엄연기(사상) 230, 319, 322
화염(火焰) 49, 50
화원(畫員) 142, 164, 165, 166, 150
화장사 350, 351, 353
화장사본 113, 354
화취진언 341, 342, 358
환성지안 352
황초폭자 134, 139, 173, 175, 196, 197, 240, 241, 302, 314, 317
회감(懷鑑) 비구 136
회암사 115, 116, 118, 120, 121, 210

효령대군 135, 142, 158, 210
후공(喉孔) 227
후령은합 66, 92, 93, 222
후혈(喉穴) 227, 236
훈민정음 125, 126, 127, 129, 130, 179, 188
휴정 337
흑석사 134, 139, 140, 141, 142, 145, 161, 186, 330
흥덕사 103
흥복사 169
흥천사 177, 209
힌두교 342

# 추천사

경원 스님을 처음 뵌 것은 아마도 2009년 6월 중순 국립중앙박물관에서 개최된 「차마고도(茶馬古道)의 삶과 예술」 전시의 개막식이었던 것으로 기억한다. 유라시아의 서남(西南) 실크로드에 해당하는 차마고도의 불교미술을 중요 주제의 하나로 다루었던 특별전시에 관심을 표명하시고 직접 개막식까지 발걸음을 하셨을 때의 일이다.

실크로드의 고고미술(考古美術)을 연구하기 위해 20여 년 동안 중국 신강 등 중앙아시아 각지의 불교유적을 조사하며, 현지 학자들에게서 한국의 불교도들은 왜 실크로드의 불교문화재에 관심을 보이지 않느냐는 핀잔 아닌 핀잔을 들어왔던 본인으로서는, 온화한 미소를 머금은 비구니 스님께서 전시실 개막식에 참석한 모습 그 자체가 신선한 충격이었다. 그리고 본인을 더욱 놀라게 하였던 것은 이러한 특별전 개최 준비를 위해 현지 학술조사가 필수적이라는 설명을 경청하시고, 국립중앙박물관에 소장되어 있는 서역 불교미술품에 대한 현지조사 연구비용을 후원하고 싶다는 제안의 말씀이었다. 요즈음에는 해외 학술조사를 위한 예산이 비교적 여유 있게 책정되어 유관 지역을 방문 조사하거나 상대편 연구원 등을 초빙하여 심포지엄 등을 개최할 수 있는 여력이 있지만, 차마고도 전시를 개최했을 당시에는 아직 해외 학술조사를 위한 여건이 썩 좋지 않은 상황이었다.

주지하는 바와 같이 20세기 초 서구 열강의 탐험대들이 중앙아시아의 사막지대를 누비며 실크로드의 소중한 불교문화유산을 마구잡이로 반출하던 그 즈음, 일본 교토의 니시홍간지(西本願寺)의 오타니(大谷) 탐험대가 수집한 서역의 불교 미술품의 일부가 당시의 조선총독부박물관에 반입(1916년)되어, 일제 강점기 내내 경복궁의 수정전(修政殿)에서 상설 전시되고 있었다. 이들 유물은 국립중앙박물관이 소장한 외국 유물의 유일한 컬렉션이자 세계의 학계가 주목하는 실크로드 불교문화유산의 백미(白眉)였다. 그러나 이들 유물이 보물찾기 식으로 수집된 것이어서 그 정확한 출토지조차 밝혀지지 않은 문화재였기에, 이를 일일이 확인하기 위한 철저한 현지학술조사는 필수적이었다.

물론 그 이전에도 개인적인 차원에서 이들 서역 유물에 대한 현지 조사연구가 간헐적으로 시도되어 왔지만, 국립중앙박물관 차원의 집중적인 현지 방문조사는 경원 스님의 후원을 계기로 본격 추진되었던 것이 사실이다. 경원 스님의 후원으로 국립중앙박물관 아시아부의 큐레이터들은 수년간 중국 신강지역의 관련 문화기관과 적극 공조하여 치밀한 현지조사를 수행하였으며, 그 결과물은 『국립중앙박물관 소장 중앙아시아 종교 회화』(2013) 『국립중앙박물관 소장 중앙아시아 종교 조각』(2013)이라는 보고서의 형태로 간행되어 전 세계의 유관 기관에 배포된 결과 큰 반향을 불러 일으켰다.

　일본을 비롯하여 서구 열강의 탐험대들에 의해 반출된 실크로드의 불교문화유산은 현재 영국, 러시아, 독일, 프랑스 등의 국립박물관 등에 수장되어 있으며, 이들 유물은 이제까지 여러 형태의 도록 등으로 그 실체의 일부가 소개되어 왔지만, 국립중앙박물관이 간행한 상기 보고서는 실크로드의 소중한 불교 문화재에 대한 최신의 조사연구 성과와 더불어 보존 과학적 연구 성과 등 소위 학제적(學際的) 연구 성과가 종합적으로 반영된 최초의 보고서라는 점에서, 실크로드 불교 미술사학 연구에 있어 획기적인 성과물로 평가받고 있다.

　경원 스님은 상술한 바와 같은 불교문화 연구 진작(振作)을 위한 지원뿐만 아니라 일찍이 실크로드의 불교문화에 깊은 관심을 표명하고, 인도와 동남아시아, 중앙아시아 지역 등 실크로드의 연선에 산재한 고대 불교문화 유산을 직접 답사하며, 그 중요성을 학계의 전문가나 많은 불자들과도 공유해 오셨다. 그리고 스님의 전아청징(典雅淸澄)한 성품과 학승(學僧)으로서의 풍부한 학적 경륜은 평소의 불사(佛事) 운영뿐만 아니라 한국불교 문화의 원향(原鄕)에 해당하는 중앙아시아 불교문화유산의 연구와 보존에 이르기까지 확대되었다.

　경원 스님은 한국불교의 원류에 해당하는 실크로드의 불교문화유산에 대한 연구의 필요성 그리고 이들 세계문화유산이 기후환경의 변화로 인하여 점차 파괴되어 가는 현실에 직면하여, 이를 보존하여 다음 세대에 온전히 전하고자 하는 불교도로서의 책임감을 통감하시고, 이를 한국 사회의 전반에 알리며 불자들과 인식을 공유하고자 부단한 노력을 경주하여 오셨다.

국립중앙박물관의 2층 기증관 입구에는 박물관 발전에 공헌한 분들의 명패가 현액(縣額)되어 있다. 여기에는 국내외의 유물 기증자를 비롯하여 많은 분들의 고귀한 뜻이 현창(顯彰)되어 있는데, 국내의 불교계에서는 유일하게 경원 스님의 성함이 게시되어 있다.

스님의 이번 전저(專著)의 출판을 계기로, 한국불교 역시 이제는 그 시야를 국내에 국한시키지 말고 고대 한국불교의 형성과 직간접으로 관련성이 있는 실크로드 상의 불교문화유산에 대해서도 적극 관심을 표명하고, 나아가 이들 세계문화유산의 보존에 대해서도 기여할 수 있는 방안을 모색하였으면 한다. 이러한 관심의 확대를 통해서 한국불교의 연원과 한국불교만의 지역적 특성 또한 자연스럽게 인식할 수 있을 것이다.

이번에 간행된 스님의 노작(勞作)은 실크로드를 통해 동점(東漸)한 고대 불교문화에 대한 학적 탐구심의 성과물이자 스승에게서 사숙(私塾)한 한국 불학(佛學)의 학맥 계승 그리고 온갖 불사에 노고를 마다않는 스님의 열의와 성실한 인품의 결과물이다.

그리고 역저(力著)의 근간을 이루는 불복장 유물에 대한 연구 성과는 한국 불교문화 연구의 미개척 분야에 새로운 이정표를 제시했다는 점에서 큰 의미 부여를 할 수 있다. 불상 내부에 사리를 비롯한 여러 물건을 봉안하는 전통은 중국 당대(唐代)에 시작되었다고 알려져 있으며, 한국과 일본에서도 불상 내부에 전적(典籍), 사리(舍利), 불상(佛像), 불화(佛畵), 불구(佛具), 고전(古錢), 경(鏡) 등을 납입하게 되어, 그 작례가 오래 전부터 알려져 있다.

이들 봉롱(奉籠) 복장품은 불상을 생신(生身)과 같은 모습으로 모시고자 하는 당시의 생신상신앙(生身像信仰) 불교사상의 배경이나 당대 불교도들의 신앙생활의 구체적인 실상을 알려주는 중요한 자료일 뿐만 아니라, 당시의 의학·공예·회화·서예 등의 수준을 짐작할 수 있게 하는 귀중한 작품이기도 하다. 그리고 이들 유품은 한국불교사에 있어서 개인의 작선(作善), 당시의 조상(造像)의 형태를 엿볼 수 있다는 점에서 한국의 불교미술사 연구의 중요한 자료일 뿐만 아니라 한국불교의 대외 교류, 지역적 특징을 연구함에 있어서도 결코 간과할 수 없는 중요성을 지니고 있다.

스님의 장년에 걸친 진력에 경의를 표하며, 향후에도 이러한 학적 성과가 불교계 학맥의 계승 발전이라는 더욱 큰 결실을 맺을 수 있도록 기원하는 바이다. 아울러 본서의 간행을 계기로 한국불교문화를 보다 거시적으로 이해하고 탐구할 수 있는 촉매제가 되기를 간절히 바란다. 경원 스님의 노작이 과거의 찬란한 해동불교(海東佛敎)의 실상을 이해하고 법고창신(法古創新)을 위한 디딤돌이 될 것임을 확신하며, 승속(僧俗)을 떠나 모든 독자들에게 일독(一讀)을 권하는 바이다.

전 국립중앙박물관 아시아부장

민병훈(閔丙勳)

**저자 약력  경원庚圓**

**수행이력**
수덕사 견성암 출가
동학사 승가대학 졸업
동국대학교 행정대학원 졸업
견성암·대성암·약수암 등 22안거 성만

**불복장이력**
청봉당 혜묵 스님 하에서 수학
**불복장 봉안 주요사찰**
　마곡사·법주사·수덕사·선운사
　아프리카 보리가람 농업기술대학교
**불복장 전시회**
　법련사·전등사·한국불교 역사문화 기념관
　아라아트 미술관·대전 중구문화원

**학술조사**
중국 감숙성·신강성 불교유적 및 관련 문화재 조사(2011·2017)
우즈베키스탄 불교유적 및 관련 문화재 조사(2015)
일본 도쿄·가마쿠라 불교문화재 조사(2015)
파키스탄 불교유적 및 관련 문화재 조사(2019)

**성지순례**
대만·라오스·미얀마·부탄·베트남·스리랑카·우즈베키스탄
인도·인도네시아·일본·중국·티베트·태국·파키스탄·홍콩

**현재**
금산 극락사 회주
공주 동학사 주지
한국불복장연구소 소장
BTN 불교티비 자문위원

**불복장의 비밀**
불교의식 너머 상징의 세계까지

초판 1쇄 발행 | 2025년 4월 15일
초판 2쇄 발행 | 2025년 5월 27일

편저자 | 경원

펴낸이 | 윤재승
펴낸곳 | 민족사

주간 | 사기순
기획편집 | 정영주
기획홍보 | 윤효진
영업관리 | 김세정

출판등록 | 1980년 5월 9일 제1-149호
주소 | 서울 종로구 삼봉로 81 두산위브파빌리온 1131호
전화 | 02)732-2403, 2404 팩스 | 02)739-7565
홈페이지 | www.minjoksa.org
페이스북 | www.facebook.com/minjoksa
이메일 | minjoksabook@naver.com

ⓒ경원, 2025

ISBN 979-11-6869-083-7  03600

※ 잘못된 책은 바꿔 드립니다.
※ 저작권법에 의하여 보호를 받는 저작물이므로 무단으로 복사,
전재하거나 변형하여 사용할 수 없습니다.